바이퍼 룸에서의 마지막 밤

리버 피닉스, 그리고 그의 시대 할리우드

Last Night at the Viper Room
: River Phoenix and the Hollywood He Left Behind

개빈 에드워즈 Gavin Edwards 지음

신윤진 옮김

세월이 흐를수록 점점 더 깊이 사랑하게 되는 젠에게.

일러두기

1. 이 책의 주석은 모두 역주이다. 원서에 인용문의 출처와 맥락을 밝힌 미주가 수록되어 있지만,
   한국 독자들에게 생소한 매체가 대부분이어서 번역은 생략했다.

2. 영화 팬 독자들의 혼선을 피하고자 영화 제목은 기본적으로 국내 개봉 제목을 따랐다.

3. 밴드나 그룹의 이름, 앨범과 노래 제목은 음악 용어 번역 관행에 따라 기본적으로 음독했다.

4. 작품명, 기관명은 본문이나 주석에서 제일 처음 등장 시에만 원어를 병기하였으며, 작품은
   발표 연도도 함께 적었다. 인명 또한 맨 처음에 나올 때 원어와 생몰년을 병기하되, 생몰년
   미상이거나 인지도가 떨어지는 인물, 본인이 일부러 온라인상에 출생일을 기재하지 않은 경우
   생략했다.

5. 도서와 앨범은 『 』노래, 영화, 드라마, 연극은 「 」정기 간행물은 < > 밴드 이름은 ' '로
   구분해서 표시했다.

6. 본문 내용과 관련되는 유튜브 영상은 QR코드 형식으로 본문 내에 삽입했다.

서문

    모든 것은 할리우드, '바이퍼 룸'[1]이라는 이름의 나이트클럽 밖 보도에서 끝난다. 인도 위에서 경련을 일으키고 있는 청년의 이름은 리버 피닉스^{River} ^{Phoenix 1970.8.23.-1993.10.31.}이다. 근처에서 그의 남동생은 전화기를 움켜쥔 채 911 교환수에게 애원하고 있다. 여동생은 그의 몸 위에 올라탄 채, 오빠가 근육을 뒤틀고 사지를 버둥거리는 동안 콘크리트에 몸을 부딪쳐 다치는 것을 막으려고 안간힘을 쓰고 있다. 헤로인을 과다 흡입한 리버 피닉스에게는 생명을 유지할 수 있는 시간이 몇 분밖에 남아 있지 않다.

    이야기는 23년 전 한 페퍼민트 농장에서 시작된다. 뉴욕 시 출신의 한 아가씨가 비서직을 때려치운 뒤 히피가 되어 오리건 주 전역을 방랑한다. 그녀는 이제 현관문 위에 말편자가 거꾸로 매달려 있는 작은 집에서 노동을 하면서 다른 삶을 세상 속으로 밀어내려고 애쓰는 중이다. 의료 전문가, 약품, 병

---

1   바이퍼 룸(Viper Room) : 엘에이에 있던 클럽으로 무대가 설치되어 있어 밴드와 뮤지션들이 공연을 할 수 있었다. 사장이 조니 뎁(Johnny Depp 1963-)이어서 더 유명세를 탔다. '바이퍼'는 '독사, 살모사'라는 뜻이다.

원 진료는 거부하지만 늘 친구들에게 둘러싸여 있다. 마침내 첫아들이 태어날 때, 그러니까 그 젖먹이가 지구라는 행성에 착륙할 때 그곳은 환영의 박수 소리로 가득하다.

박수 소리와 극한의 고통 사이에, 그 농장과 바이퍼 룸 사이에, 페퍼민트와 헤로인 사이에 하나의 삶이, 리버 피닉스의 23년 세월이 존재한다. 리버가 지구에서 보낸 시간을 기록한 것은 장편 영화 열네 편, 티브이 드라마 시리즈 하나, 자동차와 크랜베리 주스 등의 상업광고 고작 몇 편뿐이다. 그가 출연한 영화는 명작부터 차마 눈 뜨고 볼 수 없는 영화까지 매우 다양하다. 그중 한 작품(「허공에의 질주Running on Empty 1988」)은 리버에게 오스카상에 노미네이트되는 영예를 안겨주었고 또 다른 두 작품(「스탠드 바이 미Stand by Me 1986」와 「아이다호My Own Private Idaho 1991」)은 대개 고전으로 여겨진다.

아이엠디비IMDb, 즉 인터넷 영화 데이터베이스에 등록된 리버의 영화 목록은 그다지 길지 않다. 리버가 바가지 머리를 한 사랑스러운 아이에서 빼어나게 잘생긴 청년으로 자라는 10여 년 동안 꾸준히 출연한 작품이 유산처럼 남아 있을 뿐이다. 그러나 리버는 출연작의 수를 훨씬 초월하는 영향력을 행사한다. 같은 세대 가운데 가장 밝은 빛을 내는 것처럼 보인다. 리버가 죽고 얼마 지나지 않아서 브래드 피트Brad Pitt 1963-는 이렇게 회상했다. "나는 리버가 최고라고 생각합니다. 그는 현재에도 최고고 과거에도 최고였어요. 젊은 배우들 가운데 최고는 리버예요. 이제 와서 이런 말을 하는 게 아닙니다. 나는 그 친구가 죽기 전에도 똑같이 말했어요. 그 친구한테는 내가 이해할 수 없는 특별함이 있었거든요."

에단 호크Ethan Hawke 1970-는 이렇게 말했다. "리버는 마법을 부리듯 늘 이상한 후광을 뿜어내는 사람이었어요. 그는 사람을 미치게 만들거나 자신과 사랑에 빠지게 만들 수 있었죠. 때로는 그 두 가지를 동시에 해냈고요."

배우였다는 사실을 고려하더라도 리버는 짧은 생애 동안 인상적일 만큼 많은 정체성을 보여줬다. 아역 스타, 핀업 모델, 개종 기독교도, 게이 남성의 상징, 길거리 공연자, 마약 중독자, 비건 채식주의자, 가수, 작곡가, 열대 우림 보호 운동가, 전위적 패션을 즐기는 할리우드 스타, 오스카상 후보 등. 이것들은 모두 리버가 잠시 들어가 살았던 거죽이요 얼굴에 쓰고 있던 가면이었다. 정체성의 수가 이렇게 많다는 것은 보는 관점에 따라, 리버가 거짓말과 모순으로 가득한 삶을 살았다는 뜻일 수도 있고, 그가 존재의 여러 측면을 상당히 성공적으로 구분해냈다는 뜻일 수도 있으며, 수많은 다른 스물세 살 젊은이들처럼 그 역시 여러 정체성을 시험 삼아 겪어보는 과정을 통해, 그리고 그 정체성들이 자신의 근본적 자아와 어떻게 연결되어 있는지 알아가는 과정을 통해 자신이 누구인지 계속 찾아 헤매고 있었다는 뜻일 수도 있다.

리버의 성격을 설명하려고 할 때 제각각 다른 단어를 떠올리더라도 그를 아는 사람 모두가 어떤 맥락에서든 동의하는 한 가지 사실이 있다. 리버에게는 특별함이 있었다는 것이다. 그 특별함을 누군가는 불꽃이라고 불렀고 다른 누군가는 빛이라고 불렀으며 또 다른 누군가는 영혼이라고 불렀다.

리버의 한 친구는 이렇게 말했다. 리버는 "길을 걷고 있는데 눈이 내리면, 리버란 녀석 이 눈을 보자마자 또 눈싸움할 눈덩이 뭉칠 궁리부터 하겠군, 그런 생각을 하게 만드는" 사람이었다고.

리버는 친구들을 와락 끌어안기를 좋아했다. 가끔은 등 뒤에서 덤벼들어 친구들을 놀라게 하기도 했다. 하지만 누군가가 자신을 안으려고 하면 얼른 뒤로 물러났다. 모든 포옹이 자기 뜻대로 되기를 바랐던 것이다.

리버와 두 편의 영화를 함께 찍은 배우 더모트 멀로니^{Dermot Mulroney 1963-}는 느릿느릿 움직이는 리버의 오른쪽 눈이 그의 양분된 근본적 정신을 표현한다고 생각했다. "그의 두 눈은 매 장면 그를 에너지의 핵심으로 만들었어요. 그 원심력이 어찌나 강한지 그를 통제하려고 싸워볼 엄두조차 낼 수 없을 정도였고요. 초점을 잃은 그의 두 눈 중 한쪽 눈은 온전한 분별력으로, 다른 쪽 눈은 광기로 받아들여졌답니다. 얼굴을 클로즈업하면 한쪽 옆모습은 옆집 청년이요, 다른 쪽 옆모습은 진짜 미친놈이었으니까요."

촬영감독 바비 버코우스키Bobby Bukowski 1953- 는 몇 주 동안 리버가 출연한 영화 「샌프란시스코에서 하룻밤Dogfight 1991」을 촬영했다. 그는 두 사람이 처음 만난 그 순간을 생생하게 기억하고 있었다. "리버는 머리가 아주 길었어요. 승강기에서 내리다가 나랑 부딪쳤는데, 천사, 어떤 초자연적 존재의 모습을 하고 있더군요. 그 천사는 가브리엘일 수도 있고 루시퍼일 수도 있어요. 그는 드높고 눈부신 자리에 날아오르는 것만큼이나 손쉽게 깊고 어두컴컴한 구석 안으로 숨어들고는 했답니다."

영화 「트루 로맨스True Romance 1993」로 이름을 알린 여배우 패트리샤 아퀘트Patricia Arquette 1968- 는 1993년 10월 30일 남동생 리치먼드와 함께 있었다. 그 무렵 리치먼드가 그녀의 집에 머물고 있었기 때문이다. 리치먼드가 어떤 배우와 함께 작업해보고 싶냐고 묻자 패트리샤는 리버 피닉스라고 대답했다. 다음 날 아침 리치먼드는 패트리샤가 잠을 깨우는 바람에 자리에서 일어났다. 그녀는 눈물을 줄줄 흘리며 그 소식을 전했다. 그들이 잠자고 있는 동안 리버 피닉스가 황천길을 떠났다는 것이다. 하룻밤 사이에 세상은 이미 바뀌어 있었고, 세상이 품고 있던 가능성은 사라지고 없었다.

바이퍼 룸은 한쪽 구석에 무대가 있는 블랙박스[2] 스타일의 소형 클럽이었다. 그곳은 손님 2백 명을 아무렇지도 않게 받았고, 소방 관리자가 방문하지 않으면 더 많은 인원도 수용했다. 그러나 그곳이 유명해지게 된 가장 큰 이유, 그렇게 문전성시를 이루게 된 이유는 조니 뎁이 사장이었기 때문이다. 리버는 1993년 10월 30일 밤(부터 다음 날 이른 새벽까지) 바이퍼 룸의 손님 중 한 명이었다. 그의 연인 사만다 마티스Samantha Mathis 1970-, 여동생 레인Rain Phoenix 1972-, 남동생 호아킨Joaquin Phoenix 1974-, 밴드 '레드 핫 칠리 페퍼스Red Hot Chili Peppers'의 기타리스트 존 프루시안테John Fruciante 1970-, 드라마 「못말리는 번디 가족Married……with Children 1987-1997」에 출연한 크리스티나 애플게이트Christina Applegate 1971-, 자신이 속한 밴드 '피P'와 함께 연주를 하고 있던 조니 뎁 등이 그곳에 있었다. 당시 '피' 밴드의 일원이었던 '칠리 페퍼스'의 베이시스트 플리Flea: Michael Peter Balzary 1962-, 밴드 '미니스트리Ministry'의 멤버 알 주르겐슨Al Jourgensen 1958-, 톰 페티Tom Petty 1950-2017 밴드의 일원 벤몬트 텐치Benmont Tench 1953-, 밴드 '버트홀 서퍼스Butthole Surfers' 소속의 기비 헤인즈Gibby Haynes 1957-도 무대 위에 있었다. 그날 밤 그들은 할리우드 힐스에서 열리는 파티를 노래한 곡을 불렀다. 그 노래 가사에는 뮤지션 마이클 스타이프Michael Stipe 1960-, 영화감독 소피아 코폴라Sofia Coppola 1971-, 리버 피닉스가 등장했지만, 리버는 그 노래를 들어본 적도 없었고 그 뒤로도 영원히 듣지 못했다.

조니 뎁이 무대에서 내려오자 경비원이 다가와 플리 친구 중 한 명이 약물 쇼크로 보도 위에 쓰러져 있다고 말했다. 뎁은 뒷문 계단으로 클럽을 나가 주

---

2 블랙박스(Black Box): 공연 공간의 한 종류로 대개 직육면체 형태다. 바닥은 평평하고 네 벽은 검은색이다. 공간의 단순성 덕분에 유연한 무대를 만들고 관객과 소통하기가 쉽다. 검은색 페인트나 커튼만 있으면 어디든 공연 공간으로 바꿀 수 있는 편리함 때문에 1960년부터 미국에서 널리 유행하기 시작했다.

위를 살폈다. 응급 의료원이 한 청년에게 처치를 하고 있었는데, 핼러윈 코스튬을 한 구경꾼 무리에 둘러싸여 있어서 뎁은 그 청년이 누구인지 알아보지 못했다. 그 청년이 리버였으며 리버가 사망했다는 사실을 뎁이 알게 된 것은 그날 밤 훨씬 나중이었다.

뎁과 리버는 만난 적은 있지만 친한 사이는 아니었다. 뎁은 배우라는 직업적인 면에서 리버를 존경했다. "리버는 독특한 길을 걷고 있었고, 나는 그 사실이 존경스러웠어요." 할리우드행 고속도로에서 벗어나 낫으로 덤불을 베어내며 길을 개척하기를 간절히 원했던 동료 배우를 뎁은 그렇게 인정했다.

뎁은 회상했다. "그 친구는 전성기를 누리고 있었지만 큰 실수를 저질렀고, 그래서 지금 여기 없는 겁니다. 그의 숨은 끊어졌고 그의 엄마는 다시는 아들을 보지 못하겠죠." 그는 조심스럽게 어휘를 골랐다. "중요한 점은 그 친구가 기타를 들고 클럽에 왔다는 거예요. 이런 말을 하면 내 가슴을 베어 열고 거기에 구토하고 싶은 사람도 있겠지만 그 친구……, 한 팔에 자기 여자를 안고 한 팔에 기타를 멘 채 거기 나타났다니 얼마나 아름다운 일입니까. 그러니까 그 친구는 거기 놀러 온 거예요. 자기가 죽을 거라는 생각은 전혀 하지 못한 채요. 하긴 자기가 죽을 거라고 생각하는 사람은 아무도 없기는 하죠. 그 친구는 그저 신나게 놀고 싶었던 거예요. 그게 위험했던 거지만. 내 마음이 찢어지는 건 그 친구가 죽었기 때문만이 아니라 기타를 들고 나타났기 때문이기도 해요. 무슨 말인지 알아요? 그건 불행한 청년이 아니었다는 뜻이거든요."

몇 년 뒤, (뎁이 '그의 여자'라고 부른) 여배우 사만다 마티스는 이렇게 말했다. "정말 너무나 충격적이었어요. 모든 사람은 죽을 수밖에 없다는 사실을 받아들이기 힘든 나이였거든요. 지금은 내가 이제 스물세 살이 아니라고 생각하면 참 이상한 기분이 들어요. 리버는 영원히 스물세 살일 테니까요."

1980년대 할리우드에서는 톰 크루즈^{Tom Cruise 1962-}와 마이클 제이 폭스^{Michael J. Fox 1961-}가 연예계 로드맵, 단박에 스타의 반열에 오르는 탄탄대로의 지도를 그렸다. 그와 동시에 '브랫 팩'[3]은 그 길을 추구하는 것이 얼마나 허망할 수 있는지 입증해 보였다. 1990년대에 리버는 젊은 배우 세대에게 다른 접근법, 즉 예술적 진실성과 개인의 정치성에 더 큰 가치를 두는 접근법도 있을 수 있다는 사실을 알려줬다. 심지어 오늘날에도 젊은 배우가 환경 운동이나 채식주의를 옹호하면 그 언저리에서 리버의 삶이 메아리처럼 울린다. 그의 빈자리는 브래드 피트, 레오나르도 디카프리오^{Leonardo DiCaprio 1974-}, 그의 남동생 호아킨 같은 다른 배우들로 채워졌다. 그 배우들을 보면 리버가 살아 있었을 경우 어떤 스타일의 남자가 됐을지 외면적 모습을 대충 그려볼 수 있고, 리버를 보면 그가 남기고 떠난 세계를 더 잘 이해할 수 있다.

---

3 브랫 팩(Brat Pack): 1980년대 중후반 유행한 청춘 영화에 출연했던 엑스세대 배우 무리를 말한다. 1985년 <뉴욕 타임스 매거진>에 게재된 한 칼럼에서 '악동들'이라는 뜻의 이 용어가 처음 사용되었다. 대개 열 명 정도를 멤버로 꼽는데 그중 2010년대까지 활발하게 작품 활동을 하고 있는 배우는 거의 없다.

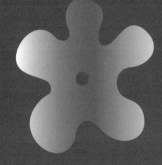

1부

**어렸을 때는 다들
어른들의 말을
그냥 받아들이지**

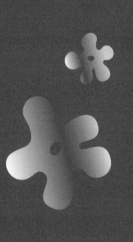

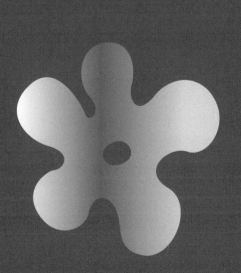

1. 스카이라킹[1]

리버 피닉스가 서쪽을 바라보며 말리부 언덕 높은 곳에 서 있다. 그는 화창한 날이면 태평양, 눈부시게 반짝이는 파란색, 언제나 수평선에 이르는 가능성으로 가득한 바다를 바라보고는 한다. 오늘은 해양 층[2]이 밀려 들어온다. 그것은 리버의 발 바로 밑까지 구름이 뭉게뭉게 피어올랐다는 뜻이다.

리버의 한쪽 옆에는 친구 한 명, 그러니까 아름답고 젊은 검은 머리 여자가 서 있다. 다른 쪽 옆에는 또 다른 친구, 리버보다 거의 서른 살이 더 많은 영화

---

1   스카이라킹(Skylarking): 리버 피닉스가 좋아했던 영국 밴드 '엑스티시(XTC)'가 1986년 발매한 아홉 번째 앨범 제목이다. 이 책에는 가수, 앨범, 노래 제목이나 노래 가사를 그대로 빌려와 쓴 소제목이 많다. 평생 록 가수의 꿈을 버리지 못했던 리버를 향한 일종의 추도 방식인 것으로 보인다. 이런 경우 음악 용어 번역 관행에 따라 음독하고 필요에 따라 해석을 제공한다. 'skylarking'은 '소동, 야단법석'이라는 뜻이다.

2   해양 층(Marine Layer): 해변이나 큰 호수의 수분과 내륙의 더운 공기가 결합해 형성되는 짙은 안개를 뜻한다. 말리부가 위치한 캘리포니아 주는 알래스카 만에서 내려온 차가운 바닷물이 캘리포니아 해수면의 따뜻한 공기와 만나 수평으로 낮게 구름이 형성되는 지역으로 유명하다.

감독 겸 배우 윌리엄 리처트^{William Richert 1942-}가 서 있다. 리처트는 한 영화(「지미의 사춘기^{A Night In The Life Of Jimmy Reardon 1988}」)의 감독으로, 그리고 또 다른 한 영화(「아이다호」)의 동료 배우로 리버와 함께 영화를 찍었다. 그들은 리처트의 집 밖에 서 있는데 최근 그 집은 여배우 이온 스카이^{Ione Skye 1970-}를 비롯해 리버의 젊은 할리우드 친구들로 바글댄다. 키아누 리브스^{Keanu Reeves 1964-}는 자신의 모터사이클을 몰고 그 집에서 열리는 파티에 온다. 리버는 리처트의 집을 별장처럼 활용하며 가끔은 한밤중에 살금살금 들어오기도 한다.

"내 손을 잡아요." 리버의 말에 여자와 남자 모두 따른다. 그들은 기단^{基壇} 끝에 서 있는데, 구름 속에 폭 안겨 있어서 그 집은 마치 미국 화가 맥스필드 패리시^{Maxfield Parrish 1870-1966}의 그림 속 무릉도원처럼 보인다. 그 구름 밑에 10미터 높이의 가파른 언덕이 있다는 사실은 리처트도 잘 알고 있다.

"이제 뛰어오를 겁니다." 리버가 친구들에게 말한다. 그게 과연 좋은 생각인지 그들은 확신하지 못하지만 리버가 말을 잇는다. "그럼 우리가 이 구름 속을 통과하는 동안, 과거에 우리가 지은 죄, 잘못했다고 생각했던 행동들이 모두 잊힐 거예요. 우리한테는 완전히 새로운 일들만 일어나고, 우리는 영원히 충만하게 될 거예요."

리버가 구름 속으로 뛰어올랐고 그의 친구들도 그와 함께 도약했다.

리버는 언제나 뛰어오르는 인간이었다.

2. 탐구자들

리버 피닉스의 어머니는 이름은 야금야금 바꾸었지만 삶은 단번에 바꾸었다. (1944년 12월 31일 뉴욕) 브롱크스에서 태어난 알린 두네츠^{Arlyn Dunetz 1944-}는 스물세 살에 아늑하지만 따분한 가정이라는 삶 속에 정착했다. 어떤 컴퓨터 기술자와 결혼하고 맨해튼 소재 회사에 비서로 취직했던 것이다. 마치 월요일 밤이면 「건 스모크」[3]나 「캐럴 버넷 쇼」[4] 둘 중 하나를 꼭 보게 되는 것처럼, 어머니, 주부로서의 운명을 하늘이 그녀를 위해 점지해둔 것 같았다.

알린은 이렇게 말했다. "난 그저 사랑받고 싶었을 뿐이에요. 사랑할 누군가를 찾고 싶었던 거고요. 영화나 텔레비전에서 보던 삶, 결혼해서 영원히 행복하게 사는 삶을 살고 싶었던 거죠. 하지만 순식간에, 두 달도 채 안 돼서 내가 이러고 있더군요. '맙소사, 영화나 드라마에서 보던 것과는 딴판이잖아. 모든 걸 다시 시작해야겠어.' 그래서 그렇게 한 거예요."

사이키델릭한 소리가 사방에서 울렸다. 온 나라가 사랑을 끌어안는 분위기와 혁명을 옹호하는 분위기 사이에서 갈팡질팡하고 있었다. 알린은 자신이 어떤 삶을 살고 싶은지 알지 못했지만, 그것이 브롱크스 아파트의 경계선 너머에 있다는 점만은 알고 있었다. 1968년 여름 그녀는 배낭에 옷 몇 벌을 쑤셔 넣고 주머니에 돈 몇 달러를 챙겨 넣은 뒤 서쪽으로 히치하이킹 여행을 떠났다.

충격에 빠진 남편과 부모를 뒤에 남겨두고. 그녀의 어머니 마거릿 두네츠는 알린이 히피가 되려고 한다는 사실을 알고 있었다. "소름이 끼치지도 않았고 내가 할 수 있는 일도 없었어요. 난 그 애를 말릴 생각조차 하지 않았답니다. 그 앤 이미 다 큰 어른이었으니까요."

---

3 「건 스모크(Gun smoke)」: 미국 텔레비전 드라마로 1955년부터 1975년까지 20시즌 동안 방영되었다. 동명의 라디오 드라마는 1952년부터 1961년부터 방송되었다.

4 「캐럴 버넷 쇼(The Carol Burnett Show)」: 미국의 텔레비전 코미디 프로그램으로 1967년부터 1978년까지 11시즌 동안 방영되었다.

리버 피닉스의 아버지는 가정에서 도망치는 것만큼은 그 누구보다 먼저였지만, 자신에게서는 영원히 도망칠 수 없었다. 존 리 보텀^{John Lee Bottom 1947-2015}은 1947년 6월 14일 로스앤젤레스 동쪽 인랜드 엠파이어에 속한 캘리포니아 폰타나에서 태어나 성장했다. 폰타나는 덥고 황량한 고장, 교외 사막의 파편, 카이저 철강 본사 공장이 있는 곳으로 모터사이클 클럽 헬스 엔젤스^{Hell's Angels}가 처음 결성된 마을로도 유명하다.

존은 부모의 과잉보호라는 것을 받아본 적이 없었다. 그의 아버지 엘리는 유리 사업에 정신이 너무 팔려 있어서 아들과 함께 보낼 시간이 없었다. 어머니 불라는 존이 열 살이 되자마자 끔찍한 교통사고를 당해 의식불명에 빠졌다. 그 상태로 1년이 지나자 병원에서는 뇌가 손상된 껍데기뿐인 어머니를 집으로 돌려보냈다. 사업 실패와 아내를 잃은 상실감에 좌절한 엘리는 과도하게 술을 마시면서 집 밖에서 지내기 시작했다. 그러다가 아무런 예고나 설명도 없이 어느 날 집을 떠나버렸다. (엘리는 샌프란시스코를 거쳐 끝내는 오스트레일리아 퍼스에 다시 정착했고, 존재조차 알지 못했던 손자 리버가 사망하기 5주 전인 1993년 9월 23일 그곳에서 죽었다) 어머니는 요양시설로 보내졌고, 존은 일곱 살 많은 형 바비와 함께 살았다. 그러나 바비가 해군에 입대하자 결국 존은 감리교에서 운영하는 사설 고아원에 들어가게 되었다.

존은 벗어나려고 발버둥 쳤다. "고아원에서 도망쳐 할리우드에 가서 작곡가가 되려고 했어요." 그러나 그 자유는 오래가지 못했고 히트송도 남지 않았다. 그는 얼마 안 가 폰타나로 돌아왔다. 다시 도망쳤을 때는 프랜시스 이모와 브루인 이모부가 살고 있는 로스앤젤레스 남쪽 롱비치로 가서 자신을 받아달라고 애원했다. 이모 부부는 그를 돌볼 수 없다고 말했고, 그는 슬픔에 빠져 고아원으로 돌아왔다.

존 보텀은 백일몽을 가득 품은 유순한 어린이에서 불행하고 상처받은 십대로 변했다. 과하게 술을 마셨고 대마초를 피웠으며 모터사이클을 타기 시작했는데, 그의 말에 따르면 그런 행동들은 심각한 결과를 낳았다. "열여섯 살에 술 취한 여자랑 정면으로 충돌해서 병원에서 1년 반을 보냈어요." 프랜시스 이모 같은 존의 친척들은 그 사고를 전혀 기억하지 못하며 그가 평생 고통을 겪은 것은 목수로 일하는 동안 입은 등 부상 때문이라고 생각한다.

그런 기억의 차이를 어떻게 설명해야 할까? 몇 가지 가능성을 떠올려볼 수 있다. 우선 그들 중 누구도 행복하지 않았다. 그리고 존은 그 사연을 자신의 삶 속으로 곱게 접어 넣음으로써 어머니의 비극적 사고를 이해하려고 애쓰는 중이었을 수 있다. 아니면 존이 현실과 자신이 지어낸 우화를 구분하지 못했을 수도 있다. 그것도 아니면 친척들이 존에게 너무나 무관심한 나머지 그가 병원 신세를 졌다는 사실을 알지 못했을 수도 있다.

존은 고아원을 떠나 정원사나 가구를 다듬는 목수로 띄엄띄엄 일하면서 기타를 메고 캘리포니아 전역을 떠돌았다. 열다섯 살에 한 소녀를 임신시켰고 그 결과 (트러스트Trust라고도 알려진) 딸 조데안Jodean Bottom 1964-을 얻었다. 그러나 자신의 아버지와 마찬가지로 존은 한곳에 머무르지 않았다. 린든 존슨 대통령이 베트남 전쟁에 보낼 군인의 수를 증원하고 있던 1966년 징병이 될까 두려워 존은 캐나다로 향했다.

1년 뒤 미국으로 돌아온 존은 자신의 낡아빠진 폭스바겐 미니버스를 몰고 로스앤젤레스로 향했다. 그러다가 산타모니카 대로변에서 차를 얻어 타려고 엄지를 들고 있는 한 히피 아가씨를 보았다. 작은 키(158센티미터)에 아름답고 눈부신 여자였다. 존 보텀은 차를 세우고 알린 두네츠를 태웠다.

몇 년 뒤 리버는 이렇게 회상했다. "우리 엄마와 아빠가 그렇게 딱 만나다니 정말 흥미롭죠. 두 사람은 함께할 운명이었다는 느낌이 들어요."

존은 앨린을 자신이 사는 곳으로 초대했고, 앨린은 이틀 밤 뒤 그 초대에 응했다. 그들은 얼룩덜룩하게 염색된 그 시절의 진리 속에서 공통점을 발견하면서, 즉 베트남전의 광기, 물질주의 세계의 얄팍한 가치, 평화와 사랑으로 모든 사람의 문제를 해결할 방법을 논하면서 밤을 꼬박 새웠다. 새벽 무렵 두 사람은 이미 사랑에 빠져 있었다.

그 뒤 그들은 폭스바겐 미니버스를 타고 아메리카 대륙 서해안을 이리저리 떠돌면서 여러 공동체에 잠깐씩 머물렀다. 두 사람은 법적인 부부였던 적이 단 한 순간도 없지만, 1968년 4월 언약식을 치르기는 했다. 새로운 친구, 새로운 진실을 찾아 떠도는 동안 그들은 정신을 환각에 빠뜨리는 약물, 특히 앨린이 "신의 선물"이라고 묘사한 엘에스디LSD의 열광적인 소비자가 되었다.

부부는 엘에스디 뭉치를 종교의 성체처럼 모셨다. 앨린은 말했다. "엘에스디는 진실 혈청[5]이었어요. 신의 힘을 느낄 수 있는 의식의 경지로 사용자를 높이 고양시켜주는 물질이었죠. 그게 우리가 그 물질을 복용한 유일한 이유예요."

존의 경우 그 약물이 미국 사회에 관한 인식 자체를 재구성해주었다. 그는 훗날 리버에게 이렇게 말했다. "내가 구덩이 안에서 살고 있다는 사실을 곧바로 알게 된 거야. 길 잃은 사람이 수도 없이 많았고 대통령은 굳이 세계에서 가장 좋은 사내가 될 필요가 없었단다."

(리버는 그 말에 이렇게 대꾸했다. "그 사실을 깨닫는 데 꼭 약이 필요하지는 않았을 텐데요.")

---

5 진실 혈청: 원어는 'truth serum'이다. 국내에서는 사용이 금지되어 있는 '아모바르비탈'이라는 수면제, 진정제 성분의 별명이다. 이것을 복용하면 진실만을 말하게 된다는 생각이 널리 퍼져 있었던 까닭에 'truth serum'이라는 별명이 붙은 듯하다.

존과 알린은 "세계에서 가장 좋은 사내"가 실제로 대통령 자격을 얻는 사회를 구축하고자 같은 목적을 추구하는 동료 10여 명을 모아 여행 공동체를 형성했다. 존은 말했다. "우리는 '플라워 칠드런'[6]이었어요. 신념으로 가득하고 만인을 사랑하는."

그들은 플로리다까지 미국 전역을 자신들의 방식으로 바꾸고자 마음먹은 뒤 우선 북쪽으로 길을 잡았다. 그러다가 1970년 초여름, 오리건 주의 관목이 깔린 평야, 그중에서도 마드라스라는 이름의 작은 마을에 이르렀다. 그곳에 도착했을 때 알린은 임신한 상태였다. 무리는 알린이 출산할 때까지 한 장소에 머무를 수밖에 없었다. 그 지역 농부들 중에 히피를 고용하려는 사람은 아무도 없었지만, 존은 로이 낸스라는 젊은 농부를 설득해 일거리를 얻어냈다. 히피 무리는 농장에 있는 2층짜리 집에 들어가 살면서 페퍼민트 농장에서 장차 미국의 치약과 껌의 재료가 될 작물을 키우는 육체노동을 했다. 물통을 끌고 다니며 민트에 물을 주고 밭을 맸던 것이다. 그런데 그들은 언제든 그러고 싶으면 알리지도 않은 채 휴식을 취했고, 필요하면 들판 한복판에 주저앉음으로써 낸스를 당황스럽게 만들었다.

당혹스러움을 느끼기는 했지만 관대했던 낸스는 말했다. "정말 이상한 놈들이었어요. 하루는 내가 트랙터를 몰고 히피들이 모두 밭에서 자갈을 주워 내가 끌고 가는 트레일러에 담기로 했어요. 그런데 갑자기 사방이 고요해졌어요. 뒤를 돌아보았더니, 다 함께 그러기로 했는지 모두 등을 바닥에 대고 누워 해를 올려다보고 있더군요. 그 무리 중 한 명이 유난히 자주 그런 행동을 했는

6　플라워 칠드런(Flower Children): 히피족의 속칭이다. 1960년대 히피들은 대부분 엘에스디를 복용했고, 전쟁에 반대한다는 뜻에서 머리에 사랑과 평화를 상징하는 꽃을 달았기 때문에 이렇게 불렸다.

데, 그 사람과는 아직도 알고 지내요. 그 사람 지금은 눈이 거의 멀었답니다."

히피들은 자기들 나름대로 약간의 농사를 지었다. 낸스의 땅에 마리화나 씨앗을 뿌리고 그것을 키우려고 안간힘을 썼던 것이다. 하지만 그들이 모르는 것이 있었으니 바로 잡초를 제거하는 법이었다. 낸스는 '제초제 분무기'로 흙을 길들이고 있었다. "그 식물을 1인치 자라게 하려면 죽을 똥을 싸야 했다니까요." 낸스는 낄낄 웃으며 말했다. 그렇게 비옥한 땅에서 하는 짓마다 왜 바보짓이 되는지 그들은 영원히 알아내지 못했다.

그 무렵 스물다섯 살 정도였던 낸스는 식객 노동자들보다 나이는 많지 않았지만 가치관은 훨씬 더 보수적이었다. "일반 사람들한테는 있는 도덕관이라고는 전혀 없는 인간들이었어요." 낸스는 말했다. 여자들은 긴 치마를 입고 일하면서 치맛자락을 허리 위로 걷어 올려 속옷을 입지 않은 아랫도리를 드러냄으로써 낸스를 놀라게 만드는 것을 즐겼다. 그들은 걸핏하면 옷을 벗어 던지고 농장 개울에서 멱을 감았고, 잔디밭 위에서 자랑하듯 알몸을 쩍 벌리고 누워서 낸스의 반응에 웃음을 터뜨렸다. "한번은 내가 트랙터를 몰고 있는데 그 짓거리를 또 하는 거예요. 도대체 감자밭 몇 줄을 망쳐먹었는지."

히피 무리는 계속 자기들끼리만 어울렸지만, 동료 노동자들은 그들을 좋아했다. 관습적이지는 않지만 무례하지도 않은 사람들이라고 여겼기 때문이다. 히피들은 들판에서 기나긴 낮 시간을 보낸 뒤 2층짜리 집에서 자기들끼리 밤을 지냈다. 촛불 옆에서 음악도 듣고 돌아가며 책도 낭독했는데, 그중 하나가 헤르만 헤세Hermann Hesse 1877-1962의 『싯다르타Siddhartha 1922』였다.

인도를 배경으로 하는 그 소설은 깨달음을 향한 한 청년의 탐구를 그린다. 그 청년은 (수많은 대학교 2학년생들처럼) 여러 종교의 지도자와 정체성을 시험 삼아 겪어본 뒤, 마침내 (대부분의 대학교 2학년생들과 달리) 뱃사공으로 일하면서 지혜를 발견한다. 한 문장을 예로 들면 이렇다. "강은 내게 언제나 듣는 법을 가르친다. 당신도 강으로부터 그 방법을 배우게 될 것이다. 강은 모든 것을 알고 있다. 따라서 강으로부터 모든 것을 배울 수 있다. 물장구치며 물속으로 내려가는 것, 잠수하는 것, 깊이를 탐구하는 것이 얼마나 보람찬 일인지를 우리는 이미 강으로부터 배웠다."

알린은 진통이 시작되던 뜨겁고 건조한 여름날까지 계속 일했다. 낸스가 산파를 한 명 데려와 곁을 지키게 하기는 했지만 알린은 마드라스의 병원에 가는 것도, 의사를 불러오는 것도 거부했다. 세월이 흐르면서 그 출산 이야기는 통나무 오두막집에서 진통이 사흘이나 계속되었다는 식으로 신화화되었다. (낸스는 자신의 사유지에 통나무 오두막집이 없었으며, 진통 시간도 "세 시간 반에서 길게 봐야 네 시간 정도"였다고 말했다) 1970년 8월 23일 낮 열두 시 3분 알린은 첫 아이를 출산했다.

몇 년 뒤 알린은 자신이 지켜봤던 다른 출산에 관해 이야기했다. "아기가 나오자 사람들이 말했어요. '성별이 뭔지 말하지 말아요.' 출생 직후 30분 동안 출산 욕조에 아기를 눕혀놓고 아무도 쳐다보지 않더군요. 어떤 꼬리표를 붙이지 않은 채 아기의 존재를 그 자체로 인정하는 거예요. 아기가 아들이면 얼마 안 가 사람들이 하늘색 옷만 잔뜩 사오지만요. 정말 재밌었어요. 성별이 뭔지 알고 싶어 죽을 지경이었거든요. 하지만 그게 왜 중요한 문제일까요? 우리는 왜 성별 차이에 집착하는 걸까요?"

알린의 아기는 아들이었다. 그날 오후 존은 메토리우스라는 근처 읍내로 달려가 철물점에서 초를 몇 개 샀다. 흥분한 목소리로 갓 태어난 아기 명명식 命名式에 필요하다고 점원한테 떠들면서. 존과 알린은 촛불 옆에서 아기에게 리버 주드 보텀이라는 이름을 붙였다. '리버 보텀('강바닥'이라는 뜻-옮긴이)'이라고 붙여 부르면 진흙 속의 메기가 떠오르지만, 리버라는 이름에는 모든 존재를 관통해 흐르며 정화하는 자연의 힘을 향한 헌사의 뜻이 담겨 있었다.

알린의 설명에 따르면 공동체에서 그 무렵 선택해 읽고 있던 책 때문에 이름을 그렇게 짓게 된 것이었다. "그 책 『싯다르타』는 생명과 관련된 수많은 질문에 대한 답으로서의 강을 이야기해요. 강물을 들여다보면 거기 반사된 만물을 알 수 있다고요."

그럼 '주드'는? 그 이름에는 성서적 함의가 담겨 있다. 주드[7]는 예수 그리스도의 12사도 중 한 명이자 때때로 예수의 형제라고 믿어지는 인물이다. (예수를 배신한 이스카리옷 유다와 혼돈하지 마시길) 그러나 실제로 그 이름에 영감을 준 것은 훨씬 더 즉물적인 동기이다. "나나나나"라는 후렴구를 사방에 퍼뜨리는 노래, 존과 알린이 가장 좋아했던 비틀스의 노래 「헤이 주드Hey Jude 1968」가 바로 그것이다.

그 이름에는 갓 태어난 아기를 향한 부모의 희망과 기대가 담겨 있었다. 아기가 그 어떤 실패도 구원할 수 있는 사람이 되어 원대한 세상을 눈부시게 비추기를 바랐던 것이다. 슬픈 노래를 받아들여 그것을 기쁘게 부르듯이.

여름이 가고 가을이 왔다. 페퍼민트 수확이 끝나자 농장 일거리가 떨어졌다. 알린이 출산 뒤로 기력이 없고 몸이 아팠기 때문에 알린과 존은 리버와 함께 마드라스에 남았고, 공동체의 다른 구성원들은 그 가족 없이 길을 떠났다.

---

7 주드(Jude): 예수의 12사도 중 한 명인 유다 타대오(Jude Thaddaeus)를 말한다. 성경에 12사도의 이름을 나열할 때만 등장할 뿐, 기록이 많지는 않다. 교파에 따라 다르지만 예수의 부모인 요셉과 마리아가 낳은 자녀 중 한 명으로 보는 시각이 있다. 반면 정통 가톨릭에서는 다른 12사도 중 한 명인 소(小)야고보와 형제인 것으로 보는데, 소야고보는 성모마리아의 언니 마리아가 알패오와 결혼하여 낳은 아들이라고 한다. 현대 관점에서 보면 이 두 제자는 예수와 이종사촌인 셈이다. 예수를 배신하고 팔아넘긴 이스카리옷(가롯) 유다(Judas Iscariot)와 다른 인물이다.

마드라스의 겨울은 혹독할 가능성이 컸다. 고도가 높다는 뜻은 강설량이 많아서 도로 통행이 불가능해진다는 뜻이었으니까. 가족은 날씨가 더 따뜻한 남쪽으로 이동해야겠다고 결론 내렸다. 문제는 폭스바겐 미니버스가 고장 났다는 것, 존과 알린은 그 차를 수리할 능력이 없다는 것이었다. 낸스는 알린과 아기 리버가 여행을 감당할 수 있을 정도로 건강을 회복하지 못했다고 염려하면서도, 그 버스를 수리할 수 있는 존의 친구가 사는 동네까지, 남쪽으로 80킬로미터가 넘는 거리를 견인해줬다.

가족은 그 뒤로 2년 동안 미국 서부와 남서부 전체를 여행하는 유랑민 생활을 계속했다. 완고한 미국 사회는 그들을 반감으로 맞이했고, 존과 알린은 긴 머리 동료 여행객들에게 순식간에 강렬한 유대감을 느끼고는 했다. 그들은 마리화나를 비롯해 온갖 환각제를 충분히 사용했지만 결국은 환각에 둔해졌다. 두 사람은 고립된 채 진짜 종교를 찾으며 1년을 보냈다.

알린은 공허함에 빠진 채, 어떤 황금 손이 나타나 그 어둠을 걷어내주길 기다렸다.

들판에 누워 있던 존은 소스라치게 놀랐다. 이 세상 소리가 아닌 듯한 목소리가 그에게 물었던 것이다. "너는 왜 나를 받아들이지 않느냐?" 그것이 실제 목소리인지, 존이 증거를 구하자 "한 키 큰 사내"가 성경 두 권을 안은 채 눈앞에 나타나 언명했다. "나는 기독교도다." 그 성경책 중 한 권은 골동품이었고, 역사에 관심이 많은 자신에게 호소하려는 의도가 그 성경에 담겨 있었다고 존은 믿었다. 그는 흐느껴 울었다. 그러다가 마약과 담배를 끊겠다고 결심했다.

몇 년 뒤 알린은 이렇게 말했다. "영성이 확 바뀌어버려요. 종교 안에 머물게 되면 우리가 이전에 들어가 살던 상자는 쓸모없어진답니다. 우리 모두가 천지 창조의 일부라는 새로운 시각도 얻게 되고요. 거기서 벗어날 수 있는 방법은 없어요. 기적이고 마법이니까요. 아무도 이해하지 못하겠지만, 종교는 안으로부터 엄청난 힘을 발산해요."

자신을 찾아 떠난 존과 알린의 정처 없는 항해는 성스러움을 향한 탐구로 변모했다. 그들의 신앙은 마치 자신들에게 형태를 제공할 그릇을 찾아 헤매는 물줄기 같았다. 그리고 그들은 그 종교를 찾아냈다. 아니 어쩌면 그 종교, '칠드런 오브 갓'[8], 즉 '신의 자녀'라는 이름의 그 분파가 그들을 찾아낸 것일 수도 있지만.

3. 사랑하는 주님

리버 피닉스가 보도 위에서 죽기 3주 전, 바이퍼 룸과 거리가 1.6킬로미밖에 되지 않는 로스앤젤레스 스포츠 아레나[9]가 금색 기둥과 햇불로 장식되는

---

8 칠드런 오브 갓(COG, Children of God) : 1968년 미국 캘리포니아 해변에서 창시된 이단 기독교 교파다. 설립자이자 지도자인 데이비드 브란트 버그(David Brandt Berg 1919-1994)는 자신을 '킹 데이비드(다윗 왕), 모세 데이비드, 마지막 예언자 등으로 지칭했다. 맨 처음 호칭은 '예수를 믿는 십 대들(Teens for Christ)'이었는데 '칠드런 오브 갓', '사랑의 가족(The Family of Love)' 등의 이름을 거쳐 현재는 '더 패밀리 인터내셔널(TFI, The Family International)'이라고 불린다. 종말과 구원, 영적 행복 등을 복음으로 교세를 확장했다. 공동체 생활을 하며, 성행위가 신의 사랑과 자비를 표현하는 방식이라는 주장을 근거로 네 살이 되면 성행위를 가르친다. 리버 피닉스가 아기였던 1972년 무렵 전 세계에 130여 개의 공동체가 있었다. 피닉스 가족은 1973년 베네수엘라 수도 카라카스의 공동체에 정착했다. 리버는 이 이단 종교에 관해 말하는 것을 좋아하지 않았지만 1991년 한 매체와의 인터뷰에서 네 살부터 강간을 당했다고 말한 적이 있다. 몇 년 뒤 동생 호아킨은 형이 선정적인 쓰레기 언론에 질린 나머지 농담으로 한 소리였다고 말했다.

9 로스앤젤레스 스포츠 아레나 : 정식 명칭 로스앤젤레스 메모리얼 스포츠 아레나(Los Angeles Memorial Sports Arena)인 이 실내 경기장은 1959년 개장해 2016년 철거되었다. 1984년부터 1999년까지 엘에이 클리퍼스의 홈구장으로 사용되었다.

중이었다. 평소에는 그 건물이 그런 로마 황제의 과도한 화려함과는 전혀 닮지 않은 불운한 엘에이 클리퍼스[10]의 홈구장으로 사용되고 있었다. 그러나 그날 밤에는 그곳에서 사이언톨로지 교회[11] 행사가 열리고 있었다.

아레나 지붕 밑에 1만 명의 사이언톨로지 교도가 모여 있었다. 교회의 역사적 순간을 기념하기 위해서였다. 산업 스파이까지 동원된 25년간의 법적 분쟁 끝에 마침내 미국 국세청이 사이언톨로지를 상업적 기업이 아닌 종교로서 공식적으로 분류한 것이었다. "우리가 절대로 납부할 수 없는 10억 달러 세금 고지서는 이제 사라질 겁니다." 말쑥해 보이는 턱시도 차림의 교회 수장 데이비드 미스카비지가 선언했다. 그 판결로 모든 것이 달라질 터였다. 철학자들의 말에 따르면, 언어는 군대를 갖춘 방언이며 종교는 면세 혜택을 받는 이단이다.

1993년 로스앤젤레스 거리에는 다이아네틱스 검사 센터, 론 허바드 인생 전시관, 일렬로 서 있는 여러 채의 기념관 등 사이언톨로지 건물들이 띄엄띄

---

10 엘에이 클리퍼스(LA Clippers): 엘에이를 연고로 하는 프로 농구 팀은 엘에이 클리퍼스와 엘에이 레이커스(LA Lakers) 두 팀인데, 레이커스가 화려한 명성을 누려온 것에 비해 클리퍼스는 그 역사가 초라하다. 1970년 버펄로 브레이브스(Buffalo Braves)가 창단되었으나 적자와 흥행 실패가 이어지자 구단주는 1976년 팀을 매각했다. 1978년 샌디에이고 클리퍼스가 되었다가 1984년 다시 엘에이로 연고지를 이전했다. 잦은 연고지 이전으로 골수팬이 거의 없다. 스타플레이어가 없어서 영구 결번 선수도 없다. 성적 역시 우승은 말할 것도 없고, 이 책이 출간된 2013년까지 창단 이래 40여 년 동안 파이널 결정전에 진출한 적도 단 한 번도 없다.

11 사이언톨로지 교회(Church of Scientology): 론 허바드(L. Ron Hubbard 1911-1986)가 1954년 창시한 기독교의 한 분파다. 영적 존재인 인간은 윤회를 하는데, 전생에 세포에 새겨진 고통의 기억인 엔그램(engram)이 고통의 원천이며, 이를 치료하기 위한 정신 요법이 다이아네틱스이다. 전 세계에 20만 명 정도의 신자가 있는 것으로 추정된다. 프랑스, 독일 등 유럽 지역에서는 대체로 이단으로 규정되지만 미국에서는 종교로서의 지위를 인정받고 있으며, 톰 크루즈, 존 트라볼타(John Travolta 1954-) 등 많은 배우가 이 종교 신자인 것으로 알려져 있다. 특히 톰 크루즈는 허바드 사후 1987년부터 이 단체의 수장을 맡고 있는 데이비드 미스카비지(David Miscavige 1960-)와 돈독한 사이인 것으로 알려져 있다.

엄 들어서 있었고 미스카비지는 그 풍경 뒤편에서 호화롭게 생활하고 있었다. 5천 달러짜리 정장, 10만 달러짜리 음향시설, 수집한 고급 차들은 물론 자신의 스태프까지 갖추고 있었는데, 끼니때마다 주인이 한 가지를 거부할 수 있게 메인 요리를 두 개씩 차려내는 풀타임 정찬 요리사 두 명도 그 일원이었다.

미스카비지가 사치스러운 생활 방식을 유지하고 추종자들의 기부금으로 그 비용을 충당한 첫 번째 종교 지도자는 아니었다. 로스앤젤레스에서는 더더욱 처음이 아니었다. 그 천사의 도시는 미스카비지(심지어 그에게 그 지위를 물려준 사이언톨로지의 설립자 론 허바드)가 나타나기 훨씬 전부터 여러 여배우에게서 영감을 얻었던 것만큼 수많은 종교 지도자들에게도 매료되었던 것으로 보인다. 에이미 셈플 맥퍼슨Aimee Semple McPherson 1890-1944이 그 대표적인 예이다. 그녀는 1922년 어린 두 자녀와 함께 폐차 직전의 차를 몰고 엘에이에 도착했다. 그녀의 수중에는 1백 달러뿐이었다. 3년 뒤 그녀는 추종자 몇만 명의 기부로 축적한 현금 1백만 달러와 시가 25만 달러의 부동산을 소유하게 되었다. 얼마 뒤 그녀는 150만 달러의 비용을 들여 5천 석 규모의 안겔루스 템플Angelus Temple이라는 교회를 짓고, 그 교회 제단에서 정성스럽게 종교 의식을 거행했다. 미모와 매력을 겸비한 맥퍼슨은 찰리 채플린Charlie Chaplin 1889-1977 같은 유명 영화배우들과 가깝게 지냈지만 그녀가 한 주 동안 실종되었던 1926년 이후로 그 화려함의 원천이 바닥나기 시작했다. 그녀는 납치를 당했다고 말했지만, 지역 신문들은 그 시간 동안 그녀가 내연남과 애정 행각을 벌였다는 보도를 쏟아냈다. 맥퍼슨은 그 뒤로도 교세가 점점 기울어져가는 교회를 이끌다가 1944년 약물 과용으로 사망했다.

'자주색 엄마'[12]라고도 불리는 캐서린 팅리는 샌디에이고 포인트 로마에 신지학[13] 공동체를 세웠는데, 인상적이게도 이집트 양식의 정문 뒤에 나팔수를 숨어 있게 해 방문객이 도착하면 알리게 했다. 알버트 포웰 워링턴은 15에이커, 즉 6만 제곱미터의 할리우드 부동산을 매입한 뒤, 거기에 '크로토나 Krotona', 즉 '자석으로 수태한 성스러운 집단 거주지'라는 이름을 붙였다. '아이엠 분파'[14]는 가이 발라드라는 남자가 하이킹을 하는 도중에 얻은 비전을 토대로 설립되었다. 육화된 '어센디드 마스터' 생제르맹이 발라드의 어깨를 두드리고는 그에게 '순수한 전자 에센스'를 마시게 했다는 것이다. '인류 연

12   자주색 엄마(Purple Mother): 자주색은 중세 시대 귀족 고관대작만 입을 수 있는 옷 색이었다. 그래서 심홍색을 뜻할 뿐 아니라 '고위직의, 화려한, 선정적인'이라는 뜻도 내포한다.

13   신지학협회(神智學協會 Theosophy Sociality): 논리적 추론이나 일반적 신앙으로는 이해할 수 없는 세계의 본질을 신비한 체험이나 직관을 통해 깨닫게 된다는 철학, 종교 사조이다. 천사의 계시를 직관으로 인식해야 한다는 성경 구절부터 출발해 시대가 흐르면서 여러 사상이 결합되었고 여기에 18세기 유럽의 유명한 연금술사 생제르맹 백작(Count of Saint Germain)의 신비주의 이야기가 가미되었다. 생제르맹은 자석, 전기, 약품 등 물리, 화학적 수단을 통해 비금속을 귀금속으로 둔갑시키는 연금술에 통달한 불사신으로 알려져 있다. 1875년 헬레나 블라바츠키(Helena Blavatsky 1831-1891)와 헨리 스틸 올콧(Henry Steel Olcott 1832-1907)이 뉴욕에 신지학협회를 설립하면서 신비주의와 다른 독자적인 길을 걷기 시작했다. 1882년 본부를 인도로 옮기면서 불교, 힌두교 교의에도 영향을 끼쳤고 유럽까지 교세를 확장했다. 블라바츠키와 올콧이 떠난 뒤 미국 신지학협회는 윌리엄 저지(William Q. Judge 1851-1896)를 거쳐 캐서린 팅리(Katherine Tingley 1847-1929)가 이끌었다. 1951년 미국 본부가 캘리포니아로 이전했다. 수많은 신비주의 신앙, 밀교가 이들의 논리를 빌려 쓴다. 알버트 포웰 워링턴(Albert Powell.Warrington 1866-1939)은 팅리 이후 미국 신지학협회장을 맡았던 인물이다.

14   아이엠 분파(I AM movement): 1930년대 가이 발라드(Guy Ballard 1878-1939)가 시카고에서 창시한 신지학 분파이다. 기독교도를 자처하지만 예수뿐 아니라 조지 워싱턴, 블라바츠키, 간디에 이르기까지 20여 명의 초자연적 스승을 '승천한 스승', 즉 '어센디드 마스터(Ascended Master)'라고 부르며 숭상했다. 누구나 자기 정화의 과정을 통해 어센디드 마스터가 될 수 있다고 가르쳤다. 중심 사상이자 슬로건인 '나는 영혼이다(I Am Presence)'의 맨 앞 단어가 종교명이 되었다. 1938년 무렵 신도 수가 1백만 명에 이르렀지만 1939년 발라드가 사망하고 1942년 그의 아내와 아들이 사기혐의로 유죄 판결을 받으면서 교세가 급격하게 기울었다.

합'[15]의 창시자 아서 벨은 지구라는 행성의 중심에 살고 있는 작은 금속 슈퍼맨의 계시 덕분에 인류가 화려한 시대라는 미래를 누리게 될 것이라고 장담했다. '보스턴 열풍Boston craze'이라고도 알려진 '신사고 운동'[16]은 원래 뉴잉글랜드에서 시작됐지만 서쪽으로 근거지를 옮겨 로스앤젤레스에 자리를 잡았다.

미국의 역사는 서쪽으로 향하는 여행, 각자의 문제들을 후방 거울 속에 남겨두고 새로운 개척지를 찾아 떠나는 탐험의 역사이다. 영화 촬영 스튜디오들이 할리우드에 정착한 것은 우연이 아니다. 영화사 대표들은 활동사진 카메라를 발명한 토머스 에디슨Thomas Edison 1847-1931과 그의 변호사들로부터 되도록 멀리 도망치고자 했다. 세금 납부 상황에 따라 종교, 분파, 이단 등으로 불리는 수많은 단체가 정착지를 발견할 때까지 계속 서쪽으로 이동했다. 모르몬교는 유타 사막에 만족했다. 갓 결성된 어떤 종교 단체들은 계속 서쪽으로 이동만 하다가 태평양을 만나고 나서야 걸음을 멈추었다.

그들이 서던 캘리포니아에서 찾아낸 것은 엄청난 규모의 가난한 잠재적 추종자 무리였다. 로스앤젤레스는 역사적으로 서부에 막 도착한 사람들의 도시였다. 자신이 성장한 가족과 교회를 떠난 사람들이었기 때문에 그들은 어떤 영적 위로를 원했고, 로스앤젤레스는 결국 비주류 분파들의 온상이 되었다.

성공한 텔레비전 프로그램과 마찬가지로 일부 종교들은 엘에이에서 발원

---

15   인류 연합(Mankind United): 아서 벨(Arthur Bell)이 설립한 종교 단체로 대공황 시대부터 제2차 세계대전 무렵까지 주로 활동했다. 인류가 전쟁과 기아 등 큰 고통을 겪는 이유는 금권력을 소유한 '숨겨진 지배자'가 세상을 좌우하기 때문이라는 음모론을 제기하면서, '스폰서(Sponsor)'라는 강철 같은 새로운 인류가 곧 등장해 유토피아를 건설할 것이라 주장했다. 그러나 스폰서는 존재하지 않았고 그 교회의 운영에 종사했던 사람들은 박봉과 고된 노동에 시달렸으며 벨만이 호화로운 생활을 누렸다. 1951년 벨이 현직에서 물러난 뒤 교회는 완전히 붕괴되었다.

16   신사고 운동(New Thought): 19세기 미국에서 시작된 치료 신앙이다. 인간의 내면에는 엄청난 힘이 잠재해 있으며 최면술과 같은 정신 요법을 통해 그 힘을 발현시킬 수 있다고 믿는다.

해 지구 전역으로 퍼져나갔다. 오순절 운동은 텍사스에서 발원했지만, 노예의 아들, 애꾸눈 설교사 윌리엄 조지프 시모어^{William Joseph Seymour 1870-1922}가 이끄는 엘에이 아주사 거리 교회에 와서야 복음주의 블록버스터가 되었다. 현재 전 세계 신자 수는 2억5천만 명에 달한다.

이단, 즉 '컬트^{cult}'라는 용어는 새로 생긴 소규모 종교라는 뜻뿐 아니라, 외부인의 시선에 생소한 신앙과 비도덕적 종교 의식의 이미지를 상기시킨다. 기성 종교에게는 불과 몇천 명의 새로운 분파 추종자들도 위협적으로 느껴질 수 있다. 그리고 그 새로운 분파 중 일부는 잘못된 길로 들어서기도 한다. 1968년부터 1969년까지 로스앤젤레스 시내와 변두리에 거주하던 찰스 맨슨[17]과 그의 추종자 무리는 「헬터 스켈터」[18] 속 종말론적 인종 전쟁이 곧 도래할 것이라고, 잔인한 살인 캠페인을 통해 그 시기를 앞당겨야 한다고 믿었다. 그 지

17　찰스 맨슨(Charles Manson 1934-2017): 희대의 연쇄 살인마, 히피와 컬트 지도자, 하드록 뮤지션으로 알려져 있다. 매춘부의 아들로 태어나 미성년일 때부터 방화, 강간, 절도 등을 수차례 저질렀다. 32년간 거듭된 수감 생활을 마치고 1967년 출소한 뒤 엘에이 인근에서 주거지 없는 히피 여성 60여 명을 모아 '맨슨 패밀리'를 결성하고 집단생활을 시작했다. 1968년 음반을 내려고 했지만 음반 제작자 테리 멜처(Terry Melcher 1942-2004)에게 거절당했다. 이에 앙심을 품은 맨슨은 멜처를 미행해 집을 알아둔 뒤 1969년 그 집을 습격했다. 그러나 멜처는 이미 집을 팔고 이사 간 뒤였고 새 집주인은 로만 폴란스키(Roman Polanski 1933-) 감독 가족에게 집을 대여해줬다. 맨슨과 추종자들은 멜처 대신 폴란스키의 아내이자 배우인 샤론 테이트(Sharon Tate 1943-1969)를 비롯해 여섯 명을 살해했다. 테이트는 당시 임신 8개월이었다. 업무 때문에 출타 중이던 폴란스키는 화를 면했다. 1969년 여름 총 아홉 명을 살해한 맨슨과 추종자들은 1971년 1급 살인죄로 사형을 선고받았지만 1972년 캘리포니아 주 정부가 사형 제도를 폐지해 무기징역으로 감형되었다. 이 이야기는 2019년 쿠엔틴 타란티노(Quentin Tarantino 1963-) 감독, 브래드 피트와 레오나르도 디카프리오 주연의 영화 「원스 어폰 어 타임……인 할리우드(Once Upon a Time……In Hollywood)」로 제작되었다.

18　「헬터 스켈터(Helter Skelter)」: 비틀스가 1968년 발매한 앨범 『더 비틀스(The Beatles)』에 수록된 곡으로 폴 매카트니가 "역사상 가장 시끄럽고 거친 노래"를 만들어야겠다고 작심하고 지은 곡이다. 음악 평론가들은 이 곡을 헤비메탈, 하드록의 원형으로 평가한다. '헬터 스켈터'는 '나선형 미끄럼틀', 혹은 '허둥지둥, 허겁지겁, 엉망진창'이라는 뜻이다.

역에서 발원한 컬트 가운데 좀 더 온건한 단체로 '소스 패밀리'[19]가 있었다. 이 집단의 구성원들은 '요드 신부'의 지도하에 공동생활을 하면서 난교를 통한 수련을 하기도 했고 사이키델릭 록 밴드를 결성하기도 했다. 선셋 대로 8301번지에는 그들이 운영해 믿기지 않을 만큼 큰 수익을 올린 유기농 채식 식당이 있었다. 그리고 그 건물로부터 불과 1.5킬로미터밖에 떨어지지 않은 지점에 20년 뒤 바이퍼 룸이 들어섰다.

4. 바이퍼 룸에서의 어떤 날 밤

바텐더, 바텐더 보조, 경비원 등 바이퍼 룸의 직원들이 한자리로 호출된다. 그 자리에는 클럽의 공동 소유주인 조니 뎁, 그의 여자 친구이자 영국인 슈퍼모델인 케이트 모스Kate Moss 1974-, 뎁의 가장 친한 친구이자 바이퍼 룸의 총지배인인 살 젠코Sal Jenco도 있다. 모두가 뚫어지게 쳐다보고 있는 지점에 수건을 두른 변기가 있다. 모두들 배관을 꽉 막고 있는 두루마리 휴지를 어떻게 하면 빼낼 수 있을까 고심 중이다.

마침내 모스가 뎁에게 묻는다. "내가 손을 집어넣어 휴지를 꺼내면 나한테 1백 달러 줄래?"

뎁은 흔쾌히 동의한다. 이런 논리를 펴면서. "변기 속에 손을 처박고 있는 자기 사진을 제공하면 그 대가로 삼류 주간지 <내셔널 인콰이어러National

---

19   소스 패밀리(Source Family): '요드 신부(Father Yod)', 즉 제임스 에드워드 베이커(James Edward Baker 1922-1975)가 이끄는 컬트 집단으로 할리우드 힐스에서 영적 공동체 생활을 하다가 서던 캘리포니아, 하와이 등으로 근거지를 옮겼다. 베이커가 로스앤젤레스 선셋 대로에 차린 식당은 미국 최초의 건강식, 채식 식당으로 엄청난 수익을 올렸다.

5. 서퍼 더 칠드런[20]

플라워 칠드런은 꽃이 이미 시들었다는 사실을 알고 있었다. 그리고 데이비드 브란트 버그는 그들을 자신의 교회 안으로 끌어들이고 싶었다. 그가 풀어놓은 이야기는 이렇다. "어느 깜깜한 밤, 절망과 술에 취한 가난한 히피들과 함께 거리를 걷고 있는데 불쑥 주님께서 내 심장에 대고 이렇게 말씀하셨다. '네가 길 잃은 어린 양들에게로 가서 그 가난하고 힘없는 거지들의 왕이 되지 않겠느냐? 그들에게는 그들을 대변해 말해줄 목소리가 필요하다. 그들을 이끌어줄 양치기가 필요하다. 그들을 빛으로 인도할 내 말씀의 지팡이가 필요하다'고."

1968년, 훗날 '데이비드 신부', '모세', '모' 등으로 불리게 될 버그, 막 마흔아홉 살이 된 버그는 자신이 만든 '예수를 믿는 십 대들' 구성원을 데리고 캘리포니아 헌팅턴 비치로 갔다. 로스앤젤레스에서 남쪽으로 약간 떨어진 곳에 있는 그 따분한 해변 마을에서 '예수를 믿는 십 대들'은 직접 만든 넥타이를 근사한 실과 교환하는 거래를 했고 동네 커피숍을 인수했다. 그들의 메시지는 이것이었다. '주님을 찬양하고 시스템과 싸워라.'

'칠드런 오브 갓'으로 호칭을 바꾼 1971년 신도 수는 50명에서 1천5백 명으로 불어나 있었고, 미국과 캐나다 전역에 69개의 공동체가 퍼져 있었다. 버

---

20   서퍼 더 칠드런(Suffer the Chlidren): 얼터너티브 록 밴드 '네이팜 데스(Napalm Death)'가 1990년 발표한 곡 제목이다. 여기에서는 "'칠드런 오브 갓'을 견딘다"는 뜻으로 쓰였다.

그는 성경에서 자기 교회의 주춧돌로 삼을 만한 말씀을 찾아냈다. 그중에서도 특히 "우리는 누구나 무슨 일이든 할 자유가 있다"는 고린도전서 6장 12절이 그랬다. 버그는 설교를 통해 사랑이 동기이기만 하면 괜찮다며 온갖 형태의 자유로운 성행위를 장려했다. "네가 하고자 하는 것, 그것만이 법이 될 것이다"라는 영국 심령술사이자 흑마술사인 알레이스터 크로울리Aleister Crowley 1875-1947의 신조와 별반 다르지 않은 주장이었다.

성적 해방은 곧 '칠드런 오브 갓'의 계율이 되었다. 처음에는 버그가, 그다음에는 평신도들이 계율을 실천했고, 결국 그 계율은 성스러운 종교 의식, 혹은 버그의 표현을 빌리면 '결합 의식'으로 권장되었다. 그래서 한때 '칠드런 오브 갓'에 속해 있던 사람들은 그 종교를 '크리스천 섹스 컬트'라고 부른다.

버그는 점점 더 은둔자처럼 행세하면서 추종자들과 '모 레터Mo Letters'라고 불리는 서한을 통해서만 소통했다. 1973년이 되자 그 편지들에는 잡지 <플레이보이Playboy> 기사 같은 글들이 실리기 시작했다. "내가 심리적, 사회적, 경제적, 정치적, 종교적, 성적 자유와 해방, 세계적 성취라는 완벽한 오르가즘을 최고 수준으로 폭발시킬 수 있었던 것은, 주류에서 벗어나 구닥다리 교회의 계율, 성애를 배제하는 그들의 구태의연한 신앙에 콧방귀를 뀌면서 나 스스로 충만하고 거칠고 자유롭게, 최고 수준까지 섹스를 즐길 수 있게 되었기 때문이다. 그러자 주님께서도 내가 영적, 정신적, 신체적 자유를 누릴 수 있게 도와주셨고, 그 뒤로도 나는 계속 그것을 누리고 있다."

(「엄마, 얼른 당신의 브래지어를 불태워요!」라는 제목의 '모 레터'에 적힌) 더 간단한 표현을 옮겨보면 이렇다. "우리에게 있는 것은 섹시한 주님, 섹시한 종교, 극도로 섹시한 젊은 지지자들을 이끄는 굉장히 섹시한 지도자다! 그러니 섹스를 좋아하지 않는다면 그럴 수 있을 때 떠나는 것이 낫다."

(버그의 개인적 취향의 반영일 뿐인 교리에 따라) '칠드런 오브 갓'은 남성의 동성애는 금지했지만 성경이 간통과 근친상간은 허용한다고 믿었다. 버그의 글에 따르면 아이들은 성적 존재로 키워져야 했다. 그래서 혼욕, 나체 놀이, 성적인 실험을 장려했다. 그러나 버그는 "혁신적인 성적 자유"를 낯설어하는 외부인 앞에서는 그러지 말라고 강조했다.

그 컬트 내부에서 태어난 아이들에게 이런 가르침은 실제로 어떤 의미였을까? 버그의 가르침은 전 세계에 흩어져 있는 선교 단체들마다 위치에 따라 제각각 다른 성취도를 보였지만 '칠드런 오브 갓' 내부에서 실제로 성장한 어린이들의 증언과 개인적 사연을 들여다보면 부인할 수 없는 공통점이 나타난다. 아이들이 부모로부터 격리되어 종말론적 교리와 순응을 중시하는 교육 방침에 따라 공동 양육된다는 점이다. 여러 어른과 되는대로 침대를 함께 쓰다 보면 아버지의 존재감은 흐릿해지거나 명목만 남게 된다. 대가족에 속한 일부 엄마들은 서로 닮았다고 하기에는 애매하기 짝이 없는 아이들 여러 명을 동시에 키운다.

어린이들은 세 살이 되면 부모나 다른 어른들과 성적인 '놀이'를 하게 된다. 그러나 그보다 훨씬 더 강조되는 것은 아이들이 서로를 성적으로 자극하게 만들어야 한다는 것이다. 그래서 어린이들은 밤마다 기도 시간이 끝나면 잠자리에 들기 전까지 짝을 지어 성적으로 서로를 탐험한다.

드라마 「참드Charmed 시즌 4-8 2001-2006」와 영화 「그라인드하우스Grindhouse 2007」로 유명한 배우 로즈 맥고완Rose McGowan 1973-은 리버 피닉스보다 세 살 어린데, 리버처럼 '칠드런 오브 갓'의 땀이 흥건한 품에서 자랐다. 그녀가 속했던, 50명의 히피로 구성된 공동체는 이탈리아 피렌체 외곽 한 공작의 영지에서 살고 있었다.

그 종교에서 벗어난 맥고완은 이렇게 회상했다. "대부분의 컬트와 마찬가지로 거기 들어가면 가족과 완전히 차단돼요. 거기에는 신문도 없고 텔레비전도 없어요. 항상 어둠 속에 갇혀 지내기 때문에 결국 복종하게 되는 거예요." 읽는 법은 세 살에 배웠지만 신발 끈 묶는 법은 주위의 그 누구도 가르치지 않았다. "그 집단은 최대한 빨리 많은 자녀를 낳으라고 격려해요. 그래야 거길 떠날 마음을 먹는 사람에게 은근히 다가가 이렇게 협박할 수 있으니까요. '당신도 알겠지만…… 당신 아이들은 하나씩 사라질 거야'라고."

아버지는 '칠드런 오브 갓'에서 발행하는 소책자 크기의 만화책에 즐겁게 그림을 그려 넣었지만 맥고완은 그 철학에 설득된 적이 없다. "나는 다섯 살에 성경책으로 완벽하게 벽을 쌓고 불을 질러 그 벽을 쓰러뜨렸어요. 지금 생각해보면 그때 화가 좀 나 있었던 같아요." 맥고완은 자기 주변의 여자들처럼은 살고 싶지 않다고 결론 내렸다. 그 여자들은 (맥고완의 아버지를 비롯해 아내가 여러 명인 남자들에게) 매우 순종적이었던 것은 물론, 다리에 털도 많았다.

맥고완의 아버지는 '칠드런 오브 갓'이 성인과 아동 간 성교를 더 적극적으로 권장하는 쪽으로 방향을 전환하려 한다는 사실을 알게 되었다. 그런 내용을 만화로 그리라는 지시가 내려왔기 때문이다. 그는 그것을 이제 떠날 때가 되었다는 징조로 받아들였다. 그 가족은 뇌우가 쏟아지는 날 한밤중에 옥수수 밭을 뚫고 탈출했다.

"어린이는 굉장히 성적인 존재라는 것, 그게 그 종교의 교리 전부예요." 맥고완은 말했다. 그녀는 "아이들이 성생활을 하리라 생각하지 않았다면 주님께서 그들에게 섹스를 즐길 능력을 주지 않으셨을 것"이라고 단언하던 버그의 모습을 기억하고 있었다. 그녀는 이렇게 말을 맺었다. "나는 성추행은 당하지 않았어요. 우리 아빠한테는 난잡한 히피들의 사랑 방식이 이미 한물간 스타일이라는 사실을 이해할 수 있을 정도의 분별력은 있었거든요.”

6. 리더를 따르라

존과 알린은 양치기를 찾아 헤매는 양처럼 남서부 지방을 떠돌다가 마침내 털을 깎아줄 양치기를 만났다. 그들은 히피처럼 방랑하면서도 이제 어디에서 계시를 받을 수 있을까 잔뜩 촉각을 세우고 있었다. 그래서 1972년 텍사스 크로켓에서 '칠드런 오브 갓'을 만나자 무리에 합류하고 싶은 열의에 불타올랐다. 자신들의 기존 세계관과 존재 방식을 부인했고 그리스도에게 헌신하겠다고 서약했으며 소유물을 '칠드런 오브 갓'에 기부했다. (그 종교 공동체는 때로 전당포나 벼룩시장처럼 보였다. 새로 들어온 회원들이 기부한 중고 오디오, 텔레비전 등이 재판매되길 기다리며 뒤죽박죽 쌓여 있었기 때문이다)

보텀 가족과 다른 진실한 신자 30명은 개조한 버스를 타고 콜로라도 주까지 1만3천 킬로미터나 되는 장거리 여행을 떠났다. 파이크스 피크 근처 콜로라도스프링스에 있는 버려진 휴가용 리조트 부지에 새 공동체를 세웠다. 덴버와 볼더로 나가 거리에서 '칠드런 오브 갓' 찬송가를 부르고 팸플릿을 돌리며 새 구성원을 모집했다. '칠드런 오브 갓' 찬송가 책에는 「마운틴 칠드런Mountain Children」, 「넌 아기가 되어야 해You Gotta Be a Baby」, 「주님의 폭발God's Explosions」 같은 노래들이 수록되어 있었는데, 그중 마지막 노래는 화산 폭발과 오르가즘의 중간쯤 자리한 종교적 신앙을 노래한 곡으로 가사는 이랬다.

"우리는 크라카타우[21]처럼 휘몰아칠 거라네./ 우리가 주님의 뜨거운 정신으로 가득 차 있다는 이유로/ 우리가 주님의 사랑과 함께 폭발한다는 이유로/ 우리의 입을 막으려 한다면."

몇 달 뒤 그들은 그 컬트의 텍사스 영혼 클리닉 목장에서 열리는 '리더십 훈련' 수업을 받으려고 텍사스로 돌아왔다. 목장은 텍사스 포트워스 서쪽 서버라는 탄광 마을에 있었다. 버려진 탄광이기는 했지만 마을에 사람이 아예 살지 않는 것은 아니어서 술 취한 카우보이들이 이따금 소총을 들고 지나다니며 히피들을 향해 무차별 사격을 가하고는 했다. 존과 알린은 새로 산 구약성서에서 자신들의 이름을 골랐다. 아므람과 요거벳, 모세의 부모 이름이었다. 그러니까 리버는 모세인 셈이었다. 이미 그들은 리버에게 장래 예언자의 역할을 맡긴 것이다. 1972년 11월 21일 존과 알린(혹은 아므람과 요거벳)은 둘째 아이를 낳았다. 딸아이인 그 아기는 진통을 하는 동안의 날씨와 프랑스의 기독교 성녀 이름을 따서 레인 잔다르크Rain Joan of Arc라고 이름을 붙였다. 존이 아기를 직접 받았다.

보텀 가족은 '칠드런 오브 갓'의 핵심 구성원이라는 지위를 스스로 구축해 나갔고, 선교를 하기 위해 남쪽으로 파견되었다. 훗날 리버는 이렇게 회상했다. "우리는 여기저기로 이사를 엄청 다녔어요." 맨 처음에는 멕시코로 갔다. 그다음에는 푸에르토리코에서 거의 2년을 살았는데, 그곳에서 1974년 10월 28일 리버의 남동생이 태어났다. 부모는 남동생에게 호아킨 라파엘Joaquin Rafael 이라는 스페인어 이름을 붙였다. 어린 리버는 순식간에 스페인어를 유창하게 구사할 수 있게 되었고, (스페인어로 '강'이라는 뜻의) '리오Rio'라는 별명을

---

21 크라카타우(Krakatoa): 인도네시아 자바 섬과 수마트라 섬 사이 순다 해협에 있는 화산섬이다. 이 섬의 1883년 분화는 인류 역사상 최대 규모의 폭발이었던 것으로 기록되어 있다.

얻었다. 보팀 가족은 더 남쪽으로 내려가 남아메리카 대륙 여러 곳에서 살다가 마침내 베네수엘라 카라카스에 정착했다. '칠드런 오브 갓'에 헌신한 덕분에 존은 '베네수엘라와 카리브 해의 대주교'라고 불렸다.

대주교 존은 베네수엘라 내 그 컬트 조직을 기본적으로 혼자 알아서 운영했다. 존과 알린이 관리 감독하는 '칠드런 오브 갓' 공동체는 열 개 정도였다. 대주교 이하 '칠드런 오브 갓'의 계층은 '지방 양치기', '지구 양치기', '읍락 양치기' 순이었다. 운영 지침이라고는 '모 레터'에 실리는 내용뿐이었는데, 신학과 성 문제에 관한 버그의 최근 발언을 기록한 그 편지는 정기 우편으로 배달되었다. 보팀 가족은 자신들이 '칠드런 오브 갓' 선교의 좋은 본보기가 되길 기대하고 있었다.

보팀 가족은 베네수엘라의 수도 카라카스, 마리포사 산에 '칠드런 오브 갓' 읍락을 세우고 그 마을의 한 집에 살았다. 이제는 새 신도가 된 예전 땅 소유주가 명예롭게 기부한 땅이었다. '칠드런 오브 갓'은 읍락들을 재정적으로 전혀 지원하지 않았고, 그것은 존과 알린 보팀의 아이들이 계속 굶주릴 위험이 있다는 뜻이었다.

다른 가족들은 직업을 구하기도 했고 미국으로 돌아가기도 했다. 보팀 가족의 해결책은 아이들에게 구걸을 시키는 것이었다. 리버와 레인은 베네수엘라 사람들을 그 종교로 개종시키려고 진작부터 부모의 '간증'을 도와오고 있었다. 그들은 거리에서 '칠드런 오브 갓' 찬송가 내용을 공연하며 노래를 불렀고 '로스 니피오스 루비오스 케 칸탄Los Niños Rubios Que Cantan', 즉 '노래하는 금발 머리 아이들'이라는 이름으로 유명해졌다. 알린은 말했다. "그 애들은 사람들한테 주님이 그들을 사랑하신다고 말하며 길거리에서 자랐어요. 자신의 삶을 주님께 바친 거죠." 이제 행인들이 애들에게 던져준 동전이 그 가족의 주요 수입원이 되어 있었다.

밤에 리버가 쉽게 잠이 들지 못하고 어쩔 줄 몰라 했기 때문에 알린은 「네게 친구가 생겼어 You've got a friend」라는 자장가를 불러줬다. 곧 가사를 외운 리버는 엄마를 따라 노래를 불렀다.

당시 '칠드런 오브 갓' 신자였던 아두는 말했다. "그들은 헌신적인 부모였어요. 우리는 아이들을 데리고 함께 캠핑 여행을 다녔답니다." 그는 존과 알린이 그에게 했던 말을 기억하고 있었다. 그들이 '칠드런 오브 갓'에 합류한 한 가지 이유는 그곳에서 지내면 약을 멀리할 수 있기 때문이라는 말을.

보텀 가족은 그 지역 의사인 알폰소 사인스 Alfonso Sainz 1943-2014와 친구가 되었다. 그는 한때 스페인 팝스타였던 인물로, '로스 페케니케스 Los Pekenikes'라는 밴드의 1959년 공동 창단 멤버였다. 그 그룹은 1960년대에는 당시 히트한 팝송을 스페인어로 번안해 불렀지만, 결국에는 자작곡 앨범을 제작하게 되었다. 그들의 노래는 단 한 곡도 스페인어권 시장 밖에서 성공하지 못했지만, 그들은 비틀스 역사의 한 페이지를 장식했다. 그 유명한 시어 스타디움 쇼[22]보다 몇 주 앞선 1965년 6월 마드리드 투우 경기장에서 열린 자신들의 콘서트에서 최초로 비틀스의 노래를 커버해 그들에게 헌정했던 것이다.

1975년 무렵 사인스는 베네수엘라에 살고 있었고, 믿기 힘들지만 미국인 선교사들과 친하게 지냈다. 리버는 몇 시간씩 그와 음악에 관한 대화를 나누었고, 그해 성탄절 사인스는 리버에게 진짜 기타를 선물했다. 리버는 다섯 살 사내아이의 몸과 손에 비하면 그 악기가 얼마나 터무니없이 큰지 전혀 개의

---

22 시어 스타디움 쇼: 비틀스는 1965년 미국을 투어했는데, 5만5천여 명의 관중이 운집한 8월 15일 뉴욕 시 시어 스타디움 공연을 영국 BBC 방송사가 녹화, 50분짜리 다큐멘터리 영화로 편집해 1966년 3월 1일 티브이로 방영했다. 그 다큐멘터리의 제목이 「시어 스타디움의 비틀스(Beatles at Shea Stadium)」이다.

치 않고 어디를 가든 악기를 갖고 다니면서 쉴 새 없이 연주를 연습했다. 채 몇 달도 지나지 않아 쉬운 노래 몇 곡 정도는 연주할 수 있게 되었다. 사인스가 어찌나 감명을 받았던지 플로리다 주 올랜도에 있는 자신의 스튜디오에서 녹음을 하자고 제안할 정도였다.

'노래하는 금발 머리 아이들'은 병원이든 감옥이든 거리든, 어디에서나 공연했다. 리버는 훗날 이렇게 회상했다. "우리는 돈이 필요하기도 했지만 사랑을 전파하고 싶은 마음도 있었어요. 많은 사람이 모여들어 우리의 노래에 귀를 기울였죠. 참으로 진귀한 풍경이었을 거예요. 우리끼리 공연 전체를 다 해냈으니까요. 나는 키가 나보다 더 큰 기타를 거의 시속 160킬로미터의 속도로 연주했어요. 아는 코드는 다섯 개 정도밖에 없었지만. 거기에서 나는 노래를 통해 크나큰 즐거움과 행복을 전달하는 법을 배웠답니다."

또래 아이들 대부분이 유치원에 다니고 안전가위를 쓰는 나이에 리버는 가족 부양이라는 막중한 책임을 떠맡았다. 리버가 카라카스의 시민들에게 세레나데를 부르고 돈을 충분히 벌어서 귀가하지 못한 날이면 그날 밤 온 가족이 굶어야 했다. 리버와 레인은 어느 장소에서 돈이 가장 잘 벌리는지 알게 되었다. 바로 호텔과 공항이었다.

미국 개국 2백 주년 다음 날, 그러니까 1976년 7월 5일 보텀 가족에게 딸이 한 명 더 태어났다. 아기 이름은 ('자유 나비'라고 해석되는) 리버타드 마리포사Libertad Mariposa였다. (그녀의 훗날 활동명은 리버티 피닉스Liberty Phoenix다ㅡ옮긴이) 7월 5일은 베네수엘라에서 '자유의 날'이었다. 그리고 '마리포사'는 '칠드런 오브 갓' 읍락이 자리 잡고 있는 언덕 이름이었다.

대주교로서 존의 리더십 아래 카라카스 '칠드런 오브 갓'은 교세가 커지고 있었다. 그 분파는 곧 '에스테반 신부Padre Esteban'로 알려진 스티븐 우드Stephen

Wood 신부라는 협력자를 만나게 되었다. 우드 신부는 그 지역 가톨릭 젊은 성직자회의 책임자였다. 짐작건대 우드 신부는 '칠드런 오브 갓'의 기괴한 신앙에 관해 알지 못했기 때문에 동료 선교사로 생각하고 그들과 협력해 일하려 한 것 같다. 예컨대 청소년 선도 활동을 나가려고 하면 와서 함께 노래를 불러달라고 '칠드런 오브 갓' 파견대를 초청하는 식이었다. '칠드런 오브 갓'의 구성원이 마리포사 언덕의 수용 능력을 넘어설 정도로 늘어났을 때는 심지어 그 10여 명에게 그곳에서 지내도 좋다며 로스테케스 대성당의 지하실을 비워 주기도 했다.

(베네수엘라 자신의 집에서 칼에 찔려) 2010년 사망한 우드 신부는 '칠드런 오브 갓'을 그 어떤 계획도 함께 세우기 힘들 정도로 즉흥적인 집단으로 기억하고 있었다. "매일 주님께서 그날 하라고 말씀하시는 일을 한다고 그러더군요." 우드 신부 역시 성경과 관련해 신학적으로 그들이 자신과 매우 다르다는 사실을 알고 있었다. "그들의 해석은 근본주의 프로테스탄트 교리나 심한 종말론 쪽으로 기울어져 있었어요." 우드 신부는 그렇게 회상했다. 그들은 결국 헤어져 각자의 길을 가게 되었다. 물론 우드 신부는 콜롬비아나 코스타리카 같은 먼 곳에서도 가끔 '칠드런 오브 갓'의 선교 활동을 눈여겨보기는 했지만 말이다.

알린은 리버와 레인이 음악 활동을 더 많이 할 수 있기를 바라면서 지역 장기자랑 대회에 아이들을 내보낸 적도 있지만 특별한 성과를 거두지는 못했다. 보텀 가족은 주머니는 비어 있었지만 활기는 넘쳤다. 리버는 십 대 시절 과거를 이렇게 회상했다. "난 상당히 절망적인 시절을 겪었어요. 지금도 여전히 어린 나이지만 벌써 산전수전 다 겪어봤답니다. 하지만 태어나자마자 어떤 생활 방식에 끌려 들어가면, 그리고 그게 내가 아는 전부라면, 그걸 전혀 개의치 않게 돼요. 좋은 시절도 나쁜 시절도 다 경험의 일부일 뿐이고요."

1976년 그 시절에는 우편배달부가 모든 것을 바꾸는 국제 우편물도 배달했다. 그 무렵 '모 레터'는 '플러티 피싱flirty fishing', 즉 '미인계 포교'의 장점을 옹호하고 있었다. 그 용어는 예수 그리스도가 제자들에게 전한 메시지(마태복음 4장 19절), "나를 따라오라. 그러면 내가 너희를 사람 낚는 어부로 만들겠다"는 말씀을 근거로 만든 말이었다. 버그는 이제 자신의 여성 지지자들에게, 새로운 남자들과 동침함으로써 그들을 '칠드런 오브 갓'으로 끌어들여야 한다고 말하고 있었다.

버그는 이렇게 썼다. "사랑의 침대에서 자신의 전부를 내주는 것보다 누군가에게 사랑을 보여줄 수 있는 더 훌륭한 방법이 있는가? 너 자신을 통해 주님의 사랑을 최대한 보여주는 것보다 그 사랑을 남자들에게 더 잘 보여줄 수 있는 방법이 있는가?"

'플러티 피싱'은 그때부터 에이즈와 성행위를 통해 감염되는 다른 질병들 때문에 그 방법을 제한하기 시작한 1987년까지 만 10년 동안 '칠드런 오브 갓'의 공식적인 전도 정책이었다. 얼핏 보기에 그 방법은 남자 수천 명을 버그의 무리로 만들었지만 버그의 수많은 여성 지지자를 매춘부로 만들기도 했다. 그들 중 일부는 '주님을 위한 창녀'라고 불렸다. 일부 여성들은 그들의 공동체를 정치적으로 보호해줄 수 있는 지역 권력자 남성 혹은 공동체 운영 자금을 제공해줄 수 있는 부자 남성과 성적인 관계를 장기적으로 유지하기도 했다. 더 노골적으로 성매매 전도를 추진하면서 지역민에게 접대 서비스를 제공하려고 여성들을 지역 밖에서 고용해 데려오는 공동체도 여러 곳이었다.

보텀 가족은 그런 변화를 받아들이지 않았다. 알린은 '칠드런 오브 갓'에서 경험한 일을 이렇게 요약했다. "그 종교를 운영하는 사내는 미쳐 있었어요.

섹스를 통해 부유한 신자들을 끌어들이고 싶어 했으니까요. 말도 안 되는 소리. 그 단체는 지도자에 의해 일그러져가는 중이었어요. 점점 더 권력과 재산으로 꽉꽉 채워져가는 지도자에 의해서요. 그러나 우리는 주님을 섬기고 있었지, 지도자를 섬기고 있었던 것이 아니에요. 그 고통과 외로움을 극복하는 데 자그마치 몇 년이 걸렸어요."

존은 한때 자신을 영적으로 인도했던 사람을 비난할 수 없었는지 회한에 찬 목소리로 버그를 회상했다. "그 사람은 성도착증 환자였는지도 모르지만, 그래도 여전히 수많은 사람보다 훨씬 더 좋은 사람이었어요."

돈도 없고 지낼 곳도 없어진 보텀 가족은 친구 에스테반 신부에게 돌아갔다. 스티븐 우드 신부는 이제 카라카스 교구의 주임신부였다. 그들은 우드 신부에게 성경과 '모 레터'가 오랫동안 행동의 길잡이별 노릇을 해왔다고 말했다. 그런데 이제 그 두 개의 원천이 서로 모순된다는 사실을 깨달아 성경을 선택했다는 것이었다.

보텀 가족의 네 자녀가 염려스러웠던 우드 신부는 자신의 성당에 와서 몇 주 동안 지내라고 그 가족을 불렀고, 그 대가로 일요일 미사에서 찬송을 부르게 했다. 보텀 가족은 평일에 카라카스 시내 쇼핑몰에서 전도 활동을 계속했다. 우드 신부는 말했다. "그들은 복음을 전파하면서 스스로 즐기려고 애썼어요. 하지만 나는 '칠드런 오브 갓'에 소속된 모든 부모가 자기 자녀의 재능을 낭비한다는 느낌을 받았어요. 어른보다는 애들의 구걸이 훨씬 더 효과적이라는 사실을 알고 말이죠."

리버는 훗날 자신의 일곱 번째 생일, 즉 1977년 8월 23일을 거지의 하루로 묘사했다. 그는 그 무렵 자기 가족이 쥐가 들끓고 화장실도 없는 해변 판잣집에서 살면서 나무에서 코코넛, 망고 같은 과일을 따 먹으며 연명했다고 말했다. 그러나 우드 신부의 말에 따르면, 리버가 그 지역에서 나는 과일을 직접 따 먹었는지는 몰라도, 사실 성당에는 그들이 먹을 수 있는 음식이 늘 마련되어 있었다고 한다. "가난했던 것은 분명하지만 그들은 진짜 베네수엘라의 빈민 계층 수준까지 추락한 적이 없어요. 실은 갖은 애를 써도 돈이 왕창 벌리지 않았고 이제 어디로 가야 할지 몰랐던 게 문제였을 뿐이죠."

보텀 가족은 해변에 살았지만 판잣집이 아니라 소유주가 주말에만 머무는 드넓은 사유지 뒤편 관리인 오두막에 살았다. 그래서 주중에는 저택 본관 수영장에도 들어갈 수 있었다.

뜨거운 베네수엘라의 태양 밑에서 리버가 수영장으로 뛰어든다. 그의 사지는 앙상하고 밥공기처럼 자른 그의 금발 머리는 두상 위에 왕관처럼 얹혀 있다. 근처 라 과이라 공항에서 출발해 어딘가 머나먼 곳으로 향하는 제트기가 머리 위로 날아간다. 보텀 가족은 '칠드런 오브 갓'을 떠났다. 그들 앞에는 불확실한 미래가 놓여 있다. 그러나 대양에서 소금기를 품은 산들바람이 불어오는 이 순간 리버는 자유롭다.

훗날 리버는 인터뷰를 종종 자기 마음대로 꾸며낸 이야기를 풀어놓는 기회로 삼았다. 그래서 자신이 예전에 했던 말, 혹은 사실과는 다른 대답을 하고는 했다. 리버의 유작 「다크 블러드Dark Blood 1993 제작 2012 개봉」의 감독 조지 슬루이저George Sluizer 1932-2014는 이렇게 회상했다. "기자가 다가오면 리버는 '아, 감독님, 내가 저 작자한테 얼마나 거짓말을 잘하는지 보여드릴게요'라고 말하고는 했어요." 병적으로 매번 그런 것은 아니었다. 그저 그 젊은 배우는 즉석에서 자신에 관해 이야기해야 하는 따분한 일에 때때로 활기를 불어넣고 싶었던 것 같다. 그러나 그것 역시 일종의 방어 기제였다. 리버는 베네수엘라에서 사는 동안 부모가 "컬트 구성원"이 아닌 "선교사"였다고 말함으로써 완전히 거짓말은 아니지만 오해할 수 있게 말을 얼버무리고는 했다. 아마도 부모의 입장을 배려하는 마음, 꽁꽁 싸매 치워버린 자신의 삶을 풀어놓고 싶지 않은 마음의 발로였으리라.

대중 소비의 관점에서 보면 리버는 대개 자신의 평범하지 않은 유년기를 대수롭지 않게 말했고, 심지어 좋게 말하기도 했다. "1970년대 후반에 베네수엘라에서 자라다니, 좋은 시절이었어요." 그러나 딱 한 번 그 껍데기가 깨진 적이 있는데 1991년 잡지 <디테일스Details>와의 인터뷰에서였다.

문: 당신이 어려서 한 일 중에 때를 기다렸으면 좋았겠다 싶은 일이 있나요?
답: 네. 성교요.
문: 그때가 몇 살이었죠?
답: 네 살이요.
문: 누구랑요? 다른 네 살짜리랑요?
답: 여러 애들이랑요. 하지만 난 그 일을 다 극복했어요. 그래서 열 살부터 열네 살까지는 순결을 완벽하게 지켰고요.

친한 친구 한 명이 말했다. "그래요, 맞아요. 리버는 추행당했어요. 처음에는 같은 공동체인지 컬트인지 거기 사는 친구들이랑 그랬는데 그 강도가 점점 심해졌대요."

어떤 이들은 리버가 어릴 때 당한 성적 학대와 성인이 된 후 그의 삶 일면을 직선으로 연결한다. 그런 관점에서는 연기와 마약은 둘 다 리버가 상처받은 자신으로부터 도망치게 해주는 낙하산이요, 자선 활동과 완전한 채식주의는 학대당하는 대상에게 느끼는 죄책감을 희석시키려는 시도로 해석된다. 물론 다른 가능성도 있다. 반복적으로 추행을 당했음에도 리버가 어떻게든 결국은 유쾌한 어른, 세상을 향한 사랑이 가득한 성인으로 성장했을 가능성 말이다. 아무튼 리버가 자신에게 어떤 일이 일어났는지 충분히 스스로 인식하고 있었던 것만은 분명하다. 그 경험을 친한 친구 몇 명에게는 털어놓았지만 세상과는 공유하지 않기로 결정한 것을 보면.

설사 리버가 현재까지 살아 있다 하더라도 베네수엘라에서의 경험이 그의 성인 자아에 어떤 영향을 끼쳤는지는 설명할 수 없을지도 모른다. 인간의 정신은 신비로운 것이므로. 트라우마는 자존감을 무너뜨려 타인의 눈치를 보게 만들기도 하고, 고통과 희망은 복잡하게 뒤엉켜 끊을 수 없는 고르디아스의 매듭을 만들기도 한다.

혹자는 '칠드런 오브 갓'에서 벗어난 것, 베네수엘라를 떠난 것으로 리버의 삶 제1장, 즉 어린 육체가 타인의 성적 욕망을 충족시키기 위한 날것의 재료 노릇을 하던 시간이 끝났길 바랄 것이다. 그러나 리버 자신의 말에 따르면 네 살부터 열 살까지 활발하게 성행위를 해왔으며, 그 말은 보텀 가족이 그 컬트를 떠난 뒤로도 3년 동안이나 그 행동이 계속되었다는 뜻이다.

리버가 열여덟 살 때 누군가가 그에게 행복한 어린 시절을 보냈느냐고 물었다.

리버는 마치 그런 생각을 단 한 번도 해본 적이 없는 사람처럼 대답했다. "행복이요? 글쎄요. 재미는 있었어요."

7. 바이퍼 룸에서의 또 다른 밤

토끼굴 밑의 세상. 바이퍼 룸에서 '이상한 나라의 엘리스의 밤' 행사가 열리고 있다. 바텐더는 하트 여왕의 크로켓 경기에 참가 중인 카드 병사 복장을 입고 있다. 바텐더 보조를 보고 있는 배우 리치먼드 아퀘트 Richmond Arquette 1963-는 흰 토끼 의상을 입고 있다. 두 여자가 기장이 긴 점퍼스커트를 입고 엘리스 역할을 한다. 무대 위에서 엘에스디의 옹호자이자 배우 위노나 라이더 Winona Ryder 1971-의 대부인 1960년대의 아이콘 티모시 리어리[23]가 『이상한 나라의 엘리스』에서 발췌한 글을 낭독하고 빅토리아 시대 작가 루이스 캐럴[24]의 삶을 이야기한다. 옥스퍼드 출신 말더듬이 수학자 캐럴은 부조리 문학을 추

---

23 티모시 리어리(Timothy Leary 1920-1975): 미국의 심리학자, 작가이다. 20세기 미국 대항문화의 아이콘이다. 엘에스디가 합법이던 시절, 엘에스디의 효과를 실험해 정신 질환 치료와 인성 계발에 도움이 된다고 주장했다. 캘리포니아 대학교에서 박사 학위를 취득한 뒤 하버드 대학교 인성연구센터에서 엘에스디를 연구하다가 학교에서 추방됐다. 닉슨 대통령은 리어리를 "미국에서 가장 위험한 남자"라고 불렀다. 리어리는 영화에도 출연했고 1969년 8월 15일부터 18일까지 나흘간 뉴욕주에서 열린 전설적인 록 페스티벌 우드스톡에도 참여했다. 우드스톡은 히피 문화의 절정으로 평가된다. 그해 캘리포니아 주지사 선거에 출마했을 때는 존 레논(John Lennon 1940-1980)이 유세곡으로 「컴 투게더(Come Together 1969)」를 작곡했고 그 곡의 기타 연주는 지미 핸드릭스(Jimi Hendrix 1942-1970)가 맡았다. 1970년부터 마약 소지 혐의로 수감, 탈옥, 망명, 석방을 반복하다가 1996년 전립선암으로 사망했다.

24 루이스 캐럴(Lewis Carroll 1832-1898): 영국의 동화 작가, 수학자, 성직자이다. 본명은 찰스 루트위지 도즈슨(Charles Lutwidge Dodgson)이다. 옥스퍼드에서 문학, 수학, 신학을 공부해 모교 수학 교수가 되었다. 성직자 자격을 취득하기는 했지만 말을 더듬는 고질적인 버릇 때문에 설교를 한 적은 없다. 일기와 편지 쓰기를 즐겨 모든 일상을 기록했다. 학장의 딸 앨리스 리델에게 들려주던 이야기를 동화로 써서 『이상한 나라의 앨리스(Alice's Adventures in Wonderland 1865)』와 속편 『거울 나라의 앨리스(Through the Looking-Glass and What Alice Found There 1871)』를 출간했다. 사진에도 조예가 깊었는데, 특히 어린 소녀들의 초상 사진을 많이 찍었다. 초현실주의 문학, 부조리 문학의 선구자로 평가되지만, 어린 소녀를 독자로 하는 어린 소녀 이야기만 썼기 때문에 빅토리아 왕조 시대 대표적인 기인으로 꼽히기도 한다.

구했고 어린 소녀 무리를 좋아했다. (어떤 기록을 봐도 캐럴이 어린 소녀들을 성적으로 좋아한 것은 아니지만 그래도 평범하지 않은 것은 마찬가지다)

리어리가 이야기하는 동안 청중 한 명이 마리화나 개비에 불을 붙여서 무대 위로 전달한다. 리어리는 그것을 받아 길게 들이마신다. 그의 마리화나 흡입이 끝나자 바이퍼 룸 직원이 잽싸게 꽁초를 처리한다. 마약과 관련된 사고, 그것만은 절대로 또다시 겪고 싶지 않기 때문이다.

그날 밤 행사가 끝난 뒤 아퀘트는 바이퍼 룸 밖에 서서 신선한 공기를 들이마시며 엘리스 중 한 명을 유혹하고 있다. 한 커플이 밖으로 나온다. 유명 인사를 보려고 바이퍼 룸을 찾아온 관광객처럼 보인다. 남자가 여자에게 하는 말이 아퀘트의 귀에 들려온다. "엘에이 사람들은 꼭 이렇게 이상한 파티를 열더라." 아퀘트는 관광객이 역사적인 저녁의 가치를 인정하지 않아도 분하지 않다. 바이퍼 룸이 지금 하려고 애쓰고 있는 것이 무엇인지 미국 주류 문화가 영원히 이해하지 못한다고 해도 실망스럽지 않다. 그는 비주류에 속해 있는 것이 행복하다.

8. 미트 이스 머더[25]

풀장에서 수영을 즐기면서 관리인의 오두막에서 1년을 살고 나자 존과 알린은 가족을 데리고 미국으로 돌아가고 싶어졌다. 더구나 알린이 다시 임신을 한 터였다. 그러나 그 가족에게는 국제선 항공권 여섯 장이 달로 가는 우

---

25 미트 이스 머더(Meat is Murder): '고기는 살육이다'라는 뜻이다. 영국의 록 밴드 '더 스미스(The Smith)'가 1985년 발매한 음반 제목이다.

주비행선 탑승권만큼이나 도달 불가능한 목표처럼 보였다.

알린의 부모는 항공권을 사줄 여유가 있을지도 모를 일이었지만, 알린은 부모에게 돈 이야기를 꺼내지 않기로 했다. 우드 신부의 성당에는 궁핍한 사람들을 도우려고 마련해둔 기금이 있었지만, 신부는 미국인들을 집으로 돌려보내는 데 그 돈을 헐어 써서는 안 될 것 같았다. 그런데 신부의 머릿속에 번뜩 아이디어가 떠올랐다. "비행기가 사람을 목적지로 데려다주는 유일한 교통수단은 아니잖아요." 신부는 한 교구 신자를 찾아갔다. 선박의 선장이자 해운회사의 사장인 신자였다. 우드 신부는 그에게 '노래하는 금발 머리 아이들'과 그 가족을 마이애미로 보낼 길을 찾고 있다고 설명했다. "그 가족은 모두 여권이 있는 미국 시민이니까 누군가를 밀항시키는 게 아니에요."

약속이 정해졌다. 1978년 10월 보텀 가족은 북쪽으로 2만 킬로미터가 넘는 거리를 운항하는 화물선에 올랐다. 몇 년 뒤 리버는 걸핏하면 자신들이 밀항자였다고 주장했다. "반쯤 갔을 때 선원한테 발각됐지 뭐예요"라면서. 그러나 선실 시설이 남루하기는 했어도 그들은 환영받는 승객이었다. 심지어 항해 도중 생일을 맞이할 호아킨을 위해 그 배 요리사가 케이크 구울 재료를 미리 챙겼을 정도였다. 그때 그 배에 실린 화물이 유명 메이커 장난감 트럭이었던 터라 선원들이 호아킨에게 생일 선물로 하자가 약간 있는 트럭을 주기도 했다.

보텀 가족이 베네수엘라에서 지내는 동안 미국은 폴리에스테르, 디스코, 파라 포셋 포스터[26]의 나라가 되어 있었다. 그해 가을 가장 크게 히트 친 노래는 '엑사일Exile'의 「키스 유 올 오버Kiss You All Over 1978」와 닉 길더Nick Gilder 1951-

---

26   파라 포셋 포스터: 미국의 모델이자 배우인 파라 포셋(Farrah Fawcett 1947-2009)의 벽보 사진을 말한다. 한 포스터 제작 회사가 전문 사진가 브루스 맥브룸(Bruce McBroom)에게 의뢰해 1976년 촬영, 인쇄한 빨간 수영복 차림의 벽보 사진은 무려 1천2백만 장이나 판매되었고, 당시 스물아홉 살의 포셋은 1970년대 후반 미국을 대표하는 섹스 심벌이 되었다.

의 「핫 차일드 인 더 시티Hot Child in the City 1978」였지만 앨범 차트 상위권을 싹 쓸이한 음악은 영화 「그리스Grease 1978」의 사운드트랙이었다. 최고의 텔레비전 프로그램은 시트콤 「라번과 셜리Laverne & Shirley 1976-1983」, 「쓰리 컴퍼니Three's Company 1977-1984」였고, 로빈 윌리엄스Robin Williams 1951-2014 주연의 「모크와 민디Mork & Mindy 1978-1982」가 그 뒤를 따랐다. 미국과 그 나라의 조잡하고 선명한 총천연색 문화를 향해 북쪽으로 고달프게 나아가는 동안 리버와 그의 가족은 일생일대의 선택을 하게 되었다.

일부 선원들은 배 난간에 낚싯대를 드리워놓고 물고기를 낚았다. 고기가 잡히면 물속으로 다시 도망치지 못하게 그 물고기를 낚싯바늘에서 빼내어 갑판 위 삐죽 튀어나온 못에 꽂았다. 그런 광경을 난생처음 보는 보텀 집안 어린이들은 겁에 질렸다. 리버는 말했다. "나쁜 사람들은 아니었어요. 그저 자기네가 어떤 고통을 가하는지에 철저하게 둔감해진 사람들이었을 뿐이죠. 그때가 고기는 그저 햄버거나 핫도그나 접시에 담긴 다른 모습의 음식이 아니라 동물, 살덩이라는 사실을 내가 진정으로 깨달은 첫 순간이었어요. 너무나 야만적이고 잔인해 보였어요. 나와 내 동생들은 모두 정신적으로 충격을 받아 울음을 터뜨렸죠. 현실이 우리를 아주 세게 후려친 거예요."

리버, 레인, 호아킨은 더 이상 고기를 먹고 싶지 않다고 부모에게 말했다. 리버는 이렇게 회상했다. "부모님은 우리의 감정에 굉장히 예민하게 반응했어요. 내 말은, 온 세상의 대부분이 고기를 먹는 만큼 사람들이 어떻게 고기를 먹든 부모님은 아무렇지도 않은 것이 분명했지만 우리의 감수성에 큰 흥미를 느꼈기 때문에 채식주의자가 되겠다는 우리의 결정을 순순히 받아들이셨다는 뜻이에요."

채식주의, 즉 베지테리아니즘vegetarianism이 생태계에 충격을 덜 가한다는 사실 역시 부모에게 작용했다. 알린은 말했다. "난 늘 애들에게 지구를 존중하라고 말해요. 우리는 모두 지구에 사는 동안 되도록 조심스럽게 지구를 배려하며 살아가야 하는 생물에 불과하니까요."

몇 달 안에 그 가족은 고기만 피하는 것이 아니라, 리버의 인도와 알린의 채식주의자 여동생의 격려하에 달걀과 유제품도 먹지 않겠다고 맹세했다. 그 시절 채식주의는 요즘보다 훨씬 더 미국 주류 문화와 거리가 먼 것이었다. (고기는 물론 대체로 동물성 식품까지 피하는) 완전 채식주의, 즉 비거니즘 veganism이 어찌나 희귀했는지 리버를 취재한 잡지 기사들이 '울트라 베지테리아니즘ultra vegetarianism'이라고 칭할 정도였다. 리버는 말했다. "한동안은 우리 가족 대부분도 유제품을 포기하는 것을 힘들어했어요. 엄마, 아빠는 치즈를 먹는 일에 완전히 길들여져 있었거든요. 정말 편리했으니까요. 하지만 나는 이렇게 말했어요. '에이, 이왕 할 거면 제대로 해야죠'라고요."

훗날 리버는 이렇게 단언했다. "모든 어린이는 구별하는 법을 배우면서부터 동물을 사랑하기 시작해요. 어른들은 어린 자녀에게 모순된 메시지를 전달하고요. 끌어안고 사랑하고 함께 자라고 동물 봉제 인형을 아이한테 사주면서, 먹으라고 매일 저녁 밥상에 동물을 올리잖아요. 잠깐만 생각해봐도 미친 짓 아닌가요. 하지만 어릴 때는 다들 어른 말이 진리이겠거니 그대로 믿고 따르죠."

'칠드런 오브 갓'과 길모퉁이 복음주의를 버리고 떠난 리버 가족에게는 이제 채식주의가 가족 철학의 중심 교리가 되어 있었다. 그것은 단순하게 동물에게 친절함을 베푸는 일, 환경을 개선하는 일, 인간의 건강을 증진시키는 일일 뿐 아니라 우리 행성의 의식 수준을 높이는 일이기도 했다.

리버는 이런 신념을 숙고(하고 실천)한 지 몇 년이 지난 열일곱 살에 이렇게 말했다. "채식주의는 완전함, 평화와 연결되어 있지만 그 연관성은 사소해요. 아파르트헤이트(인종 차별), 동물 생체 실험, 정치사범, 군비 확장 경쟁 등 다른 문제들도 엄청 많거든요. 현대 세계에는 그런 문제들이 너무나 많고 사람들은 그런 문제들에 너무나 무지해요. 내가 그 모든 사람보다 월등히 잘났다는 말을 하려는 게 아니에요. 요점은 이거예요. 그렇다면 지금 우리가 할 수 있는 일은 무엇일까요? 채식주의는 그중 하나예요. 채식은 개인적 결정이고 스스로 통제할 수 있는 일이니까요. 우리가 진짜 스스로 통제할 수 있는 일이 과연 얼마나 있을까요?"

리버 피닉스가 독일 셰퍼드, 도베르만과 독일 셰퍼드 혼혈, 이렇게 큰 개 두 마리를 데리고 숲속 오솔길을 걸어 내려온다. 리버는 이리 오라며 개 두 마리를 저스티스와 주피터라고 부른다. 카메라 필름이 툭툭 끊기면서 리버의 모습이 클로즈업된다. 리버는 개의 목덜미를 쓰다듬고 콧등에 입을 맞춘다.

"안녕하세요, 리버 피닉스입니다." 리버는 마치 자신의 이름을 난생처음 입 밖에 내는 사람처럼 희미하게 침을 삼킨다. 블랙진 바지에 검은 부츠, 흰 스웨터 차림이다. 'PETA, People for the Ethical Treatment of Animals', 즉 '동물을 인도적으로 사랑하는 사람들'이라는 글자가 새겨져 있는 스웨터에는 작은 마이크가 꽂혀 있다. 긴 머리는 귀 뒤로 넘겨져 있다. 식도 속에 40 와트짜리 전구가 숨겨져 있기라도 한 것처럼 그의 얼굴이 빛난다. "동물에 마음이 쓰이는 분들에게 좋은 소식이 있어요. 페타가 동물들을 쉽게 도울 수 있는 방법을 알려드립니다."

카메라가 뒤로 물러나 리버의 전신을 비춘다. 리버는 사방에 낙엽이 깔린 땅바닥에 개를 데리고 양반다리로 앉아 있다. "우리의 모든 친구들을 돌보는 일은 당신의 손에 달려 있습니다." 리버는 이렇게 말하고는 시청자가 없는 것처럼 개 한 마리와 레슬링을 하고 놀면서 자신의 발자국을 지운다. "워싱턴 D.C. 20015번지로 편지를 써서 무료 안내 책자 <페타 키즈PETA Kids>를 신청하세요. 감사합니다." 카메라가 뒤로 물러나면서 땅바닥에 앉아 있는 리버의 모습이 흐려지고 개 한 마리는 낮잠을 자려고 앵글 밖으로 슬그머니 사라진다. 그의 미소가 어찌나 사랑스러운지, 그가 파는 물건이 무엇이든, 그게 크랜베리 주스든 동물의 해방이든 사고 싶은 마음이 울컥 샘솟는다.

다른 장면에서 리버는 벤치에 앉은 채 개 한 마리의 목에 오른팔을 두르고 있다. 마치 데이트를 하러 나온 고등학생 쿼터백 선수 같은 모습이다. 그가 묻는다. "당신은 동물을 키우는 어린이인가요? 우리 주변에는 그런 친구들이 많죠. 우리 함께 동물들을 도울 수 있는 방법을 찾아봐요." 리버는 개 쪽으로 고개를 돌리며 말한다. "당신 소식을 곧 들을 수 있으면 좋겠네요. 그렇지, 주피터?"

그 공익광고에 활용된 다른 촬영 영상에서 리버 피닉스는 30초 정도 팬들과 자연스럽게 담소를 나눈다. 리버는 대화를 나누면서 카메라를 향해 걸어보지만 마이크 전선이 거치적거린다. 결국 전선에 발이 걸린 리버는 두 눈을 굴린다. 대본 카드가 제공되지만 그는 거절한다. "대본을 쳐다보면 내가 실제로 그걸 읽고 있는 것처럼밖에 안 보이잖아요."

리버는 머리를 뒤로 넘기지만 머리는 다시 그의 얼굴 위로 흘러내린다. 머리가 얼마나 긴지 그대로 드러난다. 두 손으로 각각 개 두 마리를 쓰다듬으면서 그는 자연스럽게 고개를 시계 방향으로 기울여 머리칼, 즉 쭉 뻗은 금색 폭포가 뒤쪽으로 흐르게 한다.

"동물을 인도적으로 사랑하는 사람들이 알려드립니다⋯⋯" 리버는 말을 잠시 멈추었다가 묻는다. "지금 이거 촬영 중인 거 아니죠? 촬영 중이에요?"

2부

난 유명해질 거야

1. 백 인 더 유에스에이[1]

보텀 가족은 화물처럼 마이애미 항구에 부려졌다. 리버의 통기타, 망가진 장난감 트럭 몇 개 말고는 거의 빈손으로 미국에 돌아온 것이었다. 그들은 플로리다 주 올랜도 근처 윈터파크라는 도시로 향했다. 알린의 부모가 퇴직한 뒤 브롱크스를 떠나 플로리다에 머물고 있었기 때문이다. 알린의 부모는 손자, 손녀를 만나게 되어 기뻤지만 그 집에는 여섯 명 이상이 머물 공간이 없었다. 다행스럽게도 보텀 가족은 올랜도 지역에서 자신들이 머물 수 있는 곳을 찾아냈다. 베네수엘라에서 리버에게 기타를 준 친구, 알폰소 사인스가 근처에 주택을 소유하고 있었던 것이다. 존은 사인스의 사유지를 돌보는 관리인으로 일하는 것에 동의했고, 보텀 가족은 다시 관리인의 오두막으로 이사해 들어갔다.

---

1 백 인 더 유에스에이(Back in the U.S.A.): 미국의 가수 척 베리(Chuck Berry 1926-2017)가 1959년 발표한 노래 제목이다. '미국의 뒤편'이라는 뜻이다.

리버는 문화 충격을 120볼트로 받는 중이었다. 4년, 그러니까 일생의 절반을 미국과 뚝 떨어진 곳에서 살면서 스페인어를 모국어로 여겨온 리버였다. 그보다 앞서 미국에 도착한 수백만 명의 어린이와 마찬가지로 그 역시 텔레비전을 발견했고, 거기서 매력과 혼란을 동시에 느꼈다. 서부 영화를 보면 그게 꾸며낸 이야기라는 것을 알지 못하고 "시민의 돈을 써서 그 시민의 가족을 죽이는 패거리가 많다"고 생각했다.

리버의 외할아버지는 리버가 학교에 다닌 적이 없다는 사실을 알고 충격을 받았다. 이제 여덟 살이나 되었으니 리버가 당장 학교에 다녀야 한다고 조부모는 주장했다. 리버는 1학년으로 입학했지만 전혀 적응하지 못했다. 다른 아이들보다 나이도 더 많은데 그 누구의 농담도 이해하지 못했기 때문이다. 단순히 미국 문화에 관한 배경 지식이 부족해서 그런 것이 아니었다. 유머 감각을 키워본 적이 전혀 없어서 농담의 형식에 익숙하지 못했기 때문이기도 했다. 리버의 친구였던 영화감독 구스 반 산트Gus Van Sant 1952-는 리버의 말을 기억하고 있었다. "리버는 농담의 원리, 반전의 놀라움을 전혀 이해하지 못했어요. 말하자면 이런 식이었죠. 코끼리 한 마리와 하마 한 마리가 술집으로 들어갔다. 그런데, 하고서 뭔가 웃음을 유발하는 말이 딱 나오잖아요. 그러면 리버는 이야기가 다 끝나고 나서 '그래요? 그다음에는 어떻게 됐어요?'라고 묻고는 했답니다."

꼭 정곡을 찌르는 말을 이해하는 능력이 부족해서 그런 것만은 아니었다. 어린 리버 보텀은 모든 면에서 남다른 아이였고 이름부터가 그랬다. 리버는 훗날 이렇게 말했다. "1학년 때 당연하게도 모두들 내 이름을 웃음거리로 삼았어요. 지금 생각해보면 일곱 살짜리들이 갖고 놀기 딱 좋은 이름이었던 것 같아요. 난 그게 한심하게 느껴졌어요. 내가 사람들한테 세상을 변화시키고 싶다고 말하면 사람들은 늘 '앤 정말 괴상한 애구나'라고 생각했고요."

리버의 가족은 리버가 작은 아틀라스로서 세상의 무게를 짊어지게 되리라 오래전부터 생각해왔다. 그런데 이제 리버는, 다른 아이들은 쉬는 시간과 「스타워즈Star Wars 1977-」에 더 관심이 많다는 사실을 알아가는 중이었다.

알린과 존은 1978년 12월 10일 다섯째 아이를 낳았다. 이번에는 아이가 태어난 계절을 무시하고 딸아이에게 '섬머 조이Summer Joy'라는 이름을 붙였다. 형제자매 중 유일하게 이름이 평범한 아이가 되었다는 사실에 실망한 네 살배기 호아킨은 엄마에게 자기 이름을 바꿀 수 있는지 물었다.

"아버지께 여쭤보렴." 알린이 대답했다.

호아킨은 존에게 갔다. 그때 존은 가족의 생계비를 버느라 낙엽을 쓸고 있었다. "네가 다른 이름을 골라봐라." 존은 찬성했다. 아이는 낙엽 더미 앞에 서서 '리프Leaf'를 골랐다. 훗날 작가 마이클 안젤리Michael Angeli 1970-는 이렇게 썼다. "애들 이름이 (리버, 레인, 리프, 리버티, 섬머라니) 마치 퀴즈 프로그램 「발칙한 기부쇼Family Feud 1976-」에서 퀴즈 주제가 에머슨[2]일 경우 제시어 판에 주르륵 등장할 법한 항목들"처럼 들린다고.

몇 년 뒤 리버는 다섯 남매의 개성에 관한 자기 생각을 이렇게 표현했다. "우리 다섯 남매는 모두 전혀 닮지 않았어요. 성향도 완전히 다르고요. 리프는 우리 가족의 어릿광대, 코미디언이에요. 굉장히 재치 있고 영리하거든요. (나중에 '레인보우Rainbow'로 개명한) 큰딸 레인은 유행을 선도하는 아이예요.

---

2 에머슨: 미국의 철학자이자 시인인 랄프 왈도 에머슨(Ralph Waldo Emerson 1803-1882)을 말한다. 자연과의 교감을 통한 심적 평화를 추구했고, 자연의 효용을 탐구했다. 물질보다 정신을, 논리보다 직관을 중시한 초월주의 철학자로 『자연론(Nature 1836)』은 그의 대표적 저서로 꼽힌다. '리버, 레인, 리프, 리버티, 섬머'는 '강, 비, 나뭇잎, 자유, 여름'이란 뜻으로 대체로 자연물을 지칭한다.

어머니가 해야 할 일이 많아서 레인이 엄마 노릇을 많이 했어요." 리버 자신에 대해서는 이렇게 말했다. "난 기타를 연주해요." 리버는 이 한마디면 자신의 성격을 요약하기에 충분하다고 생각했지만 이렇게 덧붙였다. "난 내 방에 혼자 처박혀 있을 때가 많아요. 나한테는 정말 멍청한 구석, 진짜 한심한 면도 있어요. 어이없는 포인트에서 웃음을 터뜨리고, 입으로 방귀 소리를 내면서 놀거든요. 웃음 코드가 남들과 좀 다를 때가 많아요. 리버티는 언제나 몸을 잘 써요. 곡예사처럼 민첩하고 힘이 넘치고 날씬하고 정말로 아름다운 여자아이죠. 우리 가족의 막내, 막둥이 아기인 섬머는 커다란 갈색 눈에 금발 머리예요. 딱 전형적인 앵글로색슨 백인처럼 생겼어요. 리버티와 레인보우는 이스라엘이나 이탈리아 쪽 소수민족에 더 가까운 외모고요."

존과 알린은 언제나 자녀들과 동등한 입장에서 대화를 나누려고 노력했다. 알린은 말했다. "우리는 그 애들을 애 취급한 적이 없어요. 오히려 각별한 친구처럼 대했죠. '부모니까 우리가 너희보다 더 잘 알아'라고 말하는 대신, '우리도 이런 건 처음 해보는데 너희들 생각은 어떠니?'라고 말하는 거예요. 그래서인지 애들이 얼마나 똑똑한지 몰라요. 우리는 누군가가 실수를 저지르더라도 다 함께 그걸 수습한답니다."

보텀 가족은 식탁 예절이나 대화할 때 순서를 지키는 데는 까다롭지 않았지만 존은 가족이 지켜야 할 한 가지 규칙을 정했다. "가장 목소리가 큰 사람은 가장 어린 사람이어야 한다. 어릴수록 주변에서 그 말에 귀 기울여주지 않으니까!"

보텀 집안 아이들은 다른 동네 아이들과도 함께 어울려 놀았고 그 집에서 자고 갈 정도로 친한 친구도 여러 명 있었다. 그 집에서 잠을 잤던 꼬맹이 손님 중 한 명은 그 잠자리에서 들은 이야기들을 수십 년이 지난 지금도 기억하고 있었다. "정말 몽환적인 이야기들이었어요. 온통 별 이야기였거든요." 존과 알린은 아이들에게 질리도록 천체 이야기를 들려준 뒤 살그머니 집을 빠져나가, 겁도 없이 아이들만 남겨둔 채 이웃의 집으로 놀러 가고는 했다. 리버의 친구는 말했다. "그 부모님은 딱 히피 같은 모습이었던 것으로 기억해요. 어머니는 머리가 미친 듯이 뽀글거렸고 아버지는 턱수염이 덥수룩했어요. 두 사람 다 대마초를 피웠고요."

지낼 집은 있었지만, 일곱 가족이 살기에는 살림살이가 늘 빠듯했다. 애들은 늘 단정한 옷차림이었지만, 그것은 지역의 부유한 가족으로부터 고급 옷을 잔뜩 기부받았기 때문이다. 리버는 이렇게 말했다. "우리가 그때까지 입어본 옷 중 가장 좋은 옷들이었어요. 우리는 그냥 순수하고 천진하고 가난한 애들이었어요. 부잣집 애들은 우리를 온갖 별명으로 불러댔지만 우리는 별로 괴롭지 않았어요. 그 별명들이 무슨 뜻인지도 몰랐거든요."

존은 조경 사업을 시작했고 아이들이 식물과 잔디 옮기는 일을 도왔지만, 일이 자리를 잡기도 전에 존의 허리가 말썽을 일으켰다. 고질병이 다시 도진 것이었다. 사업이 엉망이 된 것은 물론 존이 사인스의 사유지 관리인 노릇도 그만두게 되는 바람에 보텀 가족은 그 집을 떠날 수밖에 없었다. 그들은 서쪽으로 130킬로미터 정도 떨어져 있는 카운티 시골구석 마을 브룩스빌로 이사를 갔다. 그곳에서 존이 건강을 회복하는 동안, 알린은 허난도-섬터 지역 사회 활동 단체의 간부 비서로 취직해 일했다.

가족의 운이 이미 바닥을 쳤다고 느낀 존은 그 운을 바꿀 수 있는 방법은 '바닥'이라는 뜻의 성 '보텀'을 버리는 것뿐이라고 결론 내렸다. 그래서 '보텀' 대신, 그리스 신화에 등장하는 찬란한 불새, 자신의 재로부터 주기적으로 다시 태어나는 불사조를 뜻하는 '피닉스'를 쓰기로 했다. 그 이름이 부활과

원기 회복의 상징으로 딱 알맞기는 했지만, 존은 그 아이디어를 고전 신화가 아니라 다른 곳에서 얻은 것처럼 보인다. 1979년 봄 만화책 『언케니 엑스맨Uncanny X-Men』 속에서는 '피닉스 대서사시Phoenix Saga'가 한창 진행 중이었다. (텔레파시 능력자 진 그레이는 신적인 존재 피닉스로 변신한 뒤 그 힘 때문에 타락해 태양계를 파괴하면서 수십억 외계 생명체를 몰살한다. 진은 다크 피닉스의 힘이 더 커지는 것을 막으려고 자살한다) 호아킨이 그 『엑스맨』 만화책의 애독자였다. 설사 존이 그 만화책을 읽지 않았다고 하더라도, 피닉스 캐릭터는 종종 표지 그림으로 등장했고, 얼핏 본 것만으로도 아이디어는 얼마든지 떠올릴 수 있다. (이 추측이 사실이라면 리버와 호아킨 피닉스는 마블 만화책 캐릭터에서 성을 빌려 쓰면서 오스카상 후보로 선정된 배우 세 명 중 두 명이 되는 셈이다. 다른 한 명은 니컬러스 케이지Nicolas Cage 1964-이다. 그는 할리우드 명문가 성 코폴라를 버리고 [빈민가 근육질 사나이, 힘 사나이라고 알려진] 마블 캐릭터 루크 케이지에게서 예명을 빌려 왔다)

그동안 리버와 레인은 팝송 중심으로 자신들의 공연 내용을 대폭 개편하면서 '칠드런 오브 갓'의 찬송가 분량을 확 줄였다. 알린은 연예 공연업계에서의 성공을 목표로 세웠다는 사실을 강조하려고 가족을 '팀 피닉스'라는 애칭으로 불렀지만 훗날 리버는 어머니가 자신을 음악과 연기로 내몬 것은 아니라고 말했다. 그는 이렇게 주장했다. "연예인이 되는 것은 우리 모두의 꿈이었어요. 부모님은 그게 뭐든 당신들이 도울 수 있는 일들을 하신 거고요." 록 밴드 '키스Kiss'의 매니저 팀 일원이었던 앨빈 로스Alvin Ross가 그 공연에 관심을 보였지만 별다른 제안은 없었다.

리버와 레인은 더 이상 길거리 공연으로 낮 시간을 허비하지 않았다. 그 대신 그들이 찾아낼 수 있는 온갖 군 박람회와 장기 자랑 무대에서 공연했다.

1979년 4월 25일 그들은 스프링힐에서 열린 '허난도 축제' 경연에 참가했다. 또 다른 참가자인 벨리 댄서, 뱀 부리는 사람은 근처 놀이공원 부시 가든에서 파견된 사람들이었다. 어떤 여성 관객은 그들을 보고 이렇게 말했다. "그 여자들은, 난 존재하는지도 몰랐던 신체 부위를 마구 흔들고 있었어요."

2등 상은 한 마임 공연자에게 돌아갔고, 1등 수상자는 리버와 레인이었다. 그들은 오래전부터 해온 '칠드런 오브 갓' 공연을 멋지게 무대에 올렸다. 「넌 아기가 되어야 해」, 「다시 태어난 사람 말고는 아무도 천국에 들어갈 수 없네 Except a man be born again, he cannot enter into the Kingdom of Heaven」의 성경에서 인용한 노래 가사를 차례로 영어, 프랑스어, 스페인어, 독일어, 일본어로 번역해 불렀던 것이다. 그리하여 50달러의 상금을 따냈지만 더 중요한 점은 그들이 게일 거트먼Gayle Guthman의 관심을 끌었다는 사실이다. 신문사 <상트페테르부르크 타임스St. Petersburg Times>의 문화 담당 기자인 거트먼은 피닉스 가족만을 다룬 기사를 그 뒤로 3주 동안 게재했다.

"살해된 남성의 픽업트럭 발견되다"나 "아이스크림 사교모임을 후원하는 루터교도" 같은 표제의 다른 기사들과 같은 면에 게재된 그 기사는 존 피닉스에 의해 순화된 버전의 가족사를 다루고 있었다. 존이 풀어놓은 가족사 이야기에 따르면 그들은 남미에서 '독립 선교사'로 일했다. 리버와 레인의 첫 공연은 존이 이끄는 베네수엘라인 밴드와 함께였는데, 그때 존의 목소리가 나오지 않았기 때문이다. 리버티가 실제로 태어난 날은 7월 5일이 아닌 하루 전, 미국의 독립 기념일인 7월 4일이다. 그래서 베네수엘라의 민주화가 아니라 미국을 기리려고 이름을 '자유'라는 뜻의 리버티라고 지었다.

숨길 수 없는 사실이 한 가지 있었으니 바로 리버의 조숙함이었다. 리버는 거트먼에게 이렇게 말했던 것이다. "난 언젠가 유명해지고 싶어요. 나 자신을 자랑하고 싶지는 않지만요. 난 내게 이런 능력을 주신 주님께 감사하는 마음뿐이에요."

"이것은 여덟 살짜리의 말이다." 거트먼은 경탄을 금치 못하고 이렇게 썼다.

팀 피닉스는 친구, 가족은 물론 애들이 유명해지는 데 도움이 되겠다 싶은 모든 사람에게 복사한 기사문을 보내 자랑스럽게 알렸다. 그중 한 부가 할리우드에서 활동 중인 페니 마셜Penny Marshall 1943-2018에게 배달되었다. 페니 마셜은 최고 시청률을 기록한 텔레비전 프로그램 「라번과 셜리」에 출연한 톱스타로 알린의 오래전 브롱크스 학교 동창이었다. 그 편지는 마침내 파라마운트 픽처스 캐스팅 담당 부서로 흘러 들어갔고 담당자는 알린에게 상투적 문구가 적힌 편지를 보냈다. 리버는 그 편지를 이렇게 서술했다. "이런 답장이었어요. '귀하의 자녀를 만난다면 기쁠 겁니다. 혹시 어떤 이유로든 캘리포니아에 올 일이 있으시면 우리를 방문해주세요. 하지만 일부러 여행 일정을 잡지는 마세요.' 그래서 당연하게도 우리는 낡은 스테이션왜건에 온갖 물건을 쓸어 넣고 버뱅크를 향해 떠났답니다."

피닉스 가족이 마냥 스타의 꿈을 좇고 있었던 것은 아니다. 그들은 그 일을 아이들, 그중에서도 특히 리버가 세상을 더 나은 곳, 더 신성한 곳으로 바꾸는 도구로 쓰이게 될 성스럽고 원대한 계획의 일부로 여겼다. 그래서 소유물을 다 팔아 치우고 (존이 캠핑용으로 개조한) 낡은 폭스바겐 미니버스에 짐을 실은 뒤 서쪽으로 5천 킬로미터를 달렸다. 사람 일곱 명과 개 한 마리, 마치 『분노의 포도』[3]의 재연 같았다. 알린은 말했다. "가는 내내 우리한테는 곤

---

3 『분노의 포도(Grapes of Wrath 1938)』: 존 스타인벡(John Ernst Steinbeck 1902-1968)의 소설 제목이다. 대공황의 여파로 폐허가 된 1930년대 미국 농촌을 배경으로 한다. 주인공 톰 조드의 가족은 생존하기 위해 어쩔 수 없이 고향을 등지고 차 한 대에 몰려 탄 채 일자리를 찾아 서부로 향한다. 동명의 영화로도 제작되었다.

란한 일만 일어났어요. 우리 차는 뒷유리창이 깨지고 없었는데 하루는 얼음이 얼 정도로 추운 밤이 찾아왔어요. 어찌나 춥던지, 종이 기저귀를 쌓아서 차창을 막았다니까요."

리버는 희망과 영화사의 상투적인 말에 낚여서 앞으로 가수가 아닌 배우의 길을 걸어가야겠다고 결정했고, 자기 말을 들어줄 것 같은 사람이면 누구에게나 자신의 운명을 알려주고는 했다. 리버는 말했다. "우리는 종종 기름 떨어진 차를 밀고 주유소로 들어갔는데 그때마다 나는 거기 점원을 붙잡고 '난 배우가 될 거예요!'라고 말했어요."

가족은 계속 서쪽으로 이동했다. 아홉 살배기의 낙관주의가 칠해진 차창을 통해 앞을 바라보면서, 뒤에 남겨놓은 것의 시선을 떨쳐내기 위해 자신들이 할 수 있는 일은 모조리 다 하면서.

2. 플로리다 마이애미에서 온 조니

바로 그 무렵 플로리다 반도 훨씬 아래쪽 마이애미 외곽 미라마라는 마을에서는 열여섯 살 조니 뎁이 자신의 미래를 고민하고 있었다. 뎁은 록스타가 되기로 결심하고 고등학교를 막 그만두었지만 자신이 저지른 그 엄청난 실수 때문에 근심스러웠다.

뎁은 삼촌이 가스펠 그룹과 함께 기타를 연주하는 모습을 지켜보면서 켄터키에서 자랐다. "두메산골이라는 말로밖에 설명할 수 없는 동네에서 기타 연주를 코앞에서 지켜보다니! 거기서 나의 관심사가 시작됐어요." 어렸을 때 뎁이 피터 프램튼Peter Frampton 1950-의 앨범 『프램튼 컴스 얼라이브!Frampton Comes

Alive! 1976』를 듣고 있었는데 그의 형이 레코드판을 빼더니 들어보라며 밴 모리슨Van Morrison 1945-의 앨범 『아스트랄 윅스Astral Weeks 1968』를 틀었다.

뎁은 열두 살 때 어머니를 설득해 25달러짜리 데카 일렉트릭 기타를 샀다. 서점에서 슬쩍해 바지 속에 숨겨 나온 멜 베이Mel Bay 1913-1997의 기타 코드 책을 보고 독학으로 연주를 배웠다. 문을 잠그고 침실에 처박혀 코드 연주를 익혔던 것이다. 곧 '딥 퍼플Deep Purple'의 「스모크 온 더 워터Smoke on the Water 1972」와 '시카고Chicago'의 「트웬티파이브 얼 식스 투 포25 or 6 to 4 1970」를 뚱땅거릴 수 있게 되었다.

뎁은 동네 아이 몇 명과 '플레임Frame'('불꽃'이라는 뜻-옮긴이)이라는 이름의 밴드를 결성해 뒷마당 파티를 찾아다니며 연주했다. "얘네 집에 베이스 기타가 있대, 음향 설비 갖고 있는 사람은 우리가 알아, 낡긴 했는데 멋지더라." 아이들은 심지어 직접 전선을 연결해 조명 설비를 엉성하게 만들기도 했다. 뎁은 자신이 일생의 소명을 찾아냈다는 것을 깨달았다.

뎁은 말했다. "열세 살부터 열다섯 살 사이에는 누구한테나 큰 변화가 일어나요. 처음에는 천진하기 짝이 없는 이름의 밴드에서 시작하지만 열다섯 살쯤 되면 어느새 '비치Bitch'('쌍년'이라는 뜻-옮긴이)라는 밴드의 기타리스트가 되어 있거든요. 정말 우스운 일이죠." 뎁은 웃음을 터뜨렸다. 그런데 밴드를 이끄는 보컬리스트가 되겠다는 생각은 해본 적이 없었다. 아이러니하게도 모두의 이목을 끄는 인물이 되고 싶지 않았던 것이다.

그 밴드는 동네 술집에서 공연할 수 있을 정도로 유명해졌다. 그걸 계기로 뎁은 스타가 되는 지름길에 들어섰다며 학교를 때려치웠다. 그러나 2주가 흐르자 현실이 자각되기 시작했다. 아직 성인이 될 준비가 되어 있지 않았던 것이다. 해군 입대도 고려해봤지만, 학교로 돌아가는 것이 나을 것 같아서 대화를 나누려고 교장을 찾아갔다.

"선생님, 제가 끔찍한 실수를 저질렀다는 걸 깨달았습니다. 학교로 돌아오고 싶어요. 이번에는 잘해보겠습니다." 뎁은 교장에게 말했다.

교장은 차갑지 않은 시선으로 뎁을 물끄러미 쳐다보다가 말했다. "조니, 정원한다면 그렇게 해도 된다. 하지만 별로 좋은 생각 같지 않구나. 넌 음악을 사랑하잖니. 네가 지금까지 몰두할 수 있었던 것도 오로지 음악뿐이고. 그럼 저 바깥세상으로 나가서 음악을 연주해야지."

뎁은 회상했다. "무성의한 조언이 아니었어요. 선생님이 느끼기에 가장 필요하겠다 싶은 충고를 내게 하신 거죠. 모든 사람한테 확실히 옳은 조언이었다고는 말하지 않을게요. 하지만 그때 나한테는 정확하게 옳은 조언이었어요. 증상에 딱 맞는 약처럼."

'비치' 다음에는 '배드 보이스Bad Boys'(뎁은 자신들이 이 이름을 쓴 '원조'라고 강조했다)를, 그다음에는 '더 키즈the Kids'라는 뉴웨이브 그룹을 결성했는데, '더 키즈'는 그 지역 슈퍼스타가 되어 '라몬즈Ramones', '프리텐더스Pretenders', '스트레이 캣츠Stray Cats' 같은 밴드나 이기 팝Iggy Pop 1947- 같은 가수의 공연에서 오프닝 무대를 맡았다.

뎁이 스무 살이 된 1983년 '더 키즈'는 이삿짐을 싸 할리우드로 거처를 옮겼다. 음반 취입 계약을 성사시키려는 목적에서였다. 그러면서 도중에 이름을 '식스 건 메소드Six Gun Method'로 바꾸었다. 얼마 안 가 그들은 그곳에 공연이 거의 없다는 사실을, 그 극소수 공연마저 자신들에게는 머나먼 꿈이라는 사실을 알게 되었다. 엘에이의 클럽들은 밴드가 비용을 부담하는 '유료 공연 시스템'으로 운영되고 있었기 때문에 그 무대에 서려면 멤버가 입장권을 팔든가 재정 손실을 스스로 메워야 했다. (그래서 가끔 악기를 몰수당하기도 했

다) 뎁은 회상했다. "이제 우리는 작은 연못 속 대어가 아니었어요. 대양 속 작은 열대어나 마찬가지였죠. 게다가 거의 무일푼이었고요." 먹고살아야 했기 때문에 낮에는 일을 했다.

뎁은 전화 영업을 하면서 연기를 발견했다. 그때 그는 대형 괘종시계나 그리스 여행권 같은 추첨 경품을 주는 주문 제작 펜 세트를 사라고 사람들을 설득하는 영업을 하고 있었다. "이상하게 들리겠지만 그게 나의 첫 연기 경험이었어요. 번지르르하게 쓰인 대본이 있었거든요. 그걸 바로 앞에 두고 읽는 거였어요." 뎁은 전화 영업을 할 때 텔레비전 드라마 「제너럴 호스피털General Hospital 1963-」의 등장인물인 에드워드 쿼터메인이라는 이름을 사용했다.

실적 수당제로 일을 하면서도 뎁은 걸핏하면 판매를 스스로 망쳤다. "사람들이 펜을 사는 유일한 이유는 대형 괘종시계가 갖고 싶어서였어요. 난 서성대는 감독관이 멀리 있을 때면 이렇게 말했답니다. '이봐요. 이 펜 사지 말아요. 괘종시계는 코르크 판때기로 만든 거예요. 여기 완전 날강도라고요. 당신을 홀딱 벗겨먹으려고 하는.'"

뎁은 비디오 가게에 취직하려고 멜로즈 대로에서 지원서를 작성하다가 우연히 니컬러스 케이지를 만났다. 이미 「밸리 걸Valley Girl 1983」이라는 영화에 출연한 적 있는 케이지와 뎁은 뎁의 첫 번째 아내 로리 앤 앨리슨Lori Anne Allison을 통해 서로 아는 사이였다. 로리와 뎁이 사귀던 시절 잠깐 헤어져 있는 동안 로리가 데이트한 상대가 케이지였다. (뎁과 로리는 뎁이 스무 살일 때 결혼해 스물두 살일 때 이혼했다) 케이지는 뎁에게 자기 소속사 사람을 만나보라고 제안했다. "연기를 해보는 게 어때? 자네 잘할 것 같은데."

집세도 내고 식료품도 사고 싶은 욕심에 뎁은 「나이트메어A Nightmare on Elm Street 1985」라는 공포 영화의 오디션을 보았다. 글렌 랜츠 역할을 하고 8주 동안 주당 1천2백 달러라는 상상도 할 수 없는 큰돈을 받았다. 뎁은 밴드 멤버들에게 잠깐 휴식기를 갖자고 말했지만, 두 달 뒤 돌아가 보니 멤버들 모두 각자의 길을 찾아 떠나고 없었다. 그 영화는 초대박이 났고, 그것을 시작으로 총 아홉 편의 속편과 외전이 제작되었다. 뎁은 말했다. "난 배우가 되고 싶었던 적이 없어요. 영화는 돈을 쉽게 버는 요긴한 방법이었을 뿐이죠. 그래서 내가 출연하는 게 어떤 영화인지 신경도 쓰지 않았어요. 돈만 주면 다 했답니다. 그 결과 계속 앞으로 걸어가게 된 거예요."

3. 연예 공연업계 아기들

피닉스 가족은 캘리포니아에 도착했지만, 그들의 도착을 아는 사람도, 그들을 반기는 사람도 없었다. 다른 선택의 여지가 없어서 존은 (로스앤젤레스 남부 도시 외곽 지역인) 오렌지 카운티로 차를 몰았다. 그곳에는 벡 부부, 즉 존의 이모 프랜시스와 브루인 부부가 살고 있었다. 20년 전에는 고아원에서 도망친 존을 받아주지 않았던 그들이었으나, 이번에는 온 가족을 환영해 맞이했다. 프랜시스는 그들에게 저녁 식사를 대접했지만 그들의 식단에 당황하고 말았다. 그들이 오직 과일과 채소만 먹었고, 심지어 그 두 가지를 섞은 음식조차 먹지 않았기 때문이다.

프랜시스는 이렇게 회상했다. "식탁 양쪽에 과일을 담은 양푼과 채소를 담은 양푼을 하나씩 올려놓았더니 리버가 부엌으로 들어와 말했어요. '이모할머니, 우리는 두 가지는 안 먹어요. 한 가지만 먹을 수 있어요.' 그래서 내가 대답했어요. '그래, 알았다. 한 가지만 먹으렴. 그럼 남은 한 가지는 집에 싸갈 수 있잖니.'" (비건이라고 해서 과일과 채소를 섞어 먹지 못할 이유는 없다. 이건 그냥 그 가족의 취향으로 보인다) 피닉스 가족은 캠핑카에서 잠을 자고 다음 날 아침 할리우드로 떠났다.

그들의 대륙 횡단 여행은 파라마운트 스튜디오에서 퇴짜로 끝났다. 리버는 회상했다. "우리가 너무 순진했던 거예요. 우리는 내가 여동생과 함께 기타를 치면서 노래만 부르면 다음 날 우리가 텔레비전에 나올 줄 알았거든요." 그러나 그들은 그 대신 캠핑카에서 살고 있는 자신들을 발견했다. 그들은 엘에이의 아파트에 세 들어 살 여유가 없었다. 그래도 가끔씩은 재주껏 둘러대 아파트에 들어가 살기도 했지만 몇 달이 지나면 다시 쫓겨나 오렌지 카운티의 프랜시스 이모와 브루인 이모부에게 돌아가고는 했다.

리버는 말했다. "우리는 엘에이에 영원히 짐을 풀지 못했어요. 집세가 밀려서든 아이들 때문이든 온갖 이유로 3개월만 지나면 여지없이 쫓겨나고는 했으니까요. 그래도 누군가에게 돈을 빌리기보다는 계속 가난하게 사는 쪽을 택했어요. 그래서 빚은 전혀 없었어요. 단지 돈도 전혀 없었을 뿐이죠. 그냥 하루하루 근근이 먹고산 거예요." 할리우드 북부의 '개 같은 소형 아파트' 한 채가 유난히 리버의 기억 속에 남아 있었다. 입주 시 어린이의 출입을 금하는 계약 조건이 있었던 터라 집주인이 동네에만 나타나도 피닉스 집안 어린이 다섯 명은 모두 옷장 안에 숨어야만 했던 것이다.

피닉스 가족은 다시 버스킹을 시작했다. 프랜시스 이모는 말했다. "그들은 엘에이에 가면 길거리에서 공연을 했어요. 냄비를 내놓고 돈을 걷었고요. 계속 그러다가 경찰이 나타나서 쫓아내면 또 다른 장소로 이동해서 공연을 했어요." 이제는 어린 형제들도 공연에 참여하고 있었다. (장식용 술이 잔뜩 달린) 서부 영화 스타일 의상을 맞춰 입고 노래하며 탬버린을 쳤다.

프랜시스 이모는 말했다. "내가 아는 한, 그게 그 가족의 유일한 생계 유지 수단이었어요. 조니는 등인지 어딘지가 아프다고 주장하면서 일이란 걸 전혀 안 했거든요. 내 생각에는 너무 게을러서 일을 하지 않은 것 같지만요."

알린의 기억에 따르면 1980년 무렵 피닉스 가족은 그 지역 NBC 뉴스 한 꼭지에 출연했다. 리포터가 길거리 공연에 관해 그 가족과 인터뷰를 하면서 리프에게 질문했다. "여러분의 인생에서 가장 행복했던 날은 언제였나요?"

질문에 약간 당황한 리프는 어깨를 으쓱하더니 가족에게 물었다. "내가 뭐라고 대답하기로 했더라?" 마침내 그는 한 가지 대답을 정했다. "가장 행복한 날은 아직 오지 않았어요."

"아, 그렇군요." 리포터가 다음 질문으로 넘어가려는 순간 리프가 끼어들어 외쳤다. "하지만 곧 올 거예요!"

알린은 길거리에서 걷는 변변치 않은 잔돈으로는 공과금도 다 낼 수 없다는 사실을 인정하고 비서 직업을 다시 구했다. NBC 방송국 캐스팅 총책 조엘 썸Joel Thurm의 비서였다. 알린의 입장에서는 꽤나 영리한 취업이었다. 그 덕분에 할리우드 메커니즘과 그 업계 사람들의 인맥을 잘 이해하게 되었으니까. 알린은 재능 있는 아역을 발굴하는 할리우드 유명 에이전트 아이리스 버튼Iris Burton 1930-2008의 오디션에 아이들을 데려갔다.

버튼은 자신과 유소년 고객과의 관계를 이렇게 설명했다. "난 조련사예요. 신인을 발굴하죠. 아이들의 몸무게, 머리 모양, 손톱까지도 다 보지만 내가 가장 눈여겨보는 것은 부모예요. 애들이 문을 통해 걸어 들어오는 순간 난 알아요. 그 아이가 성공할지, 실패할지. 대화에 불쑥 끼어들거나 자세가 구부정한 아이, 손톱을 물어뜯는 아이, 몸을 앞뒤로 흔드는 아이는 키우지 않아요. 숨겨진 힘을 내가 찾아내지 못하는 아이, 에너지를 느끼지 못하는 아이한테 마법이 일어나는 경우는 없어요. 난 쥐처럼 냄새를 잘 맡거든요."

1930년 '지그펠드 폴리스'[4] 쇼걸의 딸로 태어난 버튼은 무용수로서 연예 공연업계에 입성한 뒤, 1940년대 브로드웨이 뮤지컬, 밀튼 버얼Milton Berle 1908-2002의 텔레비전 쇼에 출연했다. 그녀는 할리우드로 근거지를 옮겨, 성경을 영화화한 세실 드밀Cecil B. Demille 1881-1959 감독의 영화 「십계The Ten Commandments 1956」에 매혹적인 이집트 무용수로 출연했다. '플레이보이Playboy' 사가 운영하는 체인 나이트클럽에서 음식을 나르며 웨이트리스로 한동안 일한 뒤 신인 에이전트라는 직업에 정착했다. 극성 부모라는 엄청난 골칫거리 때문에 아이들을 관리하는 일을 아무도 하고 싶어 하지 않는다는 사실을 깨달으며 1년 동안 일한 뒤 회사를 떠나 자신의 회사를 차렸고 자신의 집에서 일했다. (그녀는 평생 그렇게 일했다)

버튼의 성공한 첫 번째 고객은 앤디 램브로스Andy Lambros 1969- 였다. 그는 식품 회사 오스카 마이어Oscar Mayer의 볼로냐 소시지 텔레비전 광고로 스타가 되었다. 버튼은 계속해서 어린 배우 한 무리의 에이전트로 일하게 되는데 「이티E.T. 1982」의 주인공 헨리 토머스Henry Thomas 1971-, 커스틴 던스트Kirsten Dunst 1982-, 드류 배리모어Drew Barrymore 1975-, 시트콤 「패밀리 매터스Family Matters 1989-1997」의 사랑스러운 꼬마 어클 역의 자릴 화이트Jaleel White 1976-, 커크 캐머런Kirk Cameron 1970-, 쌍둥이 올슨 자매(애슐리 올슨Ashley Olsen 1986-, 메리-케이트 올슨Mary-Kate Olsen 1986-) 등이 그들이다. 아르마니 슈트를 입은 젊은 씨에이에이[5] 대리인이

---

4   지그펠드 폴리스(Ziegfeld Follies 1907-1931): 브로드웨이의 유명 제작자 플로렌즈 지그펠드(Florenz Ziegfeld 1867-1932)가 제작한 시사 풍자극 공연으로 그가 사망한 뒤로도 1934년과 1936년에 새롭게 공연되었고, 엄청난 인기에 힘입어 1932년과 1936년에는 라디오 프로그램으로도 제작되었다. 1946년 동명의 영화로 제작되기도 했다.

5   씨에이에이(CAA, Creative Artists Agency): 캘리포니아 로스앤젤레스에 있는 작가, 배우, 스

에이전트의 전형이 되어가는 고장에서 버튼은 옛날 사람이었다. 158.5센티미터의 '소화전'으로 통하던 버튼은 안 된다는 대답을 용납하지 않았다. 고객인 아이의 엄마 한 명이 버튼에게 전화를 걸어 폭풍 때문에 고속도로가 모래바람에 뒤덮였다고, 앞이 보이지 않아서 오디션에 참가하지 못하겠다고 말했을 때 버튼은 이렇게 대답했다. "몸에 흰 천을 두르고 낙타 고삐를 잡든지, 아라비아의 로렌스 흉내라도 내셔야죠. 댁이 어떤 방법을 쓰든 난 상관 안 해요. 무조건 오디션장에서 번호를 부를 때 도착해 있어야 합니다."

버튼의 철학은 이것이었다. "아이들은 고깃덩어리예요. 나는 안심 말고 다른 고기는 선택하지 않아요. 햄버거 따위는 선택해본 적도 없어요. 우리 아이들은 최고급 고기랍니다." 그녀의 관점은 채식과 전혀 어울리지 않았지만, 그녀는 피닉스 집안 모든 아이들과 계약했다. 그녀는 말했다. "리버는 내가 평생 본 아이들 중 가장 아름다운 아이였어요. 마치 어린 엘비스 같았죠." 리버는 곧 상업 광고 캐스팅 오디션을 보러 다니기 시작했고, 늘 그의 아버지와 함께 다녔다. 광고 오디션마다 수백 명의 아이들이 경쟁했지만 리버는 오션 스프레이 크랜베리 주스, 미쓰비시 자동차, 장난감 스타 메이커 일렉트릭 기타 광고를 비롯해 몇 개 광고를 따냈다.

딱 1년 만에 리버는 더 이상 상업 광고를 찍고 싶지 않다고 선언했다. 스스로 사기꾼처럼 느껴져서 시키는 대로 웃기가 힘들다는 것이 이유였다. 훗날 리버는 이렇게 설명했다. "상업 광고가 나한테는 너무 가짜처럼 느껴졌어요. 광고는 상품을 판매하는 거잖아요. 그렇다면 그 상품의 소유주는 누구죠?

포츠 스타 에이전시로 할리우드에 막강한 영향력을 행사하는 것으로 알려져 있다. 2016년 현재 고객수 3천4백 명의 규모를 자랑한다. 1975년 다섯 명의 동업자가 함께 창업했다. 1990년대 중반, 소속 작가의 시나리오에 배우를 끼워 영화사와 계약하는 영업 방식으로 규모를 크게 키웠다.

그 기업들은 아파르트헤이트를 지지하지 않나요? 난 그런 모든 일들이 다 싫었어요. 아무리 그 일을 하면 집세를 낼 돈을 벌 수 있다고 해도요. 그게 누구든, 내가 어떻게 다른 사람들한테 크랜베리 캔 주스를 마시라고 말할 수 있겠어요? 나도 그 주스를 마시지 않고, 나 자신도 내가 하는 말을 믿을 수 없는데요. 지금 생각해보면 나는 그 무렵 다른 허구적 등장인물의 눈을 통해 진실을 이야기하는 연기가 어떤 건지 관심을 갖기 시작했던 것 같아요. 계속 거짓말하고 큐 사인에 따라 웃고 제품 이름을 말하다가는 곧 돌아버리거나 무감각해질 것 같더라고요. 이제 겨우 스스로를 직시하기 시작했는데 미처 계발되기도 전에 그 기술을 잃으면 안 되잖아요."

놀라운 점은 열 살배기 리버 주위의 어른들이 그의 결정을 지지했다는 사실이다. 알린이 팀 피닉스의 수장이었다면, 존은 그 가족의 히피 정신을 대변하는 이상주의자였다. 존은 할리우드에서 자신들의 가치를 인정받으려고 원칙을 버리고 타협하게 될까 봐 걱정하고 있었던 만큼, 웃으면서 미국 사회에 물건을 팔아먹는 장사치가 되지 않겠다는 아들의 거부를 일종의 승리로 받아들인 것이 틀림없다.

거절하는 고객에게 익숙하지 않은 버튼은 당황했지만 리버는 이미 충분히 가치 있는 스테이크 조각이었기 때문에 그녀는 리버가 텔레비전 드라마에 캐스팅될 수 있게 만드는 일에 힘을 모았다.

그동안에도 피닉스 집안 아이들은 로스앤젤레스에서 길거리 공연을 계속했다. 1982년 한 비디오 카메라에 찍힌 다섯 아이들은 모두 노란색 민소매 티셔츠와 광택이 나는 반바지를 맞춰 입고 안무를 하면서 노래를 부르고 있다. "정상까지 쭉/ 해내고 말 거야, 해내고 말 거야." 아이들은 모두 누가 딸이고 누가 아들인지 분간하기 어려울 만큼 어리지만, 리버만큼은 그렇지 않다. 금발의 리더 리버는 맨발에 스니커즈를 신은 채 훌륭하게 기타를 치다가 회전을 하며 노래를 끝낸다. 행인들의 박수갈채가 쏟아진다. 비록 아직 공연 장소가 웨스트우드 보도이기는 했지만 리버는 이미 공연 속 스타였다.

4. 레츠 워크[6]

눈부신 색깔. 수많은 사람이 1980년대를 형광색 패션, 뒤죽박죽된 큐브의 알록달록한 색깔, MTV에서 방송되던 '듀란듀란Duran Duran'의 뮤직비디오로 기억한다. 그러나 실제 1980년대의 정신은 일의 정상화였고, 최고의 선은 억척스러운 근면이었다. 생활체육이 주류 문화가 되었다. 사람들은 나팔바지를 팔아 짧은 운동용 반바지를 샀다. 브루스 스프링스틴Bruce Springsteen 1949-은 뼈만 앙상한 거리의 시인에서 기타를 휘두르는 근육질 노동자로 이미지 변신을 했고, 그 결과 앨범도 인생 최대의 성공을 거두었다. 로널드 레이건Ronald Reagan 1911-2004은 근면 노동과 미국의 힘을 기치로 두 차례 대통령에 당선되었다. 그 시대의 마약은 코카인이었고 일부 사람들은 밤새도록 파티를 즐기게 만드는 흥분제라는 뜻으로 코카인을 '볼리비안 마칭 파우더Bolivian Marching Powder'라고 불렀다. 코카인은 칼뱅 윤리로 볼 때 불법적 약물이었다.

1980년대 땀의 정신을 가장 잘 구현한, 떠오르는 스타가 두 명 있었으니 마이클 제이 폭스와 톰 크루즈가 바로 그들이다. 폭스는 가족 시트콤 「패밀

---

6 레츠 워크(Let's Work): '일하자'라는 뜻이다. '롤링스톤스(The Rolling Stones)' 보컬 믹 재거(Mick Jagger 1943-)의 1987년 첫 솔로 앨범에 수록된 곡 제목이다. 프린스(Prince 1958- 2016)의 1981년 첫 앨범에도 동명의 곡이 수록되어 있다.

리 타이즈Family Ties 1982-1989」의 알렉스 키튼 역을 연기하면서 세대 변화의 상징이 되었다. 그가 연기한 알렉스는 이해타산적인 젊은 공화당 지지자로 공급자 중심의 철학을 내세움으로써 히피 출신 부모와 끝없이 반목하는 인물이었다. 레이건주의는 폭스의 의기양양한 미소 덕분에 쉽게 정착할 수 있었다. 폭스는 한 인터뷰에서 농담조로 이런 자문자답을 하기도 했다. "목표가 뭐냐고요? 여자, 돈, 세계 제패요."

폭스는 자신의 명성을 잘 활용해「틴 울프Teen Wolf 1985」,「내 성공의 비밀The Secret of My Success 1987」같은 영화들을 흥행시켰다. 그러나 그를 정상의 자리에 올려놓은 작품은, 스티븐 스필버그Steven Spielberg 1946-가 제작하고 로버트 저메키스Robert Zemeckis 1952-가 감독한 기발한 시간 여행 코미디 영화「백 투 더 퓨처Back to the Future 1985」였다. 폭스가 연기한 주인공 마티 맥플라이는 고성능 타임머신 드로리안을 타고 1985년에서 1955년으로 여행을 떠난다. 레이건과 아이젠하워 대통령 시대를 배경으로 하는 그 영화는 시대적 분위기를 잘 반영한다. 이 영화에 출연하느라 폭스는 두 배로 일을 했다. 낮 시간에는「패밀리 타이즈」를, 밤 시간에는 새벽 두 시 30분까지「백 투 더 퓨처」를 촬영했던 것이다. 폭스는 말했다. "밤잠을 평균 네 시간 정도밖에 못 잤어요. 하지만 내가 어떻게 해야 했을까요? 기한 안에 영화가 제작되어야 하는데요." 이 영화는 미국에서만 2억 달러를 벌어들였고 두 편의 속편이 제작되었다.

비슷한 시기에 톰 크루즈는「위험한 청춘Risky Business 1983」이라는 영화 속 폭주하는 젊은 사업가 역을 연기함으로써 스타가 되었다. 부모가 멀리 여행을 떠나자 그는 속옷 바람으로 온 거실을 돌아다니며 춤을 추는 것은 물론 평범한 가정 밖으로 나가 매춘 사업을 운영한다. 이 영화는 원래 1980년대 호황을 누리던 미국 자본주의의 어두운 이면을 폭발시키려는 의도로 기획되었지만 크루즈의 메가와트급 카리스마, 여자주인공(레베카 드 모네이^{Rebecca De} ^{Mornay 1959-})과의 사랑이 이루어지고 프린스턴 대학교 입학을 허가받는 행복한 결말이 곁들여지면서 기업가 정신이라는 덕목을 선전하는 홍보물이 되고 말았다. 크루즈가 이어서 연기한 「탑건^{Top Gun 1986}」 속 끝내주는 파일럿 매버릭 역시 마찬가지로 강력한 군사력을 지향하는 레이건주의를 미화했다. 그 결과 이 영화 역시 사실상 군인 모병용 선전물 노릇을 하게 되었다.

크루즈는 영화 안에서나 영화 밖에서나 눈도 깜박이지 않는 강한 성격으로 유명했다. 한시도 쉬지 않고 일에 집중하는 습관 때문에 크루즈는 '레이저헤드^{Laserhead}'라는 별명으로 불렸다. 그러다가 세상에서 가장 자본주의적인 종교 사이언톨로지에 끌리는 자신을 발견했다. 사이언톨로지가 일과 돈을 충분히 활용하면 어떤 문제든 해결할 수 있다고 장담했기 때문이다.

5. 매그니피센트 세븐(황야의 7인)

1982년 가을 미국인들은 텔레비전 방송 채널을 딱 세 개밖에 선택할 수 없었다. 수요일 밤 여덟 시, NBC 방송국은 「리얼 피플^{Real People 1979-1984}」이라는 흥미로운 인간사 이야기 프로를 방송해 그 시간대 주도권을 잡았다. (어디든 뒤로 걸어 다니는 남자! 같은) 일반인이 등장하는 그 프로그램은 마음 따뜻해지는 이야기와 기이한 이야기가 번갈아가며 방송되었다. ABC 방송국은 「황금 원숭이 이야기^{Tales of Gold Monkey, 1982-1983}」라는 드라마를 방영했는데, 이 드라마는 「레이더스, 잃어버린 성궤를 찾아서^{a Raiders of the Lost Ark 1981}」를 모방한 작품으로 1938년 남태평양을 배경으로 하는 수상비행기 파일럿 이야기를 다루었다. 드라마

주인공 로디 맥도웰Roddy McDowall 1928-1998은 멋쟁이 프랑스인 치안판사로 분했다. CBS 방송국은 1954년 제작된 선구적 뮤지컬 영화 「7인의 신부」를 현대적으로 각색해 캘리포니아 북부의 한 농장 가족 버전으로 방영했다.[7] 주인공 일곱 형제 중 맏이를 맡은 배우가 얼마 뒤 「맥가이버MacGyver 1985-1992」로 유명해진 리처드 딘 앤더슨Richard Dean Anderson 1950-, 막내를 맡은 배우가 떠오르는 신예 리버 피닉스였다.

매회 뮤지컬 넘버가 하나씩 나오는 드라마라서 리버는 오디션장에 기타를 가져가 엘비스 흉내를 냈다. 책임 프로듀서 데이비드 거버David Gerber 1923-2010는 말했다. "리버는 깨끗하고 신선하고 건전하게 어린 얼굴을 하고 있었고, 호감을 주는 미소가 일품이었어요. 그 모든 게 얼마나 자연스럽던지. 내 기억 속 리버는 늘 복숭아처럼 솜털이 보송보송한 아이였어요."

리버는 말했다. 자신이 그 배역을 따냈다는 사실을 알게 되었을 때 "허공으로 1.5미터쯤 펄쩍 뛰어올랐다"고, 아니, 더 솔직히 말해서 "온몸이 시뻘게질 정도로 흥분이 되었다"고.

피닉스 가족은 캘리포니아 북부 시에라 산맥 기슭의 머피스라는 마을에 다시 자리를 잡았다. 존과 알린이 번갈아가며 리버를 촬영장에서 지켜봤고 다른 아이들을 집에서 가르쳤다.

촬영을 시작하자마자 리버의 완전 채식주의가 제작진과 마찰을 일으켰다. 리버가 가죽 재질의 카우보이 부츠를 신으려고 하지 않은 것은 물론 가죽 벨트도 차지 않으려고 했기 때문이다. 약간의 논쟁 끝에 소품 팀은 플라스틱 카

---

7 텔레비전 드라마 「7인의 신부(Seven Brides For Seven Brothers)」: 1982년 9월 19일 파일럿 방송을 시작으로, 9월 22일부터 1983년 3월 23일까지 수요일 저녁에 방영했다. 이 작품도 그렇지만 당시에는 드라마를 매회 다른 작가들이 집필하는 일이 흔했다.

우보이 부츠를 찾아냈다. (벨트는 계속 차지 않고 촬영했다) 하지만 이 사건은 리버의 여섯 형 역할을 하는 배우들에게 빌미를 제공했다. 그들은 리버의 완전 채식주의를 조롱하고 걸핏하면 그를 무시했다. 열두 살 리버는 거기에 어떻게 대처해야 하는지 알지 못했다.

(신부로 등장한) 한나를 연기한 배우 테리 트리스Terri Treas 1957-는 이렇게 회상했다. "리버는 울음을 터뜨리고는 했는데, 그 행동은 상황을 더 악화시키기만 했어요. 그 애는 늘 외톨이였답니다. 다른 소년들과 어울리는 대인관계 기술이 전혀 없었으니까요. 친구들과 놀러 다녀본 적도, 운동장에서 자기 주장을 펼쳐본 적도 없는 아이잖아요." 어울리는 법을 알지 못했던 리버는 촬영장에서 대기하는 시간의 대부분을 혼자 기타를 치며 보냈다.

파일럿 편을 공동 집필한 슈 그래프턴[8]은 훗날 '킨제이 밀혼' 시리즈로 베스트셀러 작가가 되었다. 그녀의 책 제목들과 마찬가지로 7형제의 이름도 알파벳 순서에 따라, 애덤Adam-브라이언Brian-크레인Crane-대니얼Daniel-에번Evan-포드Ford-(리버가 맡은)거스리Guthrie였다. 파일럿 편의 시작 장면에서 굉장히 어린 리버는 야구모자를 쓰고 청재킷 차림으로 맥주 캔을 딴다. 형 중 한 명이 맥주를 빼앗으며 그에게 말한다. "야, 열네 살까지는 안 돼."

화면 안에서 가장 눈에 띄는 리버의 특징은 바가지머리와 모든 사람을 즐겁게 만들고 싶어 하는 강아지 같은 성격이다. 화면 밖에서는 나이 많은 배우들과 동등한 동료로 대우받길 바라는 그의 열망이 온갖 극심한 시련을 겪어

---

8 슈 그래프턴(Sue Grafton 1940-2017): 미국의 추리소설가, 베스트셀러 작가. 1982년부터 '킨제이 밀혼(Kinsey Millhone)'이라는 인물을 주인공으로 하는 시리즈물을 출간했는데, 책 제목이 『알리바이의 에이(A is for Alibi)』, 『철도범의 비(B is for Bulglar)』식으로 알파벳 순서에 따라 붙어 있다. 2017년 'Y' 책 『어제의 와이(Y is for Yesterday)』를 출간한 뒤 세상을 떠나 'Z' 책은 나오지 못했다. 작가는 생전에 'Z' 책 제목을 『0의 제트(Z is for Zero)』라고 밝힌 바 있다.

야 했다. 실제로 리버가 생기를 되찾는 순간은 뮤지컬 넘버를 연기하는 장면 뿐이었다. 그 순간만큼은 기타를 치면서 한 발로 깡충깡충 뛰어다닐 수 있었으니까.

저녁 식사 장면
리버 피닉스: 빌어먹을 빵 좀 집어줘.
리처드 딘 앤더슨: 거스리, 말 곱게 해라.
리버 피닉스: 부탁인데, 빌어먹을 빵 좀 집어줘.

드라마 회가 거듭되면서 리버는 스스로도 놀랍게도 팬레터를 받게 되었고, 모든 팬레터에 직접 답장을 쓰겠다고 고집을 부렸다. 매몰 사고로 동굴 안에 갇히는 에피소드에서는 「록 어라운드 더 클락Rock around the Clock」이라는 노래를 불렀고, 금 채굴자들에게 납치당하는 에피소드에서는 주인공을 맡았다. 이 에피소드에서 리버가 상의를 완전히 벗는 장면은 그의 취약함을 드러내 보이려는 의도로 촬영되었으나, 부적절하게도 오히려 리버를 유명 속옷 브랜드 캘빈 클라인Calvin Klein의 광고 모델처럼 보이게 만들고 말았다.

심지어는 리버의 채식주의 신념을 비꼰 '더 킬러The Killer'라는 에피소드도 있었다. 사냥 여행에 따라간 거스리는 사슴을 쏠 수 없다는 사실을 깨닫는다. 에피소드 결말 부분에서 그는 형의 목숨을 구하기 위해 기꺼이 퓨마에게 총을 쏜다. 그 에피소드의 주제곡은 퓨마에 관한 발라드 곡으로 가사에 두운도 있었다. "용감하고 대담한 전사a warrior brave and bold", "보기에 장관이구나.a wonder to behold"

그 드라마의 저작권 소유주인 제작사 대표 주디 마빈Judy Marvin은 리버를

"슬픈 꼬맹이"라고 생각했다. 단지 리버가 미국의 십 대나 성인들과 어울리는 데 실패했기 때문만이 아니었다. 그녀는 리버가 "그 자그마한 어깨에 가족 부양이라는 짐을 모두 지고 있는 것처럼" 보였다고 말했다.

「7인의 신부」는 1983년 3월 마지막 회를 방영했다. 총 22회가 방영되는 동안 등장한 신부는 딱 한 명뿐이었다.

6. 티브이 아이[9]

열한 살이 된 레인은 자신의 이름이 "음침하다"면서 레인보우로 바꾸었다. 피닉스 가족은 할리우드 뒤쪽으로 이사를 했고, 리버는 일하는 배우로서 쳇바퀴 같은 생활을 하기 시작했다. 십 대 배우라고 해서 다를 바 없는 수많은 오디션, 수많은 탈락, 가끔 성사되는 계약을 되풀이하고 있었던 것이다. 그렇게 2년이 넘는 시간 동안 리버는 신용을 쌓고 경험도 쌓았다.

리버와 레인은 낮 시간에 NBC 방송국에서 방영하는 버라이어티 쇼 「판타지Fantasy 1982-1983」에 출연해 노래를 불렀다. 치료를 받을 수 있게 병원비를 내준다거나, 전문 복화술사와 함께 공연하는 것이 꿈인 십 대의 소원을 이뤄준다거나 하는 식으로, 방송에 출연하는 일반인의 꿈을 실현시켜주는 프로그램이었다. 남매의 노래가 얼마나 훌륭했던지 제작진은 '현장을 찾아가 전하는 어린이 뉴스'의 특파원으로 리버를 고용했고, 리버는 버라이어티 쇼의 베테

---

9 티브이 아이(TV Eye): 록 밴드 '스투지스(The Stooges)'가 1970년 발표한 앨범 「펀 하우스(Fun House)」에 수록된 노래 제목이다. 스투지스의 보컬 이기 팝이 1977년 발매한 라이브 앨범의 제목이기도 하다.

랑 진행자 레슬리 우감스^{Leslie Uggams 1943-}가 이끄는 팀에 합류했다.

리버는 이어 NBC 미니시리즈 「셀러브리티^{Celebrity 1984}」에서 (조지프 보텀즈 ^{Joseph Bottoms 1954-}가 분한) 유명 영화배우 마크 크로포드의 아들 '제피' 역을 맡게 되었고, 방송 분량의 대부분을 해변에서 모래성을 쌓는 모습으로 채웠다. 리버가 가장 비중 있게 나온 장면은 제피가 다른 남자와 한 침대에 있는 아버지를 발견함으로써 아버지가 동성애자라는 사실을 알게 되는 장면이었다.

다음 작품은 ABC 방송국의 『방과 후 특집』[10] 「역행: 난독증이라는 난제 ^{Backwards: The Riddle of Dyslexia}」 편이었다. 리버는 브라이언 엘스워스라는 중학생 역할을 맡았다. 브라이언은 해맑지만, 난독증으로 앓고 있다는 사실을 가족은 물론 자신조차 몰라서 학교생활을 엉망으로 하고 있는 인물이었다. 대본 내용 대부분이 리버에게 좌절감에 빠진 것처럼 연기하라고 요구하고 있었지만 (그리고 무슨 이유에서인지 비둘기 떼 사이를 슬로 모션으로 달리라고 요구하고 있었지만), 리버는 돌출 행동으로 자신의 불안감을 감추는 '교실 안의 광대'라는 인물을 설득력 있게 연기해 보임으로써 진짜 연기 재능을 드러내고 있었다. 간혹 그의 연기가 어색하게 느껴질 때도 있었지만, 그 영화에는 리버보다 연기를 더 잘하는 성인 배우가 없었다.

돌이켜보건대 「역행」에서 가장 인상적이었던 장면은 열 살배기 리프가 이야기 속 리버의 남동생으로 출연한 부분이다. 리프는 시청자에게 이제 막 글 읽기를 배우는 나이라는 확신을 주기에 충분할 만큼 어려 보였다. 둘이 씨름을 하는 장면에서도, 시리얼 상자에 적힌 글을 읽는 장면에서도, 형제가 함께

---

10 『방과 후 특집(Afterschool Special 1972-1997)』: ABC 방송국에서 평일 늦은 오후 시간에 방영한 일종의 교육 콘텐츠였다. 사회적 이슈, 논란거리 등을 다루는 텔레비전 영화 시리즈로 타깃 시청자층은 청소년이었다.

있는 모습은 너무나 자연스러웠다. 리프는 애정 가득한 눈으로 리버를 바라보았고, 리버는 허공으로 리프를 던졌다가 받을 때도, 잠자리에서 이야기를 들려줄 때도 동생을 보살피듯 대했다. 이때가 두 사람이 함께 연기한 유일한 순간이었다.

리버는 제이슨 베이트먼^{Jason Bateman 1969-}이 십 대 사기꾼 주인공으로 분한 시트콤 「이츠 유어 무브^{It's Your Move 1984-1985}」 파일럿 편에 출연했다. 학년말 고사 시험지를 팔아 주인공을 돕는 졸개 역할이었다.

육지로 둘러싸인 호화로운 호텔을 배경으로 한다는 점만 빼고 애런 스펠링 ^{Aaron Spelling 1923-2006}의 「러브 보트^{The Love Boat 1977-1986}」와 비슷했던 드라마 「호텔 ^{Hotel 1983-1988}」에 리버는 사립학교에 다니는 체조 선수로 출연했다. (로버트 리드^{Robert Reed 1932-1992}가 분한) 리버의 아버지 스포츠 캐스터는 나중에 양성애자로 밝혀진다. 「셀러브리티」와 비슷한 줄거리가 반복되었다는 점에서 볼 때, 1984년 황금 시간대에 방영된 프로그램의 40퍼센트가 숨겨진 동성애자 남편을 다루고 있었다는 사실, 리버가 자신만의 독특한 틈새 배역을 찾아냈다는 사실을 알 수 있다.

다음 작품은 미니시리즈 「로버트 케네디와 그의 시대^{Robert Kennedy and His Times 1985}」였다. 작품 자체는 평론가들의 호평을 받지 못했지만, 에미상 '훌륭한 헤어스타일링' 부문에 후보로 오른 작품이다. 로버트 케네디의 자녀로 출연한 한 떼의 아역 배우에는 리버를 비롯해 섀넌 도허티^{Shannen Doherty 1971-}, 제이슨 베이트먼이 포함되어 있었다.

리버는 열네 살이 되었다. 그의 십 대는 방음 스튜디오 작업 일정에 따라 굴러가고 있었다. 그는 제도권 교육 기관에 다닌 적이 없었다. 중학교에 입학해야 하는 1984년에 리버는 학교에 다니는 대신, 십 대 청소년의 자살을 다룬 텔레비전 영화 「서바이빙Surviving 1985」 촬영을 위해 오클라호마시티로 날아갔다. 감독 워리스 후세인Waris Hussein 1938-은 이렇게 말했다 "리버는 그 시절 굉장히 많은 할리우드 오디션장에 모습을 드러냈지만, 다른 배우들과 확연히 달라 보였어요."

(「열여섯 개의 초Sixteen Candles 1984」의 촬영을 끝내고 「블랙퍼스트 클럽The Breakfast Club 1985」에 출연하기 전인) 몰리 링월드Molly Ringwald 1968-와 자크 걸리건Zach Galligan 1964-이 자살을 선택하는 불행한 연인으로 출연했다. 리버는 걸리건의 남동생 역을 맡았다. 장남의 죽음에 너무나 상심한 나머지 그 사건이 다른 자녀들에게 어떤 영향을 끼치는지 헤아리지 못하는 부모는 엘렌 버스틴Ellen Burstyn 1932-과 렌 카리오우Len Cariou 1939-가 연기했다. 리버는 「서바이빙」 속 생생한 연기로 논픽션 부분 무명 배우에게 수여되는 젊은예술가상Young Artist Award을 수상했다. 리버의 연기에는 아직 섬세함이 부족했지만, 그는 다른 사람의 껍질 속으로 녹아 들어가는 법을 배우는 중이었다.

7. 에코#1 서바이빙

티나(엘렌 버스틴)는 자신의 아들 필립(리버 피닉스)이 자살 시도를 흉내내 수면제 한 움큼을 삼켰다는 사실을 알게 된다. 깨끗한 베이지색 폴로 티셔츠를 입은 필립은 자신의 방 책상 위로 쓰러진다. 약물 과용으로 죽기 직전이다. 티나는 필립을 찰싹찰싹 때리며 묻는다. "어떻게 네가 이럴 수가 있니? 나쁜 자식! 나쁜 자식! 필립, 이 나쁜 자식!"

티나는 필립의 한 팔을 자신의 어깨에 두르고 질질 끌며 계단을 내려와 병원으로 향하면서, 화난 목소리로 다음에도 이런 짓을 또 할 거냐고, 자신이 아들의 시신을 발견하는 사람이 또 되어야 하느냐고 다그친다. 차 안에서 필립은 흐느껴 울면서 형이 모든 관심을 다 빼앗아 가버려서 얼마나 샘이 났는지 설명한다. 차라리 형이 죽어버리면 얼마나 좋을까 생각했다고. "형은 언제나 나보다 훨씬 잘난 사람이었잖아요. 다 내 잘못이에요. 내 잘못이라고요."

버스틴은 리버를 꽉 끌어안는다. 리버는 약물 과용에서 살아남아 며칠 뒤 가족을 다시 만난다. 적어도 텔레비전 화면에서는.

8. 지도에 나와 있지 않은 땅

오클라호마시티에서 촬영을 하는 동안 리버는 외출을 허락받았다. 「서바이빙」의 촬영 일정이 조정되었고 리버는 그 덕분에 엘에이로 돌아가 오디션을 볼 수 있게 되었다. 「그렘린Gremlins 1984」을 막 흥행시킨 조 단테Joe Dante 1946-감독이 온 가족이 즐길 수 있는 또 다른 공상과학 코미디 영화를 제작하는 중이었다. 「컴퓨터 우주 탐험Explorers 1985」이라는 이 영화는 교외에 사는 세 어린이가 꿈에서 얻은 정보를 활용해 직접 만든 우주선을 타고 외계인 종족과 만난다는 내용이었다.

"대본을 읽기만 해도 전율이 느껴졌어요." 리버는 배역을 따냈다. '아역 영화배우의 꿈'을 실현시켜 줄 장편 영화에 드디어 첫발을 내디딘 것이었다. 리버가 맡은 역할은 세 어린이 가운데 볼프강 뮐러라는 괴짜 천재 발명가였다. 평범한 어린이 주인공은 에단 호크가 맡았는데, 호크 역시 이 영화가 데뷔작이었다. 성격 괄괄한 세 번째 어린이는 제이슨 프레슨Jason Presson 1971-이 연기했다. 영화는 샌프란시스코 바로 북쪽, 캘리포니아 페탈루마, 즉 조지 루카스 George Lucas 1944- 의 영화사가 만든 영화 촬영장 스카이워커 랜치 Skywalker Lanch 에서 촬영되었다. 배우들은 샌프란시스코 외곽 한 모텔에서 함께 지냈다. 촬영이 시작되고 며칠 지나지 않아 호크는 리버가 평범한 십 대 소년이 아니라는 사실을 깨달았다. "주차장에서 등장인물의 걸음걸이를 연습하는 리버의 모습을 봤어요. 열네 살짜리한테는 흔치 않은 행동이었죠."

앞선 몇 년의 시간 동안 리버는 특유의 바가지머리를 하지 않았는데, 볼프강 역을 맡으면서 좌우 대칭의 머리 모양으로 복귀했다. 게다가 책벌레 분위기를 내는 독특한 안경까지 써야 했다. 리버는 카메라가 꺼지기만 하면, 혹은 예쁜 여자가 옆으로 지나가기만 하면 얼른 그 안경을 벗었다. 평생 수많은 역할을 해봤지만 얼간이 역할은 해본 적이 없는 리버였다. 단테 감독은 말했다. "세 어린이 중에서 리버가 가장 연기를 잘해야만 했어요. 리버만이 본래의 자신과 정반대되는 인물을 연기하고 있었으니까요."

단테 감독은 또 이렇게 덧붙였다. "리버는 쿨한 사람이 되고 싶어 했고, 쿨하게 연기하고 싶어 했지만, 그 애의 내면에 살고 있는 괴짜가 가끔씩 불쑥 밖으로 튀어나와 그 애를 당황스럽게 만들었답니다. 리버는 자신의 연기를 보는 것을 좋아하지 않았어요. 내 생각에는, 자신에게 없었으면 하는 점들이 그 애의 눈에 너무 많이 보였나 봐요. 리버한테는 스스로 변화시키려고 애쓰는 유치한 면들이 있었거든요."

십 대 배우들은 법적으로 하루에 네 시간만 일할 수 있었기 때문에 세 소년은 하는 일 없이 함께 보내는 시간이 많았고 빠르게 친한 친구가 되었다. 십 년 뒤 호크는 말했다. "내 평생 촬영 기간이 가장 길었던 영화예요. 리버 피닉스랑 6개월을 함께 보내다니, 맙소사, 얼마나 강렬한 경험이었는지."

리버와 호크는 둘 다 실제보다 훨씬 성숙한 것처럼 굴었다. 둘 다 아름다운 여자주인공 아만다 피터슨Amanda Peterson 1971-의 관심을 끌려고 안간힘을 썼고 그 경주의 승자는 늘 호크였다. 호크는 말했다. "우리는 미친놈들처럼 여자들의 관심을 끌려고 경쟁을 했어요. 실은 우리 둘한테는 만사가 다 경쟁이었어요. 그래서 섹스에 관해서도 끝없이 허풍을 떨고 떠벌렸어요. 사실 둘 다 경험이 없었는데도 말이죠. 지금 돌이켜보면 호르몬 때문에 어쩔 줄 몰라 하는 십대 소년 두 명의 모습이 보여서 마음이 짠해지지만요." (실제로 리버의 사춘기는 「컴퓨터 우주 탐험」을 촬영하던 그때가 절정이었다)

단테 감독도 이렇게 거들었다. "여자랑 자는 것이 인생의 큰 목표였어요. 그때 리버한테는 그게 가장 중요한 일이었답니다." (단테와 호크는 '칠드런 오브 갓'의 성행위 수련법에 관해 전혀 몰랐던 것 같다)

단테 감독은 촬영장에서 헤드폰을 통해 촬영을 쉬는 동안 리버와 호크가 나누는 대화를 들을 수 있었다. 그는 이렇게 회상했다. "부모님한테 그렇게 배웠는지 리버의 사고방식은 상당히 교조적이었어요. 평범한 세상 쪽에 훨씬 더 가까이 서 있던 에단은 종종 리버의 말에 이의를 제기했고요. 아마 리버는 그런 일에 익숙하지 않았던 것 같아요. 평생 한쪽으로만 생각해왔는데 갑자기 그 사고방식이 도전을 받게 되었고, 세상의 주류 대부분은 그런 식으로 생각하지 않는다는 사실을 알게 된 거예요. 아마도 그때가 리버한테는, 집에서 평생 들어온 모든 일들에 무조건 동의하지 않는 사람들과 함께 시간을 보낸 첫 경험이었을 겁니다. 리버에게는 그 일이 소중한 경험, 정신이 부쩍 성장하는 계기가 됐어요."

호크는 리버를 좋아했지만 리버의 결정적 특질로 '순진한 허세'를 꼽았다. "내가 보기에 자신의 괴상함이 유일한 것이 아니라는 사실을 아는 데는 교육이 도움이 되는 것 같아요. 난 열네 살의 리버가 과연 책을 한 권이라도 읽었는지 의심스러웠어요. 그런데도 리버는 인생과 환경에 관한 자신의 생각이 독특하다고 믿었어요. 학교에 다닌 적이 없어서 대인관계 기술도 전혀 없고 적절한 대화가 뭔지도 잘 모르면서요. 게다가 그 친구한테는 자신의 과거, 자신이 살아온 삶을 3인칭 시점으로 일화화해서 이야기하는 특유의 방식이 있었어요. 듣고 있으면 아, 이 친구가 자신만의 신화를 꾸며내고 있구나, 누구나 느낄 수 있을 정도였죠. 우리 모두 다 그런 경향이 있지만 리버의 경우는 좀 심했어요."

리버가 정식 교육을 받지 않았다는 사실은 촬영장에서 종종 걸림돌로 그에게 작용했다. 리버는 다른 십 대들 대부분에게는 익숙한 단어나 이름들을 잘못 발음해서 그들과 공통점이 부족하다는 사실을 무심코 드러내고는 했다. 역대 대통령, 유명한 배우, 작가, 가수의 이름은 물론 중요한 역사적 사건들도 잘못 발음했다. 단테 감독은 말했다. "리버는 부모의 양육 방식 때문에 세계에 관한 중요한 지식이 많이 없었어요. 그래서 어떤 단어의 뜻을 리버에게 설명해줘야 하는 경우가 많았고, 그 사실은 리버를 자주 곤경에 빠뜨렸어요. 그래도 교육받을 기회를 박탈당했다는 점을 고려하면 리버는 매우 총명하고 굉장히 영리했으며 아는 것도 많았어요. 그저 역사나 문학을 쭉 훑어본 적이 없어서 자기 나름대로 써먹을 수 있는 지식이 부족했던 것뿐이죠."

텔레비전 역시 리버에게는 대체로 미지의 풍경에 불과했다. 평생 텔레비전을 보는 데 쓴 시간보다 텔레비전 프로그램을 만드는 데 쓴 시간이 훨씬 더 길었기 때문이다. "텔레비전은 우리 가족이 정말로 소유한 적 없었던 물건 중 하나예요." 알린은 그 가족의 방랑하는 생활 방식을 묘사하면서 이렇게 말했다. 「컴퓨터 우주 탐험」을 찍을 때 모텔에서 쉬다가 텔레비전에서 방송되고 있는 MTV를 우연히 보게 된 리버는 그 즉시 방송에 취해버렸고, 그 뒤 몇 시간 동안 '반 헤일런^{Van Halen}', 프린스, '나이트 레인저^{Night Ranger}' 같은 가수들의 음악을 빨아들이며 보냈다. 리버는 '쓰리 스투지스'[11]를 보고도 그 코미디를 사람들이 왜 웃기다고 생각하는지 이해하지 못했다. 그래서 누구든 만나기만 하면 '쓰리 스투지스'를 좋아하느냐고 물어보고는 했다.

단테 감독은 어린 배우들이 즉흥적으로 연기할 수 있게 격려했고, 그들이 스스로 발전시켜나가는 조합에 큰 기쁨을 느꼈다. 리버는 말했다. "우리는 유난히 오래 함께 지냈어요. 마치 막 들어가 살게 된 위탁가정에서 수양 형제나 자매를 만나 서로 알아가는 것 같았죠. 에단, 제이슨, 아만다는 모두 성격이 좋아서 함께 일하기 편했어요. 할리우드에는 진짜 개자식 같은 아역 배우들도 많아요. 그런 녀석들은 상대하기도 힘들고요. 난 그래도 운이 좋았어요. 그런 개자식은 아니었으니까요. 지금도 그렇게 되지 않으려고 최선을 다하는 중이고…… 아역 배우들은 흥분하면 성인 배우들의 심기를 건드릴 수 있어요. 촬영장 주변에서 대기하는 것에도 금방 싫증을 느끼고요. 우리의 그런 행동이 사람들을 열받게 하는 것 같아요."

어느 날 밤 리버는 나이를 불문하고 대부분의 배우가 빙빙 돌려 묻는 질문을 직설적으로 호크에게 던졌다. "너도 유명해질 거야?"

호크는 쿨하게 대처하려고, 실제보다 겸손하게 대답하려고 애썼다. "잘 모르겠어. 난 그런 데 별 관심 없거든." 거짓말이었다.

---

11 쓰리 스투지스(The Three Stooges) : 1922년 보드빌 무대에 데뷔해 1970년대 초반 은퇴하기까지 미국 전역에서 큰 인기를 누린 코미디 그룹이다. 주로 슬랩스틱 코미디를 지향했다. 언제나 3인조로 활동했지만 고정 멤버는 모 하워드(Moe Howard 1897-1975)와 래리 파인(Larry Fine 1902-1975) 두 명이었고 세 번째 멤버는 여러 코미디언, 배우들이 일시적으로 맡았다가 그만두기를 반복했다. 2012년 이들의 일생과 코미디를 다룬 동명의 영화가 제작되었고 우리나라에서는 「바보 삼총사」라는 제목으로 개봉되었다.

리버는 거침이 없었다. "난 유명해질 거야. 반드시. 부유하고 유명한 사람이 될 거야."

"왜? 명성이 뭐가 그렇게 중요해서?"

리버는 호크가 예상하지 못한 대답을 했다. "우리 가족을 위해서 꼭 그렇게 될 거야."

호크는 말했다. "그날 밤 뒤로는 가족 때문에 리버가 지고 있는 무거운 책임감이 내 눈에도 정말로 보였어요. 리버의 가족에게 리버는 재림한 신이요, 열네 살의 가장이었어요. 아마도 그게 리버가 늘 너무 심각할 정도로 스스로를 통제한 이유였을 거예요. 난 리버가 자기 부모님을 신화화한다는 생각도 했어요. '우리 아버지는 철학에 더없이 조예가 깊은, 세상에서 가장 멋진 분이야.' 이런 식으로 끝없이 아버지 자랑을 늘어놓았거든요."

그러나 존의 행실은 아들의 주장에 한참 부족했다. 현장에 있던 한 목격자는 이렇게 말했다. "어느 날 촬영 필름을 편집하고 있는데 존이 만취한 모습으로 나타났어요. '우리 아빠가, 어, 가끔씩 저렇게 웃긴다니까.' 리버는 이렇게 말하면서 웃음으로 그 일을 무마하려고 했죠. 하지만 아이가 얼마나 상처를 받는지, 얼마나 당황했는지, 현장에 있던 사람들은 다들 알았어요."

「컴퓨터 우주 탐험」은 흥행에 참패했다. 연달아 개봉한 탓에 다른 어린이 모험 영화 「구니스The Goonies 1985」에 치이기도 했지만, 변변치 않은 영화라는 평가가 더 결정타였다. 평론가 자넷 마슬린Janet Maslin 1949-은 <뉴욕 타임스>에 이런 견해를 밝혔다. "새롭기는 한데 여러 면에서 이상한 영화다. 다른 사람들 눈에는 그냥 어이없게 보이기만 하는 모양이지만." 영화의 시작부터 3분의 2가 지나는 지점까지, 직접 우주선을 만들고 시험 비행까지 하는 아이들의 모습에 입을 벌리고 경탄하게 되지만, 사실 이런 내용은 스필버그식 영화의 재탕에 불과했다. 게다가 나머지 3분 1은 일반적 상식에서 완전히 벗어나 있었다. 아이들이 외계인의 우주선에 도착해 그냥 지구 밖 생명체를 발견하는 것으로 끝나는 줄거리는 가벼운 코믹 영화 수준이었고, 당시 미국 텔레비전 방송사들이 끝없이 써먹고 있던 방식과 별반 다르지 않았다. 「그렘린」에서는 제대로 먹혔던 액션과 팝 컬처 광기의 혼합이 이 영화에서는 용두사미로 끝나고 말았던 것이다.

세 주연 배우의 연기는 모두 호평을 받았고 호크와 리버의 얼굴에서 그들이 장차 어떤 성인 배우가 될지 문득문득 섬광이 보였던 것만은 사실이다.

호크가 집으로 돌아갔을 때 리버는 울었다.

이제 성인이 된 호크는 아이들의 연기 활동에는 좋은 점이 없다고 생각한다. "난 아이들의 연기가 마음에 부정적인 상처를 깊이 남길 수 있다고 생각해요. 물론 아이들이 학교 활동으로 연기를 하는 것은 자연스러운 일이죠. 하지만 팬들의 칭송을 받는 것은 자연스럽지 않아요. 열네 살짜리 아이가 어른한테 자기 커피 심부름을 시키는 것 역시 자연스럽지 못하고요."

호크는 그 뒤로 4년 동안 영화에 전혀 출연하지 않았다. 리버를 스타덤에 올려놓은 것으로 훗날 평가될 「스탠드 바이 미」의 오디션에 참가하기는 했지만 말이다. 배역을 따내지 못한 호크는 뉴저지의 집으로 돌아갔고, 리버와 개인적 친분이 있다는 이유로 사람들이 자신에게 사인을 받고 싶어 한다는 사실을 알게 되었다. "리버는 계속 날 격렬한 부러움에 빠뜨렸어요. 격렬하기는 해도 깜짝 놀랄 만한 부러움은 아니었어요. 난 늘 리버가 존경스러웠거든요. 리버는 아주 유명해져 있었고 난 고등학교 1학년 교실에 앉아 있었어요."

호크의 입장에서는 그 상태가 꽤 오래 지속되었다. 그는 비교적 평범한 고등학교 생활을 마친 뒤 대학에 진학했다. 딱 한 학기만 다닌 뒤 피터 위어^Peter Weir 1944-가 감독한 「죽은 시인의 사회^Dead Poet Society 1989」의 배역을 따냈지만 말이다. 리버도 「죽은 시인의 사회」에 너무나 출연하고 싶었다. 위어 감독의 다른 작품 「모스키토 코스트^The Mosquito Coast 1986」에 출연했던 일이 자신에게 유리하게 작용하기 바랐다. 그러나 심지어 「죽은 시인의 사회」에 관한 노래까지 작곡했는데도 배역을 따내지는 못했다. 위어 감독이 로빈 윌리엄스와 정반대되는, 대중적으로 알려지지 않은 얼굴들을 원했기 때문이다. 호크는 말했다. "내가 유명하지 않다는 사실이 그 배역을 따내는 데 도움이 됐어요. 우리는 선의의 경쟁자들이었어요. 리버는 내 연기를 존경한다고 말했지만 난 그 말을 믿지 않았어요. 워낙 심리 게임을 좋아하는 친구였으니까요."

  섬세하게 차려진 식탁이 아니라 고등학교 식당에서 밥을 먹는 동안 호크는 자신만의 가치관을 갖게 되었고, 돈과 명성을 뛰어넘는 야망을 키우게 되었다. 그는 극단을 만들었고 소설도 썼다. 「죽은 시인의 사회」 이후로는 스스로 싸구려 변절자가 될까 봐 너무나 걱정스러웠던 나머지, 자신의 가치를 일깨우는 편지를 자신에게 계속 쓰기도 했다. 그 편지들은 그의 나이 마흔 살에 공개되었다. "내가 가장 두려워한 일은 어린 나이에 너무 크게 성공하는 것, 그 결과 자신이 누구인지 알지 못하게 되는 것이었어요. 난 내가 스스로도 혐오하는 그런 사람이 될까 봐 걱정스러웠어요. 허세 부리는 사람처럼 보이게 만드는 행동, 그런데도 어릴 때는 순식간에 배워서 따라 하게 되는 행동, 그런 행동은 스스로 진지하게 자제하지 않으면 주위 사람 그 누구도 말리지 않거든요." 호크는 유감스럽다는 듯 미소를 지으며 덧붙였다. "결정적으로 우리가 무슨 짓을 하든 다른 사람들은 전혀 상관하지 않잖아요."

  호크는 아이러니하게도 평생 할리우드로 이사를 가지 않았다. 그랬다면 영화계 안에서 인기를 더 오래 유지하는 데 도움이 됐을 텐데 말이다. 그는 바이퍼 룸에서 3천 마일(약 4천8백 킬로미터) 떨어진 곳에 사는 것이 자신에게는 예술가가 되는 더 좋은 길이었음을 입증해 보였다.

리버에 관해서 호크는 이렇게 말했다. "리버와 다시 한번 함께 연기할 기회가 있었다면 정말 좋았을 겁니다. 내가 그 친구보다 더 뛰어난 연기를 해보일 수 있는 기회를 그 친구가 내게 주지 않았다는 생각에 나 역시 정말로 힘든 시간을 보냈어요. 난 승부욕이 굉장히 강한 사람이거든요. 혹시 대피 덕[12] 만화 기억해요? 대피가 관객 앞에서 뭐 좀 해보려고 하면 망할 지팡이가 들어와서 대피를 계속 무대 밖으로 끌어내는 만화 말이에요. 만화 말미에 대피는 결국 엄청난 마법을 부려 자신의 몸에 불을 붙임으로써 기립 박수를 받아내요. 그러고는 허공으로 떠올라 사라져요. 영원히. 굉장한 마법이지만 딱 한 번밖에 쓸 수 없는 마법인 거예요. 나는 「아이다호」 이야기를 듣고 그렇게 생각했어요. 결국은 자신의 몸에 불을 붙이는 리버를 보게 되겠구나. 그리고 그 친구는 실제로 그렇게 했어요. 리버는 진정으로 경쟁할 만한 가치가 있는 상대였어요."

---

12 대피 덕(Daffy Duck): 미국의 장수 만화 연재물 「루니 툰(Looney Tunes 1930~1969)」에 등장하는 검은 오리 캐릭터이다.

9. 우리가 올려다보는 하늘이 굴러떨어져야 한다면[13]

"크리스 체임버스는 우리 패거리의 대장이었고 나의 가장 친한 친구였다. 질 나쁜 집안 출신이라 크리스 역시 질 나쁜 길로 빠질 거라고 다들 생각했고, 그건 크리스 자신도 마찬가지였다." 이것은 리처드 드레이퍼스Richard Dreyfuss 1947-가 연기한 성인 고디 라챈스가 리버 피닉스를 스타로 만들어준 「스탠드 바이 미」 속 인물을 설명하는 내레이션이다.

리버는 늘 연기를 소일거리처럼 여겼다. 연기하는 것을 즐겼지만 그의 첫사랑은 언제나 음악이었다. 「컴퓨터 우주 탐험」 촬영을 끝마친 뒤로 모터사이클을 타고 여기저기를 쏘다녔고 모래벌판에서 경주를 하기도 했다. 그러다가 모터사이클에서 떨어져 왼 무릎 힘줄 하나가 끊어졌다. 부상 덕분에 소파에 앉아 인생에 관해 생각할 시간이 많이 생겼다. 그 결과 한 가지 계시를 얻었다. 영화배우로서의 연기가 어쩌다 보니 들어서게 된 우회로가 아니라 자신에게 중요한 일이라는 깨달음이었다. 그러자 연기를 매우 잘하고 싶어졌다. 리버는 완쾌도 되기 전에 「스탠드 바이 미」 오디션장으로 달려갔다. "난 다리를 절면서 안으로 들어갔어요." 리버는 그 배역을 맡는 데 다리 부상이 결정적으로 도움이 되었다고 생각했다. "사고 때문에 침울해져 있었던 터라 나한테 비극적 분위기가 배어 있었거든요."

리버가 맡은 등장인물은 거칠지만 섬세한 소년, 그러니까 그냥 어린 얼간이였다. 청바지, 하얀 티셔츠를 입고 머리를 1950년대 유행하던 스포츠 스타

---

13 우리가 올려다보는 하늘이 굴러떨어져야 한다면: 미국의 가수 벤 이 킹(Ben E. King 1938-2015)이 1962년 부른 노래 「스탠드 바이 미(Stand by Me)」의 가사이다. 리버가 출연한 동명의 영화 주제곡으로 썼다. 영화가 성공한 뒤 1986년 새로 제작된 뮤직비디오에는 영화의 두 주연 배우 리버 피닉스와 윌 휘튼이 등장한다. 특히 리버는 킹 옆에서 기타를 치며 노래를 함께 부른다.

일로 짧게 깎은 리버는 그 시대 은막의 스타, 그중에서도 딱 한 명을 유난히 떠올리게 하는 모습이었다. 로브 라이너Rob Reiner 1947- 감독은 말했다. "리버는 어린 제임스 딘James Dean 1931-1955이었어요. 그때까지 내가 한 번도 본 적 없는 유형의 인간이었죠."

열두 살의 고디를 연기한 윌 휘튼Wil Wheaton 1972-은 네 명의 등장인물과 너무나 딱 맞는 어린 배우들이 캐스팅되었기 때문에 영화가 잘된 거라고 말했다. 고디는 자신이 처한 상황에 불편함을 느끼는 따분한 아이요, 제리 오코넬Jerry O'Connell 1974-이 연기한 번은 우스꽝스럽고 행색이 초라한 (어른이 되어도 얼굴 윤곽이라고는 전혀 없을 것 같은) 아이이며, 코리 펠드먼Corey Feldman 1971-이 연기한 테디는 분노 조절에 막 문제가 생기기 시작한, 부모와의 관계가 끔찍하게 나쁜 아이이다. 휘튼은 말했다. "리버는 쿨하고 정말로 똑똑하며 열정이 넘쳤어요. 마치 우리 셋의 아버지 같았다니까요."

처음에 휘튼은 열두 살인 자신보다 두 살 더 많은 리버가 무서웠다. 휘튼은 이렇게 설명했다. "리버는 진짜 전문 배우 같았고 인상이 정말 강렬했어요. 실제 나이보다 훨씬 더 어른스러워 보였죠. 리버한테는 그 나이에 정량화하기 힘든 주변 환경에 관한 지혜가 있는 것 같았어요." 리버는 영리했고 음악적 재능이 넘쳤으며, 휘튼이 그때까지 만나본 그 어떤 사람보다도 친절했다. 한마디로 "리버는 마냥 쿨해 보였어요."

스티븐 킹Stephen King 1947-의 중편소설 『시체The Body 1982』를 원작으로 하는 「스탠드 바이 미」는 1959년 오리건 주 작은 마을에 사는 네 소년의 이야기이다. 중학교 입학을 앞둔 네 소년은 실종된 아이의 시체가 있다고 들은 지점까지 20마일(약 32킬로미터)이나 되는 거리를 기차 철로를 따라 걷는 여행을 떠났다가 더 성장하고 더 현명해져서 돌아온다.

영화사는 1984년 6월 (그때 출간된 책 제목을 붙인) '시체' 제작을 시작했다. 「올 인 더 패밀리All in the Family 1968」의 '미트헤드'를 연기한 배우로 잘 알려져 있던 라이너는 이미 「이것이 스파이널 탭이다This Is Spinal Tap 1984」와 「사랑에 눈뜰 때The Sure Thing 1985」 두 편의 영화를 감독한 경험이 있었다. 그는 사춘기를 소재로 하는 영화에 상업적 잠재력이 있다고 생각하지는 않았지만, 한 번쯤은 그런 영화를 만들어보고 싶었다.

라이너는 배우들에게 1950년대 후반 음악이 녹음된 테이프를 주었고, 아이들이 그 시대 비속어를 잘 익히고 있는지 확인했다. 더 눈에 띄는 점은 감독이 네 명의 어린 주연 배우들만 한 주 먼저 (리버가 태어난 곳에서 캐스케이드 산맥 반대편 서쪽으로 약 160킬로미터 정도 떨어져 있는) 오리건 주 브라운스빌로 불렀다는 점이다. 라이너는 그들을 비올라 스폴린Viola Spolin 1906-1994의 책 『연극 즉흥 연기Improvisations for the Theater 1963』에서 유래한 놀이 안으로 끌어들였다. 리버와 세 소년은 상대방의 동작을 거울에 비친 상처럼 따라 했고, 힘을 모아 이야기를 지었으며, 호텔 복도에서 눈 가린 술래를 인도하는 놀이를 했다. 술래는 번갈아가며 맡았다. 라이너는 말했다. "연극 놀이는 사람들 사이에 신뢰를 조성하거든요." 라이너의 입장에서는 네 명의 주연 배우가 친구가 되어야만 했다. 그것도 최대한 빨리.

펠드먼은 오래전부터 리버와 아는 사이였다. 엘에이 오디션장을 순회하는 동안 자주 마주쳐서 친분을 다졌기 때문이다. 펠드먼은 회상했다. "오디션장에서 만나기만 하면, 우리는 다른 애들이 실내에 앉아 자기 차례를 기다리는 동안 밖으로 나가 함께 놀고는 했어요."

사총사는 곧 매우 돈독해졌다. 사총사는 펠드먼이 출연한 「구니스」가 그해 여름 개봉했을 때 다 함께 극장에 갔고, 몇 주 뒤에 「컴퓨터 우주 탐험」도 보러 갔다. 휘튼의 가족이 준비를 해준 덕분에 출연진과 제작진이 다 함께 주말에 급류타기 여행을 가기도 했다. 한번은 여행을 다니다가 나체로 입장할 수 있는 온천도 발견했다. 그곳에서는 히피 축제가 열리고 있었다. 출연진 몇 명이 '플라잉 카라마조프 브라더스'[14]와 함께 저글링을 했다.

배우들은 호텔에서 자신의 한계를 시험했다. 리버는 휘튼이 전자제품을 잘 만진다는 사실을 알고는, 공짜로 게임을 할 수 있게 전자 오락기를 조작하라고 휘튼을 부추겼다. 혹시 발각되더라도 자신이 모든 잘못을 뒤집어쓰겠노라고 장담하면서. 펠드먼의 옷을 몰래 맥주에 담갔다가 말려놓기도 했다. 그의 몸에서 술주정뱅이 냄새가 나도록. 풀장 옆에 놓여 있던 일광욕 의자들을 몽땅 풀장 안에 던져 넣기도 했다. 유쾌한 청소년 네 명은 더없이 가까워지면서 마침내 '더 후'[15]처럼 행동할 수 있게 되었다.

키퍼 서덜랜드^{Kiefer Sutherland 1966-}는 조연으로 이 영화에 출연했다. 사총사를 괴롭히는 에이스 메릴이라는 비행 청소년 역이었다. 서덜랜드는 리버보다 네 살이나 많았고 촬영장에서는 거의 등장인물에 몰입한 채 지냈기 때문에 두 배우는 서로에 관해 잘 알지 못했다. 그런데 화가 울컥 치밀어 오르는 어느 날 리버는 서덜랜드의 차에 흙덩이를 마구 집어던졌다. 차체가 완전히 흙탕물에 뒤덮일 때까지. 리버는 설명했다. "다른 녀석들은 감히 내 행동에 동참

14　플라잉 카라마조프 브라더스(The Flying Karamazov Brothers): 1973년 결성된 공연단으로 저글링 위주의 코미디 공연을 선보인다. 길거리 공연에서 출발해 명성을 얻었고 결국 브로드웨이 무대에도 올랐다. 멤버 중에 형제, 친척 관계인 사람이 아무도 없는데도 무대 위에서 서로를 '형제'라고 불렀다.

15　더 후(The Who): 1964년 결성된 영국의 4인조 록 밴드이다. 1960년대부터 70년대까지 전 세계에 걸쳐 성공을 거둔 위대한 록 밴드로 평가된다. 무대 위에서 악기를 부수는 선구자적 퍼포먼스로 이름을 날렸다. 1978년 원년 멤버이자 드러머였던 키스 문(Keith Moon 1946-1978)이 약물 과용으로 갑자기 사망했다.

하지 못했어요. 걔들은 그게 키퍼의 차라는 사실을 알고 있었거든요. 난 몰랐어요. 그 사실을 알았을 때 목숨에 위협이 느껴질 만큼 무서웠어요."

얼마 뒤 동네 식당에서 리버를 발견한 서덜랜드는 자신의 테이블로 그를 불렀다.

리버는 겁에 질려서 불쑥 내뱉었다. "키퍼, 정말로 죄송해요."

서덜랜드는 당황했다. 그저 인사를 하려고 그를 불렀던 것이다. 리버가 자신이 흙덩이를 폭격한 장본인이라고 설명하자 서덜랜드는 웃음을 터뜨리며 말했다. "그건 걱정하지 마라. 렌터카거든. 렌터카 회사 사람들이 세차했어."

서덜랜드와 그의 캐릭터를 하나로 생각하고 있던 리버는 그 말을 듣고 안도했다. "난 키퍼가 칼날이 튀어나오는 주머니칼을 꺼내 내 목을 딸 줄 알았어요."

펠드먼과 리버는 외출해 동네 미성년자 나이트클럽에 놀러 갔다. 펠드먼은 말했다. "그 클럽에서는 알코올이 든 음료를 하나도 팔지 않았어요. 그런데도 물론 애들은 뭔가를 마시고 있었고요." 하지만 그 동네 업소들은 거기 와서 지내고 있는 할리우드 배우들에게는 술을 팔고 있었다. 거기에 어른을 흉내 내고 싶은 또래 압력까지 약간 곁들여져 그들은 난생처음 술을 마시게 되었다.

"난 아이들과 잘 지낸 적이 없어요." 리버는 말했다. 그의 삶을 특별하게 만들어준 경험들 때문에 그는 평범한 십 대들에게서 공통점을 찾아내지 못했다. "거기가 엘에이가 아니라 오리건이라서 그랬겠지만, 그리고 우리가 배우라서 우리한테 경외심이든 뭐든 그런 감정을 느껴서 그랬겠지만, 그 클럽에 있던 애들은 우리한테 접근조차 하지 않았어요. 그래서 난 그 애들한테 보여주려고 1.2리터 맥주를 받자마자 단숨에 들이켰어요. 남아 있는 그 뒤 그날 밤 기억은 내 주위 세상이 빙글빙글 돌고 있는 가운데 기찻길 위에 누워 있었던 일뿐이에요."

펠드먼은 자신과 리버가 마리화나를 처음 피워보는 중대한 경험 역시 함께했다고 말했다. 그들이 다른 호텔의 객실로 놀러 갔을 때였다. 그 방 주인은 영화 기술 팀의 일원이었다. 두 소년은 그의 옷장 안에서 마리화나용 파이프를 발견하고 그게 뭐냐고 물었다. (어른의 책임감이라고는 눈곱만큼도 없었던 듯) 그는 그 물건의 용도와 사용방법을 설명한 것은 물론, 시험 삼아 한번 빨아보게까지 했다. 펠드먼은 이렇게 회상했다. "우리는 둘 다 기침을 엄청 했어요. 목이 아팠어요. 하지만 호텔 벽에 몸을 마구 부딪치기만 했을 뿐 그 일이 우리 둘한테 별 영향을 끼치지는 않았어요. 어떤 식으로든 우리의 정신 상태는 바뀌지 않았으니까요."

결말: 몇 달 뒤 「스탠드 바이 미」출연진이 기자시사회 때문에 뉴욕 시 한 호텔에 머물 때였다. 리버의 방에서 독특한 향이 흘러나왔다. 펠드먼은 말했다. "온 복도에 마리화나 냄새가 진동하고 있었어요." 리버는 다른 사람이 피웠을 거라고 말하면서 웃음으로 그 상황에서 벗어났다.

「스탠드 바이 미」를 촬영하는 동안 열다섯 살이 된 리버는 딱 영화 속 자신의 캐릭터처럼 결단력 있는 어른이 되어야겠다고 결심한 것으로 보인다. 어린 배우 네 명은 경험이 없는데도 (혹은 경험이 없어서) 내내 섹스 이야기를 주고받았다. "리버가 생각해낼 수 있는 것이라고는 오직 섹스뿐인 것 같았어요." 펠드먼은 말했다.

리버는 그 무렵 가족 모두가 다 아는, 연상의 십 대 소녀한테 홀딱 반해 있었다. 그런데 그 소녀한테 함께 자자는 제안을 먼저 받았으니 어른이 된 듯한 기분을 느꼈을 것이 분명하다. 펠드먼은 말했다. "리버는 이제 자칭 '두 번째 총각 딱지'를 뗄 때가 되었다고, 십 대의 첫 번째 성관계를 맺을 때가 되었다고 결론 내렸어요." 리버와 소녀는 리버의 부모에게 찾아가 자신들을 축복해달라고 말했다. 알린과 존은 그 의견에 동의한 것은 물론 임대한 집 뒷마당에 텐트를 치고 분위기가 살도록 장식까지 해주었다.

"아름다운 경험이었어요." 훗날 알린은 말했다.

리버는 이렇게 회상했다. "정말 색다른 경험이었어요. 내가 그런 경험을 하게 되다니 주님의 은총이죠." 그는 그 경험을 통해 단지 십 대 호르몬만을 발산한 것이 아니었다. 그는 '칠드런 오브 갓'의 색이 덧칠되지 않은 성숙한 성생활을 해보려 시도하고 있었던 것이다. 감정적으로는 혼란스러웠을지 모르지만 밖에서 보기에 그는 매우 즐거워 보였다. 다음 날 촬영장에 나온 리버는 자기 말을 들어줄 것 같은 사람이면 아무나 다 붙잡고 그 소식을 알렸다. 심지어 자신의 충족되지 않은 욕망에 관해 알고 있던 「컴퓨터 우주 탐험」의 조 단테 감독에게 대문자로 쓴 자필 편지까지 보냈다. "그 일이 일어났어요. 드디어 나한테 그 일이 일어났다고요."

출연진과 제작진 모두 더없이 화창한 여름날의 「스탠드 바이 미」의 촬영장 분위기를 목가적이었다고 기억하고는 있었지만, 그래도 그들은 나중에 명작으로 밝혀질 잔잔한 영화를 촬영하는 중이었다. 그 영화는 도덕과 관련된 문제들에 흠뻑 적셔져 있었다. 아무리 소년들이 자신들의 여행을 즉흥적인 캠핑 여행으로 여기려고 해도 그들은 시체를 찾아가는 길이었다. 그 사건의 이면에는 살아남는다는 것이 어떤 의미인지에 관한 보기 드물게 따뜻하고 너그러운 시선이 담겨 있었다. 「스탠드 바이 미」에는 인용할 만한 대사들이 가득하다. ("미키마우스는 만화고, 슈퍼맨은 진짜 사람이잖아. 만화가 진짜 사람을 무찌를 수 있는 방법은 없어.") 그 영화의 밑바탕에 놓여 있는 것은 휘튼의 고디와 리버의 크리스 사이의 우정이다.

크리스 입장에서 가장 결정적인 장면은 늦은 밤 모닥불가 장면이다. 그는 자신이 무엇을 두려워하는지 고백한다. 자신이 어떤 행동을 하든 그것과 무관하게 온 마을 사람들이 언제나 자신을 "질 나쁜 체임버스 집안 아이 중 한 명"으로 생각할까 봐 두려워한다. 그 밤 장면이 촬영되는 동안 리버는 독백체로 자신의 이야기를 털어놓는다. 자기가 어떻게 학교에서 우윳값을 훔쳤는지, 어떤 도덕적 죄책감을 느꼈는지, 선생님한테 그 돈을 어떻게 돌려줬는지. 그 여교사는 그 돈을 꿀꺽해버리고 리버가 범인으로 몰리도록, 그 결과 사흘 정학을 맞도록 내버려둔다.

라이너 감독은 리버의 연기가 만족스럽지 않았다. 감정적으로 너무 밋밋하게 느껴졌다. 라이너는 가끔씩 직접 연기를 해보이고는 했다. 감독이 어떤 연기를 원하는지 어린 배우들이 알아들을 수 있게. 그런데 이번에는 리버에게 차분한 목소리로 요구했다. "살아오는 동안 어른이 널 저버리거나 어떤 식으로든 널 배신한 순간이 있니? 그 어른이 누구였는지 나한테 말할 필요는 없다. 네가 그 일을 떠올려보는 것, 내가 원하는 건 그게 다란다."

리버는 카메라 밖으로 걸어나가 기억을 더듬었다. 몇 분 뒤 돌아와 라이너에게 다시 해볼 준비가 되었다고 말했다. 다시 찍은 그의 연기는 마치 드러난 상처 같았다. 분노와 고통이 온몸을 휘감는 동안 리버는 울었다. 촬영이 끝난 뒤 라이너 감독은 여전히 울고 있는 리버에게 다가가 그를 꽉 끌어안으며 사랑한다고 말했다.

라이너는 말했다. "그 감정에서 빠져나오는 데 시간이 좀 걸렸어요. 리버는 살아오는 동안 정말 마음 아픈 일을 겪은 것이 분명했어요. 그 장면을 살리려고 그 기억을 끌어낸 거고요. 그 덕분에 관객은 날것처럼 자연스러운 연기를 보게 됐어요. 난 그 영화를 천 번도 더 봤는데, 그 장면만 나오면 지금도 운답니다."

영화 제목은 '시체'에서 「스탠드 바이 미」로 변경되었다. 컬럼비아 픽처스 홍보부에서 관객이 영화 내용을 보디빌딩 영화나 (원어 제목이 'The Body' 이다-옮긴이) 공포 영화로 오해하면 어쩌느냐고 우려를 표했기 때문이다. 완성된 그 영화 덕분에 어디를 가든 늘 찬사를 들었지만, 리버는 자신의 연기에 별로 기뻐하지 않았다. "개인적으로 난 내 연기가 내 기준에 한참 못 미친다고 생각해요." 리버는 이렇게 말했지만, 어쩌면 자신의 고통과 배신의 원천이 끌려나온 만큼, 자신의 비밀을 온 세상에 들켜버린 것 같은 기분을 느낀 것은 아니었을까. 리버는 자신의 감정 노출에 관해 이렇게 말했다. "그 무렵 난 사춘기를 지나는 중이었어요. 그래서 정말 심각하게 상처를 받았답니다. 너무나 취약해진 자신의 모습을 지켜보는 것은 쉬운 일이 아니잖아요."

10. 에코#2: 스탠드 바이 미

기찻길을 따라갔던 여행에서 소년들이 집으로 돌아오는 영화 말미에 크리스는 고디를 향해 손을 흔들며 작별인사를 하고 카메라 밖으로 사라진다. 그 화면 위로 흘러나오는 어른 고디(리처드 드레이퍼스)의 목소리가 이야기를 들려준다. 크리스가 어떻게 대학 진학반에 들어갔는지, 얼마나 열심히 공부하고 일했는지, 그리하여 어떻게 결국 변호사가 되었는지, 그러던 어느 날 어쩌다가 한 패스트푸드 식당에서 싸움을 말리려고 애쓰던 중에 노력한 보람도 없이 목에 칼을 맞고 즉사했는지.

고디가 이 이야기를 하는 동안 리버의 상은 화면 위에서 점점 흐려지다가 곧 완전히 소멸된다. 라이너 감독은 이 소멸을 "슬프고 기이하고 으스스하다"고 묘사했다. 그로부터 겨우 8년 뒤에 현실 속 리버 역시 소멸되리라는 사실을 생각하면.

11. 1985년의 젊은 할리우드

1985년에 레오나르도 디카프리오는 자신만의 마이클 잭슨[Michael Jackson 1958-2009] 흉내로 초등학교에서 다른 아이들을 황홀하게 만들고 있었다. 마샤 플림튼[Martha Plimpton 1970-]은 코리 펠드먼과 함께 출연한 「구니스」의 성공을 만끽하고 있었다. 플림튼은 그 영화에서 패거리의 일원인 터프한 소녀 '스텝' 역을 맡았다. 키아누 리브스는 자신의 할리우드 데뷔작이 될 영화를 찍고 있었다. 로브 로우[Rob Lowe 1964-] 주연의 「영블러드[Youngblood 1985]」라는 하키 영화였다. 브래드 피트는 미주리 대학교에 다니고 있었다. 광고에 중점을 둔 저널리즘을 전공하면서 남학생 사교 단체인 시그마 치[Sigma Chi] 회원으로도 활동했다. 그러나 이듬해 겨우 두 학점만 딴 채 학위도 없이 대학을 떠나 영화계에 들어가려고 할리우드로 향했다.

1985년은 또 '레드 핫 칠리 페퍼스'가 디트로이트로 가서 프로듀서(이자 펑크의 전설인) 조지 클린턴[George Clinton 1941-]과 함께 자신들의 앨범 『프리키 스타일리[Freaky Styley 1985]』를 녹음한 해이기도 하다. 그 밴드와 클린턴은 함께 엄청난 양의 마약을 즐겼다. 그 앨범에 수록된 노래 「여틀 더 터틀[Yertle the Turtle]」은 클린턴이 거래하는 중동인 마약 딜러의 목소리가 카메오처럼 피처링되어 있다. 클린턴이 그 딜러한테 빚을 졌는데 코카인 공급량을 줄이지 못하게 하려고 그의 목소리를 음반에 넣었다고 한다. 그 해에 마이클 스타이프는 '알이엠R.E.M'과 함께 세 번째 정규 앨범 『페이블스 오브 더 리컨스트럭션Fables of the Reconstruction 1985』 발매 기념 투어를 했다. 스타이프는 투어가 끝나고 텍사스 출신 펑크 밴드 멤버들이 자신을 따라다니고 있다는 사실을 알게 되었다. 리드 싱어 기비 헤인즈와 '버트홀 서퍼스' 멤버들이었다. 그들은 스타이프의 동네 조지아 주 에선스까지 찾아와 스타이프의 집 앞에 일부러 밴을 주차했다. 그 밴에는 "마이클 스타이프/ 아무리 마약 주사를 맞아도/ 난 여전히 빨고 싶다/ 당신의 크고 긴 파이프를"이라는 메시지가 적혀 있었다.

12. 패밀리 어페어[16]

오리건 주에서 여름을 보낸 뒤 리버 인생의 전환점이 수표와 함께 찾아왔다. 10주 동안 촬영한 대가로 5만 달러를 받은 것이다. 에이전트 아이리스 버튼이 5천 달러를 수수료로 떼갔고, 정부가 1만4천 달러를 세금으로 원천 징수했다. 존과 알린은 매니저 봉급으로 7천5백 달러를 받았다. 그 밖의 소소한 몇 가지 비용을 제하고 났더니 리버의 손에는 겨우 2만 달러가 조금 넘는 돈이 남았다. 리버는 팀 피닉스의 밥벌이 책임자였고 더 많은 일을 할 필요가 있었다.

리버가 엘에이로 돌아온 직후 버튼은 리버를 위해 세간의 이목을 끄는 스케줄을 잡았다. 시청률이 두 번째로 높던 「패밀리 타이즈」에 게스트로 출연

---

16 패밀리 어페어(Family Affair): 1967년 캘리포니아에서 결성된 펑크 밴드 '슬라이 앤드 더 패밀리 스톤(Sly & the Family Stone)'이 1971년 발표한 노래 제목이다. 여기에서는 '가족 부양' 정도의 뜻으로 쓰였다.

하는 일이었다. 네 번째 시즌을 방영 중이던 「패밀리 타이즈」의 원동력은 알렉스 키튼을 연기한 마이클 제이 폭스의 카리스마와 방영 시간이 텔레비전 황금 시간대라는 점이었다. (시청률 1위 프로그램 「코스비 가족 만세Cosby Show 1984-1992」가 끝난 직후인 목요일 저녁 여덟 시 30분 NBC 채널이었다)

리버가 맡은 역할은 유진 포브스라는 인물로, 알렉스로서는 원통하게도 나이가 훨씬 어린데도 알렉스에게 공부를 가르치는 수학 천재였다. 리버는 알렉스 키튼에게 말한다. "알렉스, 넌 아직도 유클리드 기하학에서 벗어나지 못했구나. 추상적 개념을 끌어안아야지. 합리적 사고는 집어치워!" 격자무늬 조

끼에 나비넥타이를 맨 리버는 「컴퓨터 우주 탐험」 속 캐릭터의 또 다른 버전을 연기하고 있었다. 그 영화에서는 그렇게 정해져서 어쩔 수 없이 그 역할을 했지만, 리버는 그때보다 훨씬 더 뛰어난 배우가 되어 있었다. 그 뒤 1년 동안 경험을 더 많이 했기 때문, 그리고 리버가 배우라는 직업을 진지하게 생각하기 시작했기 때문이었다. 코믹한 대사를 받아치는 타이밍도 굉장히 좋아져 있었다. 자신감 넘치는 리버의 모습이 화면을 장악했다. 유진 같은 등장인물과 자신을 동일시하는 것은 그 나이 소년에게 쉽지 않은 일이었지만, 이제 리버는 웃음을 위해서 최소한 그런 척 연기를 할 수 있게 된 것이었다.

유진 포브스는 여자친구 만들기에 꽂혀 있는 것으로 밝혀진다. "동반자든, 벗이든, 친구든 핫팬츠를 입은 영계면 된다"면서. 유진은 알렉스의 여동생 (티나 요더스Tina Yothers 1973-가 분한) 제니퍼한테 홀딱 반해서 그녀에게 자신의 뇌 엑스레이 필름을 주며 어설프게 애정공세를 편다. 또 데이트를 하려고 제니퍼를 대학 교직원 파티에 데려가지만, 그 시도는 무참히 실패하고 만다. 유진이 제니퍼에게 소다를 마시러 나가자고 애걸하는 것으로 그 에피소드는 끝난다.

13. 틸트 어 휠[17]

알린은 에드 스콰이어스^{Ed Squires}라는 가정교사를 고용했다. 그는 글을 읽기 어려워하는 리버를 관찰한 뒤 리버가 난독증을 앓고 있다고 결론 내렸다. 가족 중 누구도 그런 가능성을 고려해본 적이 없었던 터라 모두 그 말에 깜짝 놀랐던 것으로 보인다. 더구나 일찍이 텔레비전 영화에서 난독증 환자를 연기한 적도 있는 리버가 아니던가. 알린과 존은 의사를 만나 공식적으로 진단을 받아야 한다는 의견에 반대했다.

알린은 가사도우미도 고용했다. 래리 맥헤일^{Larry McHale}이라는 턱수염을 기른 젊은 남자였다. 그는 집안일을 한 것은 물론 리버의 개인 비서와 친구 노릇도 했다. 그의 직책은 '내니^{NANNY}'(본래는 '유모'라는 뜻이지만 뒤에 나온 표현의 약자이기도 하다-옮긴이), 즉 '비핵 청년들의 새 시대^{New Age Non-Nuclear Youth}'였다. 맥헤일은 리버를 차에 태우고 엘에이 여기저기를 돌아다니면서 자신의 친구들에게 소개했다. 그들은 성인이었으며, 그중 일부는 마약을 했다.

어느 날 맥헤일은 외출해서 친구 여러 명과 함께 매직 마운틴 놀이공원으로 당일치기 여행을 갔다. 무리 중에 연기를 전공하는 학생이 한 명 있었다. 스물다섯 살의 팻 브루어는 맥헤일이 아무 이유 없이 계속 달고 다니는 소년이 누구인지 알아보지 못했다. 그때 열다섯 살이었던 리버는 실제 나이보다 훨씬 어려 보였다. 브루어는 말했다. "우리는 온종일 함께 놀았는데, 주로 리버가 놀림의 대상이었어요. 너무 어렸으니까요."

하루가 다 가고 무리는 놀이공원에서 나와 동네인 태평양 연안 산타모니카

---

17 틸트 어 휠(Tilt-A-Whirl): 기울어지는 의자에 앉아 빙글빙글 도는 놀이기구. 텍사스 출신 블루스 가수 겸 기타리스트 지미 본(Jimmie Vaughan 1951-)이 1994년 발표한 곡 제목이기도 하다.

에 이르렀다. 누군가가 숨겨둔 코카인을 꺼내서 종이에 말기 시작했다. 브루어는 말했다. "리버는 굉장히 불안해 보였어요. 처음 보는 광경이었을 테니까요. 이런 말을 들은 기억이 나요. '어린애한테는 조금도 주지 않을 거야.' 그러자 리버는 자기 몫을 달라고 고집을 부렸어요. 내 생각에 그 애는 자기도 무리의 일원이라는 것을 증명해 보이려고 그런 것 같아요. 또래 압력을 느꼈을 수도 있고요."

코카인을 흡입하자 리버는 몸이 불편하고 숨이 가빴다. 머리를 식히겠다며 차에서 내렸다. 결국 브루어가 리버를 데리고 산타모니카 부두까지 산책을 갔다. "난 정말로 그 애가 리버 피닉스라는 사실을 몰랐어요. 여자애 몇 명이 다가와 그 애한테 사인을 해달라고 할 때까지는요." 브루어가 기억하는 리버는 약간의 유명세도 즐거워하지 않았다. "리버는 자신이 그저 아무개 씨이거나 익명이길 바랐어요."

맥헤일과 리버는 그 뒤 몇 주 동안 몇 차례 더 함께 어울렸다. 거의 비밀 회합에 가까웠다. 리버는 기타를 치고 음악 이야기를 했다. 브루어는 말했다. "처음에 리버는 코카인을 굉장히 꺼렸어요. 어떻게 하는 건지 그 방법도 잘 몰랐고요. 곧 능숙해지기는 했지만." 리버의 가족은 전혀 알지 못했다. 그 몇 달 동안 리버가 술, 마리화나, 코카인을 두루 실험해보고 있었다는 사실을. '칠드런 오브 갓'은 리버에게 코카인이 '악마의 비듬'이라고 가르쳤지만, 비밀을 유지하는 법 역시 가르쳤다.

3부

그것을 생각하지 않기 위한 변명

1. 소도시 할리우드

　이온 스카이가 막 열다섯 살이 되었을 때 그녀의 오빠 도노반 리치^{Donovan} ^{Leitch 1967-}가 리버 피닉스를 집으로 데려왔다. 스카이는 리버가 누구인지, 왜 자기네 집에 와 있는지 알지 못했다. 그냥 저 아래 길거리에서 텔레비전 영화를 촬영 중인 아이인가 보다고 생각했을 뿐이다. "우리 동네는 할리우드 한복판에 있었는데도 미국 어디에나 있는 평범한 동네처럼 보였거든요."

　스카이와 리버는 금세 죽이 잘 맞는 친구가 되었다. 스카이는 말했다. "리버네 엄마랑 우리 엄마가 비슷했어요. 둘 다 뉴욕에서 자라서 히피가 된 유대인 여성이라는 점에서요." (스카이의 어머니는 모델 에니드 칼^{Enid Karl}이고 아버지는 영국의 가수이자 작곡가인 도노반^{Donovan 1946-}이다. 그는 아들과 달리 대개 성은 빼고 이름 한 단어로만 불린다) 2주 뒤 리버가 스카이에게 전화를 걸어 데이트를 신청했다. 피닉스 가족이 웨스트우드에 버스킹을 하러 나가 있는 동안 자기네 집에 와서 함께 놀자는 것이었다. 스카이는 흔쾌히 수락했지만 약속 시간이 되기 전에 리버가 다시 전화를 걸어 약속을 취소했다. "안 되겠어. 지금 영화 찍으러 가야 돼." 리버는 그녀에게 이렇게 말한 뒤 마을을 떠났다.

2. 웰컴 투 더 정글[1]

할리우드에서는 젊음이 캘리포니아 보도 위 빗방울처럼 금방 증발해버리지만, 열다섯 살 소년에게서 너무 늙어 보이는 일면을 발견하는 일은 흔한 일이 아니다. 「모스키토 코스트」 속 아버지(해리슨 포드^{Harrison Ford 1942-}), 가족 모두를 데리고 남아메리가 정글로 이주하는 인물의 아들이라는 근사한 역에 리버는 애초에 자격미달이었다. 피터 위어 감독은 겉모습이 열두세 살 정도로 보이는 배우를 찾고 있었기 때문이다. 그런데도 버튼은 리버에게 오디션을 보게 했다. 그의 오디션 녹화 테이프는 선반에 처박혔고, 위어 감독은 계속해서 10여 명의 아역 배우들을 더 만났다.

오디션 녹화 테이프 일부를 다시 살펴보던 캐스팅 디렉터 다이앤 크리텐든 ^{Diane Crittenden}은 리버의 테이프를 우연히 발견하고 깜짝 놀랐다. 그녀는 즉시 위어에게 비디오 테이프를 들고 가 다시 봐달라고 적극 권했다. 그녀는 이렇게 말했다. "이건 리버 피닉스라는 소년의 테이프예요. 정말 굉장해요. 나이가 열다섯 살이라는 점만 빼고요." 위어는 테이프를 다시 보았고 크리텐든의 예상대로 깊은 인상을 받았지만, 그의 마음은 이미 리버와 함께 「스탠드 바이

---

1 웰컴 투 더 정글(Welcome to the Jungle): '정글에 오신 것을 환영합니다.' 미국의 메탈 밴드 '건즈 앤 로지즈(Guns N' Roses)'가 1987년 발표한 노래 제목이다.

미」에 출연했던 더 어린 배우 월 휘튼 쪽으로 기울어져 있었다. 리버의 이력서를 다시 살펴보던 위어 감독은 리버가 어린 시절을 라틴아메리카에서 보냈다는 사실을 발견하고 경악했다. 배우와 등장인물 사이에 그토록 엄청난 공통점이 있다니, 도저히 무시할 수가 없었다. 위어는 그 일을 이렇게 회상했다. "결국 난 스스로에게 말했어요. '나이가 몇 살인 게 뭐가 중요해? 딱 해리슨 포드의 아들처럼 보이는데!' 그러고는 리버를 캐스팅했답니다."

피터 위어는 이미 모국 오스트레일리아에서 (「행잉록에서의 소풍Picnic at Hanging Rock 1975」 같은 작품으로) 분위기 있는 예술 영화의 거장이라는 지위에 올라 있었다. 폴 써로우Paul Theroux 1941-의 소설을 각색한 「모스키토 코스트」는 「위트니스Witness 1985」에 이은, 그리고 마찬가지로 해리슨 포드가 주연을 맡은 그의 두 번째 할리우드 영화였다. 아직 영화계 여왕의 자리에 오르기 전인 헬렌 미렌[2]이 포드의 아내 역할을 맡았다. 캐스팅된 배우들 중에는 (「사인필드Seinfeld 1990」로 유명해지기 전, 아직 머리카락이 남아 있는) 제이슨 알렉산더Jason Alexander 1959-와 (「바람과 함께 사라지다Gone with the Wind 1939」의 하녀로 유명한) 버터플라이 맥퀸Butterfly McQueen 1911-1995 같은 의외의 조합도 있었다.

영화 촬영지는 중앙아메리카의 작은 나라 벨리즈였다. (특히 정글을 포함하는) 그 나라의 다양한 지형, 공용어가 영어인 점, 안정적인 치안 상태를 고려해 선택한 곳이었다. 1986년 말 리버는 아버지를 보호자로 대동하고 벨리

---

2 헬렌 미렌(Helen Mirren 1945-): 영국 출신 여배우로 2006년 「더 퀸(The Queen)」에서 며느리 다이애나 황태자비의 사망 이후 언론의 표적이 된 영국 여왕 엘리자베스 2세를 섬세하게 연기해 아카데미 여우주연상을 받았다. 텔레비전 시리즈에서 엘리자베스 1세, 조지 3세의 정실 샤를로트 왕비를 연기하기도 했다. 품위 있고 우아한 외모와 몸놀림, 단호한 말투 덕분에 왕족 역을 많이 맡아서 여왕 전문 배우라는 수식어가 따라붙지만, 영화, 연극, 텔레비전을 넘나들며 섹시한 모델부터 억척스러운 주부에 이르기까지 폭넓은 연기를 보여준 것으로 평가된다.

즈로 날아갔다. 10여 년 전 존이 리버를 데리고 남아메리카를 향해 여행을 떠났던 길이었다. 이제 두 사람의 역할은 서로 바뀌어 있었다.

3. 에코#3 모스키토 코스트

해리슨 포드가 연기한 주인공 엘리 폭스는 미국과 미국의 일회용 소비문화에 환멸을 느끼게 된다. 매사추세츠에서 수리공으로 일하던 천재적 발명가 폭스는 아내와 네 자녀, 책들을 모두 챙겨서, 과테말라부터 파나마까지 뻗어 있는 정글, '모스키토 코스트'로 가는 화물선 표를 끊는다. 배에 오른 폭스는 소리친다. "잘 있어라, 미국이여. 좋은 하루 보내길!"

그 여행이 피닉스 가족의 궤도와 정확히 일치하는 것은 아니지만, 남쪽으로 국경선을 넘은 그들의 모험 역시 지나친 미국의 물질주의에 대한 경멸에 뿌리를 두고 있었다. 피닉스 가족의 유토피아가 무너졌듯 폭스 가족의 유토피아도 무너진다. 엘리 폭스는 제로니모라는 버려진 마을을 사서, 마을 중심에 얼음 생산 공장을 세워 그곳을 번영하는 정글 마을로 바꾸려고 애쓰다가 모든 것을 날려버린다.

폭스 가족은 결국 보트 한 척에 탄 채 강을 따라 하류로 떠내려가고, (리버가 연기한) 찰리도 아버지를 불신한 죄로 보트에서 쫓겨나 보트와 줄로 연결된 더 작은 쪽배에 탄 채 함께 떠내려간다. 해변에 보금자리를 만들려고 하지만 폭풍이 모든 것을 휩쓸어간다. 가장에 대한 믿음은 임시변통으로 지은 천막보다도 더 의지할 수 없는 것이 되고 만다.

리버는 영화에 대한 자신의 견해를 이렇게 밝혔다. "「모스키토 코스트」는 사랑하는 사람들에게 진실해야 한다는 교훈을 줍니다." (사실 영화가 반드시 도덕적일 필요는 없다. 누군가는 이렇게 말할 수도 있다. '이 영화는 사랑하는 사람이 우리를 가서는 안 되는 곳으로 데려갈 수도 있으니 그것을 늘 경계하라는 교훈을 줍니다'라고. 하지만 리버는 그런 말을 입 밖에 내고 싶지 않았을 것이다. 아니 생각조차 하지 않았을 것이다) "난 그 등장인물이 너무나 멋진 캐릭터라는 걸 알고 있었어요. 내가 바로 그 캐릭터 자신이었으니까요. 그 캐릭터가 겪게 될 모든 일을 난 이미 다 알고 있었어요." 리버는 말했다.

"그렇다고 폴 써로우가 내 인생 이야기를 훔쳤다는 말은 아니에요. 그 이야기를 함부로 떠벌린 건 나 자신이거든요."

4. 정글 소년

「모스키토 코스트」 제작진은 촬영의 효율성을 더 높이기 위해 3단계에 걸쳐 제로니모를 건설했다. 보아구렁이와 같은 거대한 뱀들이 걸핏하면 출몰해 그곳이 진짜 정글이라는 사실을 모두에게 상기시켰다. 해리슨 포드는 근처 호텔에 묵었지만 영화의 출연진과 제작진 대부분은 정글 안 숙소에서 지냈다. 리버는 말했다. "정말로 더웠고 사방이 모기 천지였지만 난 금방 익숙해졌어요. 우리는 쌀, 망고, 코코넛을 많이 먹었어요. 어떻게든 먹을 수만 있다면 말이죠." 제작진은 다양한 음식을 제공하려고 가끔씩 마이애미로부터 베이글을 수송해오기도 했다.

「스탠드 바이 미」가 아직 개봉하기 전이라서 「모스키토 코스트」 촬영에 참여한 사람들은 「컴퓨터 우주 탐험」의 토실토실한 얼간이에서 대천사 같은 얼

116

굴의 늘씬한 젊은이로 변신한 리버의 모습에 몹시 술렁댔다. "불과 몇 달 만에 스팽키 맥파랜드[3]에서 제임스 딘으로 변신해 있더군요." 영화사 홍보 담당자 레이드 로즈펠트Reid Rosefelt는 이렇게 회상했다.

출연진과 제작진이 그날의 작업 결과(편집되지 않은 촬영 원본)를 볼 수 있게 하려면 매일 찍은 필름을 미국으로 보내야 했다. 미국에서 인화된 사진은 다시 벨리즈로 돌아왔다. 매일 촬영 사진을 보면서 모두들 금방 확실히 깨달았다. 리버가 포드와 미렌에게 밀리지 않고 자신의 몫을 해내고 있는 것은 물론 무비스타로도 성장해가고 있다는 사실을. 리버는 간혹 다른 배우들이 카메라 앵글 앞쪽 중앙에 위치할 수 있게 스스로 뒤쪽으로 물러나고는 했다. 로즈펠트는 말했다. "하지만 리버가 프레임 밖으로 나가면 나갈수록 보는 사람의 시선은 더욱더 그에게 끌렸어요."

위어 감독은 말했다. "리버 피닉스는 영화를 위해 태어난 존재예요. 비밀을 간직한 사람의 외모를 타고났잖아요. 리버를 만나기 전, 내가 얼굴에서 그런 느낌을 받았던 마지막 무명 배우는 멜 깁슨Mel Gibson 1956-이었어요." 위어는 깁슨이 주연한 두 편의 영화 「갈리폴리Gallipoli 1981」와 「가장 위험한 해The Year of Living Dangerously 1983」의 감독이었다. 리버와 깁슨 두 사람 모두 자신의 삶 일부를 숨기고 있는 것 같았다는 위어의 직감은 훗날 사실로 밝혀졌다. (깁슨은 가정폭력 스캔들, 유대인을 혐오하는 인종 차별 논란을 일으킨 것으로 유명하다-옮긴이) 위어는 또 이렇게 덧붙였다. "그건 연기 능력과는 상관없는 재

---

3 스팽키 맥파랜드(Spanky McFarland): 본명 조지 맥파랜드(George McFarland 1928-1993). 1931년 귀여운 아기 사진 콘테스트에 이모가 보낸 사진이 당선되었고 이를 계기로 광고 모델로 활동하다가 네 살인 1932년부터 「아워 갱(Our Gang 1922-1944)」이라는 단편 영화 시리즈에 출연해 깜찍한 아역 배우의 대명사가 되었다. 열네 살인 1942년 이후 연예계 활동을 중단하고 평범한 일반인의 삶을 살았다.

능이에요. 대배우 로렌스 올리비에Laurence Olivier 1907-1989한테도 리버의 그 재능은 없었어요."

리버는 가끔씩 성미 고약하게 구는 해리슨 포드와 점점 친해졌지만 그에게 「스타워즈」의 한 솔로나 인디아나 존스에 관한 질문을 마구 퍼부어대지 않을 정도의 분별력은 있었다. 리버는 말했다. "그런 위치에 있으면, 괜히 빈정대려고 드는 가식적인 사람들을 너무 많이 만나게 돼서 어쩔 수 없이 방어벽을 쌓게 되는 것 같아요. 해리슨의 가장 큰 능력은 연기를 보기 편하게 하는 능력이에요. 너무나 자연스러우면서도 너무나 견고하잖아요."

포드는 포드대로 리버의 타고난 재능을 높이 평했다. "그런 재능을 타고나는 사람은 수도 없이 많지만, 리버는 자신의 일을 언제나 굉장히 진지하게 생각해요. 보통 열다섯 살 소년이라면 어떻겠구나 하는 사람들의 예상을 훌쩍 뛰어넘는, 매우 열심히 일하는 진정한 프로랍니다. 난 다른 배우한테 연기에 관해 왈가왈부하는 걸 좋아하지 않아요. 그런 행동은 진짜 큰 실수라고 생각해요. 그런데 리버는 연기에 관한 질문을 나한테 계속 퍼부어대면서 대답을 요구해요. 그중에 내가 만족스럽게 대답해줄 수 있는 질문은 하나도 없지만 흥미로운 질문들이에요."

영화 촬영은 한 주에 엿새 동안 진행됐다. 하루 쉬는 날이면 리버는 근처 정글을 탐험했다. 원주민들과 대화를 하거나 아버지와 산호초 밑에서 스노클링을 하거나 재규어를 찾아다녔다. 때로 로즈펠트와 함께 음악을 연주하기도 했다. 로즈펠트는 벨리즈에 올 때 작은 신시사이저를 하나 장만해서 왔고 리버는 자신의 기타를 챙겨온 터였다. 로즈펠트는 말했다. "처음에는 나이가 나보다 한참 어린 친구랑 어울리는 게 이상해 보이지 않을까 걱정스러웠어요. 하지만 곧 알게 됐어요. 리버는 그때 촬영장에 있던 그 어떤 사람보다도 내게 자극이 되는 동료라는 사실을요." 리버는 일 이야기만 한 것이 아니었다. 그는 무한한 우주와 내면의 성찰 이야기도 번갈아가며 할 수 있는 사람이었다.

"난 어렸을 때 호기심이 많은 아이였어요." 리버는 로즈펠트에게 말했다. 자신은 가능한 한 많은 것을 경험해보고 싶었다고. 그래서 열한 살 때 면도칼로 스스로를 다치게 하면 기분이 어떨지 궁금해서 직접 해보았다고. 리버는 털어놓았다. "그 즉시 깨달았어요. 고통은 겪어볼 만한 일이 아니라는 것을요."

존 피닉스는 계속 촬영장 밖으로 함께 놀러 나가자고 아들을 졸랐다. 그래서 현장을 떠나 기타 즉흥 연주를 하기도 했고 촬영 없는 날 과테말라로 당일치기 여행을 다녀오기도 했다. 성인 전문 배우처럼 연기해야 하는 리버는 아빠에게 늘 설명을 해야 했다. 자신은 영화와 영화를 만드는 사람들을 존중해야 한다고, 그러려면 휴식을 취하면서 카메라 앞에 서는 순간에 대비해야 한다고.

위어 감독은 중재하려고 시도한 적은 없지만 부자간의 갈등이 점점 심해지는 게 그의 눈에도 보였다. 위어 감독은 말했다. "어린 사람이 갑자기 가족 부양의 중책을 맡게 되면, 가족 내부의 위계질서가 믿을 수 없을 만큼 빠르게 재정립돼요. 특히 아버지와 마찰이 생기는 경우가 종종 있죠."

위어는 리버가 소소하지만 노골적으로 아버지한테 반항하길 즐긴다는 사실을 알아챘다. 리버는 존만 주위에 없으면 피닉스 집안에서는 허용되지 않는 음식을 먹고는 했다. 채식주의 신념이 너무나 굳건했던 만큼 고기를 먹는 것은 아니었지만 자연 그대로의 음식이 아닌 가공식품을 먹었던 것이다. 위어는 말했다. "리버는 계속 초코바와 콜라를 꾸역꾸역 먹었어요. 그건 그 나름 건전한 분출구처럼 보였지만요."

촬영장에서 쉽게 구할 수 있는 물질 중에는 초코바보다 훨씬 더 강력한 것들도 많았다. 「모스키토 코스트」 촬영장에서 일하는 사람 가운데 술과 코카인을 원할 때 마음껏 할 수 없는 사람은 없었다. 리버는 몇 년 뒤 말했다. "마치 북반구 마약의 수도에 살고 있는 것 같았어요. 난 가족들 생각보다 훨씬 더 많이 그런 것들에 노출되어 있었고요." 리버의 목소리에서는 고통이 고스란히 느껴졌다. 가족이 자신을 먼 곳으로 보낸 것에 대한 원망이었을까? 아니면 은밀한 마약 파티를 계속했던 것에 대한 회한이었을까?

「모스키토 코스트」에는 또 다른 열다섯 살 배우가 있었다. 바로 마샤 플림튼, 배우 키스 캐러딘Keith Carradine 1949-과 셸리 플림튼Shelley Plimpton 1947-의 딸이었다. (마샤의 부모는 록 뮤지컬 「헤어Hair 1968」의 브로드웨이 초연에 함께 출연하면서 인연을 맺었다) 영화에서 마샤가 맡은 역할은 원주민에게 얼마나 큰 영향력을 행사하는가를 놓고 엘리 폭스와 전쟁을 벌이는 스펠굿 목사의 딸 에밀리 스펠굿이었다. 에밀리는 찰리한테 반해서 할리우드 영화사에 길이 남을 가장 어색한 유혹의 말을 건넨다. "네가 원한다면 네 여자친구가 되어줄 수 있어. 난 화장실에서 일을 볼 때 네 생각을 해."

플림튼은 훗날 에밀리에 관해 이렇게 말했다. "정말 괴상한 캐릭터였어요. 선교사 딸이라는 애가 정글 안에서 1980년대 미국 뉴웨이브 십 대들의 온갖 상징적 소품은 몸에 다 걸치고 있었어요. 워크맨이랑 롤리타 선글라스라뇨."

리버와 플림튼은 그보다 1년 전에 만난 적이 있었다. "그때 우리는 견딜 수 없을 만큼 서로를 싫어했어요." 리버는 말했다. 하지만 정글 안에 고립되어 있다 보니 로맨스가 싹텄다. "우리는 서로의 냉각기였던 거예요." 리버의 농담이었다. (이 영화 안에서 주인공 엘리가 발명한 얼음 제작용 냉각기는 매우 중요한 소재다-옮긴이)

플림튼은 그 관계가 직업적 존경심을 바탕으로 하고 있었다고 말했다. "자신의 일을 진지하게 고민하는 성인 배우들과 함께 일한다는 게 어떤 건지는 나도 알고 있었어요. 하지만 나는 내 또래 배우들과 함께 일해온 시간이 대부분이었고, 그들은 대개 연기 공부나 연기의 진정성 따위에 별 관심이 없었어요. 그런데 정글에서 나랑 생각이 통하는 사람을 만난 거예요. 정말 굉장한 일이었어요."

에단 호크는 말했다. "마샤 플림튼은 리버의 진정한 첫 여자친구였어요. 마샤는 멋있고 굉장히 똑똑한 여자지만 첫 여자친구로 삼기에 쉬운 타입은 아니에요. 남자들의 헛소리에 절대 속아 넘어가지 않는 여자거든요."

정글에서 4개월을 지내는 동안 리버는 키가 5센티미터쯤 자랐지만 마지막 남은 아기 젖살이 다 빠지는 바람에 몸무게는 오히려 9킬로그램이나 줄었다. 리버는 벨리즈에서 지낸 시간을 이렇게 평했다. "혼란과 불편함 속에서도 한 발 물러나 웃을 수 있는 자유는 필요하다는 사실을 배웠어요. 모든 것을 너무 진지하게 받아들일 필요는 없다는 사실도 배웠고요. 물론 배우는 여전히 진지한 직업이지만요."

「모스키토 코스트」가 마침내 개봉되었을 때 평단의 평가는 미지근했다. 결말 부분에서 엘리 폭스의 가족이 당황스러움을 느꼈던 것만큼 수많은 평론가도 그의 편집증을 발견하고 당황했다. 셰일라 벤슨Sheila Benson은 <로스앤젤레스 타임스Los Angeles Times>에 이렇게 썼다. "이 영화 속 갈등의 절반은 (리버 피닉스가 정교하게 단계적 변화를 주어 연기한) 찰리의 소름끼치는 각성 속에 놓여 있다. 한때 소년의 두 눈에 태양을 지워버릴 만큼 훌륭한 존재로 보였던 아버지가 실수투성이 인간이라는 사실을, 아버지의 광기가 점점 심해지고 있다는 사실을 찰리가 깨달아가는 것이다. 이 영화의 초점은 결국 아버지에서 아들로 이동하는 역학관계에 맞춰져 있다. 그러나 엘리 폭스는 그런 타당한 권력의 이동을 인정하기에는 너무 완고한 인물이다." 영화는 흥행하지 못했다. 해리슨 포드는 (그 무렵) 자신이 투자해서 자본금을 회수하지 못한 유일한 영화로 이 작품을 꼽았다.

「모스키토 코스트」는 배역 속에 완전히 깊이 스며들면 일시적으로나마 자신의 생각이나 기억을 지워버릴 수 있다는 사실을 리버로 하여금 깨닫게 해준 영화였다. 리버는 곧 이것을 놀라운 형태의 현실 도피라고 결론 내렸다. "그냥 기분이 굉장히 좋아요. 그건 영화라는 개념과는 아무 상관이 없어요. 그저 길을 잃는 거죠. 뭔가를 생각하지 않을 변명이 있다는 것은 그저 정말로 그냥 기분 좋은 일일 뿐이에요." 리버의 이 말을 들으면 메소드 연기와 엄청나게 많은 양의 마약에서 느끼는 쾌락은 구분할 수 없는 것처럼 들린다.

5. 바이퍼 룸에서의 마지막 해

애덤 듀리츠Adam Duritz 1964-는 「미스터 존스Mr. Jones」를 쓰면서 그 곡을 록 스타덤이라는 동화를 다룬 장난스럽고 소소한 곡이라고 생각했다. 그런데 이 곡이 그의 밴드 '카운팅 크로스Counting Crows'를 급속도로 스타덤에 올려놓는 제트엔진이 되었고 그들의 데뷔 앨범 『어거스트 앤드 에브리씽 애프터August and Everything After 1993』는 미국에서만 7백만 장 이상이 팔렸다.

듀리츠는 길바닥에서 한 해를 보낸 뒤 고향인 캘리포니아 버클리로 돌아왔고, 자신이 밴 모리슨을 사랑하는 힘없는 음악가에서 경멸의 대명사로 바뀌어 있는 것을 깨달았다. 듀리츠는 말했다. "정말로 힘든 시간을 보내고 있었어요. 내가 어찌나 유명해져 있는지, 내가 어디를 가든 한 주에 엿새는 누군가가 내게 다가와 끔찍한 소리를, 정말 심한 막말을 지껄이는 것 같았어요. 그 무렵 나는 그런 일을 전혀 겪어본 적이 없어서 대처하는 데 애를 먹고 있었고요."

듀리츠는 집에 있다가 최근에 친구가 된 샬 젠코, 즉 바이퍼 룸의 총지배인한테 전화를 받았다. 그는 자신의 귀향이 얼마나 불행한지 친구에게 털어놓으며 위안을 얻었고, 젠코는 가장 사려 깊은 대응으로 보이지는 않지만 한 1분 동안 말이 없다가 듀리츠를 위해 엘에이행 일곱 시 비행기 표와 벨 에이지 호텔 객실을 예약해놓았다고 말했다. "오늘 밤 우리 클럽에서 파티가 열려. 어떻게든 자네를 초대했으면 좋겠다고 조니가 그러더군. 당장 여기로 오는 게 어때?" 젠코가 물었다.

듀리츠는 생각했다. 알 게 뭐야. 그러고는 몇 가지 소지품을 가방에 던져넣은 뒤 공항으로 향했고, 그 뒤 다시는 버클리로 돌아가지 않았다. 그 파티에 참여했고 바이퍼 룸의 고정 출연자가 되었다.

바이퍼 룸의 또 다른 단골손님 가수 모티 코일Morty Coyle 1968-은 말했다. "애덤은 바이퍼 룸의 대표 출연진 명단에 끼게 된 거예요. 바이퍼 룸의 심장에는 언제나 유명인사를 위한 보드라운 자리가 마련되어 있었거든요."

듀리츠는 때때로 바 뒤로 들어가 잠시 동안 술을 들이붓고는 했다. 듀리츠는 시인했다. "그 결정은 최고의 결정이었어요. 엘에이에서는 곤란한 일을 겪은 적이 없어요. 그게 내가 (엘에이로) 이사 온 이유예요. 다른 사람들도 모두 이리저리 뛰어다니느라 바쁜데 누가 나한테 신경이나 쓰겠어요? 바이퍼 룸에 있으면 난 완벽하게 평범한 남자가 된 것 같았어요."

6. 그의 이름은 리오,
  그는 모래 위에서 춤을 춘다네[4]

리버는 삶이 약간 불확실하게 느껴졌고, 개명이라는 그 가족의 평소 문제 해결 방식을 생각해냈다. 그는 사람들에게 자신을 스페인어로 '강'을 뜻하는 '리오'라고 소개하기 시작했다. 리버 피닉스와 그냥 한 단어 리오 중에 어느 이름이 록스타의 이름으로 더 성공 가능성 있게 들리는지 궁금했다. 연기할 때 진짜 열심히 노력하기로 결심하기는 했지만 아직 첫 번째 꿈을 포기한 것은 아니었다. 음악적 경력을 쌓아서 노래를 통해 세상을 바꾸는 꿈 말이다.

리버가 머뭇거리는 동안 명성이 그를 앞질렀다. 1986년 8월 개봉한 「스탠드 바이 미」는 그 여름 예상외의 흥행작이 되었다. 몇 주 만에 입소문이 「플라이The Fly 1986」와 「탑 건」을 밀어내고 그 영화를 미국 내 넘버원 영화의 자리에 올려놓았다. 영화평론가들은 콕 집어 리버를 이야기했다. 사람들은 리버가 "가장 흥미로운 젊은 영화배우 중 한 명"이라는 찬사를 받고 있다고 수군댔다.

미국 최고의 영화평론가 로저 이버트Roger Ebert 1942-는 말했다. "영화에 이미 그렇게 큰 충격을 가했다는 점에서 리버 피닉스는 더 이상 그냥 아역 배우가 아니다. 그에게는 특별한 자질이 있다. 그의 모든 작품에 드러나는 특유의 자질이다. 어떤 깨끗함, 혹은 투명함이랄까, 리버 피닉스는 그 자질을 선천적으로 타고난 것 같다. 그것은 화면 안에서 연출된 모습도, 연기도 아니다."

---

4 그의 이름은 리오, 그는 모래 위에서 춤을 춘다네: 영국의 팝 그룹 '듀란 듀란(Duran Duran)'이 1982년 발표한 노래 「리오(Rio)」의 가사를 변형한 표현이다. 원래 가사는 "그녀의 이름은 리오, 그녀는 모래 위에서 춤을 춘다네"이다.

영화의 깜짝 흥행으로 일약 스타가 된 리버는 자신의 삶이 빠른 속도로 변하고 있다는 사실을 깨달았다. 그의 영화 출연료는 편당 35만 달러까지 치솟았다. 난생처음 가족에게 돈방석을 선사할 수 있게 된 것은 물론 아이리스 버튼 에이전시에서 가장 중요한 고객이 된 것이었다. 리버는 세계가 이전보다 다섯 배 빠른 속도로 돌고 있는 듯한 느낌을 몰아내려고 애썼다. 리버는 말했다. "「스탠드 바이 미」가 개봉된 뒤로 사람들은 늘 내게 이렇게 말했어요. '너 정말 굉장하더라.', '넌 스타가 될 거야.' 그리고 모든 상황이 딱 그랬어요. 그게 어떤 건지 상상이 안 될 거예요. 내 길이 아니라는 걸 아는데도 그리로 가야만 정말 높은 곳으로 올라갈 수 있는 상황 말이에요. 그런 일이 일어나면 사람은 누구나 길을 잃어요. 자신이 전부 다 통제할 수 있을 거라 생각할지 모르지만, 실제로는 만사가 통제 불능이 되어버리거든요. 삶도 완전히 산산조각 나버리고요." 리버가 즐겨 하는 이야기도 자신이 관찰해온 사람들의 모습을 묘사하는 데서 자신의 삶 속에 도사리고 있는 위험과 함정을 서술하는 쪽으로 점차 바뀌어가고 있었다.

리버는 갑자기 승격되어 앉게 된 무비스타라는 자신의 새로운 지위를 어떻게든 약화시켜보려고 여러 방법을 궁리했다. 버튼은 영화의 일본 개봉을 위해 도쿄에 가면서 리버를 데려갔다. 그들은 호화로운 임페리얼 호텔에 묵었다. 리버는 호텔 옆 공원에 모여 기타를 연주하고 있는 한 무리의 아이들을 발견했고 그들을 자신의 호텔 방으로 초대했다. 버튼은 말했다. "온 방 안에 공원에서 데려온 아이들이 북적대고 있더군요. 리버는 아이들에게 기타를 쳐주고 과일과 주스를 대접했어요."

리버가 새로운 스타가 되었음을 보여주는 부인할 수 없는 표지가 있었다.

<밥!^{Bop!}>, <타이거 비트^{Tiger Beat}> 같은 잡지들(리사 심슨⁵이 즐겨 읽는 <논 쓰리트닝 보이스 매거진>으로 대표될 수 있는 출판물들)이 제공하는 유명인 사진에 그의 얼굴이 등장하기 시작한 것이다. 리버는 영화사 홍보부와 함께 일하면서 자신이 로브 로우, 커크 캐머런, '듀란 듀란' 멤버들처럼 핀업 사진 제작용 촬영 대상이 되었다는 사실을 알게 되었다.

불과 몇 년 뒤 리버는 그 기억에 몸서리를 쳤다. "거기에서는 포즈 잡는 법을 가르쳐요. 그러니까 이렇게 말해요. '이런 식으로 해야지!' 그래서 그 말대로 고개를 기울이면, 어떻게 입술을 삐죽 내밀어야 하는지, 뺨을 오목하게 빨아들여야 하는지 보여줘요." 리버는 끙 소리를 내고 덧붙였다. "그러고 나면 내 평생 다시는 꼴도 보고 싶지 않은 사진만 싹 다 골라서 하이틴 잡지에 싣고 그 사진은 살아남아요, 영원히."

핀업 사진을 한 장씩 끼워주는 모든 미니 프로필에는 이상형과 같은 고정 질문이 적혀 있었다. 한 잡지는 리버의 이런 인터뷰 내용을 인용했다. "난 정말로 꾸밈없는 여자가 좋아요. 나 역시 어떤 일을 할 때 항상 꾸밈없이 하거든요." 또 다른 잡지가 인용한 리버의 말은 이랬다. "내 영화를 통해서 수많은 사람과 친구가 될 수 있다고 생각하면 기분이 정말 좋아요."

이런 잡지들이 자신을 로맨틱한 판타지에만 쓸모 있는 존재로 만들고 있다는 생각은 리버를 불안하게 만들었고 그가 그렇게 느끼는 것도 무리는 아니었다. "마치, 내가 어떤 사람인지 전혀 모르면서 나를 최고로 멋진 남자라고 생각하는 소녀들로 가득 찬 관중석 앞에 서 있는 것처럼 느껴져요. 그 사실은 내

---

5 리사 심슨: 미국의 텔레비전 만화 시리즈 「심슨 가족(The Simpsons 1989-1995)」의 등장인물이다. 여덟 살로 설정되어 있지만 조숙하고 똑똑한 소녀로, 환경에 관심이 많은 채식주의자, 평화주의자, 페미니스트이다. <논 쓰리트닝 보이스 매거진(Non-Threatening Boys Magazine)>은 만화에서 리사가 즐겨 보는 하이틴 잡지의 제목이다.

신경을 곤두서게 만들고요. 모두가 자신이 실체를 전혀 모르는 대상의 어떤 이미지에 열광하고 있는 것 같아요. 그런데 내가 바로 그 이미지의 주인공이라면…… 그러니까 내 말은, 그 사람들은 내가 배우라는 사실을 모르는 걸까요?"

국제적으로 성애의 대상이 된 자신을 발견하는 일은 어떤 십 대한테든 당황스러운 일이겠지만, 리버의 상황은 훨씬 더 심각했다. '칠드런 오브 갓'의 울타리 안에서 살던 어린 시절, 성행위가 뭔지 이해하기도 전부터, 그리고 그 행위에 동의를 표한 바 없는데도 억지로 참여하며 자라왔기 때문이다. 겨우 열여섯 살인 리버는 여전히 미성년자인데도 타인의 욕망이라는 깊은 물속으로 자신의 존엄성이 가라앉는 경험을 다시 한번 더 하게 된 것이었다. 리버는 마음이 편치 않았지만 다시 그 상황을 받아들였다.

리버는 (객원 사회자 조앤 리버스Joan Rivers 1933-2014가 진행하는) 「더 투나잇 쇼The Tonight Show 1954-」에 출연하게 될 만큼 널리 유명해지자 유명세라는 회오리바람과 칭찬이라는 구덩이 속에서 자기 자신을 잃으면 어쩌나 걱정하며 많은 시간을 보냈다. 자신의 진정성을 유지할 수 있는 방법들을 찾아내려고 안간힘을 썼다. 자신에게 편지를 쓸 수밖에 없었던 에단 호크와 똑같은 걱정에 시달린 것이다. 레이드 로즈펠트는 리버의 말을 이렇게 전했다. "자신을 유지하려면 매일 아침 눈 뜨는 순간부터 필사적으로 애를 써야 한다고 말하더군요."

배우로서 이름을 리오로 바꾸는 것은 더 이상 아무런 의미도 없었지만 리버는 사적인 자리에서는 계속해서 그 이름을 사용했다. 몇 년 동안 낯선 사람에게 자신을 리오라고 소개했고, 그것이 유명세로 얼룩진 만남을 피하는 데 유용한 방법임이 증명되었다. 자신을 리오라고 부르는 행위는 진실성을 상징했다. 그것은 자신이 잡지 가판대나 광고판에서 발견할 수 있는 '리버 피닉스'와 전혀 다른 정체성을 지닌 사람이라고 주장하는 행위였다.

열여섯 살의 리버가 반드시 어떤 뜻이 있어서 그런 식으로 행동하지는 않았을 것이다. 말투가 어눌해서가 아니라 그저 이런 문장에 마음이 더 끌렸던 것이다. "와우, 마마자마[6], 우리 오렌지주스 좀 줄래요? 부탁해요!"

존 피닉스는 가족의 생활 수준을 좀 더 안정적으로 유지할 수 있는 방법을 찾고 있었다. 피닉스 가족은 리버가 살아 있는 동안 무려 40번 넘게 이사를 다녔다. 그러면서도 할리우드라는 죄악의 소굴로부터 한 걸음 떨어진 곳에 머물고 싶었다. 리버가 최근에 거둔 성공이 그 두 가지 소망을 동시에 충족시킬 수 있는 해결책에 필요한 자금을 마련해줬다. 그들은 샌디에이고 외곽에 있는 면적 20에이커(약 8만 제곱미터, 2만4천5백 평)의 목장을 임대했다.

버튼은 피닉스 집안 다른 아이들을 위한 일을 찾기 시작했다. 리프는 「스페이스 캠프Space Camp 1986」에 출연한 어린이 패거리의 일원이었다. 그 영화는 흥행에 실패했다. 우주왕복선 챌린저호가 폭발해 우주비행사 일곱 명이 사망한 지 불과 5개월 정도밖에 지나지 않은 터라 관객들이 우주를 탐험하는 아이들의 코믹 모험 영화를 보고 싶어 하지 않았기 때문이다.

리프는 또 영화 「러스키스Ruskies 1987」에서 소련 해군을 체포하는 키웨스트 지방 십 대 소년 역할을 맡았고 섬머는 리버티를 이기고 리프의 여동생에 캐스팅되었다. 그동안 레인보우는 앨리 시디Ally Sheedy 1962-가 주연한 코미디 영화 「말괄량이 철들이기Maid to Order 1987」에 출연하기로 했다.

리버는 뒷마당 트램펄린 위에서 함께 놀 때든, 할리우드로 그들을 이끌 때

6   마마자마: 가슴이 풍만하고 몸매가 늘씬한 섹시한 여성을 일컫는 속어. 지금 이 문장의 영어 원문은 "Yo, Mama-jama, can we have some OJ, pleeze!"로, 속어, 줄임말, 틀린 철자 등이 모두 쓰인, 십 대들이 즐겨 쓰는 표준어에 어긋나는 가벼운 표현을 전형적으로 잘 보여준다.

든 부모 같은 태도로 동생들을 보살폈다. 동생들을 "우리 애들"이라고 불렀고, 가족과 함께 보내는 시간에 관해 이야기할 때면 영화 촬영장이 아니라 마치 전쟁터에서 돌아온 사람처럼 말했다. "우리 애들을 알아가는 과정은 언제나 굉장히 재미있어요."

마샤 플림튼은 말했다. "리버의 부모님은 그를 구세주처럼 여겼고, 아버지 대하듯 대접했어요."

리버는 「서클 오브 바이얼런스: 가족 드라마Circle of Violence: A Family Drama」라는 작품에도 출연했는데 이것이 그의 마지막 텔레비전 영화였다. 리버가 맡은 크리스 벤필드는 천방지축 십 대 소년이었다. (튜스데이 웰드Tuesday Weld 1943-가 분한) 엄마는 크리스가 모르는 사이에 (제럴딘 피츠제럴드Geraldine Fitzgerald 1913-2005가 분한) 자기 어머니를 신체적, 정신적으로 학대한다. 그 영화는 별다른 주목을 받지 못했다. 리버가 나중에 자신이 카메라 앞에서 읊어야 했던 대사들 가운데 최악이었다고 언급했던 그 영화 대사 몇 줄을 빼면. "영화 속 나는 이런 말이나 하는 아이였어요. '엄마, 우리는 왜 대부분의 가족들처럼 서로 잘 지낼 수 없는 거죠?' 서로 잘 지내는 대부분의 가족들처럼이라니!"

7. 마샤 마이 디어[7]

이온 스카이는 회상했다. "리버는 「모스키트 코스트」를 찍으러 떠났다가

---

7 마샤 마이 디어(Martha My Dear): '내 사랑 마샤'라는 뜻으로 '비틀스'가 1968년 발표한 노래 제목이다. 폴 매카트니(Paul McCartney 1942-)가 작사, 작곡한 이 노래 속 마샤는 매카트니가 오래 키운 반려견의 이름이다.

여자친구 먀사 플림튼과 함께 돌아왔어요. 그래서 난 좀 실망했답니다."

단지 정글 속에서 핀 사랑이 아니었다. 리버와 플림튼의 관계는 미국 땅으로 돌아온 뒤 훨씬 더 진지해지기만 했다. 둘 다 뉴욕 시에 머물고 있던 열다섯 살의 어느 날 밤, 그들은 멋진 저녁을 먹으러 외출했다. (불과 7년 전만 해도 베네수엘라 해변에서 망고를 찾아 헤맸었는데, 리버는 그 일이 마치 전생처럼 느껴졌다) 플림튼은 껍질이 연한 꽃게 요리를 주문했다.

리버가 별안간 겁에 질린 얼굴로 식당 밖으로 뛰쳐나갔다. 플림튼은 뒤쫓아 나갔고 울면서 파크 애버뉴를 걷고 있는 리버를 발견했다. 리버는 울면서 말했다. "난 널 너무 사랑해. 그런데 그 이유가 뭘까?" 그는 그녀가 동물을 먹는다는 사실에도 충격을 받았지만, 자신이 그동안 채식주의는 단순한 도덕적 사고방식보다 훨씬 더 큰 의미가 있다는 생각을 그녀에게 심어주지 못했다는 사실에 더 깊이 상처를 받았다.

플림튼은 말했다. "난 그의 그런 점 때문에 리버를 사랑했어요. 모든 신념을 둘이 함께 공유했으면 하는, 그리고 내가 모든 면에서 자신의 의견에 동의해줬으면 하는 드라마틱한 바람 때문에요."

플림튼은 한동안 피닉스 가족과 가깝게 지냈다. 그녀는 말했다. "난 리버의 가족을 사랑했어요. 자신이 세상에 전달할 메시지를 품고 있는 순수한 영혼이라고 믿게끔 리버를 키웠으니까요. 하지만 온 가족이 계속 이사를 다니고 전학을 다니고 비밀을 지키고 미국을 불신하고 그러면서 비누 거품처럼 허황된 유토피아만 꿈꾸다 보니 리버는 전혀 사회화가 되지 못했어요. 대중이나 할리우드를 상대할 준비가 되어 있지 않았던 거예요. 메시지를 전달해야 하는 그 세상과 마주할 준비가 되어 있지 않았던 거라고요. 더구나 열다섯 살에 자신을 예언자라고 생각해야 하다니, 그건 너무 불공평해요."

8. 성장담

할리우드 전역에서 매일 수천 명의 사람들이 회의를 하면서 영화와 관련된 세부사항을 놓고 논쟁을 벌이지만, 그 논쟁거리의 대부분은 세상으로 영원히 나오지 못한다. 1986년 어느 날 오후, 시나리오 작가이자 영화감독인 윌리엄 리처트는 할리우드 모처에서 점심 약속을 끝내고 선셋 대로에 있는 자신의 사무실로 돌아왔다. 그의 비서는 리버 피닉스가 리처트 감독이 '지미 리어든Jimmy Readon'이라고 부르는 영화 오디션을 보려고 감독을 기다리고 있다고 말했다. 영화계에는 「스탠드 바이 미」에서 리버의 연기가 굉장했다는 소문이 이미 왁자하게 퍼져 있었지만 그 영화가 아직 개봉되기 전이라 리처트 사무실 직원 중에는 리버의 나이를 제대로 아는 사람이 아무도 없었다. 어떤 사람은 스물다섯 살이라고 했고, 또 어떤 사람은 열세 살이라고 했다.

리처트 감독은 대기실로 들어갔다. 리버는 화분 옆 그늘에 앉아 있었다. 리버가 일어서자 "온몸이 완벽하게 빛에 둘러싸였다"고 리처트는 말했다. 유리창을 뚫고 비추는 캘리포니아의 태양 때문이라는 것은 리처트도 알고 있었지만, 리버의 몸 안으로부터 빛이 뿜어져 나오는 것 같은 느낌을 떨쳐낼 수가 없었다.

리처트는 말했다. "너도 알다시피 넌 이미 무비스타잖니."

리버는 그 말에 반박했다. 개봉된 영화는 아직 딱 한 편뿐인데 그나마 그것도 「컴퓨터 우주 탐험」이라고.

리처트는 빛을 발하는 리버의 아름다움에 압도된 채 말했다. "어쨌든 네가 내 영화에 출연하겠다니 믿기 힘들 만큼 좋구나."

"하지만 아직 제 오디션도 보지 않으셨잖아요. 전 대사 한 줄 안 읽었는

걸요."

"넌 그런 거 안 해도 된다."

"아, 그래도 오디션은 봐야죠. 제 대사 리딩을 듣고 싶지 않으세요?"

"대사 리딩을 하고 싶니?"

"네."

리처트는 리버의 말에 동의했다. 그들은 함께 리처트의 사무실로 들어갔고 리버는 훌륭하게 대사를 읽었다. 리딩이 끝난 뒤 리처트는 리버에게 지시했다. "대본을 갖고 집으로 가서 네 소속사에 전화를 걸어라. 그 사람들한테는 이 영화 주연을 제의받았다고 그냥 그렇게 말하렴."

리처트는 말이 많고 의지가 강한 감독이었다. 그때 마흔네 살이었던 그는 다큐멘터리 시리즈를 제작한 바 있었다. 그중 한 편은 대통령 리처드 닉슨과 린든 존슨의 딸들에 관한 다큐멘터리였고, 또 한 편은 롤러(스케이트) 더비에 관한 다큐멘터리였다. 제작자의 마약 밀수가 발각되어 (제프 브리지스Jeff Bridges 1949-, 존 휴스턴John Huston 1906-1987, 엘리자베스 테일러Elizabeth Taylor 1932-2011 등이 출연한) 정치 풍자 영화 「윈터 킬Winter Kill 1979」의 촬영이 중단되었을 때, 그는 거의 동일한 배우들과 함께 유럽에서 또 다른 영화(「아메리칸 석세스 스토리 The American Success Story 1980」)를 찍어서 첫 번째 영화의 제작비를 마련했다.

리처트 자신의 반半자전적 소설 『나한테 작별 키스도 안 해줄 거야?Aren't You Even Going to Kiss Me Goodbye? 1966』를 바탕으로 하는 「지미의 사춘기」는 1962년, 에번스턴 중산층 학생과 시카고 교외 상류층 학생들이 다니는 고교 졸업반을 배경으로 한다. 바람둥이 지미 리어든은 자신과 처지가 많이 다른 친구들과 어울린다. 친구들은 곧 그 마을을 떠나 아이비리그 명문 대학이나 어디 이국적인 땅으로 향할 예정이지만, 지미의 아버지는 지미한테 그 지방에 있는 시시한 실업 학교에 진학하라고 강요한다. 지미는 하와이로 가는 여자친구를 따라갈 요량으로 비행기 표를 사기 충분한 돈을 모으려고 갖은 노력을 다하지만 그의 계획은 점점 틀어지기 시작한다. 리버는 아직 자신의 상황을 그대로 인정할 수 있는 성인이 된 것은 아니었지만, 영화 촬영을 마쳤을 때 그래도 자신이 살고 있는 세상에 관한 이해력은 훨씬 좋아져 있었다.

리버는 이 영화가 '지성적인 십 대 영화', 「위험한 청춘」이나 『호밀밭의 파수꾼The Catcher in the Rye 1951』과 교차하는 성장담이 될 수 있으리라 생각했다. 존은 리버가 맡은 역이 너무 문란하게 느껴진다며 반대했지만, 알린과 아이리스 버튼은 둘 다 영화배우로서 좋은 경력이 될 것이라 여겼다. 아역 배우에서 성인 연기자로 변신한다는 점에서 말이다. 그리고 그들의 관점이 옳았다. 리버는 계약서에 서명을 했고 촬영 준비를 시작했다.

리처트는 말했다. "석 달 만에 열일곱 살 외모를 만들어 왔더군요. 다이어트를 하면서 밤낮 가리지 않고 푸시업을 했대요. 포동포동한 어린이 몸매에서 벗어나고 싶어서, 복근을 만들고 싶어서요."

리버는 일리노이 촬영장으로 가 출연진에 합류했다. 출연진에는 이온 스카이, 공연 예술가 앤 매그너슨Ann Magnuson 1956-, 나중에 텔레비전 드라마 「빅뱅이론Big Bang Theory 2007-2019」으로 유명해진 (열한 살) 조니 갈레키Johnny Galecki 1974-, 영화 출연이 처음인, 그리고 장차 리버의 친구가 될 매튜 페리Matthew Perry 1969- 등이 포함되어 있었다. (페리는 리처트가 산페르난도 밸리에서 아침을 먹다가 발견한 소년이었다) 존과 알린 피닉스는 「러스키스」 촬영장에 있던 리프를 돌보러 키웨스트로 가기로 해서 촬영장에 오지 않았다.

리버의 외할아버지 마이어 두네츠가 리버의 보호자로 동행했지만, 관리는 명목뿐이었음이 드러났다. 리버는 말했다. "언제든 할아버지의 시야 밖으로 도망칠 수 있었어요. 할아버지는 나를 알지 못했고 그래서 내가 어떻게 행동할지도 알지 못했으니까요. 그 덕분에 나는 리버가 아닌 것처럼 생활할 수 있었어요. 내 주위에 이런 말을 하는 엄마가 없어서요. '얘야, 이리 와라. 뭘 하려는 거니, 그러다가 집중력이 흐트러지겠다.'"

리처트는 옷에 화장품이 묻지 않게 턱받이를 두른 채 트레일러 밖으로 리버가 걸어 나오던 순간을 지금도 애틋하게 기억하고 있었다. 근처 잔디밭에는 최신예 아이돌 리버 피닉스를 어떻게든 한번 직접 보려고 모여든 한 무리의 십 대 소녀들이 앉아서 그를 기다리고 있었다. "리버는 날 쳐다보며 말했어요. '저 잔디밭에 가서 누우면 저 중 몇 명이랑 잘 수 있을까요?'" 리처트는 껄껄 웃으며 회상했다. 그러나 그런 농담은 리버 피닉스보다는 지미 리어든의 말에 가까웠다. 그것은 리버가 그 무렵 캐릭터 안에 머무는 실험을 하고 있었다는 증표였다.

이온 스카이의 말에 따르면 촬영장은 십 대와 성인들이 함께 어울리는 '파티장 분위기'였고 분위기를 그렇게 이끄는 사람은 리처트 감독이었다. 스카이는 말했다. "성인 협업자들이 애들 말을 진지하게 받아들여 주는 것이 하나도 이상하지 않았어요. 오히려 굉장히 신이 났죠."

리버는 비행을 저지르더라도 아주 신중하게 움직였다. 출연진 중 한 명인 루앤 시로타Louanne Sirota 1970-는 말했다. "우리가 저지른 가장 못된 짓은 미성년자이면서 룸서비스로 맥주를 주문한 거예요. 얼마나 멋진 일이었는지." 리버는 영화 속에서 매력적인 여자들한테 둘러싸여 있었고 함께 섹스신을 '연습할' 준비도 되어 있었지만, 여자들의 유혹은 거절한 것으로 보인다. 대부분은 그랬다는 이야기다. 리버의 엄마로 출연한 배우 제인 핼러렌Jane Hallaren 1935-이 딱 한 번 복도에서 어떤 소녀와 뒤엉켜 있는 리버의 모습을 발견한 것을 보면.

"아무한테도 말하지 말아주세요. 그러실 거죠?" 리버가 부탁했다.

아, 리버의 여자친구한테 전화를 걸어야겠구나, 헬러렌은 생각했다. "그러나 리버는, 얘가 이런 애구나 하고 어떤 부류로 치부해버리고 나면 그 생각과 전혀 다른 모습을 보여주는 아이였어요."

리버는 말했다. "난 양다리는 걸치지 않아요. 섹스보다는 로맨스가 훨씬 더 중요하다고 믿고요. 단지 지금 당장의 쾌감을 위해 그런 행동을 하는 건 이기적인 짓이에요." 이렇게 말해놓고는 한 치의 망설임도 없이 방정식의 다른 항을 논했다. "하지만 우리 모두의 내면에는 그렇게 하고 싶은 기분, 충동이 잠재해 있어요. 그리고 그 충동을 항상 자제하는 것은 불가능하잖아요."

어느 날 리버가 자신의 호텔 방에서 여배우 중 한 명과 늦은 저녁 시간을 함께 보낸 뒤 밖에서 어슬렁거리면서 록 밴드 '록시 뮤직Roxy Music'의 음악을 듣고 있는데 마샤 플림튼이 촬영장을 방문했다. 얼핏 보기에 마샤는 리버를 위협하는 것이 아니라 놀리고 있었다. "궁극의 섹스 음악을 듣고 계시군. '록시 뮤직'이라니!"

스카이는 회상했다. "저런 말을 하다니 너무 어른스럽다고 생각했던 일이 지금도 기억나요. 그녀가 우러러보였어요. 굉장히 지적이고 세련된 뉴욕 여자였으니까요."

리처트 감독은 리버와 플림튼, 그 금발 커플을 한 쌍의 팅커벨에 비유했지만, (그 영화에 단역으로 출연하고 있던) 감독의 아들 닉은 마샤를 리버로 하여금 영원히 사과하게 만드는 여자라고 생각했다. 닉은 말했다. "그녀는 늘 따지고 있는 것처럼 보였어요. 리버랑 함께 있을 때 거의 항상 기분이 나빠 보였고요. 리버가 정확히 무슨 짓을 저질렀는지 난 모르지만 아마 그렇게까지 해야 할 일은 아니었을걸요."

리버는 영화 일을 하는 동안 늘 (로브 라이너나 해리슨 포드 같은) 나이 많은 남자를 찾아서 그들을 멘토나 아버지처럼 삼았다. 「지미의 사춘기」 역시 예외는 아니었고 리버는 리처트와 매우 친해졌다. 그들의 우정은 리버가 살아 있는 동안 계속 유지되었다.

리처트는 「지미의 사춘기」에 영감을 준 소설에 관해 이렇게 말했다. "내가 그 소설을 쓴 것은 열아홉 살 때였어요. 그래서 아주 직설적이에요. 그러니까 이 작품은 열아홉 살이 쓰고 마흔 살이 감독하는 영화, 감독이 자신을 연기하는 배우 한 명과 함께 만드는 영화예요. 그 배우는 성장환경이 나와 매우 비슷하고요. 리버가 '칠드런 오브 갓' 컬트 출신인 것처럼 나도 가톨릭 컬트 출신이거든요."

리버가 머리를 자른 뒤 리처트 감독은 리버의 얼굴이 제임스 딘과 너무나 비슷해서 깜짝 놀랐다. 리처트는 특히 1950년대 십 대 아이돌의 모습을 연상시켜야 하는 장면을 찍을 때 리버에게 제임스 딘, 스물네 살의 나이에 요절한 배우의 사진을 보여줬다. 리버는 무심하게 어깨를 으쓱하며 닮았다는 말을 흘려들었다.

어느 날 리버는 리처트에게 물었다. "이 영화에서는 어느 부분에서 울어요?" 리처트가 무슨 말이냐고 묻자 리버는 대답했다. "지금까지는 모든 영화에서 울었거든요."

"이 영화에서는 울지 않아." 리처트가 말했다.

"울지 않는다고요?"

"그래."

리버는 깨달음을 얻었다. "감독님은 관객이 울기를 바라지 않는군요."

리버는 이전에 카메라 앞에서 사랑을 나누어본 적이 없었다. 그런데 이제 여자로 가득한 영화의 주인공을 연기해야 하는 상황이라서 리처트 감독은 직접 리버에게 섹스신 촬영 메커니즘을 시범 보여야 했다. 스카이는 말했다. "리버는 연기자로서 굉장히 힘과 자신감이 넘쳤어요. 성인들과 함께 연기를 하면서도요. 하지만 여성 편력이 있는 남자들과 함께 연기하는 것은 불편해했어요." 리버는 또한 지미가 친구들을 부추겨 술을 마시게 하는 대사에 관해서도 걱정스러워했다. 자신의 팬들이 그런 행동을 모방하지 않기를 바랐기 때문이다.

리처트는 리버가 대사 한 줄을 추가하고 싶어 했다고 말했다. 앤 매그너슨이 연기한 나이 많은 여자가 그를 유혹하는 장면이었다. 리버는 대본에 자신이 적어놓은 문장을 리처트에게 보여주었다. 리처트는 말했다. "리버의 손 글씨는 마치 상형문자 같았어요. 학교에 다닌 적이 전혀 없잖아요."

추가된 그 대사는 이것이었다. "흠, 이 말만은 꼭 하고 싶어요. 나는 세상 모든 일이 일어나는 데는 이유가 있다고 확고하게 믿는 사람입니다."

리처트는 깜짝 놀랐다. 그저 그 대사가 열여섯 살이 떠올린 생각치고는 너무 조숙했기 때문만이 아니었다. "대사를 철학적 문맥으로 바꾸고 싶어 하는 배우는 많지 않아요. 아니 그런 생각을 하는 배우조차 거의 없어요. 그 대사가 그 장면에 딱 어울리는 것은 아니었지만, 나는 그래도 훌륭한 대사라고 생각했어요. 리버는 우리 중 한 명, 그러니까 세상만사가 흘러가는 대로 그냥 따라가는 사람 중 한 명이 아니었어요."

9. 래틀스네이크 스피드웨이[8]

영화 촬영이 끝난 뒤 리버는 새로 구입한 캠핑카를 타고 로스앤젤레스까지 2천 마일(약 3천2백 킬로미터)을 직접 운전해서 돌아왔다. 동행인은 가사도우미이자 리버의 전속부관인 래리 맥헤일이었다. 새벽 두 시경 뉴멕시코 고속도로에서 리버는 과속 단속에 걸렸다. 맥헤일은 차 뒤쪽에서 자고 있었다.

아직 지미 리어든의 캐릭터에서 벗어나지 못한 리버는 '경관님' 대신 '짭새'라고 부르며 경찰에게 건방지게 굴었다.

"흠, 흥미롭구나, 꼬마야." 나중에 융통성이 매우 없는 것으로 밝혀진 경찰관이 말했다. 그는 열여섯 살짜리가 캠핑카의 실제 주인이라는 사실을 믿을 수가 없었다. 폭주 드라이브를 하려고 차를 훔쳤을 가능성이 크다고 판단했다.

경찰이 살펴보려고 차 뒤쪽에 가 있는 동안 리버는 캠핑카 바닥에서 푸시업을 시작했다. 경찰이 돌아왔을 때도 멈추지 않았다.

화가 난 경찰관은 마약을 찾아내려고 차를 샅샅이 뒤졌다. 아무것도 발견하지 못하자 기념품으로 과속 범칙금 딱지를 발부한 뒤 결국 리버를 풀어줬다.

딱지에는 범칙금을 납부하지 않으면 구류에 처할 수 있다는 무시무시한 경고가 적혀 있었다. 그래서 리버는 석 달 동안 범칙금을 납부하지 않았다.

---

8 래틀스네이크 스피드웨이(Rattlesnake Speedway): 네바다에 있는 유서 깊은 오프로드 자동차 경주 트랙이다. 유타 사막에 있는 이 경주 트랙은 비포장 흙바닥으로 되어 있다. 연중 여러 차례 큰 대회가 열린다. 브루스 스프링스틴이 이곳에서 영감을 얻어 1986년 발표한 곡이 「더 프로미스드 랜드(The Promised Land)」이다.

10. 아이 엠 언 아일랜드[9]

1986년은 미국의 주요 영화사들이 아직 일본 전자제품 회사 소니의 계열사가 되기 전이었다. 영화산업을 운영하는 사람들은 대개 사회 부적응자, 괴짜 천재, 개망나니 귀족 등이었다. 그리고 크리스 블랙웰Chris Blackwell 1937-은 거기에 모두 해당되는 사람이었다. 자메이카에 거주하는 부유한 백인 가정에서 태어난 블랙웰은 자라서 지미 클리프Jimmy Cliff 1948-, 밥 말리Bob Marley 1945-1981, '록시 뮤직', '유투The U2'를 배출한 아일랜드 레코드사Island Records를 차렸다. 블랙웰은 말했다. "거대 레코드사는 슈퍼마켓이에요. 아일랜드는 매우 고급스러운 식료품 가게라고 생각하고 싶고요." 아일랜드 기업 계열사 아일랜드 픽처스가 '지미 리어든'의 제작비를 댔던 터라 블랙웰이 촬영 기간에 진행 과정을 확인하려고 에번스턴 촬영장을 방문했다.

리버는 일부러 약속을 잡아 블랙웰을 만난 뒤 자신이 음악도 연주한다는 사실을 알렸다. 블랙웰은 웨스트 코스트에 있는 아일랜드사의 'A&R' 팀장 킴 뷔Kim Buie에게 전화를 걸어 리버를 만나보라면서 이렇게 말했다. "얘는 정말로 쿨한 것 같아요." ('A&R'은 '예술가와 레퍼토리Artists and Repertoire'의 약자로, 음악가의 관리와 계약을 담당하는 레코드사 부서였다)

뷔는 리버가 누군지 알고 있었다. 극장에서 「스탠드 바이 미」를 보았을 때 크레딧이 올라갈 때까지 기다려 리버의 이름을 알아냈기 때문이다. 뷔는 말했다. "세상에. 리버는 그냥 군계일학이었어요. 영화 속 그 애는 제임스 딘 자체였고요. 당당한 존재감에 실감 나는 연약함까지. 리버는 너무나 성숙한 방

---

9   아이 엠 언 아일랜드(I Am an Island): '사이먼 앤드 가펑클(Simon & Garfunkel)'이 1965년 발표한 노래 「아이 엠 어 록(I Am a Rock)」의 가사에 나오는 표현이다.

식으로 수많은 감정을 표현해낸 거예요."

피닉스 가족 구성원 모두가 로스앤젤레스로 돌아왔고, 리버는 존과 알린을 대동한 채 마침내 아일랜드 사옥에 있는 뷔의 사무실을 방문했다. 뷔 앞에서 자작곡 몇 곡을 연주해 보였다. 그녀는 그 음악에서 잠재력을 들었다. 그러나 훨씬 더 중요한 사실은 음악이 리버의 열정이요, 첫사랑이라는 점을 알게 되었다는 것이다. 뷔는 말했다. "그냥 음악 속에 빛이 있는 것처럼 느껴졌어요. 리버와 알린은 내게 전달될 만큼 진정한 바람을 품고 있었고요. 리버의 아버지는 말을 거의 하지 않았어요. 그냥 멍한 눈빛으로 그 광경들을 지켜봤을 뿐."

미팅이 끝난 뒤 뷔는 블랙웰에게 리버가 당장 음반을 발매할 준비는 아직 되어 있지 않지만 작업은 함께 해보아야 할 것 같다고 말했다. 아일랜드사와 리버는 '성장 계약'[10]을 맺었다. 뷔는 나중에 냉소적으로 웃으며 말했다. "그때는 아직 음반사들이 그런 짓을 계속하고 있었거든요. 말하자면 '데모 계약'의 한 단계 이전 형태였어요. 뮤지션들이 음악에 좀 더 많은 시간을 들여 자신이 무엇을 하고 싶은지 알아낼 수 있도록 돕는다는 명분으로 회사가 시간과 자원을 그들에게 투자하는 방식이었죠." 계약금은 별로 대단하지 않았다. 2만 달러 정도에 불과했지만, 리버는 자신의 음악적 경력이 드디어 시작되었다는 사실에, 이제 곧 전 세계가 자신의 음악, 즉 스스로 '천상의 프로그레시브 포크 록'이라고 부르는 음악을 듣게 되리라는 희망에 몹시 흥분했다.

---

10 성장 계약(development deal): 음반사나 영화사가 가수, 배우 지망생과 맺는 계약의 한 방식으로, 회사가 아티스트의 능력 계발을 지원하는 대신 향후 이윤이 발생할 경우 상당 부분을 회사 몫으로 챙기는 계약 방식이다. 우리나라의 소속사와 연예인 지망생 간에 이루어지는 연습생 계약과 비슷하다. '데모 계약(demo deal)'은 일반적으로 성장 계약보다 계약 기간이 짧고, 계약서상에 그 기간이 명시되어 있다. 그 기간 동안 연습을 하면서 데모 음반을 제작하지만, 별다른 성과를 내지 못하면 다른 음반사와 계약할 수 있도록, 제작된 데모 음반과 아티스트를 풀어주는 경우가 많다.

11. 1987년의 젊은 할리우드

1987년 몇 개의 독립 회사들이 합병된 폭스 방송사가 출범했다. 처음 방송한 프로그램은 「못말리는 번디 가족」과 「더 트레이시 울먼 쇼」[11]였다. 코미디 촌극 모음인 「더 트레이시 울먼 쇼」는 결국 「심슨 가족」의 모체가 되었을 뿐이지만 「못말리는 번디 가족」은 보기 드물게 엉뚱한 시트콤이면서도 크리스티나 애플게이트의 출연으로 11년이나 방송되었다. 폭스 방송사의 또 다른 프로그램으로는 「21 점프 스트리트21 Jump Street 1987-1991」가 있었다. 고등학교에 학생으로 위장 잠입할 수 있을 정도로 젊은 경찰관들의 모험을 그린 이 드라마의 주연을 맡은 조니 뎁은 이 영화 덕분에 십 대 아이돌이 되었다.

그해 열네 살이 된 레오나르도 디카프리오는 소속사를 찾아 헤매고 있었다. 그는 최근에 연예 공연업계의 영광을 목격한 일이 있었다. 독일로 가족 여행을 갔다가 브레이크댄스 대회에 참가해 우승을 차지할 뻔했던 것이다. 브래드 피트는 「노 웨이 아웃No Way Out 1987」, 「노 맨스 랜드No Mans's Land 1987」, 「회색 도시Less Than Zero 1987」 등 제목이 허무주의적인 영화 여러 편에 단역으로 출연했지만 크레딧에 이름조차 올리지 못하고 있다가, NBC에서 낮에 방송되는 드라마 「어나더 월드Another World 1964-1999」 두 회에 출연하는 역할을 맡게 되었다. 사만다 마티스도 NBC 프로그램을 촬영 중이었다. 「아론의 길Aaron's Way 1988」

---

11 「더 트레이시 울먼 쇼(The Tracey Ullman Show 1987-1990)」: 영국 출신의 배우, 가수, 코미디언인 트레이시 울먼(Tracey Ullman 1959-)이 진행하던 여러 꼭지로 구성된 코미디 쇼로 폭스 방송에서는 시즌 4까지 방영되었다. 「심슨 가족」은 원래 이 쇼의 첫 시즌 몇 회 오프닝 부분에 비정규적으로 방송되던 만화 꼭지인데 반응이 너무 좋아서 나중에 정규 꼭지로 편성되었고 결국은 쇼가 종영한 뒤에도 독립된 만화 프로그램으로 살아남았다. 트레이시 울먼은 나중에 「바람둥이 길들이기」에 리버의 짝사랑 상대로 출연했다.

은 「비벌리 힐빌리The Beverly Hillbillies 1962-1971」를 새롭게 재해석한 하이 콘셉트 드라마였다. 전직 엔에프엘NFL 스타이자 배우인 멀린 올슨Merlin Olsen 1940-2010이 따로 살던 아들을 서핑 사고로 잃은 뒤 캘리포니아로 이사 온 아미시교 가정의 가장을 연기했다. 마티스는 올슨의 세 딸 중 한 명으로 출연했지만 그 프로는 14회밖에 방영되지 못했다.

기비 헤인즈와 '버트홀 서퍼스'는 그들의 세 번째 앨범 『로커스트 어볼션 테크니션Locust Abortion Technician 1987』을 녹음, 발매했다. '레드 핫 칠리 페퍼스'는 캐피털 레코드사 지하에서 『업리프트 모포 파티 플랜The Uplift Mofo Party Plan 1987』을 녹음 중이었는데 이 앨범은 기타리스트 힐렐 슬로박Hillel Slovak 1962-1988이 밴드와 함께 만든 마지막 앨범이 되고 말았다. 이듬해 슬로박이 헤로인 과용으로 세상을 떠났기 때문이다. '레드 핫 칠리 페퍼스'의 보컬 앤서니 키디스Anthony Kiedis 1962-는 이온 스카이와 사귀기 시작하면서 헤로인 중독과 싸우고 있었다. 그는 매니저의 집에서 함께 지냈는데, 매니저가 자고 있는 동안 방 안 서랍장 위에 놓여 있는 차 키를 몰래 꺼내서 마약을 하러 나가려고 낚싯대를 이용하고는 했다.

키퍼 서덜랜드와 코리 펠드먼은 현대를 배경으로 하는 뱀파이어 영화 「로스트 보이The Lost Boys 1987」에 출연했다. 그 영화는 펠드먼이 코리 헤임Corey Haim 1971-2010과 함께 작업한 첫 작품이었고, 그들은 십 대 영화 팬들에게 '두 코리The Two Coreys'라고 알려진 영화계 2인조 팀이 되었다. 에단 호크는 뉴저지에서 고등학교에 다니고 있었다. 윌 휘튼은 「스타트렉: 더 넥스트 제너레이션Star Trek: The Next Generation 1987-1994」에 웨슬리 크러셔 소위로 출연해 초고속 9의 속도로 은하계를 누비고 있었다.

12. 러시아인도 자기 자녀를 사랑하면 좋겠어요[12]

또 하나의 이야기. 이국 땅에 정착한 부모와 그 문제에 관해 아무런 선택권이 없는 한 아들의 이야기다. 두 명의 소련 첩보원이 미국의 건전한 교외 지역에 위장 잠입해 화원을 운영하고 십 대 아들을 키우면서 살아가고 있다. 자신이 실은 러시아 태생이라는 사실을 전혀 알지 못하는 아들은 공군사관학교에 지원하고 나서야 그 사실을 알게 된다. 이것이 훗날 「리틀 니키타Little Nikita 1988」로 제목이 바뀐 (한국 개봉 제목 「케이지비KGB의 아들」-옮긴이) '더 슬리퍼스The Sleepers'의 황당한 설정이다. 제목만 바뀌었을 뿐, 미국 내 위장 간첩을 끝까지 추격하는 '스쿠버'라는 이름의 소련 첩보원 악당과 관련된 줄거리는 전혀 개선되지 않았다.

리버는 시시한 십 대 아역 이상으로 자신의 경력을 쌓아올리려면 어떤 시점에는 이런 영화를 찍을 필요가 있다고 의욕적으로 임했지만, 결과적으로 그의 주장은 별로 설득력이 없었다. 출연료를 많이 받아서, 혹은 부모한테 배신감을 느끼는 또 다른 아들 이야기에 감정적으로 끌려서 그 영화를 찍은 모양새가 되었기 때문이다.

「케이지비의 아들」은 1987년 1월 피닉스 가족의 샌디에이고 농장 근처에서 촬영을 시작했다. 감독 리처드 벤저민Richard Benjamin 1938-은 배우(「굿바이, 콜럼버스Goodbye, Columbus 1969」, 「웨스트월드Westworld 1973」)에서 감독(「아름다운 날들My Favorite Year 1982」, 「머니 핏Money Pit 1986」)으로 변신한 인물이었다. 그동안 위

---

12 러시아인도 자기 자녀를 사랑하면 좋겠어요: 영국 가수 스팅(Sting 1951-)의 1985년 솔로 데뷔 앨범에 수록된 노래 「러시안스(Russians)」의 가사 속 표현이다. 소련과 미국 사이의 냉전을 비판한 곡이다. 제임스 캐머런(James Cameron 1954-) 감독은 이 곡에서 영감을 얻어 「터미네이터 2(Terminator 2: Judgment Day 1991)」를 제작하게 되었다고 한 인터뷰에서 밝힌 바 있다.

어나 리처트 같은 감독들과 함께 일하면서 자신을 진지하게 존중해주는 데 익숙해져 있던 리버는 벤저민 감독을 보자마자 그가 자신을 애 취급하리라는 사실을 알아챘다. 매일 촬영한 장면을 보는 것이 리버에게는 허용되지 않았기 때문에, 리버는 자신의 연기가 화면에 어떻게 나타나는지 판단할 수가 없었다. 그 결정의 목적은 리버로 하여금 타인의 시선을 덜 신경 쓰게 만드는 것이었지만, 역효과가 나서 오히려 정반대의 결과를 초래하고 말았다.

리버는 말했다. "내 연기가 너무 겉도는 것처럼 느껴졌어요. 박탈감을 느꼈다고 하면 될까요. 하지만 그것도 그 나름 괜찮았어요. 그 남자는 불안하고 혼란스러운 인물이었으니까요." 리버의 합리화였다. ('그 남자'는 니키타라는 자신의 정체성을 알게 되는 완전한 미국인 제프 그랜트를 말한다) 리버는 약간 의기소침하지만 정확한 자기 평가를 내렸다. "꼭 텔레비전 드라마를 찍는 기분이었어요. 그것도 영화 「비버는 해결사Leave It to Beaver 1987」의 커크 캐머런과 마이클 제이 폭스가 합쳐진 내용의 드라마를요."

평론가 할 힌슨Hal Hinson은 <워싱턴 포스트>에 이렇게 썼다. "리버 피닉스는 스타인가? 어쩌면 아닐 수도 있다. 하지만 그의 머리칼은 스타다. 「케이지비의 아들」은 리버 피닉스의 머리칼만 빼면 아무것도 남지 않을 영화다. 리버 피닉스의 머리칼이 이 영화에서 가장 매력적이고 가장 볼만한 점이다. 그 머리칼은 실체도 있고 특징도 있고 심지어 극적인 사연도 있다. 다시 말해서 리버 피닉스의 머리칼은 영화의 다른 부분에 존재하지 않는 모든 것을 갖고 있다."

리버가 자신의 감정을 표현할 수 있을 만큼 충분히 자신을 인식하게 되었다는 점 말고도 좋은 소식이 더 있었다. 리버는 그 촬영장, 함께 출연한 배우들 중에서 아버지 같은 존재, 멘토를 한 명 더 만났다. 바로 전설적인 배우 시드니 포이티어[13]였다. 당시 예순네 살이었던 포이티어는 그랜트 가족과 관련된 진실을 밝혀내려고 애쓰는 에프비아이[FBI] 요원으로 출연했다. 두 사람이 함께 촬영한 장면을 보면 스타일에서 큰 대조가 느껴진다. 리버는 빠른 속도로 재잘재잘 대사를 지껄이는 반면, 포이티어는 섬세하게 속도를 조절해 관객으로 하여금 배우의 얼굴에 담긴 생각을 알아채게 만든다.

두 사람이 함께 농구를 하는 장면에서, 부풀린 리버의 머리칼이 그의 두개골 위에서 찰랑거린다. 그 순간 리버는 진지함이라면 질색하는 근육질 남자처럼 보인다. 하지만 그는 진지함을 원했다. 포이티어를 잘 관찰해 자신도 할 수 있는 것은 무엇이든 다 배우려고 애쓰고 있었다. 결국 포이티어는 리버에게 반할 수밖에 없었고 공식 석상에서 리버를 칭찬했다. "나는 리버 피닉스가 우리 시대 가장 뛰어난 젊은 배우라는 걸, 미국 영화사에 지울 수 없는 족적을 남길 운명을 타고난 배우라는 걸 느꼈습니다." 포이티어는 링컨 기념관[14]에서나 들릴 법한 말투로 이야기했지만, 덕분에 영화에 대한 비평이 여러 개 쏟아져 나왔다. 리버는 오랫동안 그 일에 감사했다.

리버는 포이티어에 관해 이렇게 말했다. "그분은 제게 세상을 살아가는 여러 요령을 알려주셨어요. 그 덕분에 모든 것을 심각하게 받아들이지 않는 법

---

13 시드니 포이티어(Sidney Poitier 1927-): 미국의 연극, 영화배우, 인권 운동가. 가난한 가정에서 태어나 교육도 제대로 받지 못했고 열다섯 살부터 막노동판을 전전하다가 우연히 연극을 시작하게 되었다. 인종 차별과 관련된 작품들에 많이 출연했고, 1963년 「들판의 백합(Lilies of the Field)」으로 아카데미 남우주연상을 수상한 최초의 흑인 배우가 되었다. 1974년 기사 작위를 받았고, 2002년 아카데미 공로상을 수상했다. 할리우드에 흑인 배우가 전무하던 시절 앞장서서 영화계에 길을 닦은 선구자로 평가된다.

14 링컨 기념관(Lincoln Memorial): 1922년 미국 제16대 대통령 링컨의 업적을 기리기 위해 워싱턴 D.C.에 건축한 기념관이다. 기념관 주변에 거대한 연못과 녹지를 비롯해 큰 공원이 조성되어 있어서 대중 집회가 자주 열린다. 말하자면 미국 민주주의의 성지. 1963년 마틴 루터 킹 목사가 이곳에서 '나에게는 꿈이 있습니다(I Have a Dream)'라는 선언적 연설을 했다.

을 배웠습니다. 내 연기에 대한 부정적인 평가와 명성을 극단적으로 받아들이지 않는 법도요. 배우는 그냥 직업일 뿐이고, 나는 연기를 더 잘하려고 노력할 뿐입니다."

13. 1987년 봄, 피닉스 가족의 저녁 식사

알린은 다섯 자녀 모두에게 둘러싸인 채 『동물을 사랑하는 사람들을 위한 요리책The Cookbook for People Who Love Animals 1983』을 훑어보고 있다. 열한 살의 리버티가 조른다. "두부 치즈케이크요, 제발요!"

"내가 그릇까지 싹 다 핥아 먹을 거야." 아홉 살 섬머가 외친다.

레인보우와 리프가 요리 연구가 줄리아 차일드Julia Child 1912-2004의 비법을 따라 하는 동안 리버는 개밀 주스를 만든다. 그들의 발밑에서는 가족의 애완견 저스티스와 선댄스가 부스러기라도 떨어지길 바라는 눈빛으로 그들을 바라보고 있다.

장소는 버려진 학교의 급식 주방. 샌디에이고 목장의 임대차 계약이 만료되어 피닉스 가족은 로스앤젤레스 지역으로 돌아와 월 1천5백 달러의 임대료를 내기로 하고 빈 학교를 빌렸다. 교실 안에 물침대 여섯 개를 놓고, 쥐를 잡아 사막으로 돌려보내려고 포획 틀을 설치했다.

저녁 밥상(통밀 스파게티와 샐러드)이 차려지자 존이 축복의 말을 한다. "우리 모두 감사합니다."

"요리사에게 은총을!" 리버가 맞장구를 친다.

14. 자파의 집에서 열리는 파티

이온 스카이는 '레드 핫 칠리 페퍼스'의 보컬 앤서니 키디스와 사귀고 있었지만, 여전히 리버를 '짝사랑'하고 있었다. "리버는 정말 현실적이고 재미있었어요. 어떻게 보면 야성미도 있었고요. 한마디로 자유로운 영혼이었어요."

하루는 스카이가 할리우드 최고급 호텔 샤토 마몽에 리버를 태우러 가기로 했다. 스카이는 리버를 데리러 호텔 안으로 들어갔지만 리버는 정해진 미팅 장소에 없었다. "리버는 맨발로 선셋 대로를 걷고 있었어요. 자기 감정을 숨길 수 있는 사람이 아니었거든요."

스카이와 리버는 자주 어울렸다. 그들은 유대인 어머니들에게 헌사를 바치는 뜻에서 유대주의에 관한 노래를 자유롭게 즉흥 연주하기도 했고, 빈티지 안경을 함께 사러 다니기도 했다. 리버는 자신의 오른쪽 눈은 실명한 거나 다름없다고 고백했다.

그들은 이따금 프랭크 자파^{Frank Zappa 1940-1993}의 집에서 시간을 보내기도 했다. 자파의 집은 그 무렵 젊은 할리우드 연예인들의 살롱이 되어 있었다. 두 사람은 자파의 자녀 위질 자파^{Dweezil Zappa 1969-}, 문 유닛 자파^{Moon Unit Zappa 1967-}와 모두 친했다. 음악가이자 텔레비전 저널리스트인 프랭크 메이어^{Frank Meyer 1969-}는 말했다. "자파의 집에서 지내다 보면 진짜로 길들여지지 않은 온갖 배우들과 어울릴 수 있었어요." 위질의 십 대 시절 친구인 메이어는 그 집에서 수많은 저녁을 보냈다. "유명한 텔레비전 스타들이 그 집에 와서 문을 데리고 나가고는 했어요. 위질은 밴드 '래트^{Ratt}'의 기타리스트 워렌 드 마티니^{Werren De Martini 1963-}가 위풍당당하게 걸어 들어오길 기다렸고요. 함께 즉흥 연주를 하려고요. 프랭크 자파는 대개 가운 차림으로 젊은이들 사이를 어슬렁거리다가 땅콩버터 토스트를 만들어 먹고 담배를 피우고 아이들과 잡담을 했어요. 그분은 실제로 굉장히 친절했어요. 그토록 강렬한 록 음악을 하신다는 게 신기하게 느껴질 정도로요."

리버가 열여섯 살에 마침내 자신과 맞는 또래 그룹을 찾아낸 것이었다. 그들은 대부분 자칭 예술가인 연예 공연업계 신예들이었는데, 그중 일부는 리버 피닉스보다도 이름이 더 괴상했다. 리버는 이곳에서는 자신이 관심 집중의 대상이 아니라는 사실이 기뻤기 때문에 상냥한 목소리로 말했고 잘난 척도 하지 않았다.

그 무렵 메이어는 리키 넬슨Ricky Nelson 1940-1985의 쌍둥이 아들 매튜Matthew 1967-와 거너Gannar 1967-를 만났다. 훗날 '넬슨'이라는 독특한 이름의 유명 팝 메탈 듀오가 될 형제였다. 메이어는 웃으며 말했다. "넬슨 형제가 피부 화장품과 아이라이너를 어떻게 사용하는지 시범을 보이던 것이 지금도 기억나요. 시내에 놀러 나가려면 적당히 화장을 해야 한다고 하면서요. 아이러니하게도 어떻게 봐도 일정한 형태나 방법이 없는 화장이었는데, 이렇게 말했다니까요. '이봐, 씨팔, 자기 얼굴 정도는 스스로 화장할 줄 알아야지. 우리가 알려줄게.'"

메이어는 '두 코리'와도 아는 사이였다. "그 즈음 코리 펠드먼과 코리 헤임은 둘 다 완전히 안하무인이었어요. 걔들이 영화에서 맡았던 역할과 똑같이 재수 없었죠. 언제나 나, 나, 나, 나, 나만 내세웠고요. 그래서 그 십 대의 우상들을 몇 번 만난 뒤로 나는 걔들을 둘 다 역겨운 부류로 여겼답니다."

리버는 어땠을까? "리버는 거기 있던 다른 사람들과 전혀 달랐어요. 그곳에서는 정상적인 인간이었죠. 굉장히 매력적이었는데 너무 조용해서 마치 자기만의 세상 속에 살고 있는 것 같았어요. 정말 잘생겼지만, 보고 있어도 대부분의 '미스터 할리우드 가이'Mr. Hollywood Guy'처럼 내 얼굴을 초라하게 만들지는 않았어요." 메이어는 잠시 말을 멈추었다가 이렇게 덧붙였다. "그때는 우리 모두 십 대였어요. 리버 역시 자신을 멍청한 아이라고 생각하고 있었는지 누가 알겠어요?"

위질과 메이어는 자기들끼리 재미있게 놀려고 밴드를 결성하고 (록 뮤지션 전문 사진작가 밥 그루엔Bob Greuen 1945-을 기리는 뜻에서) '그뤼엔Grüen'이라고 이름을 지었다. 그러고는 「포르노 퀸Porno Queen」, 「위 알 스터즈We're Studs」, 「그 짓을 하기에는 너무 어리지만 입으로 빨기에는 별로 어리지 않은Too Young to Fuck but Not Too Young to Suck」 같은 터무니 없이 웃긴 노래들을 만들었다. 그 밖에도 도노반 리치, (프랭크 자파의 밴드 베이시스트인) 스콧 툰스Scott Thunes 1960-, 드럼머신 한 대, 그리고 리버 피닉스의 음악적 지원을 받아 수많은 노래를 녹음했다.

선정적이고 바보 같고 엉성한 노래들이었다. 메이어는 20년 뒤 차 안에서 그때 만든 데모 테이프를 듣고 이렇게 평했다. "시작을 함께 해야 끝도 함께 낼 수 있어요." 리버의 음악 지원은 대부분 백 보컬과 박수였다. 리버가 「성기를 내놓고 마음껏 흔들어라Rock Out with Your Cock out」라는 노래의 기타 연주 일부를 맡았을 수도 있지만, 어쨌든 리버의 소리가 가장 잘 들리는 곳은 그 노래의 클라이맥스 "후우우-우-후-후"의 백 보컬 부분이었다. 메이어는 말했다. "누가 들어도 객원 보컬이 한 명 있다는 걸 알 수 있죠. 우리 목소리는 하나로 합쳐져서 저 멀리서 들리잖아요."

메이어는 말했다. "자파 집합소에는 아무 제약이 없었지만 그게 더 기이하게 느껴졌어요. 위질 부모님이 항상 주변에 계셨거든요. 그분들은 다른 부모들과는 전혀 다른 점을 골라 지적하셨어요." 위질의 어머니 게일 자파Gail Zappa 1945-2015는 '씨팔fuck'이란 말은 들어도 개의치 않았지만 잘못된 정보를 옮기는 아이는 꿀밤을 먹였다. "그곳은 굉장히 창조적이고 지성적인 장소였어요. 특히 어른들이 진지하게 존중해주지 않는 어린 친구들한테는 더욱 그랬고요. 리버는 그 대안적 세계에 우연히 발을 담갔다가 몇 달을 그곳에서 보냈고, 그 뒤 영화 배역을 따내어 촬영장으로 떠났어요. 그렇게 사라졌어요."

15. 에코#4: 허공에의 질주

「허공에의 질주」는 두 명의 1960년대 진보주의자(주드 허시Judd Hirsch 1935-, 크리스틴 라티Christine Lahti 1950-)의 이야기다. 그들은 1971년 네이팜 탄 실험실을 폭파했고 (그러다가 사고로 한 경비원의 눈을 멀게 만든 바람에) 그때부터 에프비아이의 감시망으로부터 도망치며 살아간다. 그들은 법이 가까이 오기만 하면 자신과 두 아들의 뿌리를 뽑아 다른 곳으로 옮긴다. 그 두 아들 중 한 명이 (리버가 분한) 열일곱 살 대니이다. 그런데 피아니스트로서 천부적 재능을 타고난 대니는 이제 줄리어드 음대에 진학하고 싶은 마음이다. 그것은 자신의 진짜 정체성을 밝혀야 한다는 뜻이며, 연방수사관을 가족에게 인도하지 않도록 가족과 영원히 만나지 않고 살아가야 한다는 뜻이다.

리버는 사람들이 자신의 삶과 「허공에의 질주」를 비교했을 때 발끈했다. "사람들은 극 중 포프 가족과 우리 가족이 비슷하다고 생각하지만 그렇지 않아요. 우리 부모님은 도망 다닌 적이 없고…… 부모님은 포프 가족의 상황에 공감하겠지만, 그건 그분들도 평화주의자, 반전주의자이기 때문이에요." 그러나 평행선은 계속 이름을 바꾸며 살아가는 두 가족 저 너머까지 뻗어 있었다. 포프 집안과 피닉스 집안은 둘 다 배타적인 가족이었다. 구성원들끼리는 서로 지극히 헌신적이었지만 외부인은 무조건 불신했다. 포프 가족이 군수 산업 복합체와 전투를 치렀던 것과 달리, 피닉스 가족은 일반적 미국 사회에 회의적이었다. 두 가족은 또 계속 이사를 다녔다. 포프 가족은 법의 예측보다 늘 앞서 있어야 한다는 필요에 따라 움직였지만 피닉스 가족은 세상을 바꾸고 싶다는 충동에 따라 움직였다. 대니 포프는 열일곱 살에 가족으로부터 벗어나 자신의 삶을 살아가야 한다는 것을 결국 깨달았지만, 열일곱 살의 리버는 확신이 없었다.

리버 역시 방어적으로 굴지 않을 때 그 사실을 시인했다. "한 가지 연관성이 있기는 해요. 어쩌면 그래서 「허공에의 질주」 대본을 받아 든 첫 순간부터 마음이 끌리지 않았나 싶어요."

16. 태양 속으로의 질주,
그러나 나는 계속 뒤처지는 중[15]

「허공에의 질주」의 감독은 바로 전설적 존재 시드니 루멧Sidney Lumet 1924-2011 이었다. 이미 고전이 된 작품들을 수도 없이 만들었지만 그중에서도 특히 「뜨거운 오후Dog Day Afternoon 1975」와 「네트워크Network 1976」로 유명했다. 루멧은 출연진에게 연극배우처럼 대본을 외우게 했고 2주 동안 리허설을 하고 나서야 촬영을 시작했다. 루멧은 솔직하게 연기한다는 점에서 리버를 헨리 폰다Henry

---

15   태양 속으로의 질주, 그러나 나는 계속 뒤처지는 중: 미국의 작곡가, 가수이자 반핵 운동가인 잭슨 브라운(Jackson Browne 1948)이 1977년 발표한 노래 「러닝 온 엠프티(Running on Empty)」 속 가사이다.

Fonda 1905-1982에 비유했다. 폰다는 루멧이 감독한 1957년 작 「12인의 성난 사람들12 Angry Men」의 주연 배우였다. 루멧은 자신의 젊은 주연 배우에 관해 이렇게 말했다. "리버는 정규 교육을 받은 적이 없어요. 그런데도 자신의 내면에 가 닿는 법을 잘 압니다. 리버가 자신의 본능을 따르는 한, 자신이 믿는 것들을 받아들이는 한, 그 무엇도 그를 막을 수 없을 거예요. 내가 리버를 처음 본 것은 「스탠드 바이 미」에서였는데, 그 애한테는 지극한 순수함 같은 것이 있더군요. 그다음에 찍은 「모스키토 코스트」에서는 힘에 관한 그 애의 이해력이 높아졌다는 걸 느낄 수 있었어요. 찍지 않았으면 좋았을 영화도 두 편 있어요. 「케이지비의 아들」과 「지미의 사춘기」는 대본이 끔찍했어요. 하지만 지금 그 애에게 있는 선택권이 그때는 없었을 겁니다. 리버는 아직 갈 길이 멀어요. 아역 배우에서 성인 배우로 변신해야 하겠지만, 난 전혀 의심하지 않아요. 지성과 선량한 심성을 그만큼 갖추고 있으니 잘 해낼 겁니다."

음악 영재를 연기하기 위해 리버는 촬영 6개월 전부터 피아노를 연습했다. 기술적으로는 전문적 피아니스트에 버금갈 만큼 능숙해질 수 없었지만, (루멧의 표현을 빌리자면) 리버의 '피아노 연주자 정신'은 대단해서 녹음된 음악 소리에 딱 맞추어 손가락으로 건반을 칠 수 있을 정도까지 실력을 끌어올렸다. (실제로 음악을 연주한 사람은 리버를 6개월 동안 연습시킨 피아노 선생님가 버크Gar Berke였다)

어떤 장면을 촬영하던 중 리버가 연기를 멈추고 불평한 적이 있었다. "내가 보기에 이런 감정은 가짜예요." 만약 다른 배우에게서 이런 말이 나왔다면 주연 배우 행세일 수도 있었지만, 리버에게서 나온 말인 만큼 그것은 솔직한 우려였다. 루멧은 배우의 말에 흔들리는 법이 없는 감독이었지만, 등장인물을 움직이는 동기가 너무 모호하다는 리버의 의견에는 동의했고 그 장면을 삭제

했다. 루멧은 단언했다. "리버의 몸에는 가짜 뼈가 하나도 없어요. 그래서 가짜 대사는 읊을 수 없는 겁니다."

나오미 포너^{Naomi Foner 1946-}가 쓴 그 대본은 「케이지비의 아들」이 손짓으로 가리키기만 했던 감정의 영토를 탐험하고 있었다. 부모의 유산에 갈등으로 반응하는 아들을 그리고 있었다. 영화가 촬영될 무렵 포너는 초등학생 자녀 두 명을 키우고 있었는데 그들이 자라 유명 배우가 되었으니 바로 매기^{Maggie Gyllenhaal 1977-}와 제이크 질렌할^{Jake Gyllenhaal 1979-} 남매다. 그녀는 리버를 많이 아꼈지만, 그의 지식 공백에 충격을 받았다. 권위주의자가 되었다고 대니가 아버지와 맞서면서 경멸조로 "아버지는 자신이 패튼 장군[16]쯤 된다고 생각하시죠?"라고 묻는 장면에서, 제2차 세계대전 당시 유명한 사령관의 이름을 들어본 적 없는 리버는 연기를 멈추고 물을 수밖에 없었다. "그런데 패튼 장군이 누구예요?"

촬영장에서 리버는 채식과 건강식 전도사였다. 심지어는 다이어트 콜라를 마신다는 이유로 자신의 어머니 역으로 출연한 크리스틴 라티에게 설교를 하기도 했다. (당시 서른여섯 살이던 라티는 이미 「위험한 유혹^{Swing Shift 1984}」으로 오스카상 후보에 오른 유명 여배우였다) 라티는 자신이 한 발로는 소년기를 다른 한 발로는 성년기를 딛고 서 있는 리버라는 아름다운 생명체에게 끌리는 생물학적 충동과 씨름하고 있다는 사실을 깨달았다. 그녀는 리버의 어머니가 되고 싶었던 걸까, 아니면 리버를 유혹하고 싶었던 걸까?

후자의 감정을 일시적 변덕으로 볼 수 있는 여러 이유가 있다. 우선 리버의

---

16 패튼 장군(George Smith Patton Jr. 1885-1945): 제2차 세계대전 당시 미 육군 사령관으로 노르망디 상륙 작전에서 큰 전공을 세웠다. 기동력을 중시해 저돌적인 작전을 많이 폈으며 성품이 호전적이어서 욕설을 입에 달고 살았고 부관들의 조언을 전혀 듣지 않았다고 한다.

삶에는 이오카스테[17] 같은 존재가 더 이상 필요하지 않았다. 그리고 그 촬영장에는 마샤 플림튼이 있었다. 먀샤는 3년 동안 벌써 두 번째로 리버의 애정 상대 역을 연기하고 있었다. 그들의 강렬한 관계는 날로 깊어지기만 했다. 어느 날 한 고등학교에서 촬영이 진행되는 동안 제작자 그리핀 던^{Griffin Dunne 1955}이 그 커플을 보러 왔고 운동장 구석에 서 있는 그들을 발견했다. 던은 말했다. "가까이 다가가자 두 사람의 실루엣이 보였어요. 그들은 정말로 낯 뜨거운 대화를 나누고 있더군요. 그래서 잠시 멀리에서 지켜보기만 했어요. 두 사람은 서로를 향해 맹렬히 손짓을 했어요. 그러더니 갑자기 열정적으로 포옹하는 거예요. 마치 다시는 서로 만날 수 없는 연인들처럼." 던은 그들이 어떤 장면을 리허설 중이었거나 심한 말싸움을 하던 중이었다는 사실을 알아채지 못했다.

포너는 그 커플이 더 행복하던 순간을 목격한 적이 있었다. 두 사람이 뉴욕시 어떤 보도를 따라 걷고 있을 때, 리버의 신체가 즐거움을 억제하지 못하던 순간이었다. "리버는 이리 깡충 저리 깡충 마구 뛰어올랐어요. 꼭 새끼사슴처럼 말이에요." 포너는 리버가 공중에서 몸을 어떻게 비틀었는지 회상하며 이렇게 말했다. "리버는 발레리노 미하일 바리시니코프^{Mikhail Baryshnikov 1948-}처럼 뛰어올랐고 그 몸짓에 지나가던 택시가 멈춰 섰어요. 마샤는 '또 택시를 잡았잖아, 리버. 봐봐. 지붕에 등이 또 꺼졌지'라고 말했지만 리버는 개의치 않았어요. 거리를 따라 춤을 추며 내려갈 뿐."

17　이오카스테(Jocasta): 그리스 신화에 등장하는 인물로 정체를 모르고 아들인 오이디푸스와 결혼한 테베의 왕비이다.

17. EXT.[18] 필립스 주택

대니 포프는 최근 전학 간 고등학교 음악 교사의 딸 로나 필립스에게 빠져들지만, 그의 과거와 장래에 관한 그녀의 질문을 계속 회피한다. 「허공에의 질주」 속 감정적 전환점은 대니가 깊은 밤 로나의 침실로 기어 올라가 그녀를 밖으로 데리고 나오는 장면이다.

파란색 잠옷 차림의 로나는 대니의 스니커즈를 신은 채 땅바닥에 앉아 있고, 대니는 난생처음으로 가족이 아닌 누군가에게 진실을 털어놓는다. 그녀의 눈을 쳐다보지도 못하고 머뭇거리며 이야기를 시작하고 단어들이 입 밖으로 나오자 대니의 얼굴 위에서 두려움과 안도감이 교차한다. "이제 어떻게 해야 할지 모르겠어. 하지만 널 사랑해." 대니는 이렇게 말을 맺는다.

두 사람은 함께 눈물을 터뜨리고 대니는 그녀의 가슴에 얼굴을 묻는다. 놀라울 정도로 친밀한 순간이다. 대니와 로나, 리버와 마샤 두 커플 모두에게.

다음 장면에서 사랑을 나눈 뒤 대개 그러듯 두 사람은 서로의 몸에 팔을 두르고 있다. 로나가 대니에게 말한다. "넌 정말 비밀이 많구나? 이제 비밀이 하나 더 생겼네." 마치 그 말이 지금껏 그가 들어온 말 가운데 가장 진실한 말인 듯 대니의 두 눈이 반짝 빛난다.

---

18 EXT. : 시나리오 용어로 '실외'를 뜻하는 'exterior'의 약자이다. '실내'를 뜻하는 용어는 'INT.'이며, 4부 18장 소제목으로 쓰였다.

4부

**우리는 모두 수백만의
행성, 별, 은하수, 우주만큼
가치 있는 존재들이다**

1. 리버를 위한 계획 세우기

존 피닉스는 가족을 데리고 할리우드를, 그 동네와 그 업계 양쪽 모두를 떠나고 싶었다. 존이 생각하기에 가족 통장에 잔고는 좀 생겼지만, 단순히 명성을 추구하는 것이 아니라 상업적 가치라는 소용돌이에 휩쓸리지 않고 자신들의 신념과 할리우드를 하나로 통합하고자 했던 원래 목적을 그들은 이미 상실한 상태였다.

리버는 말했다. "아버지는 이 업계가 우리를 망가뜨릴까 봐 걱정이 많아요. 이 일을 하다 보면 위험과 유혹을 많이 만나게 되거든요. 아버지는 우리가 물질주의자가 되지 않기를 바라요. 우리가 자라면서 믿어온 모든 가치를 잃지 않기를 바라고요…… 아버지는 우리 일이 잘되면 물론 기뻐하지만, 어떤 의미에서 보면 거의 한계에 다다른 것 같아요. 1960년대에 그랬던 것처럼 다시 문명사회에서 벗어나 흙이 가까이 있는 자연으로 옮겨가고 싶은가 봐요."

팀 피닉스는 몇 차례 열띤 토론을 벌인 뒤 결론에 도달했다. 연기를 너무나 사랑하는 리버는 일을 그만두지 않되 가족은 캘리포니아를 떠나기로 했다. 매일 프로듀서나 스튜디오와 연락하는 일은 아이리스 버튼에게 맡기기로 했다. 할리우드 스타 중에도 목장을 좋아해서 그 고장을 떠나는 사람이 종종 있었다. (와이오밍으로 근거지를 옮긴 해리슨 포드가 대표적인 예였다) 리버는 어렸고 아직 그런 길을 선택하는 배우들만큼 입지가 탄탄하지는 않았지만, 그래도 (연예 공연)업계 일을 돌보려고 언제든 비행기를 탈 수 있을 정도의 여유는 있었다.

존의 입장에서는 가족 모두가 멕시코나 베네수엘라로 돌아가면 훨씬 더 좋았겠지만, 그들은 날씨가 따뜻하고 음악 문화가 꽃피어 있으며, 대학이 있는 미국 도시들을 살펴보고 있었다. 처음에는 텍사스 주 오스틴을 고려했지만 결국은 플로리다 주 게인즈빌에 정착했다. 그곳은 한때 '톰 페티 앤드 더 하트브레이커스Tom Petty and the Heartbreakers'의 근거지였고 플로리다 대학교가 있는, 플로리다의 주도이기도 했다.

그들은 또한 이제 리버가 세상을 바꿀 기회로 인터뷰를 활용함으로써 자신의 신념을 더 강하게 밀고 나갈 때가 되었다고 결론 내렸다. 리버는 곧 언론인들에게 자신의 견해를 피력하기 시작했다. "나는 핵무장 경쟁과 남아프리카 공화국의 아파르트헤이트, 그리고 동물에 대한 잔혹 행위에 반대합니다. 그 말은 내가 채식주의자라는 뜻이죠. 식습관은 변화의 출발점으로 삼기 좋은 지점입니다. 그건 내가 할 수 있는 일이니까요. 남아프리카 공화국의 정권을 교체하거나 이스라엘과 공존하라고 팔레스타인 사람들을 가르치는 일은 내 변화의 출발점으로 삼을 수 없지만, 내 행동은 내가 바꾸기 시작할 수 있잖아요. 나는 주관이 뚜렷한 사람이고 사람들은 대개 내 말에 동의하지 않지만, 세상에는 내 의견에 동의하는 사람들도 많아요."

때때로 지나치게 단순화되는 경우도 있었지만 언제나 진심이었던 리버는 순식간에 환경 운동, 동물권 지지 포스터의 모델이 되었다. 돌고래를 '대양의 신'이라고 부르기 좋아하는 그런 사람이 된 것이다.

2. 생명의 양식

리버 피닉스는 게인즈빌에 있는 플로리다 대학교 캠퍼스를 산책한다. 그의 주머니에는 백지 수표 한 장이 들어 있다. 열일곱 살 리버는 딱 대학교 신입생 나이다. "그런 척하는 게 좋아요." 리버는 시인한다. 그는 사실 음악가를 꿈꾸는 무비스타이다. 이 대학교의 학생 수가 3천 명은 되는 것이 확실하니까, 분명 리버와 함께 그의 집 차고에서 즉흥 연주를 할 베이시스트 한 명쯤은 있으리라.

리버는 남부 귀공자들의 바다에서 후보 한 명을 점찍는다. 레게머리를 한 비쩍 마른 백인 소년이다. 소년이 악기를 들고 있는 것도 아니고, '베이스 연주자들은 그 짓을 더 깊게 한다', 이런 문장이 새겨진 셔츠를 입고 있는 것도 아니다. 리버는 그 소년 역시 자신과 똑같은 여행객일지도 모른다고 생각한다. 소년에게 감히 말을 걸 용기가 안 난다. 어쩌면 내일은 용기가 날지도 몰라.

리버의 주머니 속 백지 수표에 서명한 사람은 리버의 어머니다. 그 수표 값을 치르기로 설정되어 있는 은행 계좌는 리버가 번 돈으로 채워지지만 말이다. 리버는 12현 기타에 650달러를 쓰고 싶지만, 그리고 이제 그 정도 물건을 살 능력은 있지만 다른 생각이 든다. 어쩌면 이미 갖고 있는 기타를 완전히 달인처럼 다루기 전까지는 새 기타를 가질 자격이 없는 것은 아닐까 생각한다.

하레 크리슈나 교도 두 명이 캠퍼스 한복판에 접이식 테이블을 펼쳐놓고 있다. 테이블에는 비건 음식이 든 커다란 양푼들이 잔뜩 놓여 있다. 두 사람, 즉 남자 한 명과 여자 한 명은 밝은 오렌지색 가운을 입고 있고 그들의 얼굴에는 흰색 점토가 발라져 있다. 리버는 정중하게 공짜 음식을 한 접시 받아들고 하레 크리슈나 교도들과 채식주의에 관한 대화를 나눈다. 그들이 이름을 묻자 그는 그냥 '리버'라고 대답한다.

머리를 민 남자가 깜짝 놀라 외친다. "리버 피닉스요?"

훗날 음악을 향한 사랑이 자기 회의를 이겨냈을 때 리버는 백지 수표 대신 12현 기타를 들고 집으로 돌아간다.

3. 캠프 피닉스

피닉스 가족이 게인즈빌로 이사한 것은 1987년 8월이다. 그들은 게인즈빌 옆, 오래전 히피들의 야영장이었던 미카노피라는 (인구 6백 명의) 조용한 마을 근처에 집을 마련했다. 그들은 '캠프 피닉스'라는 별명으로 불리게 될 17에이커(약 6만9천 제곱미터, 2만8백 평)의 농장을 사들였고 3층 집도 1960년대 공동체처럼 꾸몄다. 태피스트리, 환경 포스터를 벽에 걸고 건조기를 놓는 대신 빨랫줄을 묶은 것이다. 그 농장에는 넓은 데크도 있었고 수영장도 있었으며 별채도 있었다. 리버는 게스트하우스, 혹은 서비스 숍이라고 불리던 그 별채를 자신의 음악 연주 공간으로 할당했다.

알린은 가정교사를 다시 고용했다. 예리한 이십 대 남자인 더크 드레이크 Dirk Drake는 길게 기른 금발을 레게머리로 땋고 있었다. 피닉스 집안 아이들은 수업의 일환으로 전 세계 지도자들에게 환경과 인권에 관한 편지를 쓰기 시작했다. 드레이크는 리버에게 『호밀밭의 파수꾼』 책을 주고 그가 얼마나 글을 힘들게 읽는지 살펴본 뒤 (이전 가정교사 에드 스콰이어스와 마찬가지로) 리버가 난독증을 앓고 있는 것으로 의심된다고 결론 내렸다.

드레이크는 말했다. "리버한테는 문장을 쓰고 글을 구조화하는 자신만의 방식이 있었어요. 문법 규칙도 이해하고는 있었지만 글을 쓸 때면 형식을 완전히 무시하고 썼어요. 마치 이 이 커밍스[1]처럼요."

캠프 피닉스에는 나무가 많았는데, 특히 오크나무가 많았고 그 오크나무들은 스페인 이끼로 덮여 있었다. 호숫가는 늪이나 마찬가지여서 악어와 무수히 많은 개구리가 서식하고 있었다. 그 부동산을 사려고 리버는 (더 정확히 말해 리버가 세운 회사, 피닉스 인 플라이트 프로덕션Phoenix in Flight Productions은) 12만 3,950달러의 대출을 받아야 했지만 1년 안에 모두 상환했다.

4. 송스 인 디 애틱[2]

저널리스트 마이클 안젤리는 이렇게 썼다. "게인즈빌은 기본적으로 대학 도

---

1 이 이 커밍스(e. e. comings 1894-1962): 미국의 시인, 작가. 실험적인 작품을 많이 썼고 영어의 다양한 수사법과 색다른 활자 등을 독창적, 획기적으로 사용했다. 자신의 이름을 비롯해 모든 글에 대문자를 전혀 사용하지 않았고 마침표와 같은 문장부호도 쓰지 않는 경우가 많았다. 시에 본문 내용과 무관한 기이한 제목을 붙이기도 했다.

2 송스 인 디 애틱(Song in the Attic): 1981년 빌리 조엘(Billie Joel 1949-)이 발매한 첫 번째 라이브 앨범 제목이다. '다락방의 노래'라는 뜻으로 여기에서는 리버가 만든 밴드 '알레카스 애틱'의 노래 정도의 의미로 쓰였다.

시이다. 몽상에서 깨어난 일부 정복자들은 토머스 아퀴나스[Thomas Aquonas 1224-1274]의 『신학대전[Summa Theologica]』을 늪 속에 던져버렸고, 플로리다 대학교는 마리화나를 자원으로 뭐든 무럭무럭 키워냈다. 그게 버트 레이놀즈[3]든 뭐든."

리버는 평생 처음으로 집이 집처럼 편했다. 그는 군중의 일부가 되는 기쁨에 취해 게인즈빌 주변 여기저기를 돌아다녔다. 익명성을 만끽하려고 머리를 길게 기른 뒤 외출할 때면 머리를 풀어 얼굴을 가렸다. 그런 모습으로 마을 구석구석을 돌아다녔고 사람들도 만났으며 공원에서 스케이트보드도 탔고 술집과 레코드 가게에서 직접 계산도 했다.

하이드 앤드 지크[Hyde & Zeke] 레코드 가게 사장 찰리 스케일스[Charlie Scales 1954-2013]는 말했다. "어느 날 리버가 우리 가게에 들어와 '엑스티시' 이야기를 하더군요." 앤디 파트리지[Andy Partridge 1957-]가 이끄는 영국 뉴웨이브 사이키델릭 팝 밴드인 '엑스티시'는 그때까지 미국의 음악 차트에 진입한 적이 한 번도 없었지만 그 무렵 발표한 극단적 무신론 노래 「디어 갓[Dear God]」('엑스티시'의 아홉 번째 앨범 『스카이라킹』에 수록된 곡이다-옮긴이)으로 화제가 되고 있던 그룹이었다. 리버는 자신이 가장 좋아하는 밴드라고 말했다. (피닉스 가족의 독실함도 예전만은 못했지만 리버 역시 성경을 스페인어로 암기하던 시절에 비하면 교조적 성향이 많이 줄어 있었다. 여전히 매일 기도는 했지만 리버는 이렇게 말했다. "그 우월한 존재가 남자나 여자의 모습을 하고 있는지, 아니

---

3 버트 레이놀즈(Burt Reynolds 1936-2018): 미국의 대표적 섹스 심벌 배우이다. 서른여섯 살에 우연히 잡지 화보를 찍었는데 그게 이슈가 되어서 연예계에 진출했다. 핀업 스타를 거쳐 주로 액션 영화를 비롯한 주류 영화에서 근육질 마초 캐릭터를 구현했다. 어머니의 고향인 미시건 주에서 태어나 자랐으나 1946년 플로리다 주로 이주한 뒤 그곳에서 성인이 되었다. 1954년부터 플로리다 주립대학교 풋볼 선수로 활약했지만 경기 중 입은 무릎 부상과 자동차 사고로 선수 생명이 끝났다. 1970년대 미국 영화의 흥행 보증 수표였다.

면 해파리의 모습을 하고 있는지 어떻게 알겠어요.")

당시 스케일스는 리버가 누군지 몰랐지만 '엑스티시'를 향한 그의 열정이 마음에 들어서 구하기 힘든 '엑스티시' 해적판 앨범을 빌려주기까지 했다. "평소에 난 사람들한테 앨범을 잘 빌려주지 않아요. 그런데 리버가 그 밴드 앨범을 보고 너무 좋아해서 가져가라고 할 수밖에 없었어요. 한 주 뒤 리버는 앨범을 다시 가져왔고 감사 인사도 했어요."

리버는 그동안 「알레카 두지 엔서클스Aleka Doozy Encircles」, 「더블린 인 마디 그라Dublin in Mardi Gras」 같은 제목이 붙은 노래를 여러 곡 작곡했다. 「마더 얼스 Mother Earth」라는 노래에서는 알린을 향한 사랑과 대지의 여신 가이아를 융합했다. 그 노래의 가사는 이랬다. "그대를 치료하고 그대를 계속 거두어 먹이는 그 손을 물지 말기를/ 사랑하는 어머니는 언제나 우리 곁에 있네. 우리를 재워주려고……/ 여전히 마더 얼스(땅의 여신)의 모습으로." 리버는 저널리스트 블랑시 맥클래리 보이드Blanche McCrary Boyd 1945-를 방문했을 때 이 노래를 연주했다. 그녀는 이 노래를 리버의 곡 가운데 "최악의 곡이지만 아마도 그의 감정이 가장 잘 드러난 노래일 것"이라고 평했다.

리버는 밴드가 필요했다. 그래서 캠퍼스 주변에 광고문을 붙였다. "구함: 프로그레시브 록 앤드 롤, 재즈에 열정 있는 젊은 베이스 기타리스트. 데모 테이프 제작 예정."

가장 먼저 리버와 함께하게 된 뮤지션은 사실 그 가족의 친구였다. 리버의 이모 메를이 리버에게 조시 그린바움Josh Greenbaum이라는 드러머를 소개했다. 그린바움의 아버지 케니는 브롱크스에서 알린과 함께 자란 사람이었다. 포트로더데일에 사는 그린바움은 피자 배달로 생계를 유지하면서 '토이 솔저Toy Soldier'라는 밴드 일원으로 활동 중이었다. '토이 솔저'는 훗날 '사이공 킥Saigon

Kick'으로 이름을 바꾸었는데, 1992년 발매한 앨범 『리저드The Lizard』는 골드 레코드(50만 장 이상 판매된 앨범-옮긴이)가 되었고 그 앨범에 수록된 「러브 이즈 온 더 웨이Love Is on the Way」는 차트 싱글 12위까지 올랐다. 그린바움은 2주 동안 리버와 함께 지낸 뒤 결국 이사해 피닉스 가족과 함께 살게 되었다. 그린바움은 말했다. "단지 음악 때문만은 아니었어요. 모든 상황이 딱 맞아떨어졌던 거죠. 피닉스 가족 전부를 만났는데 처음부터 그들이 마음에 들었어요. 나는 진짜 가족이 없었는데, 피닉스 가족은 마치 내 가족 같았거든요. 그렇게 따뜻하고 사랑스러운 사람들은 처음 만났어요."

그린바움과 리버는 하루에도 몇 시간씩 뒷마당 트램펄린에 앉아서 노래를 만들었다. 그들은 팔라펠 킹이라는 식당에서 식사를 하고 게인즈빌 헬스클럽에서 함께 운동도 했다. 리버에게는 체육관에 다니는 것이 새로운 경험이었다. 리버는 말했다. "그동안 운동선수가 아니라 뮤지션으로서 기본을 닦는 데 훨씬 더 많은 공을 들여온 터라 팔이 정말 가늘었어요." 그는 운동 결과가 매우 만족스러웠다. 그동안 한 번도 가져본 적 없는 근육이 몸에 발달하는 것이 느껴졌기 때문이다. "그러다가 마을에 유행하는 독감에 걸리는 바람에 운동 열풍도 끝나버렸지만요."

그 듀오는 게인즈빌의 음악적 분위기를 이해하려고 밤이면 파티를 찾아다녔다. "우리는 꼭 영혼의 형제 같았어요." 그린바움은 말했다.

몇 달 뒤 그린바움의 아버지가 아들이 잘 있는지 확인하려고 전화를 걸었다. 알린은 전화를 붙잡고 브롱크스 시절 이후 어떻게 살아왔는지 케니와 수다를 떨었고, 그도 그리로 이사 와 함께 살자고 제안했다. 케니는 말했다. "난 평생 그렇게 살아와서 어려울 게 없었어요. 딱 5분 만에 모든 물건을 밴에 던져 넣고 바로 출발했답니다." 피닉스 가족은 자신들만의 방식으로 다시 공동체를 꾸리는 중이었다.

로스앤젤레스에 있던 킴 뷔가 리버와 잘 통할 것 같다며 뮤지션 한 명을 추천했다. 텍사스에서 자신의 밴드 '조시미쇼Joshimisho'와 활동 중인 스무 살의 베이스 연주자 조시 맥케이Josh McKay 1967-였다. 리버는 그린바움과 함께 작곡한 노래 몇 곡을 녹음한 테이프를 맥케이에게 보냈고 맥케이는 깜짝 놀란 것은 물론 매우 기뻤다. 맥케이는 말했다. "차고에서 연주한 노래들로 꽉 채워진 그 테이프는 정말 굉장했어요. 그건 그 자체로 음악이었어요. 무비스타의 소일거리가 아니었어요." 그는 그 노래들의 베이스 파트를 작곡하기 시작했다. 리버와 맥케이는 전화 통화를 하다가 상대방 역시 채식주의자요, 동물권 지지자라는 사실을 알게 되었다. 맥케이의 친구들은 무비스타랑 무슨 밴드를 하냐며 말렸지만 맥케이는 기회를 잡기로 결정했다. "아무 때나 하늘에서 뚝 떨어지는 기회가 아니었거든요." 그는 대학에서 전공 중이던 인류학 마지막 시험을 치르고 게인즈빌로 날아가 피닉스 가족과 함께 살기 시작했다.

그다음 멤버인 팀 핸킨스Tim Hankins 1970-는 클래식 교육을 받은 비올라 연주자로 게인즈빌 실내 관현악단 단원이었다. 열일곱 살의 핸킨스는 그때까지 록 앤드 롤을 연주해본 적이 없었다. (록 밴드들이 비올라를 찾는 경우가 거의 없었기 때문이다) 밴드를 완전체로 만들어준 화음 보컬은 리버의 여동생이자 오랜 세월 리버의 음악적 동반자였던 레인이 맡았다. 그 무렵 그녀는 개명한 이름 레인보우를 버리고 다시 출생 때 이름 레인을 사용하고 있었다.

밴드는 게스트 하우스 옥탑방, 리버가 '알레카스 애틱Aleka's Attic'이라고 명명한 공간에서 하루에 몇 시간씩 연습했고, 그것이 곧 밴드의 이름이 되었다. 리버는 이름에 관한 질문을 받으면 언제든 답할 수 있게 이름에 얽힌 신화까지 지어냈다. "알레카는 시인이자 철학자예요. 다락방은 그가 살아 있는 동안 비밀 결사가 열리던 장소고요. 조직 구성원들은 그곳을 찾아와 그의 작품들을 함께 읽었어요. 그가 죽은 뒤로도 가끔씩 모여 그의 작품을 낭독하고 거기서 얻은 자신들의 깨달음을 서로 나누다 보면, 그들은 삶을 향한 새로운 열정으로 다시 가득 차올랐어요. 그러면 그 열정을 밴드라는 형태의 음악을 통해 표현했고요. 우리는 늘 이런 동화적 배경 속에서 음악을 연주해요.”

세상에 영감을 불어넣을 수 있기를 꿈꾸던 리버에게는 알레카가 일종의 대변인이었던 것이 분명하다. 그러나 충격적이게도 이 파스텔 톤의 전원시에서 리버가 실제로 이뤄낸 꿈은 죽음뿐이다.

5. 오렌지와 레몬[4]

알린 피닉스는 마지막으로 이름을 바꾸었다. 이번에는 하트^{Heart} 피닉스였다. 언제나 바깥세상이 두려운 존은 그동안 유기농 정원을 가꾸었다. 한 저널리스트가 피닉스 가족을 방문했을 때 행복해 보이는 가족사진 뒷면에 적힌 글을 보았다. 존이 적어놓은 목록은 다음과 같았다.

4 　오렌지와 레몬(Oranges and Lemons): 영국의 구전 동요이다. 노래 가사에 존 피닉스의 마음이 담겨 있어서 이런 제목을 단 것으로 보인다. 가사에 반복적으로 등장하는 런던의 유명한 교회 이름들을 제외한 가사 내용을 번역하면 이렇다. ‘오렌지와 레몬들아, (~교회 종이 말한다)/ 너 나한테 5파딩(영국의 옛날 화폐 단위) 빚졌지. (~교회 종이 말한다)/ 언제 갚을래? (~교회 종이 말한다)/ 부자되면. (~교회 종이 말한다)/ 그게 언젠데? (교회 종이 말한다)/ 나도 몰라. (~교회 종이 말한다)/ 여기 네가 침대까지 들고 갈 촛불이 있어. 그리고 네 머리를 싹둑 잘라낼 큰 칼도 있어! 싹둑싹둑 마지막 사람이 죽는다.’ 이 동요는 동명의 놀이를 할 때도 불리는데, 놀이 방식은 우리나라의 ‘동대문 남대문 놀이’와 똑같다.

비행기 충돌
방사능 유출 – 가스
토막 살해된 백인들
쓰레기 투기

그날 아침 존의 시선을 붙잡은 조간 신문 기사들이었다.

존은 와인에든, 보드카에든, 맥주에든 술에 취하기만 하면 할리우드를 "거대한 바빌론"이라고 부르며 맹비난하고는 했다. 그는 설교했다. "그 작자들은 돈 말고는 아무것도 상관 안 한다. 사악하고 더러운 곳이야." 리버가 어떻게 어머니 편을 들 수 있는지, 그리고 계속 연예 공연업계에 몸을 담그고 있을 수 있는지 존은 배신감을 느꼈다.

존은 설명했다. "하트는 자기가 리버를 계속 돌볼 수 있을 거라고, 그 시스템 안에서도 리버의 이익을 모두 잘 지킬 수 있을 거라고 생각했어요. 하지만 우리의 원래 생각은 우리 가족이 재정적으로 안정될 때까지만 리버한테 영화를 찍게 하는 것이었어요. 그러니까 그 시스템에서 원하는 만큼 뽑아냈으면 그만둬야죠. 가장 가까이 있는 것들 모두를 지키기에 충분할 만큼의 돈은 이미 벌었잖아요. 그게 친척, 인척, 친구든 환경단체든 뭐든 말이에요. 나는 가족 모두가 할리우드에서 벗어나길 바랐어요. 그런데도 우리 집은 여전히 계속 앞으로 나아가야 한다는 분위기였어요."

리버는 어머니와 아버지 두 사람 사이를 평화롭게 만들려고, 연예 공연업계에서 성공하고자 하는 열망과 자신의 종교적 성장환경을 조화시키려고 갖은 애를 썼다. 리버의 표현을 그대로 빌리자면 "그 악마는 너무나 예쁘고 유혹적"이었다. 리버는 이렇게 시인했다. "난 성공과 부^富 바로 앞에서 머뭇거리고 있는 거예요."

마샤 플림튼은 리버의 집에 놀러 와서 집안에 긴장감이 가득한 것을 알아챘다. 갈등의 중심에 남자친구가 서 있었다. 플림튼은 말했다. "우리는 그의 강박적 성격과 죄책감, 아버지를 구하지 못하면 어쩌나 하는 두려움에 관해 무수히 이야기를 나누었어요. 리버와 그의 아버지는 문제를 해결해보자며 항상 대화를 했고, 그때마다 리버는 술이나 자신들의 책임에 관해 자신이 어떻게 느끼는지 아버지한테 말했어요. 그러나 다음 날이 되어도 바뀌는 건 아무것도 없었어요. 그러면 리버는 나에게 이렇게 말하고는 했답니다. '흠, 별로 심각한 문제는 아니야. 상황이 그렇게 나쁘지는 않아.'"

리버 역시 술을 점점 더 많이 마시고 있었다. 그는 동네 술집에서 파인트 잔으로 기네스 맥주를 마시는 걸 즐겼지만, 가끔은 약해진 유대감을 핑계로 아버지와 술을 마셨다. 가정교사 더크 드레이크는 말했다. "리버가 술이 없는 환경에서 어린 시절을 보냈다는 사실을 기억하세요. 일단 술을 마시기 시작하자 리버는 끝장이 날 때까지 마셨어요. 보통 사람들의 음주 습관과는 전혀 달랐어요. 걸핏하면 취해 쓰러질 때까지 마셨으니까요." 심지어 리버는 어떤 날 밤 외출했다가 공공장소 음주 행위로 체포된 적도 있다.

리버는 코카인과 환각 버섯도 사용했고, 그의 집에는 '게인즈빌 그린'이라고 불리는 마리화나가 언제나 지천으로 깔려 있었다. 플림튼은 말했다. "리버는 술이나 약에 취하는 걸 정말 좋아했어요. 언제쯤 멈춰야 하는지 기준이 전혀 없었고요."

6. 인생의 하룻밤[5]

그 무렵 아일랜드 픽처스는 재정난에 시달리고 있었다. 크리스 블랙웰은 영화사를 폐업했다. 폭스 영화사는 점점 높아지고 있는 리버의 인기를 이용하려는 심산으로 '지미 리어든'의 판권을 매입했고, 십 대 전용 코미디 영화로 개봉하려고 영화를 다시 편집했다. 엘머 번스타인Elmer Bernstein 1922-2004의 음악을 걷어내고 한창 유행 중인 록 앤드 롤 비트가 강화된 빌 콘티Bill Conti 1942-의 음악을 다시 깔았다. 리처트가 녹음한 내레이션은 리버가 다시 녹음했다. 그 밖의 몇 군데도 가차 없이 가위질 되었는데, 리버가 직접 부른 「하트 투 겟Heart to Get」이 깔려 있던 클로징 크레딧도 그중 하나였다.

알린과 존은 앤 매그너슨이 리버에게 "지미, 너랑 그 짓fuck 하고 싶어"라고 말하는 대사가 리버의 어린 팬들에게 어떤 영향을 끼칠지 걱정스러웠다. 그래서 그 대사를 없애지 않으면 리버를 영화 홍보에 참여시키지 않겠다고 감독을 을렀다. 그 대사가 자신의 삶 속 동일한 사건에서 끌어온, 개인적으로 매우 중요한 대사였기 때문에 리처트는 그 대사를 완전히 들어내지는 않았지만 'fuck'이라는 문제의 단어를 순화하는 데에는 동의했다.

오리지널 버전 '지미 리어든'이 나무랄 데 없는 영화는 아니었지만 그래도 목표는 달성한 작품이었다. 못된 짓에도 한계가 있다는 사실을, 아들은 자신의 생각보다 아버지를 훨씬 더 닮는다는 사실을 깨닫는 십 대 소년의 회한에 찬 이야기를 잘 담아냈던 것이다. 그 영화를 그렇게 만들어준 우수에 찬 분위기, 폭스사가 변화를 주어 제거하고자 했던 것은 바로 그것이었지만, 흥행 결

---

5 인생의 하룻밤(A Night In The Life): 리버 피닉스가 주연한 영화 「지미의 사춘기」의 미국 개봉 제목 「지미 리어든의 인생의 하룻밤(A Night in the Life of Jimmy Reardon)」에서 따온 제목이다.

과는 별반 다르지 않았다.

분노한 리처트는 아일랜드 픽처스 사장은 반역자, 폭스사 홍보부는 악당들이라고 부르면서 영화사 중역들을 욕했다. 그러나 리처트의 그런 행동도 영화를 뜯어고치겠다는 그들의 마음을 바꾸지는 못했다. 다시 편집된 영화는 1988년 3월 「지미 리어든의 인생의 하룻밤」이라는 제목으로 약간의 광고와 함께 시장에 던져졌다. 1988년에는 리버가 출연한 영화 세 편이 개봉되었다. 「지미 리어든의 인생의 하룻밤」에 이어 「케이지비의 아들」과 「허공에의 질주」가 연달아 개봉되었다. 세 영화 가운데 흥행한 영화는 한 편도 없었지만 그래도 「허공에의 질주」는 평단의 호평을 받았다. 로저 이버트는 그 영화를 "고통스러우면서도 어마어마하게 감동적인 드라마"라고 평했고, <뉴욕 타임스>의 자넷 마슬린은 리버가 대니라는 인물을 "독보적으로 잘" 연기했다고 말했다.

놀랍게도 세 영화 가운데 가장 관객 수익을 많이 낸 영화는 「지미 리어든의 인생의 하룻밤」이었다. 잡지 <타임 아웃Time Out>은 호평과 혹평이 섞인 평가를 내놓았다. "장밋빛 회상의 매력을 잘 보여주는 이 영화에는 매우 재미있는 장면이 많지만, (짧은 이야기를 괜히 더 길게 늘인 듯) 속도 조절에는 실패했고 섹스신은 설득력이 없다."

리버는 지미 리어든이라는 등장인물과 그의 비열한 성격만 생각하면 늘 마음이 불편했다. 특히 영화 마지막 장면의 번드르르한 분위기가 마음에 걸렸다. 리버는 고백했다. "내가 과연 그 역할에 어울리는 배우였는지 잘 모르겠어요. 원 나잇 섹스를 업적으로 생각하는 남자를 중심으로 전체 줄거리가 회전하잖아요. 영화가 잘되려면, 관객들이 보고 싶어 하는 좀 더 근육질인 배우가 나왔어야죠. 예컨대 톰 크루즈 같은. 크루즈였다면 나보다 그 인물을 훨씬 더 잘 연기했을 거예요.”

그 영화에 관한 리버의 공식적인 발언은 다음과 같이 3단계로 변화했다. “내가 그 역할을 선택한 이유는 복잡한 인물을 연기해보고 싶었기 때문이에요”에서 “밝혀진 바에 따르면 내 예상은 다 틀렸어요”를 지나서 “그 영화는 더 이상 생각도 하지 맙시다. 알았죠?”로.

7. 왜 꼭 뱀이어야만 했을까?[6]

리버는 음향장비를 놓기 가장 좋은 공간을 찾느라, 환각 버섯에 취한 채 친구 앤서니 캠파나로Anthony Campanaro의 집 여기저기를 돌아다니고 있었다. ‘알레카스 애틱’이 처음으로 관객 앞에서, 그리고 몇몇 친구들 무리 앞에서 연주를 할 예정이었기 때문에 모든 것을 완벽하게 해내고 싶었다. 탁 트인 베란다를 골랐고, 밴드는 늦은 밤 공연에 대비해 맥주와 담배로 정신을 무장했다. 기분 좋은 웅성거림 속에서 밴드는 리버의 목록에 담긴 노래들을 모두 연주했고, 느긋한 그루브로 즉흥 연주도 했다. 그들의 음악이 플로리다의 습한 밤 공기 속에서 소용돌이치고 있었다.

그 공연이 끝나자 리버는 더 많은 관중 앞에서 연주하고 싶은 열망에 불타올랐다. 그러나 그보다 먼저 주류 영화를 찍으러 가야만 했다.

「인디아나 존스와 최후의 성전Indiana Jones and the Last Crusade 1989」은 고고학자

---

6   왜 꼭 뱀이어야만 했을까?: 「인디아나 존스와 최후의 성전」에 나오는 존스 박사의 대사이다. 인디아나 존스는 세상에 무서울 게 하나도 없는 영웅인데 단 한 가지 뱀을 무서워한다. 일종의 아킬레스건이다. 실제로 해리슨 포드는 뱀만 보면 질색한다고 한다.

해리슨 포드가 파란만장한 모험을 떠나는 세 번째 영화였다. 비디오 게임 「툼 레이더」의 출시, 피지-13 등급[7]의 출현, 채찍의 주류 무기화 등은 모두 그 시리즈를 계기로 일어난 변화였다. 제작자 조지 루카스와 감독 스티븐 스필버그가 프랜차이즈로 복귀했고, 그것은 어떤 영화든 확실한 흥행작이 될 가능성이 높다는 뜻이었다. 흥행 성적이 그냥 그랬던 리버의 최근 영화들을 고려하면 더더욱.

이 영화는 「모스키토 코스트」에 이은, 리버가 해리슨 포드와 함께 출연한 두 번째 영화였지만 두 사람이 한 화면에 나온 장면은 없었다. 리버는 영화 도입부 11분 동안 보이스카우트 단복 차림으로 십 대 시절 인디아나 존스를 연기했다. 인디는 스카우트 대대에 속해 1912년 유타 주 산으로 탐험을 떠났다가, '코로나도의 십자가'라 불리는 예술품을 찾아낸 도굴꾼 무리와 우연히 마주친다. 그는 십자가를 박물관에 갖다 놓겠다는 일념으로 그것을 가로채 도주한다. 마상馬上 추격전은 기차 위 곡예로 이어지고, 이 과정을 통해 관객은 인디아나 존스가 어떻게 중절모와 채찍, 뱀 공포증, 턱의 상처를 갖게 되었는지 알게 된다. (그 장면에서 설명되지 않는 것은 두 눈을 자꾸 찌르는 리버의 시대착오적 헤어스타일뿐이다) 약간 정형화된 스타일이고 리버의 연기가 살짝 서툴기는 했어도 매력적인 시퀀스였다. 리버는 덩치가 건장하지는 않았지

---

7 「툼 레이더(Tomb Raider)」는 원래 인디아나 존스의 여성 버전으로 제작된 PC 게임이었는데 이 게임이 베스트셀러가 된 뒤 동명의 시리즈 영화 두 편(2001/2003)으로도 제작되었다. 미국의 영화는 원래 가족영화 등급 피지(PG)와 성인영화 등급 알(R) 두 가지밖에 없었는데 인디아나 존스 시리즈의 두 번째 작품 「인디아나 존스와 마궁의 사원(Indiana Jones and the Temple of Doom 1984)」이 잔인하고 혐오스러운 장면이 많다는 이유로 성인영화 등급을 받을 위기에 처하자 스티븐 스필버그 감독은 새로운 등급을 만들어달라고 당국에 요청했다. 이에 만들어진 등급이 피지-13(PG-13)으로 '틴에이저', 즉 13세 이상 관람 가 등급이며 그 영화는 피지-13 등급이 적용된 최초의 영화가 되었다.

만, 미래의 프랜차이즈 영화 속 진짜 액션 히어로의 면모를 차곡차곡 쌓는 중이었다.

포드는 리버와 같은 장면에 등장하지 않는데도 콜로라도 촬영장에 와서, 인디아나 존스를 연기하는 법을 아예 리버를 끼고 가르치며 한 주를 함께 보냈다. 리버는 말했다. "해리슨이 와서 내 연기를 엄청 도와줬어요. 그 덕분에 나는 적극적으로 궁금증을 해결했고요. 모든 일은 어디에서 시작됐을까, 인디를 움직이는 원동력은 뭘까, 인디를 진짜 쿨하게 만드는 것은 뭘까, 언제 말 위에서 기차 지붕 위로 뛰어내려야 하는가? 뭐 그런 거 말이에요." 포드와 마찬가지로 리버 역시 액션 시퀀스 대부분을 직접 연기했다. 리버는 말했다. "위험한 장면을 다른 누군가가 대신 연기해주면 거짓말하는 게 되잖아요."

리버는 포드를 흉내 내기보다는 그의 연기를 이해하고자 했고, 고심 끝에 인디아나 존스 역할을 물려받는 일에는 관심이 없다고 밝혔다. 그 나름 신중한 발언이었겠지만, 그 솔직함은 결과적으로 리버에게 득이 되었다. 루카스필름이 제작한 고예산 텔레비전 드라마 「소년 인디아나 존스 연대기The Young Indiana Jones Chronicles 1992」에 영감을 불어넣은 것은 결국 리버의 이 영화 도입부였지만, 프로그램에 출연해달라는 연락을 받았을 때 그 발언 덕분에 리버가 제안을 거절할 수 있었던 것이다. (이 드라마는 막대한 제작비, 시청률 저조, 혹평으로 조기 종영했다-옮긴이)

예상했던 대로 「최후의 성전」은 엄청난 흥행작이 되었고 (팀 버튼Tim Burton 1958-의 「배트맨Batman」에 이은 1989년 관객 동원 수 2위 영화였다) 잘 만들어진 현실 도피적 모험 영화라는 긍정적인 평가가 대부분이었다. 그러나 예고편이든 언론 보도든, 어떤 영화 홍보에도 리버는 등장하지 않았다. 포드와 (인디아나 존스의 아버지로 분했던) 숀 코네리Sean Connery 1930-2020의 대립 구도

만 중점적으로 다루고 리버는 언급조차 안 한 평론이 부지기수였다.

8. 다운 위드 디 이온[8]

리버는 일 때문에 할리우드에 오면 이온 스카이의 집에서 그녀의 가족과 함께 지냈다. 스카이는 말했다. "리버는 우리 집 분위기가 편했을 거예요. 우리 엄마는 히피 성향이 있어서 손님을 굉장히 반겼거든요." 리버와 스카이는 때로 한 침대에 누워서 밤늦은 시간까지 대화를 나누었다. "얼마나 다정하고 사랑스러웠는지. 꼭 성자聖者 같았어요. 다들 정말로 리버를 보기 드문 사람이라고 느꼈지만, 사실 리버의 내면에는 분노가 잠재되어 있었어요. 야성적인 일면이 있었던 거죠."

어느 날 밤 리버는 성자답지 못한, 전적으로 인간다운 행동을 했다. 앤서니 키디스와 장기간 연애 중이었던 스카이를 유혹했던 것이다. 스카이는 말했다. "난 기분이 우울했어요. 앤서니가 마약에 지독하게 중독되어 있었거든요. 그 무렵 리버와 난 마약을 그 정도로 많이 하지 않았고요. 난 리버의 손길을 거절했어요. 나답지 못한 일 같아서요. 난 조숙하고 자유분방한 아이였어요. 다른 날 밤이었다면 그 유혹을 받아들였을지도 모르지만, 그날은 기분이 이상하기만 했거든요." 키디스는 마약을 하러 나가서 가까이에 없었다고 스카이는 말했다.

---

8 다운 위드 디 이온(Down With the Ione): 미국의 힙합 그룹 '비스티 보이즈(Beastie Boys)'가 1994년 발표한 노래 「겟 잇 투게더(Get It Together)」의 가사 속 표현이다. 여기에서는 '이온과 함께 누워' 정도의 뜻으로 쓰였다.

그렇다면 리버는? 스카이는 대답했다. "내가 느끼기에 우리 두 사람은 아주 비슷했어요. 둘 다 별자리가 처녀자리였고요. 리버는 매우 자유로운 사람이었답니다."

9. 우리 밴드가 네 생명이 될 수도 있어[9]

록 프로모션 101: 본전치기. '알레카스 애틱'은 베란다가 아닌 곳에서 데뷔 공연을 하려고 1988년 12월 65달러에 게인즈빌 극장을 대여했다. 먼저 입장한 관객 65명에게만 1달러씩 입장료를 받아 대관료를 지불했고, 나머지 관객은 모두 무료 입장이었다. 대부분 친구와 가족으로 구성된 관객은 그들에게 기립박수를 보냈지만 일부 관객은 미지근한 평을 내놓았다. 하이드 앤드 지크 레코드 가게 사장 찰리 스케일스는 이렇게 회상했다. "난 그 공연이 약간 아마추어 같다고 생각했어요. 작곡 실력도 아직은 부족했고 처음 한두 곡은 굉장히 새롭고 기발했지만 그게 다였거든요."

그런데도 새해가 밝은 뒤 밴드 멤버들은 리버의 캠핑카에 몰려 타고 짧은 동해 투어에 나섰다. 리버는 밴드 홍보에 자신의 이름을 써먹고 싶지 않았지만 말이 이미 새어나가서 일부 공연에는 젊은 여성 팬들이 수백 명씩 몰려들었다. 그들은 폐가 터지도록 비명을 질러댔고 무대 위로 속옷을 던져댔다. (프랭크 시나트라Frank Sinatra 1915-1998, 엘비스 프레슬리Elvis Presley 1935-1977, '비틀스'

---

9 우리 밴드가 네 생명이 될 수도 있어(Our Band Could Be Your Life): 음악평론가 마이클 아제라드(Micheal Azerrad)가 2001년 출간한 책 제목이다. 1981년부터 1991년까지 1980년대 10년 동안의 미국 언더그라운드 인디 음악의 역사를 다뤘다.

같은) 20세기 위대한 뮤지션들도 처음에는 십 대 소녀들에게 영감을 주어 그들을 최고조로 흥분시키는 데에서 출발했지만, 당황한 리버는 관객을 등지고 공연을 하기 시작했다. 더러운 화장실로 유명했던, 펑크 밴드들의 성지 뉴욕 '씨비지비CBGB'에서 연주할 때는 상황을 통제하기 위해 안전 요원까지 고용해야 했다.

뉴욕에서 '알레카스 애틱'은 동물 보호 단체 '페타'의 콘서트 '록 어게인스트 퍼Rock Against Fur(모피에 반대하는 록)'에서도 음악을 연주했다. 함께 출연한 뮤지션은 '더 비 피프티투스The B-52's', 여성 듀오 '인디고 걸스Indigo Girls', 르네 로비치Lene Lovich 1949-, 밴드 '더 고고스The Go-Go's'의 제인 위드린Jane Wiedlin 1958- 등이었다. 그래서 리버는 포스터에 자신의 이름을 싣는 것을 허락했다. 마샤 플림튼은 다음과 같은 멘트로 관객에게 밴드를 소개했다. "3년 전 한 친구가 제게 말했습니다. '너도 세상을 바꿀 수 있어'라고요."

안경을 쓴 리버가 무대에 올랐다. 청바지, 티셔츠 위에 입고 단추는 잠그지 않은 체크무늬 셔츠, 나무 색깔의 체크무늬 재킷 차림이었다. 길 위에서 생활하느라 셔츠는 빨지 않은 것처럼 보였고 그의 얼굴은 점과 듬성듬성 난 수염으로 덮여 있었지만, 전체적인 이미지는 문학 이론에 관한 토론을 이끄는 늠름한 조교 같았다. 밴드는 여섯 곡의 음악을 연주했고 리버는 "아무 걱정 없는 신화 속 세상 같은 곳"을 열정적으로 노래했다.

그 공연에서 노래 네 곡이 수록된 '알레카스 애틱'의 샘플 테이프가 판매되었다. "연필을 굴리며 금광을 운영하는 것은……"이라는 가사로 시작되는 「골드마인Goldmine」은 '엑스티시'의 영향을 가장 많이 받은 곡으로 이 노래에서 리버는 앤디 패트리지의 습관적 창법까지 똑같이 흉내 내고 있었다. 「투매니 컬러스Too Many Colors」는 기타 연주가 다소 불안하고 가사도 "어쩌다가 우리가 생각지도 못한 구속복에 갇히게 되었는지” 이런 내용이었지만 대체로 유쾌한 리듬의 곡이었다. 「블루 피리어드^{Blue Period}」는 훨씬 느리고 소울이 넘치는 곡이었고, 「어크로스 더 웨이^{Across the Way}」는 그 테이프에 담긴 노래 가운데 가장 완성도가 높은 곡이었다. 그 노래는 영리한 반전을 이루는 가사가 있었을 뿐 아니라, (“이 신화는 씻겨 내려가지 않는다.^{This myth won't wash away}/ 바위가 없어도, 도구가 없어도, 디딤돌이 없어도^{no rocks, no tools, on stepping stones}”라는 가사는 ‘몽키스^{Monkees}’의 옛날 노래 가사 “난 너의 디딤돌이 아니야^{I'm not your steppin' stone}”를 멋지게 비튼 가사였다) 특히 팀 핸킨스의 비올라와 레인의 화음이 돋보이는 곡이었다.

2년 뒤 ‘페타’가 콘서트 음악을 편집하고 케이디 랭^{k.d. lang 1961-}, 하워드 존스^{Howard Jones 1955-}, ‘프리텐더스’의 음악을 엮어 앨범을 내놓을 때 리버는 현명하게도 ‘알레카스 애틱’을 대표하는 곡으로 「어크로스 더 웨이」를 골랐다. 그 음악은 전반적으로 열여덟 살 소년이 이끄는 밴드가 내놓은 첫 곡이라고 볼 때 믿음이 가는 노력의 결과물이었지만, 리버의 명성은 좋은 쪽으로든 나쁜 쪽으로든 ‘알레카스 애틱’이 어떻게 평가될 것인가에 별다른 영향을 끼치지 못했다.

밴드는 캠핑카로 이동하고 싸구려 모텔에서 잠을 잤다. 공연이 끝난 뒤 파티가 열리면 코카인과 마리화나를 즐기는 군중이 모여들었다. 절제된 생활이 몸에 밴 비올라 연주자 팀 핸킨스는 그 사실에 깜짝 놀랐다. 전날에 밤늦게까지 파티가 계속된 어느 날 이른 아침 리버의 모텔 방 전화벨이 울렸다. 아이리스 버튼이었다. 버튼은 리버에게 「허공에의 질주」로 아카데미 남우조연상 후보에 올랐으니 지금 바로 출발하라고 알렸다.

“아, 이 이쁜 녀석!” 버튼은 외쳤다.

리버는 웅얼웅얼 알았다고 대답한 뒤 뒤척거리다가 다시 잠이 들었다. 그날 밤 '알레카스 애틱'은 필라델피아의 클럽 제이씨 돕스JC Dobbs에서 공연이 있었다. 리버는 공연 전 음향 조정이 끝나길 기다리면서 텔레비전을 보다가 오스카 후보들을 다룬 프로그램에서 흘러나오는 자신의 이름을 들었다. 그리고 소리쳤다. "세상에! 오늘 아침에 아이리스가 이 일로 전화를 건 거였어?"

10. 롤링 온 더 리버[10]

리버는 여자친구 플림튼, 어머니 하트와 함께 오스카 시상식에 참석했다. 플림튼은 금발을 짧게 깎고 레드카펫에 나타나 주목을 받았다. 영화 「발레리나의 꿈Silence Like Glass 1989」에 암 환자로 출연하면서 머리를 밀었던 것이다. 리버는 스포트라이트에 불편함을 느끼며 후보에 오른 소감을 겸손하게 밝혔다. "이 영화를 본 뒤 난 이미 만족감을 느꼈는데, 거기에 더해 공식적인 보너스까지 받은 기분입니다."

다른 후보는 찰스 디킨스의 소설을 각색한 「리틀 도릿Little Dorrit 1987」에 투옥된 채무자로 출연한 알렉 기네스Alec Guinness 1914-2000, 소극 「완다라는 이름의 물고기A Fish Called Wanda 1988」에 정신 나간 청부살인업자로 출연한 케빈 클라인Kevin Kline 1947-, 「터커: 남자와 그의 꿈Tucker: Tha Man and His Dream 1988」에 자동차 기업 재벌로 출연한 마틴 랜도Martin Landau 1928-2017, 코미디 영화 「마피아의 아내Married to

---

10 　롤링 온 더 리버(Rolling on the River): '강 위에서 구르기'라는 뜻으로, 1989년 아카데미 시상식 오프닝 무대를 장식한 '크리던스 클리어워터 리바이벌(Creedence Clearwater Revival)'의 노래 「프라우드 메리(Proud Mary 1969)」의 후렴구 가사이다.

the Mob 1988」에 마피아 두목으로 출연한 딘 스톡웰Dean Stockwell 1936-이었다. 모두 경험 많은 배우들로, 평균 나이가 리버보다 서른아홉 살 더 많았다. 시상식이 열리기 한 주 전 오스카 후보들이 모이는 오찬에서 리버는 클라인을 만났다. 두 사람은 그해 말 「바람둥이 길들이기I Love You to Death 1990」라는 영화를 함께 촬영하기로 되어 있었다.

1989년 오스카 시상식에는 불명예스럽게도 사회자가 없었다. 그 대신 출연자들이 함께 나와 춤추고 노래하는 오프닝 무대가 꾸며졌다. 로브 로우와 백설공주 의상을 입은 여배우가 듀엣으로 '크리던스 클리어워터 리바이벌'의 「프라우드 메리」를 불렀다. 남우조연상을 시상할 순서가 다가오자 (전년도, 전전년도 수상자인) 숀 코네리와 마이클 케인Michael Caine 1933-이 후보들의 이름을 읽기 전에 로저 무어Roger Moore 1927-2017와 함께 익살스러운 대화를 주고받았다. 그동안 리버는 카메라 앞에 손가락 하나로 턱을 괴는 어색한 포즈를 취한 채 앉아 있다가 수상자로 클라인이 호명되자 새 협업 배우를 향해 열렬히 환호했고 심지어 주먹을 휘두르기까지 했다. 그는 달려가서 클라인을 끌어안고 싶었지만 어머니가 말렸다.

11. 우리는 모두 별로 만들어진 존재다[11]

리버는 플로리다와 '알레카스 애틱'으로 돌아오니 마음이 편했다. 밴드는

---

11 우리는 모두 별로 만들어진 존재다(We are All Made of Stars): 미국의 일렉트로니카 뮤지션 모비(Moby 1965-)가 2002년 발표한 노래 제목이다.

하드백[12]이라는 작은 펑크 클럽에서 정기적으로 공연을 하고 있었다. 하지만 게인즈빌에서 누리던 리버의 익명성은 오스카상과 그것을 보도한 지역 신문 기사 때문에 점점 사라지고 있었다. '스메그마스Smegmas'라는 다른 게인즈빌 밴드는 리버가 예전에 찍은 핀업 사진으로 마을 전체를 도배해 리버를 괴롭혔다. 리버는 상처받았고 혼란스러웠지만 본능적으로 평화주의자 역할을 하려고 애썼다. '알레카스 애틱'은 '스메그마스' 공연의 오프닝 무대를 꾸며줬고, 그 공연의 객석을 리버의 십 대 팬 수백 명이 모두 채웠는데도 모든 수익을 '스메그마스'가 챙겨갈 수 있게 했다.

리버는 자신의 이름은 그냥 리오라면서 자신을 알아보는 사람들을 무심하게 지나치려 애썼다. 그런데 그것만으로는 충분하지 않았는지 한번은 어떤 파티에서 마주친 머리를 빡빡 민 인종주의자 패거리가 리버에게 시비를 걸어왔다.

리버는 시비꾼들을 향해 부드럽게 미소 지으며 말했다. "내 엉덩이를 걷어차고 싶으면 그렇게 해요. 그런데 왜 그러는지 일단 그 이유부터 설명하고요."

잠시 당황스러운 정적이 흐른 뒤 대머리 중 한 명이 말했다. "아, 넌 그럴 만한 가치가 없겠어."

그러자 리버는 눈부시게 웃으며 말했다. "우리는 모두 가치 있는 사람들이에요. 모두 수백만의 행성, 별, 은하수, 우주만큼 가치 있는 존재들이라고요."

---

12 하드백(Hardback): 게인즈빌에 있는 술집으로 무대가 있는 클럽이다. 1989년 개업한 이래 지금까지도 영업 중이다.

12. 우리끼리 바람나다[13]

오스카 시상식이 열리기 직전, 리버와 마샤 플림튼이 비밀리에 결혼했다는 소문이 돌았다. 플림튼은 자신과 리버가 사랑을 기리는 영혼 의식을 통해 맺어져 있는 사이이기는 하지만 결혼은 하지 않았다는 말로 그 소문을 부인했다. "그런 건 사생활 문제잖아요." 플림튼은 딱 잘라 말했다.

사실 두 사람의 관계는 허물어지는 중이었다. 주된 원인은 계속 술과 약을 하겠다는 리버의 확고한 의지였다. 플림튼은 리버에게 끊으라고 애원했지만 아무런 소용이 없었다. 3년의 연애 끝에 감정적 혼란에 지쳐버린 나머지 오스카 시상식 이후 그녀는 리버와 잠시 떨어져 지내기로 했다. 플림튼은 말했다. "헤어져 지내면서 알게 된 사실은 대체로 내가 아무리 소리치고 싸우고 애원해도 리버가 절대 바뀌지 않으리라는 사실이었어요. 리버는 스스로 바뀌어야 했지만 아직 그럴 마음이 없었어요."

13. 1989년의 젊은 할리우드

레오나르도 디카프리오는 몇 개의 상업 광고를 찍은 뒤 마침내 처음으로 진짜 연기를 하게 되었다. 신디케이트 형식으로 제작된 텔레비전 드라마 (콜리종 개 래시가 주연으로 출연한 다섯 번째 이야기) 「더 뉴 래시The New Lassie

---

13 우리끼리 바람나다(Alone We Elope): '알레카스 애틱'의 노래 「얼론 유 이로프(Alone U Elope)」에서 따온 제목이다. 이 곡은 리버 생전에 발표되지 않은 곡으로, 2020년 리버의 생일 50주년을 기념해 뮤직비디오와 함께 발표되었다. 녹음된 리버와 레인의 듀엣 보컬에 절친했던 동료들, '레드 핫 칠리 페퍼스' 플리의 베이스 연주와 더모트 멀로니의 첼로 연주가 곁들여졌다.

1989-1992」에 잠깐 단역으로 출연한 것이다. 같은 해 에단 호크는 로빈 윌리엄스가 학생들에게 영감을 불어넣는 영어 교사로 출연한 영화 「죽은 시인의 사회」에서 인상적인 연기를 펼쳤다. 영화에 캐스팅되기 전 호크는 카네기멜론 대학교 연극 전공 과정에 등록했지만 한 학기도 제대로 다니지 못했다. 발성 수업 첫날 강사와 말다툼을 하는 바람에 수업에서 쫓겨났던 것이다. 잭 니콜슨Jack Nicholson 1937-은 그런 짓을 하지 않을 거라며 타이즈를 신지 않으려 한 것도 찍힌 이유 중 하나였다.

윌 휘튼은 여전히 「스타트렉: 더 넥스트 제너레이션」에 출연 중이었지만 불행하게도 스타트렉 팬들 사이에서 그가 맡은 등장인물(웨슬리 크러셔 소위)의 인기는 이미 시들해져 있었다. 일부 팬들이 "웨슬리를 에어록에 가둬라"라고 적힌 배지를 보란 듯이 달고 시청자 모임에 참석할 정도였다. 코리 펠드먼은 코리 헤임과 함께 세 번째 영화를 찍고 있었다. 신체가 바뀌는 그 코미디 영화에는 (「지미의 사춘기」에서 리버의 짝사랑 상대였던) 메러디스 샐린저Meredith Salenger 1970-도 출연하고 있었다. 펠드먼 역시 마약을 하는 습관이 점점 심해지고 있었다. 이듬해 그는 헤로인 소지 혐의로 체포되었다. (리버는 동정을 호소하며 이렇게 말했다. "이 사건으로 나쁜 놈들이나 비열한 인간들만 마약을 하는 게 아니라는 사실을 알게 되었을 것입니다. 마약은 우리 사회 전체에 만연해 있는 질병입니다.")

비록 좋은 평가를 받은 작품은 하나도 없었지만 브래드 피트는 여러 영화에 출연하고 있었다. 우선 패트릭 뎀시Patrick Dempsey 1966-와 헬렌 슬레이터Helen Slater 1963-가 주연한 로맨틱 코미디 「해피 투게더Happy Together 1989」에 출연했다. 대학에서 우연히 룸메이트로 배정된 한 남자와 한 여자가 진짜 사랑에 빠지게 된다는 내용의 그 영화는 흥행에 참패했다. 피트는 또 「폭력 교실Cutting Class 1989」

이라는 질 나쁜 삼류 영화에 주인공인 고등학교 농구선수로 출연하기도 했다. (이 영화에는 그 외 도노반 리치, 마틴 멀Martin Mull 1943-, 로디 맥도웰Roddy McDowall 1928-1998도 출연했다)

론 하워드Ron Howard 1954- 감독이 코미디와 드라마가 결합된 「우리 아빠 야호Parenthood 1989」를 찍으려고 여러 배우들을 불러 모았는데 스티브 마틴Steve Martin 1945-, 마샤 플림튼, 리프 피닉스, 키아누 리브스 등이 그들이었다. 키아누 리브스는 그해 개봉된 시간 여행 코미디 영화 「엑설런트 어드벤처Bill & Ted's Excellent Adventure 1989」에도 출연했다. 그 영화 속 멍청하고 어리벙벙한 서번트로 굳어진 리브스의 이미지는 그 뒤 몇 년 동안 계속됐다.

이온 스카이는 카메론 크로우Cameron Crowe 1954-의 감독 데뷔작 「금지된 사랑Say Anything... 1989」에 출연했다. 이 영화로 스카이는 미국 전체의 사랑을 받게 되었다. 영화 속에서 스카이를 사랑하는 (존 쿠삭John Cusack 1966-이 분한) 남자주인공은 피터 가브리엘Peter Gabriel 1950-의 노래 「인 유어 아이스In Your Eyes 1986」가 흘러나오는 커다란 카세트 플레이어를 들고 스카이의 집 밖에 서 있는 모습으로 그려진다. 스카이는 '레드 핫 칠리 페퍼스'의 앨범 『마더스 밀크Mother's Milk 1989』 커버 속 상의를 벗은 모델이 될 뻔하기도 했다. 비록 커버 모델은 이온 스카이가 아니었지만 그 밴드의 첫 번째 골드 앨범이 된 『마더스 밀크』는 열아홉 살의 기타리스트 존 프루시안테가 함께 작업한 첫 앨범이기도 했다. 약물 과용으로 세상을 떠난 창단 멤버 힐렐 슬로박의 팬이었던 프루시안테가 슬로박의 자리를 대신하게 된 것이었다.

그해 말 스카이와 키디스는 결국 결별했다. 키디스는 약을 끊은 상태였지만 두 사람은 관계를 계속 이어갈 새로운 돌파구를 찾아내지 못했다. 키디스는 말했다. "난 늘 그랬듯 그때도 여전히 샘도 많고 화도 많고 강압적이고 이기적이고 반항적인, 마약에만 관대한 어린애에 불과했어요." 그들은 틈만 나면 싸웠고 크리스마스 직전 키디스는 스카이에게 말했다. "네 물건 싹 다 챙겨서 여기서 꺼져." 스카이는 그 말대로 했다. 며칠 지나지 않아 키디스는 그녀가 왜 돌아오지 않을까 궁금했다.

1989년의 컬트 영화는 「헤더스Heathers 1989」라는 다크 코미디 영화였다. 주인공들이 학교에서 인기 있는 친구들을 죽이고 자살로 위장하는 그 영화는 크리스천 슬레이터Christian Slater 1969-와 위노나 라이더를 스타로 만들어줬다. 조니 뎁은 라이더와 사귀기 시작했고 얼마 뒤 자랑스럽게 '위노나 포에버'라는 문신을 새기고 다녔다. (그들이 헤어진 뒤 그 문신의 철자는 '위노[14] 포에버'로 바뀌었지만 말이다)

스물여섯 살인 뎁은 이미 유명한 십 대의 우상이었다. 「헤어스프레이Hairspray 1988」로 명성을 얻었고 「핑크 플라밍고Pink Flamingos 1972」 같은 비주류 영화로 사랑받던 감독 존 워터스John Waters 1946-가 그 무렵 새로운 뮤지컬 영화 「사랑의 눈물Cry-Baby 1990」에 출연할 남자 배우를 찾고 있었다. "집 밖으로 나가서 십 대 잡지 스무 권을 샀어요. 정말로 창피했어요." 평소 쉽게 당황하지 않는 것으로 유명한 워터스는 말했다. "오죽했으면 그 잡지들을 잠바 속에 숨겨서 가져왔어요. 집에 도착해 쭉 살펴봤는데 스무 권 중 한두 권만 빼고 모든 잡지의 표지에 조니 뎁의 사진이 있더군요."

뎁은 그 영화에서 1950년대 십 대 아이돌 로커를 연기해 스타덤에 올랐다. 그 영화의 출연진에는 리키 레이크Ricki Lake 1968-, (포르노가 아닌 영화에 처음 출연한) 트레이시 로즈Traci Lords 1968-가 있었다. 유명한 재벌가의 딸이자 납치

---

14 위노(Wino): '술주정뱅이 부랑자'라는 뜻이다.

피해자인 패티 허스트Patty Heast 1954-도 주차관리원으로 출연했다.

뎁은 고등학교에 위장 잠입한 경찰이라는 억지스러운 설정과 드라마 자체에 짜증이 잔뜩 나 있었는데 「21 점프 스트리트」 출연 계약이 여전히 남아 있었다. 비행기를 타고 드라마 촬영지인 밴쿠버로 돌아가려니 괴로웠다. 위노라 라이더를 남겨두고 떠나는 것이 괴로웠고, 촬영해야 할 '그 드라마' 회분이 한참 남아 있는 것이 괴로웠다. 일등석 안락의자에 앉아 있자니 모든 것을 다 뒤엎어버리고 싶었다. 뭔가 꼭 말해야 할 것 같은 기분을 도저히 떨쳐낼 수가 없었다.

"난 동물들과 그 짓을 합니다!" 뎁은 일등석 승객들을 향해 선언했다.

뎁이 있는 쪽으로 고개들이 확 돌아갔다. 밴쿠버행 여행자들은 짜증의 진원지를 확인한 뒤 뎁을 무시하려는 듯 냉정하게 다시 고개를 돌렸다. 뎁의 옆자리에 앉아 있던 회계사 한 명만 빼고. 그는 뎁을 물끄러미 바라보다가 침묵을 깨고 물었다.

"어떤 동물이랑요?"

14. 휩 잇[15]

오스카 시상식이 끝나고 얼마 지나지 않아 리버는 다른 영화를 찍게 되어 다시 플로리다를 떠나야 했다. 리버의 부재가 '알레카스 애틱' 다른 멤버들의

---

15 휩 잇(Whip It): 미국의 밴드 '데보(Devo)'의 1980년 노래 제목이다. 한국에 「바람둥이 길들이기」라는 제목으로 개봉된 영화 「죽도록 사랑해(I Love You to Death)」에서 리버 피닉스가 연기한 등장인물의 이름이 '데보'였다.

마음을 괴롭히기 시작했다. 비올라 연주자 팀 핸킨스는 나중에 말했다. "우리는 여덟 달 가까이 연습을 했고 그 무렵 어느 정도 경지에 올라와 있었어요. 그런데 리버가 다시 떠나서 석 달 동안 영화를 찍는다고 하더군요. 그건 질외 사정이랑 다를 바 없었어요. 무슨 말인지 알죠?"

리버의 명성 덕분에 그 그룹에 관심이 쏠리기는 했지만 동시에 리버의 부재는 밴드가 가속도를 올리지 못하게 계속 가로막고 있었다. 리버가 뭐라고 말하든, 그가 실제로 최우선하는 것은 영화라는 점을 방증하는 행동이었다. 그린바움은 말했다. "우리는 모두 리버의 일정에 따라 움직이는 존재들이었어요."

「바람둥이 길들이기」를 감독한 로렌스 캐스단Lawrence Kasdan 1949-은 「보디 히트Body Heat 1981」와 「새로운 탄생The Big Chill 1983」의 감독, 「레이더스, 잃어버린 성궤를 찾아서」와 「스타워즈: 제국의 역습Star Wars: The Empire Strikes Back 1980」의 각본가로 유명했다. 캐스단은 만나보지도 않고 전화 한 통으로 리버를 캐스팅한 뒤 인상적인 출연진을 끌어모았다. 케빈 클라인, 트레이시 울먼, 조안 플로라이트Joan Plowright 1929-, 윌리엄 허트William Hurt 1950-, 키아누 리브스가 그들이었다. 실화를 기반으로 하는 이 영화는 로잘리 보카(울먼)라는 여자가 남편 조이(클라인)의 외도를 알게 된 뒤 펼쳐지는 이야기다. 그녀는 남편을 죽이기로 결심하지만, 그녀가 아무리 애를 써도 남편은 끄떡없는 것처럼 보인다. 그는 독약, 총알, 폭발하도록 조작해놓은 자동차에서 살아남는다. 리버의 배우 경력을 통틀어 유일한 본격 코미디 영화였다.

리버는 조이의 피자 가게에서 일하는 요리사로 뉴에이지 신앙[16]을 믿는 데

---

16   뉴에이지(New Age) 신앙: 20세기 후반 기존의 문화, 종교에 느끼는 염증과 공허함에서 출연한 신문화 사조로 인간의 영적 능력을 개발해 신비로운 우주적 차원에 도달하고자 한다. 종교적 관점에서 볼 때 가장 대표적인 뉴에이지 신앙은 신지학이다. 점성술, 강신술을 비롯한 무속신앙, 비이성적 신념 체계를 일컫기도 한다.

보 노드를 연기했다. 로잘리를 짝사랑하는 데보는 남편을 해치우려는 로잘리의 노력에 힘을 보태고 심지어 킬러를 고용하기까지 한다. 그러나 그 한 쌍의 킬러(허트와 리브스)는 살인은 해본 적도 없는, 마약에 찌든 얼뜨기들로 밝혀진다. 이 영화는 사실 흥행에 성공하지 못했다. 그리고 그 원인의 일부는 클라인의 과장되고 부자연스러운 연기에 있었다. 하지만 대단한 배우들의 바보짓을 지켜보는 재미는 쏠쏠하다. 리버 역시 준주연의 역할을 멋지게 해냈다. 리버는 늘 하던 대로 이 영화를 찍는 동안에도 연륜 있는 연기자들의 지식을 최대한 많이 흡수했는데, 특히 카멜레온 같은 영국 배우 올먼에게 배운 것이 많았다. 리버는 말했다. "트레이시랑 나는 유난히 서로 잘 통하는 사이였어요. 우린 끝없이 대화를 나누면서 서로에 관해 잘 알게 되었어요. 낱말맞추기 게임도 했고요."

영화를 함께 찍다 보니 리브스와의 친밀도도 훨씬 더 깊어졌다. 두 사람은 사실 이미 아는 사이였다. 영화 「우리 아빠 야호」에 리브스가 마샤 플림튼, 그리고 리버의 남동생 리프의 상대역으로 출연했기 때문이다. 이름은 하와이 원주민 식이었지만 아이스하키 골키퍼를 꿈꾸며 토론토에서 성장한 리브스는 리버보다 여섯 살 많았다. 리버는 농담처럼 말했다. "키아누는 꼭 친형 같아요. 좀 모자란 형이긴 해도."

제작사는 영화 야외 촬영지를 워싱턴 주 타코마로 정했다. 리버와 리브스는 그 지역 밤 문화에 적응하려고 최선을 다했다. 어느 날 저녁 동네의 한 커피숍 사장 딸이 리버를 보았다. 술에 취한 리버는 비틀비틀 길을 건너더니 커피숍 주차장에 세워져 있던 커피숍 사장의 낡은 포드 자동차에 소변을 보았다. 얼마 뒤 사장은 그 자동차를 2백 달러에 팔았다. 리버는 자신이 큰 실수를 했다는 사실을 그녀가 알려줘서 알았다. "그런 실수를 열 번만 더 해주지 그랬어요! 자동차 뒷범퍼에 오줌으로 '리버 피닉스 여기에 쉬하다'라고 써줬으면 더 좋았을 텐데."

영화는 리버의 심야 노상방뇨보다도 더 심한 평가를 받았고 흥행에도 실패했다. <시카고 트리뷴Chicago Tribune>의 데이브 커Davd Kehr 1953-는 리버의 연기를 '이상할 정도로 소심하다'고 깎아내렸다.

리버의 설명에 따르면 그 무렵에는 연기에 충분히 젖어들려면 긴 준비 과정이 필요했다. "다음 날 아침에 눈 뜨자마자 등장인물이 될 수는 없어요. 나는 먼저 나 자신의 껍질을 벗고 난 뒤 좀 더 중립적으로 사고하면서 시동을 걸어요. 먼저 자신을 중립화해야만 다른 등장인물이 될 수 있거든요. 리버의 가치관으로 사고하지 않는 주관 없는 인물이 된 뒤 천천히 등장인물의 껍질을 입어요. 그 등장인물의 방식대로 사고하기 시작하는 거예요. 그 인물이 되었다고 공상하며 나 자신과 심리 게임을 하다 보면 어느새 변신이 일어나요."

자신의 정체성이라는 껍질을 벗는다는 말은, 리버가 지미 리어든이든 데보노드든 일단 등장인물 속으로 깊이 빠져들고 나면 현실 속에서도 종종 그 인물처럼 행동한다는 뜻이었다. 영화 촬영이 끝난 뒤에도 다시 리버 피닉스로 돌아오기가 힘들다는 뜻이었다. 리버는 「바람둥이 길들이기」 촬영을 마친 뒤 이렇게 고백했다. "어디를 가든 틈만 나면 데보가 튀어나와요. 나 자신을 내보내기가, 눈을 뜨기가 너무 힘들어요."

리버라고 그러고 싶어서 그러는 게 아니었다. 오히려 그 반대였다. 리버는 자신이 들어본 연기에 관한 조언 가운데 최고의 조언은 이것이라며 캐스단의 말을 인용했다. "감독님은 말했어요. 진짜 최고인 배우들은 최소한 자신의 절반 정도는 그 역할 안에 녹여 넣는다고요. 난 아직 그 역할 안에 자신을 8분의 1 정도밖에 녹여 넣지 못하는 초짜지만요." 리버는 자신을 좀 더 드러내고 싶었지만 그 위험성을 인식하고 있었다. "중요한 건 자신을 완전히 잃지 않는 거예요."

조이의 어머니로 출연한 영국인 베테랑 배우 미리암 마고리스Miriam Margolyes 1941-는 리버를 칭찬하면서도 주의를 주었다. "리버는 놀라운 배우예요. 지금 당장은 자기 자신과 거리를 두는 법을 전혀 모르는 것 같지만요."

15. 어떻게 자동응답기에 대고
     잘 자라는 말을 할 수가 있어?[17]

「바람둥이 길들이기」의 마지막 촬영이 있던 날 리버는 윌리엄 리처트의 자동응답기에 횡설수설 메시지를 남겼다. 그 메시지는 자신을 찾는 동시에 자신을 잃으려고 안간힘을 쓰고 있는 한 십 대 소년의 일면을 잘 보여준다.

안녕하세요, 빌. 자고 계신다면 제발, 온갖 수단을 다 동원해서 이 메시지를 무시해주세요. 솔직히, 아직 깨어 계셔서 절 무시하지 않는다면 더 좋겠지만요…… 오늘은 최고로 멋진 날이었어요. 마냥 아름답기만 한 날이었어요. 고통과 오해를 통해, 사라짐과 어긋남을 통해 여러 가지를 배웠으니까요. 나는 하나의 성공적 실패로 기록될 작품의 마지막 날 밖으로 나왔어요. 그래서 지금 여기 서 있어요. 죽을 필요도 없고 술에 취할 필요도 없어요. 내 영혼이

---

17   어떻게 자동응답기에 대고 잘 자라는 말을 할 수가 있어?: 미국의 록 밴드 '더 리플레이스먼츠 (The Replacements)'가 1984년 발표한 노래 「앤서링 머신(Answering Machine)」의 가사 속 표현이다.

계속되리라는 걸 아니까요. 등장인물이 어디에서 태어났는지 내가 알고 있다는 이유로 그 등장인물과 내가 하나라고 말할 수 있는 사람이 누가 있겠어요? 빌 박사님…… 지금 나는 어디에서 나오는 중일까요? 누가 이런 거에 신경이나 쓸까요? 그럴 리 없죠. 그 점은 나도 인정해요. 하지만 내가 나오는 곳, 내가 있던 곳은 너무나 낯선 곳, 다른 사람의 눈에는 보이지 않는 곳이에요…… 이렇게 말하면…… 제 말이 너무 막연한가요. 감독님, 그거 알고 계셨어요? 거기 계세요? 잠깐만요. 아뇨, 됐어요. 물론이죠. 아마도요. 그런 건 중요하지 않아요. 온갖 말들, 온갖 문장의 파편들. 그런 말은 아무 의미도 없어요. 그렇다면 요체는 어디에 있었을까요? 감독님도 요체는 이미 잃었잖아요. 하지만 감독님이 떠안으려고 하지 마세요. 혼자 모든 짐을 지지 마시라고요. 감독님 잘못이 아니니까…… 그냥 사람들은 이해할 수 없을 거라고 생각하는 게 마음 편하겠다고 말하고 싶었어요.

16. 센시스 워킹 오버타임[18]

플로리다로 돌아온 뒤 리버는 기쁜 마음으로 자신의 체계에서 데보 노드의 흔적을 지워버리고 할리우드의 스모그를 폐에서 걷어냈다. 그리고 음악가를 꿈꾸는 보헤미안의 생활을 다시 시작했다. 그는 게인즈빌 풍경의 일부가 되었다. 리버가 어슬렁어슬렁 시내를 돌아다니면 대략 한 블록당 한 명씩은 껄렁한 동네 청년이 리버에게 인사를 건넸다. "안녕, 리브!"

---

18 센시스 워킹 오버타임(Senses Working Overtime): '엑스티시'가 1982년 발표한 노래 제목이다. 해석하면 '쉬는 시간에도 쉴 줄 모르는 감각들' 정도의 뜻이다.

리버는 멕시코 식당에 가면 살사소스를 뿌린 음식을 말끔하게 싹 먹어치웠다. 반 타이 채식 식당에서 식사를 하는 것도 좋아했다. 식당 사장 팸 마니어라타나Pam Maneeratana는 말했다. 리버가 가장 즐겨 먹던 메뉴는 "89번 두부 얌 운센, 상온으로 제공돼요. 그리고 92번 강 페트 두푸, 이건 태국 요리예요. 마늘 두부 스프레드도 좋아했어요." 리버는 아무도 자신을 알아볼 수 없게 칸막이 자리 안에 입구를 등지고 앉고는 했다. 단골 하드백 카페에서 기네스 맥주도 계속 마셨다. 그곳에서 '알레카스 애틱'은 주간 공연을 다시 시작했고, 리버는 다른 공연들을 알리는 일에도 힘을 보탰다.

플로리다 주 펜서콜라에 있는 클럽 나이트 아울Nite Owl의 지배인 구스 브랜트Gus Brandt는 어느 날 전화 한 통을 받았다. 리버 피닉스였다. 한 번도 만나본 적 없는 리버가 공연을 예약할 수 있는지 물었다. 브랜트가 가능하다고 말하자 리버는 자기 밴드 이름이 '알레카스 애틱'이라고 설명했다. 브랜트는 말했다. "더없이 유쾌하고 허세라고는 전혀 없는 남자였어요. 나한테 직접 테이프까지 보내줬다니까요."

브랜트는 그 테이프를 들었고 나이트 아울의 수준에 부족함이 없다고 판단했다. 얼마 뒤 "밴드 전원이 노란 스쿨버스 한 대에 몰려 타고 달려왔어요." 브랜트는 그 공연을 성공적인 공연으로 기억하고 있었다. 관객은 리버의 꾀죄죄한 밴드 멤버들과 사뭇 달라 보였지만 말이다. "대부분 십 대 소녀들이었고 음악 애호가들과 호기심에 구경 온 사람들이 몇 명 있었어요."

게인즈빌에서 지내면서 음악을 연주하고 싶었기 때문에 리버는 영화 섭외를 거절하기 시작했다. 가장 먼저 거절한 영화 「캐딜락 54Coupe de Ville 1990」는 아버지(알란 아킨Alan Arkin 1934-)를 위해 디트로이트부터 플로리다까지 캐딜락 컨버터블을 운전하게 된 세 아들 이야기를 그린 시대 코미디 극이었다. 리버에게 제안이 왔던 막내아들 역은 패트릭 뎀시가 맡았다. 1954년 느와르 영화를 리메이크한 「죽음 전의 키스^{A Kiss Before Dying 1991}」의 주연 제의가 거듭 들어왔다. 리버는 말했다. "계속 연락이 왔어요. 내가 싫어요, 싫어요, 싫어요, 라고 말할 때마다 출연료가 계속 올라갔고요." 결국 그 역할은 맷 딜런^{Matt Dillon 1964-}이 하게 됐다.

하드백 카페에서 정기적으로 공연하는 팀 중에 젊은 여성들로만 구성된 '머틀리 칙스^{Mutley Chix}'라는 밴드가 있었다. (멤버가 종종 바뀌기는 했지만) 1984년부터 계속 게인즈빌에서 연주해온 밴드였다. 그들은 쓰리 코드의 '유쾌한 소음'을 불길한 모던 록으로 발전시킨 음악을 자비로 제작한 『브라를 불태워라^{Burn Your Bra 1991}』 같은 앨범에 수록했다. 1989년 핼러윈 날 새 멤버 두 명이 처음 무대에 섰다. 그중 한 명이 색소폰 연주자 수잔 솔곳^{Suzanne Solgot 1965-}, 일명 '수지 큐^{Suzy Q}'였다. 그해 봄 플로리다 대학교를 졸업한 솔곳의 손에 남은 것은 순수예술(사진학) 학사 학위증과 전당포에서 구입한 색소폰 하나뿐이었다. 그녀는 당분간 그 마을에서 지내기로 결정했다. 약간 삐딱한 솔곳은 지역 신문 기자와의 인터뷰에서 이렇게 말했다. "'머틀리 칙스'에 들어가면 게인즈빌 전체가 그 여자한테 레드 카펫을 깔아줘요. 언제든 거리에만 나서면 사람들이 날 붙잡고 묻는답니다. '혹시 머틀리 칙스 멤버 아니에요?'라고."

리버는 한 파티에서 솔곳을 만났고 자신을 '리오'라고 소개했다. 다른 여자가 리버에게 "리버 피닉스를 너무 닮았다"며 접근했다. 리버는 그녀에게 말했다. "난 그 사람이 아니에요. 전혀 닮지도 않았고요." 적어도 그날 밤에는 그 말이 진실처럼 느껴졌을지도 모르겠다.

솔곳은 말했다. "굉장히 조용하고 신비로운 사람이었어요. 우리는 자신의 과거에 관해, 자신이 어떤 사람인지에 관해 대화를 나눈 적이 거의 없어요. 난 항상 궁금했지만요." 리버보다 다섯 살이 더 많은 솔곳은 아름다운 금발에 반체제 성향이 강했다. 두 사람은 사귀기 시작했고 얼마 안 가 동거하기로 결심할 만큼 진지한 사이가 되었다. 열아홉 살의 리버는 미카노피의 가족 농장에서 나와 게인즈빌에 넓은 아파트를 얻었다.

시간이 흘러도 리버는 집세를 내는 습관이 생기지 않았다. 집주인은 거의 매달 세입자에게 전화를 걸어 집세 내는 날짜가 지났다고 알려줘야 했다. 그러면 솔곳은 "피닉스 부인이 처리해주실 거예요"라고 말했고 집주인은 다시 미카노피로 전화를 걸었다. 하트는 낡은 트럭을 몰고 아파트 앞까지 와서 리버의 동생 중 한 명의 손에 수표를 들려서 올려 보내고는 다시 차를 몰고 집으로 돌아갔다. 여전히 엄마가 은행 계좌를 관리하고 있는데도 리버가 성인으로서 자신의 정체성을 주장하고 있었기 때문에, 하트는 명목상으로라도 리버의 공간을 존중해주려는 것이었다.

아침이면 나가야 하는 직장도 영화 촬영장도 없는 리버는 습관적으로 새벽까지 밖에 있다가 술집이 문을 닫으면 친구 무리를 몰고 집으로 갔다. 리버의 친구 앤서니 캠파나로는 말했다. "그 무렵 리버한테는 시간이 너무 많았어요. 지금 생각해보면 리버는 그 시간을 어떻게 관리해야 할지 몰랐던 것 같아요. 난 리버를 쳐다보며 이렇게 말하고는 했어요. '앞으로 3, 4년 동안 살아남으면 넌 굉장한 스타가 될 거야.' 리버는 대단한 배우가 될 것 같았어요. 그대로 유지만 할 수 있다면 말이죠."

리버는 공식적으로는 열렬한 마약 사용 반대자였고, 할리우드의 코카인 문화를 견딜 수 없다는 말도 했다. 리버는 이렇게 불평했다. "감기에 걸리기만 해도 사람들이 쳐다봐요. 그럴 때는 코도 풀면 안 될 것처럼 느껴져요. 할리우드는 날 우울하게 만들어요. 날 그렇게 만드는 가장 큰 원인은 여자들이에요…… 여자들을 이용하는 남자들의 방식 때문에요. 정말로 마음이 안 좋을 때가 있어요. 갓 짜낸 올리브 오일처럼 아름답고 젊은 아가씨들, 너무나 건강하고 너무나 침착하고 너무나 서로 친한 여자들이었는데, 1년 뒤에 다시 보면" 리버는 무표정한 얼굴로 덧붙였다. "세뇌라도 당한 듯 모두들 한 가지 말고는 아무것도 생각하지 않는 여자들이 되어 있어요."

그즈음 미카노피 농장에는 10여 명의 식객이 살고 있었다. 본채, 트레일러, 낡은 캠핑카, 리버가 녹음실로 쓰던 빈 건물이 모두 사람 천지였다. 그들이 정원사나 심부름꾼 일을 하기는 했지만, 제대로 된 직장에 다니는 리버의 친구들은 그들을 '빈대'나 '거지 떼'라고 불렀다. 결국 그들의 생활비 전부를 리버가 부담하고 있었기 때문이다.

미카노피에 더 이상 살지 않는 사람이 한 명 있었으니 바로 리버의 아버지 존이었다. 피닉스 가족과의 정신적 전투에서 패배한 존은 미국을 완전히 떠났다. 리버는 아버지에게 코스타리카 부동산을 매입해줬다. 비행기로 공항에 도착한 다음에도 버스와 연락선을 타고 일곱 시간을 더 가야 하는 곳이었다. 존은 그곳에서 잠자리와 아침을 제공하는 소규모 숙박업체를 운영했다.

리버는 플로리다에 외조부모가 살 집을 매입했고, 「지미의 사춘기」에 함께 출연했던 한 배우에게 1만 달러의 학비를 지원하기도 했다. 남몰래 라틴아메리카 우림 지역 땅 수백 에이커도 사들였다. 그 땅이 해변 호텔로 개발되는 것을 막으려는 처사였다.

<보그>지 소속의 한 저널리스트가 공책 종이를 절반만 쓰고 넘기는 것을 보고는 리버가 낭비를 지적하며 설교를 한 적도 있었다. "우리나라에서 매년 벌목되는 땅 면적이 얼마나 되는지 알아요? 자그마치 코네티컷 주(약 2만 제곱킬로미터-옮긴이)만큼 넓어요. 물론 산림청이 나무를 심기는 하죠. 하지만

목재펄프를 생각해봐요. 난 목재펄프를 글씨 쓰는 문구용으로만 써야 한다고 생각해요. 사람들은 종이를 너무 심하게 낭비해요. 잡화점에 가면 영수증용 종이 뭉치를 잔뜩 팔아요. 결제 기계는 그 쓸데없는 영수증을 똑같은 걸 세 장씩이나 뱉어내고요. 인류의 기술이 그보다는 확실히 진보하지 않았나요? 내 말은, 43년 동안이나 목성 궤도를 공전하는 플루토늄 발전기도 제작하는 판에, 종이 아끼는 영수증 기계 하나 못 만들어내느냐, 그 말이에요."

17. 셈퍼 파이[19]

그러다가 리버는 해병에 입대했다. 인정하건대 그저 해병대원 역으로 영화에 출연한 것뿐이지만, 당시에는 그게 우림을 보호하려는 채식주의자의 환경보호 운동의 연장인 것처럼 보였다. 1963년을 배경으로 하는 영화 「샌프란시스코에서 하룻밤」이었다. 줄거리: 샌프란시스코에서 들어본 적도 없는 베트남 행 배에 오르기 전 몇몇 해병에게 하룻밤의 자유시간이 주어진다. 그 시간을 즐겁게 보내려고 그들은 '개싸움'이라는 게임을 하기로 한다. 각자 나가서 매력 없는 여자를 찾아 데리고 파티에 온 뒤 가장 못생긴 여자를 데려온 사람이 승자가 되는 게임이다.

리버가 분한 에디 버드레이스는, 포크송 가수를 꿈꾸면서 커피숍에서 일하는 솔직한 아가씨 로즈 페니를 파티에 초대한다. 로즈 역은 릴리 테일러Lili Taylor 1967-가 맡았다. 그는 불안한 예감을 느끼며 그녀를 개싸움 파티에 데려

---

19 셈퍼 파이(Samper Fi): 미국 해병대의 경례 구호로 한국 군대의 '충성', '필승'과 비슷하다.

가고 상황 역시 딱 그렇게 전개된다. 파티의 정체를 알게 된 로즈는 상처받고 분노한다. 에디는 로즈에게 사과하고 두 사람은 도시 여기저기를 걸어 다니며 남은 밤을 함께 보낸다. 예상 밖의 진정한 인간적 유대감을 쌓으면서.

감독 낸시 사보카Nancy Savoca 1959-는 독립영화 「신부는 왼손잡이True Love 1989」로 인상적인 감독 데뷔를 했다. 아나벨라 시오라Annabella Sciorra 1964-가 분한 이탈리아계 미국인 젊은 신부는 (신랑 론 엘다드Ron Eldard 1965-와의) 결혼을 준비하느라 이리 뛰고 저리 뛴다. 사보카는 이 영화로 1989년 선댄스 영화제[20] 심사위원 대상을 수상했다. 그해는 선댄스에게 중대한 전환점이 된 해였다. 그해 선댄스 영화제 관객상을 차지한 「섹스, 거짓말, 그리고 비디오테이프」의 스티븐 소더버그는 한 해 전까지 영화제 때 셔틀버스를 몰던 운전기사였다. 소더버그를 서로 감독으로 모셔가려는 경쟁이 과열돼 편당 제작 예산이 무려 2천5백만 달러 이상까지 올랐고 소더버그는 위대한 미국 영화감독 중 한 명으로 승승장구했다. 선댄스는 새로운 세대 감독들의 등용문이 되었다. 리처드 링클레이터Richard Linklater 1960-의 「슬랙커Slacker 1991」, 토드 헤인즈Todd Haynes 1961-의 「포이즌Poison 1991」, 쿠엔틴 타란티노의 「저수지의 개들Reservoir Dogs 1992」, 로버트 로드리게즈Robert Rodriguez 1968-의 「엘 마리아치El Mariachi 1992」, 케빈 스미스Kevin Smith 1970-의 「점원들Clerks 1994」, 데이비드 러셀David O. Russell 1958-의 「스팽킹 더 몽

---

20   선댄스 영화제(Sundance Festival): 세계에서 가장 권위 있는 독립영화제이다. 1970년대 후반 로버트 레드포드(Robert Redford 1936-)가 영화산업을 진흥시키려는 의도에서 선댄스 협회(Sundance Institute)를 설립했다. 선댄스는 영화 「내일을 향해 쏴라(Butch Cassidy And The Sundance Kid 1969)」 속 레드포드의 극 중 이름이었다. 선댄스 협회는 1985년부터 매년 1월 20일 유타 주 파크시티에서 영화제를 개최한다. 사실 영화제는 선댄스 협회가 주관하는 여러 활동 중 하나일 뿐이었는데, 협회의 인재 발굴 지원 프로그램으로 제작된 스티븐 소더버그(Steven Soderbergh 1963-) 감독의 「섹스, 거짓말, 그리고 비디오테이프(sex, lies, and videotape 1989)」가 1989년 칸 영화제 그랑프리를 수상하면서 세계적인 영화제로 부상했다.

키^{Spanking the Monkey 1994}」등이 선댄스 지원 프로그램으로 제작된 영화들이다.

선댄스 출신 영화인들은 무비스타들을 눈밭에서 헤매게 만드는 데 익숙해졌고, 시사회 때 맨 뒷줄에 앉아서 불이 완전히 꺼지기 직전까지 (물론 아직 '전화'라고 할 만한 물건들이 아니었지만) 휴대전화에 대고 계약에 관해 떠들어대는 에이전트들에게도 익숙해졌다. 미국 독립영화들이 유럽 작품들을 예술 영화관으로 쫓아냈고, 독립영화 배급사 미라맥스는 큰손으로 성장했다.

할리우드 영화사들은 그 새로운 세대 저예산 영화감독들을 완전히 이해하지는 못하더라도, 적어도 그들에게 투자는 할 수 있었다. 사보카는 (그녀로서는) 상상조차 할 수 없는 8백만 달러의 예산으로 「샌프란시스코에서 하룻밤」을 만들 수 있다는 사실을 알게 되었다. 워너 브라더스사와 협상을 하는 내내 사보카와 그녀의 남편이자 제작자인 리처드 과이^{Richard Guay}는 버뱅크의 영화사 중역들이 의심스러웠다. 사보카는 말했다. "그 사람들이랑 대화하는 내내 나는 한쪽 발을 뒷문 밖에 내놓고 있었어요."

사보카는 강인한 스타일의 이야기를 만들겠다고 단언했다. 로즈는 에디와 함께 보낸 밤을 통해서 내적으로 성장하지만, 처음에 영화사가 원했던 대로 영화 결말 부분에서 아름다운 토크쇼 진행자로 변신하지는 못한다. 사보카는 또 영화 내용의 99퍼센트가 휴가 기간을 담고 있기는 하지만 해병을 연기하는 배우들이 진짜 군인처럼 보여야 한다고 주장했다. 그래서 두 명의 전직 훈련교관이 시애틀 근처 배숀 섬에서 출연진을 훈련하고 굴렸다.

배우 앤서니 클라크^{Anthony Clark 1964-}는 말했다. "시애틀에 막 도착했을 때 우리는 모두 유순하고 온화한 배우들이었어요. 함께 일하면서 서로 등을 긁어줄 준비가 되어 있었죠. 그런데 제작진이 우리를 해병대 신병 훈련소로 밀어넣었어요."

리버는 특히 이름과 채식 식단 때문에 교관들의 관심을 듬뿍 받았다. 그들은 리버의 음식을 '설사를 끼얹은 나무껍질과 풀떼기'라고 불렀다. 또 리버에게 "식사로 과일 케이크를 먹는 히피 놈들은 어떻게 처단할" 계획이냐고 묻기도 했다.

리버는 늘 그랬듯 리버 주드 피닉스의 껍질을 벗고 자신의 배역 속으로 스며드는 정신적 과정에 들어갔다. 이번에는 심지어 촬영이 시작되기 전부터 그 등장인물 안으로 훨씬 더 깊이 스며들었다. 신병 훈련이 끝난 뒤 출연진 일부가 클럽 파티에 간 적이 있었다. 그곳에서 그들이 무례하게 행동하고 아무 데나 토하고 대체로 공격적으로 구는 바람에 큰 소동이 벌어졌고 누군가가 경찰에 전화를 걸었다. 클라크는 말했다. "그 모든 소동의 주동자는 리버였어요. 리버에 관해 나쁘게 말하고 싶지는 않지만, 그때 그 친구한테는 야비한 구석이 있었어요. 계속 싸우려고 들고. 그날 밤 리버는 해병 그 자체였어요."

리버는 버드레이스가 되려고 두상 옆을 싹 미는 군인 스타일로 머리를 깎았다. 영화사 측에서는 마치 리버의 힘이 삼손처럼 머리카락에서 나오기라도 하는 것처럼 걱정을 하면서 최소한 머리 윗부분만이라도 금발로 염색해달라고 요구했다. 리버는 요구에 따랐지만 그 결과는 사실 눈에 보이지도 않았다. 해병은 사복 차림일 때에도 절대 손을 주머니에 넣지 않는다는 사실을 알게 된 뒤로 리버는 카메라가 돌지 않을 때에도 팔짱을 끼거나 '열중쉬어' 자세로 서 있고는 했다.

영화 촬영 중 리버는 이렇게 말했다. "버드레이스라는 인물이 마음에 들어요. 그냥 얼간이거든요. 해병대에 입대한 수많은 청년처럼 버드레이스도 따분한 삶을 사는, 평균의 따분한 녀석이에요. 동네에서 흔히 보는 껄렁한 무리들의 대장이죠. 버드레이스는 파악하기 쉬운 인물이에요. 이 인물이 원하는 건 외출해서 재밌게 노는 것뿐이에요. 그러다가 어느 날 불쑥 양심에 발목을 잡히고 만 거예요."

리버가 그 역할을 어떻게 해낼지가 분명하지 않다는 점만 빼면, 리버 스스로 자신과 버드레이스 사이에 약간의 틈이 존재한다는 사실을 인지하고 있는 것은 나쁘지 않았다. 버드레이스는 신체에 난 모든 구멍으로 분노와 혼란을 뿜어내는 인물이지만 바보는 확실히 아니었다. 리버도 연기할 때는 위 인터뷰에서 언급한 경멸의 분위기를 전혀 담지 않았다. 어떻게 보면 리버는 방어적으로 저 말을 한 것 같다. 자신의 내면에서 버드레이스와 닮은 구석을 발견했지만, 자기 영혼의 일부가 해병스러울 수 있다는 사실을 인정하고 싶지 않았던 것 아닐까.

촬영이 없던 날 클라크는 리버, 하트와 함께 근처 삼나무 숲으로 바람을 쐬러 갔다. 그곳에서 그는 피닉스 가족이 정말 말 그대로 나무를 끌어안는 모습을 목격했다. "토니, 너도 나무를 안아보렴." 하트가 부추겼다. 클라크는 그 지시는 거부했지만 상상조차 할 수 없을 만큼 키 큰 나무들이 바람에 흔들리는 모습에, 피닉스 가족이 이 행성을 얼마나 소중하게 여기는지에 깊은 감명을 받았다.

촬영은 거의 밤에 이루어졌다. 영화 내용 대부분이 일몰 뒤에 전개되었기 때문이다. 그런데 여름철 시애틀에서 촬영을 하다 보니, 촬영이 가능한 시간이라고는 해 뜨기 전까지 매일 일곱 시간 정도뿐이었다. 제멋대로 뻗은 빨간 머리, 청바지를 입고 컨버스 올스타를 신은 사보카가 로즈의 커피숍 밖 길모퉁이에서 스태프들과 의논을 하는 동안 리버와 테일러는 커피숍 세트장에 앉아서 다음 신을 촬영하기 전 등장인물의 감정 상태를 재구성하고 있었다.

테일러가 말했다. "좋아. 지금은 새벽 두 시야. 그러니까 우리한테는 장난

치며 대화할 시간이 두 시간 남아 있어."

리버가 동의했다. "그렇죠. 우리는 기분이 좋아져서 키스했고."

"그럼 이제 어떻게 해야 하지? 네 마음은 어떨까?"

개싸움의 전선 뒤에 숨어 있던 것을 불편하게 생각하는 버드레이스의 마음속으로 빠져드는 리버는 불안해 보였다. "글쎄." 리버는 잠시 생각에 잠겼다가 말했다. "내 생각에는 베트남 전쟁이 얼마나 계속될지 궁금할 것 같아요."

「샌프란시스코에서 하룻밤」을 본 사람은 많지 않다. 그 영화 관계자들 직계가족을 빼면 극소수의 관객만이 그 영화를 보았다. 워너 브라더스사가 확보한 영화 개봉관은 미국 전역에 24개 미만이었고 영화의 총 수익도 40만 달러를 밑돌았다. 개봉 첫 주 판매된 입장권은 「나이트메어 6: 프레디 죽다 Freddy's Dead: The Final Nightmare 1991」 관객 수의 1퍼센트도 되지 않았다. 그러나 아름다운 영화였다. 로즈와 에디는 더듬더듬 길을 찾아 서로에게 다가간다. 개싸움의 비열함, 세상에 관한 자신들의 무지, 순간성이라는 우연한 만남의 본성을 극복하려고 애쓰면서. 리버는 버드레이스의 허세 뒤에 숨겨진 취약성을 감상에 빠지는 일 없이 섬세하게 그려냄으로써 인생 연기를 펼쳤다.

사보카는 리버가 너무 온기 없이 등장인물을 연기하고 있는 것은 아닌지 걱정했지만, 촬영이 끝날 무렵 그 우려는 말끔히 걷혀 있었다. "리버가 등장인물을 어떤 식으로 연기하는지 알게 됐거든요. 그 방식이 매일 조금씩 저절로 모습을 드러내더군요. 실제로 버드레이스가 된다는 건 내가 상상했던 것보다 훨씬 더 복잡한 과정이었어요."

루이스 블랙Louis Black은 <오스틴 크로니클Austin Chronicle>에 이렇게 썼다. "단순하고 허술한 로맨스 영화들의 경우 다른 이야기는 거의 하지 않으려고 애쓰는데 「샌프란시스코에서 하룻밤」은 너무나 많은 것들을 이야기한다. 전쟁과 평화, 사랑과 낭만, 성 역할과 문화적 신화 등." 이 영화는 일반적으로 후한 평가를 받았지만 일부 평론가들은 의구심을 제기했다. 예를 들어 <롤링스톤>의 피터 트래버스Peter Travers는 이렇게 지적했다. "소외를 예리하게 다루겠다던 영화가 어떻게 관습적인 로맨스 영화로 전락할 수 있는지." 하지만 트래버스도 남자주인공은 호평했다. "리버 피닉스는 평소의 예민 모드에서 드디어 벗어나…… 뭉툭한 강렬함이 어떤 건지 제대로 보여줬다."

「샌프란시스코에서 하룻밤」에는 영화에 처음 데뷔하는 배우가 한 명 있었으니 바로 브렌든 프레이저Brendan Fraser 1968-였다. 프레이저는 이 영화에 버드레이스의 동료 해병대원들과 패싸움을 하는 술 취한 선원으로 출연했다. 이듬해 그는 「원시 틴에이저Encino Man 1992」와 「스쿨 타이School Ties 1992」로 단숨에 스타덤에 올랐고, 리버와는 전혀 다른 유형의 주연 배우가 되었다. 스튜디오 시스템[21]을 상기시키는, 그리고 기막힌 코믹 타이밍을 갖춘 어깨 떡 벌어진 덩치가 된 것이다. 프레이저는 1940년대 엠지엠 소속 연기자라고 상상할 수 있는 배우, 즉 리버는 절대 가능하지 않을 것 같은 유형의 배우였다. 「샌프란시스코에서 하룻밤」에서는 대사가 한 줄뿐인 단역이었는데 말이다. 영화사는

---

21 스튜디오 시스템(Studio system): 1920년대 초중반부터 1950년대 초반까지 할리우드를 움직이던 영화 제작, 배급 방식으로 영화 스튜디오, 즉 제작사가 자사 소유의 촬영소에서 장기 계약을 맺은 스태프, 배우들로 영화를 찍은 뒤 극장 배급까지 장악함으로써 이윤을 챙기는 시스템이었다. 유성영화의 발전으로 화면에 소리를 삽입하는 작업이 중요해지면서 스튜디오를 소유한 영화사들이 성장했고 엠지엠(MGM), 워너 브라더스, 폭스, 파라마운트, 알케이오(RKO) 등이 할리우드 전체를 좌우하게 되었다. 이 시기를 할리우드의 황금시대(The Golden Age)라고 부른다. 1948년 연방 대법원이 이런 배급, 상영 방식이 위법이라는 판결을 내림에 따라 시스템이 붕괴되기 시작했다. 이후 제작사와 배급사가 분리되었다. 1931년부터 1941년까지 11년 연속으로 매출 1위를 차지한 엠지엠은 한때 스튜디오 시스템을 대표하는 기업이었지만 점차 하향세를 걷다가 2010년 법원에 파산 보호를 신청했고 2014년 유나이티드 아티스트 미디어 그룹의 계열사가 되었다. 브렌든 프레이저가 엠지엠 소속 배우였다는 기록은 없다. 프레이저는 한국에 '미라 시리즈'의 주연으로 많이 알려져 있다.

프레이저의 배우 경력이 확신에 찬 그 대사 한 줄 "내 똥이나 핥는 게 어때?"에서 시작되었다고 기록한다.

프레이저는 영화 속에서는 리버와 마주친 적이 없지만 촬영장에서는 자주 마주쳤다. 프레이저는 말했다. "난 리버가 적대감이 많은 사람일 거라고 짐작했어요. 리버가 쌀쌀맞고 냉정한 사람이었으면 좋겠다고 생각했나 봐요. 하지만 리버는 굉장히 친절하고 다정했어요." 프레이저는 할리우드 배우란 모두 잘나가는 척하는 가짜들이라고 늘 스스로에게 말해왔고 그것이 계속 시애틀에 머물 핑계가 되었다고 말했다. 그러다가 리버를 만남으로써 얻게 된, 정반대의 배우도 존재한다는 깨달음이 그의 인생을 바꿨다. 그는 산악자전거를 챙겨서 남쪽으로, 로스앤젤레스에서 자신을 기다리고 있는 영화배우로서의 삶을 향해 차를 몰고 내려갔다.

18. INT. 스틸 라이프[22] 카페

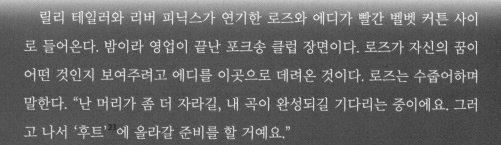

릴리 테일러와 리버 피닉스가 연기한 로즈와 에디가 빨간 벨벳 커튼 사이로 들어온다. 밤이라 영업이 끝난 포크송 클럽 장면이다. 로즈가 자신의 꿈이 어떤 것인지 보여주려고 에디를 이곳으로 데려온 것이다. 로즈는 수줍어하며 말한다. "난 머리가 좀 더 자라길, 내 곡이 완성되길 기다리는 중이에요. 그러고 나서 '후트'[23]에 올라갈 준비를 할 거예요."

---

22 스틸 라이프(still life): '정물화'라는 뜻이다.

23 후트(hoot): 본래는 '노파, 마녀'라는 뜻인데 이 영화에서는 클럽에서 일정 요일에 공연을 하는 고정 가수의 무대라는 의미로 쓰였다.

에디는 로즈에게 노래 한 곡을 불러보라고 말한다. 사실 명령이나 다름없다. 로즈는 피아노 앞에 앉아 (「리틀 박시스」로 유명한) 말비나 레이놀즈[24]의 「그들은 비에 무슨 짓을 했는가」를 연주한다. 테일러는 가늘고 떨리는 목소리로 노래하는 로즈를 두려움과 자부심이 뒤섞인 모습으로 연기한다.

단 한 명뿐인 관객 에디는 테이블에 앉아 콧구멍으로 담배 연기를 뿜어내며 노래를 듣는다. 리버는 여러 감정의 협주곡 속으로 빠져드는 에디의 얼굴을 멋지게 구현한다. 지금 자신이 어디에 있는가, 무엇을 하고 있는가, 지키려고 애쓰는 것이 무엇인가 등 불안한 감정들이 그의 얼굴에 나타난다. 로즈의 노래가 끝나면 에디는 크게, 열심히 박수를 치며 안도감을 느낀다.

19. 첫 상처가 가장 깊은 상처다[25]

1989년 감독한 「배트맨」의 어마어마한 성공 이후 만들고 싶은 영화는 무엇이든 만들 수 있는 전권을 갖게 된 팀 버튼이 다음 작품으로 선택한 이야기는 고딕풍의 우화였다. 제목은 일찌감치 「(에드워드) 가위손Edward Scissorhands

---

24 말비나 레이놀즈(Malvina Reynolds 1900-1978): 미국의 포크송 가수, 작곡가이다. 버클리에서 문학박사 학위를 취득했고 사회 비판적인 곡을 많이 불렀다. 대표곡 「리틀 박시스(Little Boxes)」는 빈부격차를, 「그들은 비에 무슨 짓을 했는가?(What Have They Done to the Rain)」는 방사능 낙진을 유발하는 공중 핵실험을 비판한 곡이다. 후자는 반전시위 때 많이 불리는 곡으로, 베트남전 파병을 앞둔 해병 영화에 이 곡이 쓰인 것이 의미심장하다.

25 첫 상처가 가장 깊은 상처다(The First Cut is the Deepest): 1967년 캣 스티븐스(Cat Stevens 1948-)가 작곡한 곡 제목으로 가장 먼저 이 노래를 부른 가수는 피 피 아놀드(P. P. Arnold 1946-)였다. 그 뒤 여러 명의 가수가 리메이크했다. 여기에서는 무수한 영화에 괴상한 분장을 한 모습으로 출연한 조니 뎁의 배우 경력이 「가위손」부터 시작되었음을 뜻한다.

¹⁹⁹⁰」이라고 정해둔 터였다. 영화 제목과 이름이 일치하는 이 주인공은 인간 사회에 속해본 적 없는 것은 물론 손가락 대신 거대한 가위를 갖고 있었다. 버튼은 그를 미국 교외 주택가 생활 방식에 길들여지지 않는 부적응자로 그릴 생각이었다.

버튼은 톰 크루즈를 만나 몇 시간 동안 그 배역을 놓고 논의했지만 크루즈는 에드워드가 전반적으로 활기 없는 것이 마음에 안 든다며 거절했다. 마이클 잭슨이 그 역할을 하고 싶어 했지만 이번에는 버튼이 퇴짜를 놓았다. 톰 행크스^{Tom Hanks 1956-}는 「허영의 불꽃^{Bonfire of the Vanities 1990}」을 선택했다. 윌리엄 허트와 로버트 다우니 주니어^{Robert Downey Jr. 1965-}가 관심을 보였지만 버튼은 조니 뎁을 택했다.

유행을 선도하는 십 대 경찰의 이미지를 지우고 싶어서 안달이 난 뎁은 기꺼이 그 역에 자신을 던졌다. 그 역할을 하려면 온몸에 검은 가죽을 휘감고 머리도 새카만 수세미처럼 만들어야 했지만 뎁은 이렇게 말했다. "이 영화 속 내 연기는 내가 자라면서 키운 개 한 마리와 갓난아기를 데리고 논 경험을 기반으로 해요. 이 영화를 찍을 때 우리 누나가 갓난아기들을 키우고 있었어요. 나는 아기들이 리모컨이나 줄 한 가닥에 넋을 완전히 빼앗긴 모습을 지켜보고는 했답니다."

「가위손」은 조니 뎁이 앞으로 나아가야 할 방향을 세우게 만들어준 영화다. 그는 위대한 감독들과 함께 일하고 싶었다. (존 워터스는 만족스러운 듯 뎁을 '영화감독 집착남'이라고 불렀다) 그리고 영화 속에서 최대한 괴상해지고 싶었다. 그는 메소드 연기를 중시하는 할리우드 각본, 혹은 거칠고 껄렁한 젊은이 이미지의 대명사가 되겠다는 계산된 노력이 아니라, 어떤 모습이 멋질까에 관한 내면적 나침반, 그리고 본능을 기반으로 배우로서의 경력을 쌓아나갔다.

뎁은 자신의 영화 선택 기준에 관해 이렇게 말했다. "내가 찍는 영화들이 좀 이상하기는 하지만, 난 그 영화를 찍고 싶고 그 영화가 너무나 마음에 들기 때문에 찍는 겁니다. 그 영화 속에 내재하는, 뭔가 웃기고 약간 색다른 존재가 되어볼 수 있는 기회가 내 눈에는 보이거든요."

뎁은 자신이 맡은 역할에 최대한 몰입했고 스타덤의 즐거움을 누리기도 했지만 자기 자신을 잃은 적은 한 번도 없다. "난 어리석은 인간이에요. 그래서 나 자신을 몇 년 동안 서서히 독살하고 있었어요." 뎁은 마약 모험으로 별 손상을 입은 것 같지 않았는데도 오랜 세월이 흐른 뒤 그 사실을 시인했다. 강한 자아의식의 보호를 받고 있었고 자신이 선택한 길의 부조리함을 건강하게 인정할 줄 알았기 때문에 뎁은 벼랑 위를 걷는 인생을 수십 년씩 살면서도 거기에서 한 번도 추락하지 않을 수 있었다.

20. 황금시대

배우와 배역은 서로에게 이익이 될 수 있게 함께 살아가는 방식을 찾는 공생관계 속에 존재한다. 그러나 배우가 어떤 역할에 생명을 너무 많이 나눠주면 그 배역은 떠나지 않고 숙주를 근본적으로 변화시키는 기생충이 될 수도 있다.

리버는 배역 속에 자기 자신을 더 많이 녹여 넣을 수 있기를 원했고, 버드 레이스의 경우 그 바람은 성공해 놀라운 결과로 영화에 나타났다. 그런데 촬영이 끝나도 버드레이스는 떨어져 나가려고 하지 않았다. 리버와 친한 친구가 된「샌프란시스코에서 하룻밤」의 촬영 감독 바비 버코우스키는 리버의 촬영 후유증을 목격했다. 버코우스키는 말했다. "「샌프란시스코에서 하룻밤」 촬영이 끝난 뒤에도 '이 녀석은 정말 성질 더러운 해병이로군'이라고 생각했던 기억이 나요. 리버가 원래의 다정한 성격으로 돌아오기까지는 한 달의 시간이 걸렸어요."

리버 피닉스에게는 이때가 황금시대였다. 삶의 모든 면이 행복해 보였다. 배우로서 자신만의 입지도 어느 정도 다졌고, 할리우드 스튜디오라는 공장 밖에서 출연작을 구하는 방법도 찾은 것처럼 보였다. '알레카스 애틱'의 실력도 일취월장하고 있었고 아일랜드 레코드사도 지원을 계속했다. 리버와 솔곳은 함께 있어서 지극히 행복했다. 술을 마시거나 약을 하기는 했지만 그것도 중독이 아닌 잠깐의 일탈처럼 보였다. '칠드런 오브 갓'에서 보낸 몇 년의 시간도 이제는 성인으로서 그의 삶을 규정하지 않았다. 리버가 아직 이 행성을 구하지 못했다고? 글쎄, 그에게는 시간이 많이 남아 있었다.

리버는 새로 생긴 자신의 균형감각과 성숙함에 관해 이렇게 말했다. "사람은 누구나 잠에서 깨자마자 자기 나이를 느낄 때가 있잖아요. 요즘 내가 그렇게 잠에서 일어나요. '와, 내가 스무 살인 게 느껴져.' 그게 얼마나 편안한 느낌인지."

5부

누군가의 정신병을
돌파하며 질주하기

1. 바닥이 안 보이는 파랑고 파랑고 파란 풀장 바닥[1]

    모터사이클 위에서 보낸 수천 마일. 이것이 1989년 크리스마스 직전, 키아누 리브스가 친구 리버 피닉스를 만나러 간 방법이다. 리브스는 캐나다에서부터 플로리다 주 게인즈빌까지 모터사이클을 타고 아메리카 대륙 동쪽 해안을 따라 내려왔다. 구스 반 산트^Gus Van Sant 1952-가 감독한 영화 「아이다호」에 대한 논쟁거리를 여행 짐으로 챙겼다. 이 영화의 기획은 두 배우의 에이전트, 매니저, 스태프들의 노고를 한층 심하게 만들었지만 아이리스 버튼은 피닉스 가족에게 그런 고충을 털어놓은 적이 없다. 영화의 주인공은 남성 고객에게 성 접대를 하는 거리의 남창男娼들이다. 쟁점은 그것이 기괴할 뿐 아니라 주류 영화계에서 금기시하는 소재라는 사실이었다.

1 바닥이 안 보이는 파랑고 파랑고 파란 풀장 바닥(The Bottom of the Bottomless Blue Blue Blue Pool): 미국의 록 밴드 '더 비 피프티투즈'가 1978년 발표한 곡 제목이다. 영화 「아이다호」의 원제 'My Own Private Idaho'는 이 노래의 가사에서 빌려온 구절로 '현실 속에는 존재하지 않는 이상적인 사랑의 공간'을 의미한다.

구스 반 산트는 코네티컷 주 대리언에서 자랐고 로드 아일랜드 디자인 학교에 다녔다. 대학교 1학년 때 스탠리 큐브릭Stanley Kubrick 1928-1999의 「시계태엽 오렌지A Clockwork Orange 1971」를 보고 영화가 좋아져서 그림을 포기했다. 반 산트는 말했다. "나한테 카메라는 그림처럼 이미지를 만들되 1초에 스물네 장이나 만들 수 있는 작은 기계였어요." 1975년 대학을 졸업한 뒤 할리우드에 진출하려고 했지만 실패하고 오리건 주 포틀랜드에 정착했다. 그의 실험적 영화는 마침내 1989년 작 「드러그스토어 카우보이Drugstore Cowboy」에서 꽃을 피웠다. 맷 딜런이 주인공, 즉 약국을 습격하는 마약 중독자 패거리 두목으로 출연한 그 영화는 그해 전미 비평가 협회 대상을 수상했다.

1990년 1월 1일 리버는 몇몇 친구들과 함께 「드러그스토어 카우보이」를 봤고 예상대로 깊은 인상을 받았다. 얼마 뒤 리버와 리브스는 엘에이로 향했다. 그들은 어떤 클럽을 찾아가느라 산타모니카 대로를 따라 달리면서 영화에 관해 토론했다. 최고 속도에 도달하자 말들이 쏟아져 나왔다.

"우리는 둘 다 흥분됐어요." 리버는 말했다. 두 사람은 그 기획이 불안하기도 했다. 특히 그 역할에 뛰어든 뒤 다른 한 사람이 먼저 그만뒀다는 소식을 듣게 될까 봐 겁이 났다. "우리 스스로 그 역할 안으로 밀고 들어가는 것 말고는 달리 방법이 없었어요." 두 사람은 함께 잘 해보자고 악수로 합의했다.

나중에 반 산트는 이렇게 말했다. "두 사람은 아마도 위기감을 느꼈을 겁니다. 하지만 위기가 전혀 없으면 재미도 없잖아요."

몇 주 뒤 반 산트는 젊은 주인공을 만나러 비행기를 타고 플로리다에 왔다. 리버와 솔곳이 차를 몰고 게인즈빌 공항에 마중을 나왔다. 리버는 영화와 관련된 온갖 질문을 퍼부었고, 조용하고 상냥한 이 감독과 서로 금세 마음을 터놓게 되었다. 얼마 뒤 반 산트가 자기한테 반해서 자기를 따라다니는 것 같다는 말을 친구들에게 하기는 했지만 말이다. (반 산트는 커밍아웃한 게이이다-옮긴이) 아무튼 리버는 "이 영화가 〈타이거 비트〉 표지 속 나를 지워줄 거야"라는 기대감으로 영화에 뛰어들었다.

반 산트가 제작비를 모으는 동안 리버는 「샌프란시스코에서 하룻밤」을 찍었고 리브스는 패트릭 스웨이지^{Patrick Swayze 1952-2009}와 함께 「폭풍 속으로^{Point Break 1991}」에 주인공으로 출연했다. 캐서린 비글로우^{Kathryn Ann Bigelow 1951-}가 감독한 그 영화는 미국 역대 대통령 가면을 쓰고 은행을 터는 서퍼들을 그린 독특한 액션 영화였다. 리버는 거리의 남창 역할을 준비하느라 존 레치[2]의 소설 『밤의 도시』를 읽었고 「아이다호」 주인공의 실제 모델이자 반 산트 감독의 친구인 남창 마이크 파커^{Mike Parker}를 만났다. (원래는 파커가 이 영화의 주인공을 맡을 계획이었지만 리버가 출연을 결정하고 난 뒤 파커의 역할은 조연으로 바뀌었다)

파커의 말에 따르면 리버는 여러 준비 과정을 거쳤는데 동성애 섹스, 즉 「샌프란시스코에서 하룻밤」의 남자 동료 배우들과 외설스러운 장난을 쳐본 것도 준비 과정의 하나였다. 파커는 말했다. "나는 리버가 그게 어떤 감정인지 느껴봤을 거라고 생각해요. 사람들은 누구나 어느 정도 호기심이 있잖아요. 그 친구는 나한테 정말 강한 호기심을 느끼는 것 같았어요. 하지만 리버는 게이라서가 아니라 진심으로 이해하고 싶었기 때문에 그랬을 겁니다."

수잔 솔곳은 말했다. "리버는 남자든 여자든 누군가를 사랑하게 되면 그 사

---

2   존 레치(John Rechy 1931-): 미국의 소설가, 극작가. 미국의 하위문화, 그중에서도 로스앤젤레스의 게이 문화를 소재로 많이 취했다. 미국 LGBT 문학의 선구자로 여겨진다. 특히 자신의 경험을 바탕으로 1963년 출간한 소설 『밤의 도시(City of Night)』는 베스트셀러가 되었고 후대 많은 예술가들에게 영감을 주었다. 영화 「아이다호」 외에 이 소설을 영감의 원천으로 언급한 예술가로는 록 밴드 '더 도어스(The Doors)', 화가 데이비드 호크니(David Hockney 1937-) 등이 있다.

람에 대해 다 알아야 한다고 생각했어요."

「아이다호」의 줄거리를 두 문장으로 요약하면 이렇다. 마이크 워터스(리버)는 기면발작증이 있는 남창으로 엄마를 찾아 헤맨다. 스코트 페이버(리브스)는 셰익스피어의 희곡 『헨리 4세』[3] 속 할 왕자의 현대 버전이다. 즉 포틀랜드 시장의 망나니 아들로 재미삼아 길바닥 생활을 하다가 아버지의 재산을 상속받은 뒤 자기 자리로 돌아가는 인물이다. 영화는 셰익스피어식 대화를 버리고 그것을 현대어로 재구성했다. 중요한 등장인물 폴스타프는 거리 남창들의 카리스마 넘치는 제왕 밥 피게온으로 다시 태어났다.

다니엘 데이 루이스Daniel Day-Lewis 1957-가 그 역을 맡을 거라는 소문이 돌았지만 그는 그 제안을 받아들이지 않았다. 리버는 친구이자 「지미의 사춘기」 감독인 윌리엄 리처트가 그 역을 맡기를 원했지만 리처트는 대본을 읽고 벌컥 화를 냈다. "뒤룩뒤룩 살찐 거구 남색한이잖아." 그는 리버에게 전화를 걸어 물었다. "내가 했으면 좋겠다는 역이 이거냐? 넌 대체 내가 왜 이 역을 해야 한다고 생각하니? 나는 배우는 해본 적이 없다. 내가 이 역할을 하면 사람들

---

3 『헨리 4세(Henry IV)』: 리처드 2세를 시해하고 왕위를 찬탈한 헨리 4세를 다룬 셰익스피어의 사극이다. 헨리 4세의 아들 헨리(할) 왕자는 폴스타프가 이끄는 빈민 패거리와 런던 술집을 전전하며 방탕하게 살아간다. 부왕이 위독하다는 소식에 궁으로 돌아온 왕자는 거리 생활을 청산하고 왕위를 계승한다. 폴스타프는 기뻐하며 대관식에 달려가지만 왕자는 폴스타프를 모르는 척하며 쫓아낸다. 폴스타프는 작품 초반 사기꾼, 호색한, 술꾼, 거짓말쟁이, 폭식하는 돼지 등으로 그려지지만, 후반으로 가면서 그의 순수한 영혼이 점점 드러난다. 관객과 독자들에게서 끝없이 공감의 웃음을 이끌어내는 인물이다. 그래서 그를 외면한 왕자의 비열한 권력욕이 더 두드러져 보인다. 「아이다호」에서는 윌리엄 리처트가 분한 밥 피게온이 폴스타프에 해당되는 캐릭터다. 거리 남창들의 정신적 지주 피게온은 스코트가 시장의 상속인이 되었다는 말을 듣고 축하해주려고 찾아가지만 문전박대를 당하고 상심해 자살한다. 시장의 성대한 장례식과 피게온의 초라한 장례식이 같은 시간, 같은 장소에서 열리고 마이크와 스코트는 같은 공간 삶의 다른 영역에 서서 서로를 바라본다.

이 앞으로 날 계속 그렇게 볼 게다."

"아뇨, 아뇨, 그렇지 않아요. 에너지 넘치는 캐릭터예요." 리버는 장담했다. "몸이 얼마나 큰지는 중요하지 않아요." 리처트는 그 역할을 거절했고 자존심에 상처를 입었다. 그 무렵 리처트는 젊은 여자와 사귀고 있었는데, 그 여자가 자신과 밥 피게온이 조금이라도 닮았다고 생각하길 바라지 않았다.

그러나 리버는 그 역할을 맡아달라고 계속해서 리처트를 졸라댔다. 심지어 리처트의 집에서 머물고 있던 어느 날은 만나보라며 반 산트 감독을 그 집으로 초대하기까지 했다. 반 산트는 리처트의 집에 도착하자마자 그 집 현관 베란다에 앉아 리버와 함께 큰 소리로 대본을 읽기 시작했다. 압박감과 모욕감을 느낀 리처트는 나가보지도 않고 집 안에서 마리화나를 피웠다. 그러나 토라져 있던 것도 잠시, 곧 그 모임에 합류했다.

"내가 이 대본을 읽어야 된다는 거냐, 리버?" 리처트는 물었다.

"아, 그렇게 해주실래요, 빌? 정말 굉장할 거예요, 그렇죠, 구스?"

리처트는 피게온의 대사를 읽으면서 리버가 대본 전체를 이미 다 암기하고 있다는 사실을 알아챘다. 대본 낭독이 끝난 뒤 리처트는 그 역할을 하고 싶지 않다는 말을 반복했지만, 개인적으로는 리버의 끈질김을 인정할 수밖에 없었다. "어찌나 주도면밀한 수완가 같던지." 결국 밥 피게온 자리는 여든두 살의 노배우 리오넬 스탠더Lionel Stander 1908-1994로 채워졌다. 텔레비전 드라마 「부부탐정Hart to Hart 1979-1984」 속 운전기사로 알려진 배우였다.

리버는 촬영하러 비행기를 타고 오리건 주 포틀랜드로 갔다. 그러던 어느 날 밤 리버가 리처트에게 전화를 걸었다. "이봐요, 빌. 나 지금 키아누랑 함께 있어요. 내일 밥 피게온이랑 찍는 장면이 있는데, 우리는 감독님이 와주셨으면 좋겠어요. 우리가 그 배우를 해고했거든요."

"너희가 배우를 해고했다고? 너랑 키아누가?" 리처트는 깜짝 놀라 물었다.

"아니, 아니, 아니, 아니에요. 해고는 구스 감독님이 했어요. 배우들은 그 배우한테 에너지가 없다는 감독님 말에 모두 동의했고요. 목요일까지는 오실 수 있죠?"

리버는 리처트를 설득해보라고 리브스에게 수화기를 넘겼다.

"지금 어디에 있니?" 리처트는 물었다.

"구스 감독님 집 거실에서 지내고 있어요." 리브스가 대답했다.

"왜 그 집 거실에서 지내니?"

"이 집에 아직 가구가 하나도 없어서요."

그들의 집요함에 지쳐버린 리처트는 반 산트 감독의 허락을 받고 자신에게 전화를 건 것인지 확인한 뒤 결국 굴복했다. 반 산트가 자신의 볼보를 몰고 포틀랜드 공항으로 마중을 나왔다.

"의상 담당자는 나를 만나자마자 뚱뚱한 옷 속으로 나를 밀어 넣고는 온몸을 시뻘건 것들로 뒤덮었어요. 나는 그렇게 밥 피게온 속으로 빠져들었어요. 내 안에 잠재해 있던 타고난 사기꾼, 뚱뚱보 폴스타프가 내게도 느껴지더군요. 리버는 매일 밤 내 숙소로 찾아왔어요. 나의 두 번째 감독님이었거든요."

리버는 촬영 기간 내내 호텔을 잡지 않고 반 산트의 집에서 지냈다. 곧 리브스와 '레드 핫 칠리 페퍼스'의 플리를 비롯해 젊은 남자 출연자들이 그 모임에 합류했고 그 집은 방석과 악기들로 마구 어질러진 무료 숙박소가 되고 말았다. 손님의 수에 기겁한 반 산트는 집을 나가 촬영 기간 내내 밖에서 지냈다.

심야까지 이어지는 파티와 즉흥 연주가 일상이 되었다. 리브스와 플리가 각자 본인의 베이스를 챙겨온 터였다. 리버는 포틀랜드 악기상점에서 아일랜드산 수제 기타를 구입했다. 거기에 마이크 파커, (예전에 포틀랜드 거리 소년이었던) 배우 스코트 그린$^{Scott\ Green}$, 편집감독 웨이드 에반스$^{Wade\ Evans}$가 가담했고 때로는 반 산트도 동참했다. 그들은 술에 취하면 반 산트의 차고 안 비엠더블유 자동차 옆에서 마리화나를 피운 다음, 리버가 "퓨전 펑크 라틴 재즈풍"이라고 부르는 음악을 연주하고는 했다.

그 차고 밴드에서 주로 드럼머신 조작을 담당했던 파커는 이렇게 말했다. "리버는 대개 원주민 음악 같은 리듬으로 연주를 시작했고 곧 트랜스 음악에 빠져들었어요. 그렇게 놀라운 즉흥 연주가 시작되면 세 시간씩 멈추지 않고 계속되었답니다." 리버와 플리가 연주의 주축이 되었고 음악을 향한 사랑은 두 사람 간 우정의 주춧돌이 되었다.

리버는 두 눈을 감은 채 음악을 연주하는 동안에는 지극한 행복에 빠질 수 있었고 다른 세상일은 모두 까맣게 잊을 수 있었다. 그래서 기타를 멘 채 쓰러져 잠이 들 정도로 완전히 방전될 때까지 연주하는 걸 즐겼다.

공교롭게도 리버가 그 영화 때문에 난데없이 잠드는 병에 관해 알게 된 참이었다. 영화 속 리버의 등장인물이 기면발작증, 즉 별안간 쓰러져 잠이 드는데 스트레스가 심한 상황에서 유독 증상이 심해지는 병을 앓고 있었기 때문이다. 반 산트의 친구 중 한 명이 실제로 기면발작증을 앓고 있어서 리버는 그 사람과 때때로 시간을 함께 보내며 어떻게, 왜 '발작'이 일어나는지, 그렇게 잠이 든 뒤 꿈인 줄 알면서도 깨지 못하고 계속 빠져들게 되는 과도현실의 질감은 어떤지 등에 관해 토론했다. 리버는 실제 발작을 목격한 적이 없었다. 그러나 반 산트는 리버의 발작 연기가 진짜 발작과 똑같았다고 평했다.

리버는 그 역할을 준비하느라 또 포틀랜드 길바닥에서 시간을 보내며 흥정 요령을 익혔다. 이를테면 불안한 웃음은 나이 많은 남자의 갑질을 유도한다든가, 뭐 그런 식이었다. 파커의 말에 따르면 남창은 기본적으로 두 가지 유형이 있었다. 육체파거나 씻지 않아 꾀죄죄한 부류들. 리버는 후자를 선택했다. "길에서 선택받는 확실한 방법이죠." 파커는 말했다.

그린이 리버와 리브스의 여행 가이드가 되어 '바셀린 골목'이라는 구역으로 안내했고 그들은 거기에서 40달러 '데이트'를 하러 자동차에 올라타는 열두 살 정도 된 소년들의 모습을 지켜봤다. 심지어 리버는 그린이 아무개 씨의 자동차에 타서 흥정할 때 옆에 따라 타서 거래가 어떻게 이루어지는지 배우기도 했다. 때때로 리버가 직접 협상을 하기도 했다. 그린은 말했다. "하지만 정작 합의가 이루어지고 나면 우리는 '미안해요, 못 하겠어요'라고 말하면서 차에서 뛰어내리고는 했어요. 도대체 뭐가 잘못된 건지 어리둥절해하는 남자들을 차 안에 남겨두고 말이죠."

어떤 잠재 고객은 거절을 수긍하지 못했다. 그는 계속 그 블록 주변을 빙빙 돌면서 그들을 향해 외쳐댔다. "하지만 난 너무 외롭다고요!"

그 역할에 더 깊이 젖어들기 위해 리버는 독한 약들을 실험해보기 시작했다. 리버는 길거리 소년 출신으로 「샌프란시스코에서 하룻밤」과 「아이다호」에서 제작부 보조로 일한 맷 에버트^{Matt Ebert 1965-}와 친했다. 둘이 함께 헤로인을 처음 하기 전에 리버는 전에도 해본 적이 있다고 주장했다. "거짓말이라고 생각했던 기억이 나요." 에버트는 말했다. 그의 말에 따르면 '헤로인을 거침없이 사용하는 행태'가 「아이다호」의 출연진과 제작진들 사이에 만연해 있었다고 한다. 에버트는 리버에 대해 이렇게 말했다. "리버는 틈틈이 나를 찾아왔고 우리는 함께 마약을 하고는 했어요. 솔직히 말해서, 리버가 평범한 사용자에서 약물 문제를 심하게 겪는 중독자로 전락하기까지는 오랜 시간이 걸리지 않았어요."

촬영 초반에 리버가 음주운전 단속에 걸렸다. 영화사는 재발을 방지하려고 리버의 차를 몰수했고 그 사건을 조용히 덮어버렸다. 그 말이 리버의 에이전트 아이리스 버튼에게 들어갔다. 그녀는 폭발했다. 리버에 대한 걱정보다는 당황스러움이 더 큰 원인이었다. 버튼은 이렇게 불평했다. "생각 좀 해보세요. 내가 그 빌어먹을 영화 보조한테서 그런 이야기를 들어야 하다니. 그 엿같은 「아이다호」는 내 마음에 든 적이 없어요. 그런 쓰레기는 원래 제 자리인 쓰레기 더미 속에 계속 있었어야 하는 건데."

예전보다 훨씬 더 역할에 몰입하게 되면서 리버의 원래 모습이 눈에 띄게 사라져갔다. 머리에는 덕지덕지 기름이 끼었고 피부에는 병색이 완연했으며 몸에 걸친 것은 모두 헌 옷이었다. 그는 할리우드 스타가 아니라 슬픔에 잠긴 길거리 소년처럼 보였다. 한번은 포틀랜드 시티라는 나이트클럽에 조사를 하러 갔는데 사장이 부랑자처럼 보인다며 리버를 내쫓기도 했다.

"난 리버 피닉스예요." 리버는 반박했지만 확인을 요구했을 때 신분증을 제시하지 못했다. "흠, 당신이 리버 피닉스라면 봉사료 6달러쯤은 충분히 지불할 수 있겠군." 클럽 사장 래니 스워드로Lannie Swerdlow가 말했다. 그러나 돈 역시 갖고 있지 않았다. "사람 그만 놀리고 가쇼." 스워드로는 이렇게 말하고 문지기들에게 시켜 리버를 밖으로 몰아냈다.

리버는 무도회장에 들어가는 재주는 변변치 않았지만 카메라 앞에서는 놀라운 연기를 선보였다. 마이크 워터스는 실제로는 기억도 못 하지만 틈만 나면 꿈에 나타나는 어머니를 찾아서 두 손으로 더듬더듬 반쯤 잠든 삶을 헤쳐나간다. 붉은 색조의 옷을 입은 마이크는 반 산트가 중간중간 끼워 넣은 화면 속 연어들처럼 보인다. 그 노력이 자기 자신을 파먹을지라도 사력을 다해 고향으로 돌아가는 생명체인 것이다. 마이크 워터스는 계속 방어적인 태도를 유지함으로써 길바닥에서 살아남는다. 리버 피닉스는 마이크의 마음이 얼마나 여린지 우리에게 보여준다.

시애틀에서 촬영하는 2주 동안 영화사 사람들이 5번 주간 고속도로를 타고 그곳에 왔다. 저널리스트 다리오 스카다페인Dario Scardapane 1966-은 연락선에서 촬영 장면을 지켜봤다. 마이크 워터스가 기면발작을 일으켜 가수면 상태에 빠져 있는 동안 로드니 하비Rodney Harvey 1967-1998와 키아누 리브스가 연기한 남창들이 주위를 살피며 대마초 파이프를 빨아들이는 장면이었다.

스카다페인은 이렇게 썼다. 촬영장에서 어슬렁대는 리버의 모습은 "솔직히 말해서 쓰레기 같다. 머리는 엉망이고 얼굴은 수염이 자라 얼룩덜룩하며 지저분한 빨간색 바지는 몸에 맞지도 않는다. 그러나 무엇보다도 밤잠을 좀 제대로 자야 할 것처럼 보인다. 그 배우는 역할에 완전히 푹 빠져 있는 듯 연락선 선실 긴 의자에 풀썩 쓰러진다."

촬영이 시작됐을 때 반 산트는 "리버가 다른 배우들 발밑 근처 웅덩이에 누워 있다는 사실조차 하마터면 모르고 지나칠 뻔했다. 리버는 그날 하루의 대부분을 그 자세 그대로 있었다. 까놓고 말해서 카메라가 돌아가고 있을 때 그의 연기와 카메라가 꺼졌을 때 그의 모습 사이에는 차이가 거의 없다."

하지만 그 장면은 최종 편집 때 영화에서 삭제되었다.

제작진은 리버와 리브스가 연기한 인물이 둘 다 실제 동성애자는 아니라고 입을 모았다. 그저 돈을 벌려고 남자와 성관계를 할 뿐. "이 작품은 「잃어버린 전주곡」,4이 유전 일꾼들을 다룬 것과 매우 비슷하게 게이들을 다뤄요." 리버

---

4 「잃어버린 전주곡(Five Easy Pieces 1970)」: 클래식 음악 명문가에서 성장한 바비(잭 니콜슨)는 집안 분위기가 싫어 가출한 뒤 유전에서 막노동꾼으로 일한다. 바비는 동거하는 여자도 있지만 그저 재미로 여러 남자들과 사귄다. 아버지가 위독하다는 소식을 듣고 3년 만에 집으로 돌아가지만 가족은 모두 여전하다. 바비는 반항심에 형의 약혼자를 유혹한 뒤 다시 집을 나간다.

는 약간 능청스럽게 우겼다.

리브스는 인터뷰에서 그 역할을 어떻게 준비했느냐는 질문에 훨씬 덜 우아하고 더 방어적으로 반응했다. "내가 거시기를 입으로 빨지는 않았어요. 이런 대답을 원하는 거라면요!"

아무튼 그 영화에는 리버, 리브스, 그리고 우도 키에르^{Udo Kier 1944-}가 연기한 독일인 사업가의 삼각 섹스 장면이 나온다. 연속되는 정지 화면으로 연출된 이 장면을 준비하면서 리버와 리브스는 둘 다 긴장했다. 촬영 직전 리버는 냉랭한 분위기를 바꿔보려고 농담을 한마디 했다. "상상해봐, 키아누. 언젠가 너의 5백만 팬들이 이 장면을 보게 될 거야." 이 농담은 역효과를 낳았고 리브스는 남의 시선을 지독하게 의식했다. 우여곡절 끝에 하루 만에 그 장면 촬영이 끝나기는 했지만, 나중에 리버는 평소 온화한 반 산트 감독한테 때에 맞지 않는 농담을 했다는 이유로 호되게 혼이 났다고 말했다. "정말 오줌을 지릴 만큼 무섭게 혼내셨다니까요. 하마터면 울 뻔했어요."

리버의 연기 중에서, 그리고 그 영화에서 가장 중요한 장면은 리브스와 함께 찍은 모닥불 장면이다. 스코트 페이버는 (훔친 오토바이로) 마이크 워터스를 데리고 마이크의 형네 집으로 여행을 떠난다. 밤에 모닥불을 피우고 그 옆에 앉아 그들은 각자 어린 시절 이야기를 나눈다. "정상적인 가정에 태어나서 교육을 잘 받고 자랐다면 난 아마 어디에나 잘 적응하는 사람이 됐을 거야." 마이크가 말한다. 마이크가 정말로 하고 싶은 말은 스코트를 사랑한다는 말이지만 왠지 그 말을 하기가 두렵다.

스코트는 비스듬하게 누운 채 마이크에게 말한다. "내가 남자랑 그 짓을 하는 이유는 오직 돈 때문이야. 남자 둘이 서로를 사랑할 수는 없어."

불쌍한 마이크는 더듬더듬 말한다. "너도 알다시피 나, 나는 돈을 받지 않고도 누군가를 사랑할 수 있어. 난 널 사랑해. 넌 나한테 돈을 내지 않지만." 공처럼 몸을 동그랗게 만 채 마이크는 스코트에게 말한다. "난 정말로 너한테 키스하고 싶어." 이 장면은 스코트가 다정하게 마이크를 안은 채 마이크의 머리를 쓰다듬으며 끝난다.

반 산트는 말했다. "그게 이 영화 최고의 장면이에요. 리버가 가장 중요한 장면으로 꼽은 장면이기도 하고요." 리버의 부탁에 따라 반 산트는 그 장면을 맨 마지막에 촬영하도록 일정을 조정했다. 리버가 대사를 고쳐 써서 더 서정성이 강화되었고 스코트를 향한 사랑도 분명해졌다. (반 산트가 쓴 원래 대본에서는 두 사람의 관계가 훨씬 더 모호했다)

리버는 말했다. "'난 널 사랑해. 넌 나한테 돈을 내지 않지만.' 그 대사를 직접 쓰게 돼서 정말 기뻐요. 내 생각에 마이크는 아마도 개인적인 삶에서는 동정童貞일 거예요. 일로서 성관계를 할 뿐." 상황적 순결성과 원하지 않는 성관계의 결과에 관해 오랜 세월 깊이 생각해온 리버였다.

그러나 영화의 마지막 장면에는 리버 피닉스뿐이다. 그는 북서부 고속도로 한편에 외롭게 혼자 누워 있다. 마이크 워터스에게는 확실한 미래도 없고 스코트 페이버도 없다. 스코트가 시장의 후계자라는 지위를 받아들여 뜨거운 이탈리아 여자친구의 품속으로 떠나간 까닭이다. 마이크는 먼 곳을 뚫어지게 바라보다가 비틀비틀 잠 속으로 빠져듦으로써 세상으로부터 도망친다.

한참 뒤 트럭 한 대가 마이크 옆에 선다. 두 남자가 마이크의 신발을 벗겨 간다. 그때 영화의 사운드트랙 스틸기타 버전의 「아메리카 더 뷰티풀America the Beautiful」이 떨리는 소리로 흘러나온다. 롱샷 화면 속에서 차 한 대가 마이크 옆에 멈추어 선다. 운전사가 마이크를 차에 태우고 쏜살같이 멀어진다. 그는 마이크를 집으로 데려가려고 온 마이크의 형일 수도 있고 어떤 나쁜 의도가 있는 익명의 남자일 수도 있다. 또 (낭만적인 관객의 마음속) 그는 마이크를 구하러 돌아온 스코트일 수도 있다.

1997년 반 산트는 한 서점에서 열린 자신의 소설 『핑크Pink』의 낭독회에 참석했다. (리버 피닉스에게 헌정한 책, 리버를 부분적으로 닮은 주인공이 등장하는 소설이었다) 참석자 중 한 명이 리버 피닉스의 몸을 차에 태워간 사람이 누구냐고 물었다.

"관객이 그 영화 속에 자신을 투영해 그 사람이 누구인지 스스로 결론 내렸으면 하는 것이 제 바람이었습니다." 반 산트는 대답했다.

그러자 참석자는 다시 물었다. "알았어요. 그럼 감독님 버전에서 리버를 데려간 그 남자는 누구인가요?"

반 산트는 잠시 침묵한 뒤 대답했다. "내 버전에서…… 내 버전에서 리버를 태운 사람은 납니다."

2. 1991년의 젊은 할리우드

1991년 브래드 피트는 유혹의 화신으로 유명해졌다. 법망을 피해 도망치는 두 여자 이야기를 다룬 리들리 스코트Ridley Scott 1937- 감독의 영화 「델마와 루이스Thelma & Louise」에 섹시하고 젊은 히치하이커 제이디로 출연하게 된 것이다. 영화 속에서 제이디는 마찬가지로 범법자인 것으로 밝혀진다. 피트는 러닝타임 14분 동안 매력을 발산하며 셔츠를 벗고 (델마를 연기한) 지나 데이비스Geena Davis 1956-와 밤을 보낸 뒤 느릿느릿 다음 대사를 읊는다. "흠, 난 늘 그렇게 생각했어요. 제대로만 끝나면 무장 강도를 만나는 게 꼭 불쾌한 경험이 되지 않을 수도 있겠다고요." 그 배역은 피트를 단숨에 섹스 심벌과 무비스타의 자리에 올려놓았다. 제이디는 델마와 루이스에게서 6천 달러를 훔친다. 그 시절 여성 관객들 사이에 유행하던 대화 주제 중 하나는 과연 델마의 열정적인 밤이 그만큼의 가치도 없었느냐 하는 것이었다.

에단 호크는 탄탄한 영화(유콘의 늑대 개에 관한 잭 런던^{Jack London 1876-1916}의 소설을 각색한 디즈니 영화 「화이트 팽^{White Fang}」)와 끔찍한 영화(괴상한 십 대 코미디 영화 「미스터리 데이트^{Mistery Date}」) 두 편의 주연으로 출연하고 있었다. 레오나르도 디카프리오는 그가 나오지 않았다면 기억조차 되지 않았을 공포 영화 「크리터스3^{Critters3}」으로 마침내 영화에 데뷔했다. 디카프리오는 그 등장 인물을 "평범하고 깊이 없는 딱 금발 머리 아이"라고 묘사했다. 그 영화는 극장에서 상영되지 않고 곧장 비디오 영화가 됐지만 그는 열일곱 살에 배우라는 직업을 갖게 된 것이었다. 디카프리오는 이런 말로 만족을 표했다. "지금껏 평생 나를 야단쳐온 모든 수학 선생님들 좀 보시죠, 하하! 웃음이 나오네요."

마샤 플림튼은 「스탠리와 아이리스^{Stanley & Iris}」에 출연했다. 과자점 문맹 직원 로버트 드 니로^{Robert De Niro 1943-}와 그에게 글을 가르치는 여성 제인 폰다^{Jane Fonda 1937-}가 주연을 맡은 영화였다. 사만다 마티스는 노라 에프론^{Nora Ephron 1941-}의 감독 데뷔작 「행복 찾기^{This is My Life}」에 캐스팅되어, 화장품 외판원에서 스탠드업 코미디언으로 직업을 바꾼 줄리 카브너^{Julie Kavner 1950-}의 불만투성이 십 대 딸을 연기했다.

'버트홀 서퍼스'는 제1회 롤라팔루자[5]의 일원이 되어 종횡으로 미국 전역

---

5 롤라팔루자(Lollapalooza): 미국의 대규모 록 페스티벌 일주 공연이다. 1991년 얼터너티브 록 밴드 '제인스 애딕션(Jane's Addiction)'이 해체를 앞두고 고별 순회공연을 시작한 것이 축제의 기원이 되었다. 1991년 7월부터 8월까지 미국과 캐나다 20여 개 주요 도시에서 공연했는데 동료 가수들을 초청해 무대를 구성했다.

을 순회했다. '제인스 애딕션'의 리드싱어 페리 패럴Perry Farrell 1959-의 뜨거운 마음에서 기획된 그 패키지 투어에는 '나인 인치 네일스Nine Inch Nails', '리빙 컬러Living Colour', '아이스티Ice-T', '수지 앤드 더 밴시스Siouxsie and the Banshees'가 포함되어 있었고 메인 공연은 '제인스 애딕션'이 맡았다. (다음 해 비어 있는 메인 공연을 메운 팀은 '레드 핫 칠리 페퍼스'였다) 롤라팔루자는 엄청난 성공을 거두었고 이른바 얼터너티브 음악의 상업적 영향력을 과시하는 1990년대 반문화 축제의 대명사가 되었다. 투어가 끝나고 몇 달 뒤 '너바나Nirvana'가 「스멜스 라이크 틴 스피릿Smells Like Teen Spirit」을 발표해 팝 뮤직을 완전히 뒤엎어버렸다. 그 곡이 수록된 '너바나'의 앨범 『네버마인드Nevermind』는 빌보드 차트 1위를 기록했고 그 순간은 흔히 얼터너티브 록이 주류 록 앤드 롤에 일격을 가한 순간으로 여겨진다.

'알이엠' 역시 『아웃 오브 타임Out of Time』으로 차트 1위를 기록해 1991년의 주류 음악을 재정의했는데 그것은 사실 「루징 마이 릴리전Losing My Religion」의 흔한 만돌린 리프의 힘이었다. 구스 반 산트가 사진과 미술 감독을 맡은 '레드 핫 칠리 페퍼스'의 앨범 『블러드 슈가 섹스 매직Blood Sugar Sex Magik』은 빌보드 차트에서는 3위밖에 기록하지 못했지만 미국에서만 누적 7백만 장 이상이 팔렸다. 공전의 히트를 기록한 곡 「언더 더 브리지Under the Bridge」는 앤서니 키디스가 헤로인 때문에 겪은 사고를 노래한 암호화된 찬가였다. 앨범 녹음이 끝난 뒤 키디스는 기타리스트 존 프루시안테가 스튜디오 밖으로 나오는 데, 서부 문명에 하루하루 적응하는 데 어려움을 겪고 있다고 말했다. "존은 빌보드 차트는 물론, 어, CBS에서 방송하는 「아세니오 홀 쇼The Arsenio Hall Show 1989-1994」 같은 토크쇼나 립스틱 광고조차 보고 싶어 하지 않는 지경에 이르렀어요. 그 친구는 자신의 창조가 아름답게 나타나는 세계 안에만 머물고 싶어 해요. 앞으로는 음반 홍보 투어에서 존의 모습을 볼 수 없을 겁니다." 한 가지 결과: "존이 시험 삼아 헤로인을 해보기 시작했어요."

크리스천 슬레이터는 전통적인 할리우드 계약을 체결했다. 케빈 코스트너 Kevin Costner 1955-가 주연한 빤하지만 광범위한 인기를 누린 영화 「로빈 훗: 도적들의 왕자Robin Hood: Prince of Thieves」의 조연 윌 스칼렛을 맡는 대가로 영화사로부터 논란이 될 만큼 많은 출연료를 받은 것이다. 또 그는 「스타트렉 6: 미지의 세계Star Trek VI: The Undiscovered Country」에 카메오로 출연해 우주 함대 제복을 입음으로써 한 가지 꿈을 실현하게 되었다. 반면 「스타트렉: 더 넥스트 제너레이션」을 진작 그만둔 윌 휘튼은 컴퓨터 회사 뉴텍에서 가정 비디오 편집 시스템의 개척자인 비디오 토스터 4000을 검사하고 품질을 관리하는 사무직으로 일하고 있었다. 그 회사의 본사는 캔자스 주 토피카에 있었다. "난 그게 할리우드로부터 지리적으로나 문화적으로나 최대한 멀리 떨어질 수 있는 방법이라고 판단했어요." 휘튼은 말했다.

1991년 새해 벽두부터 조니 뎁은 「가위손」의 성공에 흠뻑 취해 있었다. 「가위손」은 뎁이 팀 버튼과 함께 작업한 첫 영화였던 것은 물론 위노나 라이더와 함께 찍은 첫 영화이기도 했다. 버튼은 애정을 듬뿍 담아 그 커플을 "트레이시와 햅번⁶의 사악한 버전"이라고 불렀다. 뎁과 라이더는 타블로이드 신문 기자들의 집착 대상이 되는 불쾌한 경험을 하고 있었다. 그것은 계속 파파

---

6 트레이시와 햅번: 스펜서 트레이시(Spencer Tracy 1900-1967)와 캐서린 햅번(Katharine Hepburn 1907-2003)을 말한다. 두 사람은 아홉 편의 영화에 함께 출연했고 27년 동안 열애했다. 유부남이었던 트레이시는 이혼하지 않은 상태로 죽을 때까지 햅번과 함께 살았다. 공식적으로 그 관계를 언급한 적 없는 햅번은 1983년 트레이시의 아내가 사망한 뒤 연인 사이였음을 시인했다. 햅번은 트레이시의 유작 「초대받지 않은 손님(Guess Who's Coming to Dinner 1967)」을 죽을 때까지 보지 않은 것으로 유명하다.

라치들을 따돌려야 하고 두 사람이 다른 이성과 잤다는 소문을 끝없이 부인해야 한다는 뜻이었다. 하지만 집에 둘이 함께 있을 때의 삶은 행복했다.

뎁은 할리우드 힐스의 주택 한 채를 임대해 그 집을 광대 그림, 소설가 잭 케루악Jack Kerouac 1922-1969 관련 수집품, 9피트(약 274센티미터) 크기의 섬유유리 수탉으로 채웠다. (뎁은 자신이 '할리우드 최대 콕'[7] 소유자라는 증거로 그 수탉을 써먹고는 했다) 이제 뎁과 라이더는 한집에 살고 있었고, 뎁은 매일 아침 라이더를 위해 식사를 침대로 가져다줬다. "달걀, 해시 포테이토, 베이컨, 토스트, 커피, 뭐 이런 음식이에요." 라이더는 콕 집어 말했다. "커피일 때가 단연 가장 많지만요."

3. 시오닉 선스팟[8]

리버는 마이크 워터스의 껍질을 벗어버리는 것을 어려워했다. 타블로이드 신문 사진기자들은 라임라이트나 댄스테리아 같은 뉴욕 나이트클럽에서 리버가 중고품 매장에서 파는 듯한 「아이다호」 옷차림으로 서성대는 모습을 찍어댔다. 기사 속 리버는 자신의 '연구' 방법에 관해 이야기하고 있거나 셔츠를 벗는 중이거나 상의를 벗은 채 춤추는 곳 바닥에 누워 있었다. 과장이 심한 기사들이긴 했지만 그것 역시 리버가 연기한 등장인물 때문에 초래된 결과였다. 시간이 흐르면서 그의 내면에 있는 자이로스코프가 스스로 제자리를

---

7 콕(cock): 원래 '수탉'을 뜻하는 이 단어는 속어로 '남성의 성기, 음경'을 뜻하기도 한다.

8 시오닉 선스팟(psionic psunspot): '심령의 흑점'이라는 뜻으로 '엑스티시'가 1987년 발매한 두 번째 정규 앨범 제목이다.

찾았고 본래 성격도 돌아왔지만 약물 습관은 그렇게 쉽게 고쳐지지 않았다.

리버는 계속 여러 갈래로 구분된 삶을 살았다. 한번은 리버가 윌리엄 리처트에게 이런 말을 한 적이 있었다. "감독님은 감독님 연령대에서 저랑 가장 친한 친구예요." 수많은 배우에게는 직업적 위험요소가 있었다. 사람들이 팀을 이루어 몇 달 동안 영화를 찍다 보면 동료들이 가족처럼 느껴지기 마련인데, 촬영이 끝나고 뿔뿔이 흩어지고 나면 다시 만나는 일이 거의 없다는 사실이었다. 그러나 리버는 대부분의 배우들보다 방랑하는 생활을 훨씬 더 좋아했다. 그래서 초래된 결과 중 하나는 리버를 아는 사람들 모두가 리버의 성격을 제각각 다르게 알게 된 것이었다. 사람들이 알고 있는 리버의 소비 취향도 모두 제각각이었다.

"내가 목격한 리버의 가장 독한 음료는 당근 주스였어요." 페타 소속 댄 매튜스Dan Mathews 1964-의 말이다. "리버는 레드 와인을 좋아했어요. 딱 그것만 마셨어요. 나는 리버가 장기간 마약을 했을 거라고 생각하지 않아요." 이온 스카이의 말이다. "우리는 같은 헤로인 판매상한테 마약을 샀어요. 거기 가기만 하면 언제든 리버를 볼 수 있었다니까요." 바이퍼 룸에서 일했던 한 직원의 말이다.

물론 저들은 모두 자신이 아는 대로 진실을 털어놓았을 것이다. 하나의 사회적 집단에서 다른 사회적 집단으로 메뚜기처럼 옮겨 다니는 리버의 습관은 자신의 마약 사용을 사람들이 알아채지 못하게 막는 한 가지 방식이었다. 리버는 또 자신의 마약 사용과 관련된 소문을 자신도 들은 적이 있다는 발언도 즐겨 했는데 그것 역시 선수를 쳐서 그 소문을 묵살하려는 행동이었다. 그는 사실 지독한 사용자였다. 한동안 마음껏 약을 즐기다가 잠시 끊었고 곧 그 주기를 다시 반복했다. 맷 에버트는 말했다. "리버는 약을 어느 정도까지 해도 되는지 알지 못하는 어린애였어요. 그래서 리버가 약을 하는 모습을 볼 때마다 난 늘 녀석이 무서웠답니다."

4. 넌 언제나 네가 있어야 할 자리에 있지[9]

리버는 게인즈빌로 돌아와 '알레카스 애틱'을 다시 소집했다. 그들의 노래 「어크로스 더 웨이」가 페타의 편집 앨범 『테임 유어셀프Tame Yourself 1991』에 수록되었다. 그들은 동해안 투어를 준비했다. 리버가 1990년을 거의 게인즈빌 밖에서 보낸 터라 밴드의 일부 멤버는 리버의 영화 촬영 일정에 따라 자신들의 직업적, 예술적 삶이 좌우되는 것에 분개했다. 드러머 조시 그린바움은 말했다. "무비스타가 리더인 것은 그 밴드에게 양날의 검이에요."

'알레카스 애틱'은 10주간의 투어에 나섰다. 뉴욕에서 보낸 한 주가 가장 중요한 시간이었다. 그들은 뉴욕의 나이트클럽 웻랜즈[10]에서 우림 보호를 위해 자선 공연을 세 차례 열었는데 오프닝 무대를 맡은 팀은 '스핀닥터스Spin Doctors'였다. 이 잼 밴드는 그로부터 몇 달 뒤 데뷔 앨범 『포켓 풀 오브 크립토나이트Pocket Full of Kryptonite 1991』를 발매했는데 그 앨범에 수록된 두 곡 「투 프린

---

9 넌 언제나 네가 있어야 할 자리에 있지: 미국의 가수 칼리 사이먼(Carly Simon 1945-)의 노래 「유 아 소 베인(You're So Vain 1972)」의 가사에 나오는 표현이다. '롤링스톤스'의 믹 재거가 백 보컬을 맡은 이 노래는 골드 싱글을 기록했고 1973년 상반기에 3주 동안 차트 1위를 유지했다. 허영심 많은 애인을 탓하는 내용이다.

10 웻랜즈(Wetlands): 뉴욕 허드슨 가에 있던 나이트클럽으로 정식 상호는 '웻랜즈 프리저브(Wetlands Preserve)'였다. 1989년부터 2001년까지 영업했다. 다양한 장르의 뮤지션들이 이 클럽의 무대에서 공연을 하고 신곡을 발표했다.

시스^{Two Princes}」와 「리틀 미스 캔트 비 롱^{Little Miss Can't Be Wrong}」은 히트곡이 될 수밖에 없는 노래들이었다. '알레카스 애틱'은 또 하드록 카페에서 열린 『테임 유어셀프』의 앨범 발매 기념 파티에도 참석했다. 리버는 그곳에서 캐나다 여가수 케이디 랭, '알이엠'의 리드싱어 마이클 스타이프 등 그 앨범에 기여한 다른 뮤지션들을 만났다.

스타이프와 리버는 둘 다 채식주의자였고 사회의식이 있었으며 주위 사람들을 배려할 줄 알았다. 그리고 둘 다 어린 시절 끝없이 이사를 다녔고 (스타이프의 아버지는 군인이었다) 미국 남부에 정착했다. 그들은 급속도로 친한 친구가 되었다.

리버와 함께 일하던 아일랜드사 A&R 팀장 킴 뷔는 아테네라는 클럽에서 '알레카스 애틱'의 공연을 보았던 일, 공연이 끝난 뒤 스타이프가 자신을 만나고 싶어 한다는 말을 들었던 일을 기억하고 있었다. 스타이프는 뷔를 만나자 그녀의 손을 꼭 잡고 두 눈을 강렬하게 들여다보며 이렇게 말했다. "이 말을 꼭 해야 해서요. 난 리버가 정말로 특별하고 정말로 좋은 사람이라고 생각해요. 내가 도울 수 있는 일이 있으면 뭐든 괜찮으니 편하게 나한테 알려줘요."

페타는 『테임 유어셀프』를 홍보하려고 '알레카스 애틱'의 <새씨^{Sassy}> 인터뷰 일정을 잡았다. <새씨>는 1988년부터 1996년까지 미국 십 대 소녀들을 대상으로 발행된 유행을 선도하는 잡지였다. <새씨>는 얼터너티브 록에 우호적이었다. 편집장 제인 프랫^{Jane Pratt 1962-}은 스타이프의 절친한 친구였고 '알이엠'의 「샤이니 해피 피플^{Shiny Happy People 1991}」의 뮤직비디오에 출연하기도 했다. 밴드 '소닉 유스^{Sonic Youth}'는 그 잡지에 증정용 디스크를 제공하기도 했다. 그런데 잘나가는 유명인사들이 그 잡지의 인터뷰에 아무렇게나 응대하는 경우가 가끔 있었다. <새씨>가 <타이거 비트> 같은 핀업 잡지와 동일한 부류라는 생각, 자신들의 팬이 십 대 소녀들이라는 생각이 그들을 불편하게 만들었기 때문이다. 그럴 경우 그 잡지는 공격성을 드러냈다. 그리고 '알레카스 애틱' 기사에서도 같은 일이 일어났다. 크리스티나 켈리^{Christina Kelly}가 쓴 기사를 게재하고 표지 제목으로 "리버 피닉스의 조촐한 히피 밴드"라는 표현을 뽑았던 것이다. (1991년 6월호 표지에 새겨진 다른 기사 제목은 "지긋지긋한 흑인 애들"과 "진지한 커플 세 쌍의 대화 엿듣기"였다)

켈리는 시작도 하기 전에 리버가 룸서비스로 시킨 병 샴페인에 취해 있는 것을 보고 '알레카스 애틱'이 인터뷰를 극도로 불편해한다는 사실을 알아챘고 사정없이 질문을 퍼부었다. 리버는 「샌프란시스코에서 하룻밤」에서 입었던 국방색 군복 재킷을 입고 있었는데, 그나마 그 위에 모피 반대 배지를 달고 있어서 군대 분위기가 덜 풍겼다. 비올라 연주자 팀 핸킨스는 레코드 상점에서 『테임 유어셀프』를 봤지만 돈이 한 푼도 없어서 그 레코드를 사지 못했다고 말했다. 레인은 플로리다 대학교에서 어떻게 오페라를 공부하고 있는지 이야기했다. 켈리는 이렇게 썼다. "레인은 뱃살이 하나도 없고 키가 아담하며 피부색과 머리색이 가무잡잡하다. 외모만 놓고 보면 예쁘면서 동시에 못생겼다. 참 차분하고 고요하다. 좋은 사람으로 보인다."

켈리는 그 밴드와 함께 보낸 어색한 시간에 불만을 느낀 것은 분명했지만 리버의 건강이 너무 안 좋아 보여서 충격을 받은 것 같았다. "금발이 눈부시게 물결치던 예전의 리버와 너무 달라 보여서 깜짝 놀랐다. 이제 그 머리는 짧고 흙색이며 들쭉날쭉하다. 리버가 두려움을 느끼는지 어떤지는 알 수 없지만 그는 이제 겨우 스물한 살이고 막 십 대에서 벗어났을 뿐이다."

투어가 끝난 뒤 밴드는 미카노피에 있는 리버의 집 스튜디오로 돌아와 여러 곡의 노래를 녹음했다. 스스로 '우리가 있는 이곳^{Here's Where We're at}'이라고 이름 붙인 데모 곡들이었다.

리버는 플로리다에서 지내는 것이 얼마나 편한지 <롤링 스톤>의 한 기자에게 이렇게 말했다. "난 꼭 게인즈빌의 대부 같아요. 아니면 견★부[11]거나. 이렇게 말해야겠네요. 이곳은 후진 동네예요." 리버는 그냥 농담으로 한 말이었지만 이 기사가 보도되자 수많은 지방 도시가 모욕감을 느꼈다. 그는 자신의 스타성에서 벗어나기 위한 새로운 전략을 시험해보고 있었다. 리버 피닉스를 3인칭으로 부르고 자신을 '러버 페니스'[12]라고 불렀다. 그의 설명은 이랬다. "어디에서든 '리버 피닉스'라는 이름이 보이기만 하면 다들 농담으로 그렇게 부르잖아요."

리버와 솔곳은 카나리아 두 마리를 키웠다. 새들은 밀폐된 현관 베란다 안에서 마음껏 날아다니며 살았다. 수컷 카나리아의 이름은 '허니파이 아이스크림'이었지만 암컷 카나리아는 이름이 없었다. 얼핏 도덕적으로 생각할 때 피닉스 가족에 속한 사람이라면 정성 들여 색다른 이름을 붙여줄 만도 한데 그 새는 이름을 붙여줄 가치가 없었던 모양이다.

러버 페니스의 집은 식물과 벽에 거는 태피스트리로 가득했다. 바닥에 놓인 매트리스는 책 더미와 더러운 접시 더미에 둘러싸여 있었다. 방 한쪽 구석에 빈 여행 가방이 놓여 있었는데 그 가방은 솔곳의 가방이었다. 그것은 그녀가 원할 때는 언제든 떠날 수 있는 독립적인 여성임을 보여주는 일종의 상징이었다.

식당 한복판에는 안마 침대가 놓여 있었다. 솔곳이 안마 치료 공부를 시작

---

11   대부와 견부: 'godfather'와 'dogfather'의 스펠링을 바꿔 쓴 일종의 말장난이다.

12   러버 페니스(Rubber Penis): '고무 남근'이라는 뜻이다. '리버 피닉스'와 발음이 비슷하다. 그 당시 리버의 안티 팬들이 이 호칭으로 그를 불렀던 듯하다.

했기 때문이다. 그것은 계속해야 할 일이 있다는 뜻이었다. 수업 일정 때문에 솔곳은 리버가 투어나 촬영장에 갈 때 대개 그 여행에 동행할 수가 없었다. 솔곳은 말했다. "짜증나는 일이지만 그래서 짜증이 덜 나기도 해요. 그 덕분에 우리 사이에 공간이 생기니까요."

리버는 자신에게 '히피' 딱지가 붙는 것을 싫어했다. 특히 <새씨> 표지에 새겨진 '히피'라는 표현에 발끈했다. 그러나 리버와 솔곳은 개인적 위생이라는 면에서 히피라 할 만큼 제약이 없었다. 리처트는 이렇게 회상했다. "리버와 수(솔곳의 애칭-옮긴이)는 목욕을 하는 법이 없었어요. 온갖 털도 그냥 막 자라게 내버려 두었고요. 그 무렵 리버의 다리에는 믿을 수 없을 만큼 털이 수북했어요."

그 집을 방문한 저널리스트 마이클 안젤리는 리버가 이틀 동안 똑같은 옷을 입고 있다는 사실을 알아챘다. "리버는 전날 입었던 이민 노동자 바지에 실밥 터진 그림 셔츠를 똑같이 입고 있었어요."

안젤리는 외쳤다. "이런, 리버, 그 거지 같은 옷을 입고 잠도 잔 거야?"

"아뇨, 설마요. 잠은 따뜻한 살 담요 속에서 잤어요."

'알레카스 애틱'의 데모 테이프 녹음이 끝난 뒤 리버는 인터뷰를 하고 친구들을 만나러 서부로 길을 떠났다. "결실을 절대로 맺지 않는" 한 프로젝트에 몇 년을 보낸 것에, 기약 없이 일정이 계속 연기되는 것에 좌절한 핸킨스는 밴드를 탈퇴했다. 사실 그 비올라 연주자는 리버와 개인적인 갈등도 있었다. 핸킨스는 리버를 "심각한 술꾼", 혹은 "약쟁이"라고 불렀다.

리버는 로스앤젤레스에서부터 포틀랜드까지 하얀색 메르세데스를 몰고 반 산트를 찾아갔다. 엘에이로 돌아온 뒤로는 '칠리 페퍼스' 멤버들과 주로 어울렸다. '칠리 페퍼스' 멤버들이 막 『블러드 슈가 섹스 매직』의 녹음을 끝낸 터라 발매 전까지 약간의 시간적 여유가 있었기 때문이다. 리버는 「아이다호」를 함께 찍은 인연으로 플리와는 원래 가까운 사이였지만 이제는 밴드 멤버 전원과 즉흥 연주도 하고 철학적 토론도 하는 사이가 되어 있었다. 그중에서도 특히 기타리스트 존 프루시안테와 친했다. 리버의 한 친구는 이렇게 말했다. "'칠리 페퍼스' 멤버들과 어울리는 것보다 리버가 더 좋아하는 건 없어요. '페퍼스'와 함께 있을 때 리버가 얼마나 행복해했는지 지금도 기억이 납니다. '바로 여기가 내가 있고 싶은 자리야.' 리버의 빛나는 얼굴이 나한테 그렇게 말하고 있었다니까요."

리버는 코스타리카에 아버지를 만나러 갈 때도 그 밴드를 데려갔다. 그곳에서 그들은 함께 우림을 탐험하고 일식을 봤다. 존은 미국 밖에서 사는 것이 만족스러운지 사교성이 좋아져 있었다. 동네 술집에 가면 사람들이 존을 "돈 후안"이라고 불렀다. 부자는 밤늦게까지 앉아서 대화를 하고 자신들의 중독 성향에 관해 토론했다. 스코트 그린은 리버가 자신의 알코올 중독을 인정했다고 말했다. "대화하는 도중에 리버가 그랬어요. 자기가 아버지한테서 의존성을 물려받았을지도 모른다고요. 그리고 어떤 식으로든 그게 아버지 잘못은 아니라고 생각한댔어요."

미국으로 돌아오는 비행기 안에서는 기내 영화로 「사랑의 기적Awakenings 1991」을 봤다. 로버트 드 니로가 수십 년간의 코마에서 깨어나 갑자기, 그리고 자신의 의지와 무관하게 자신이 속하게 된 현대 세계를 배워야 하는 남자로 출연했다. 리버는 그 영화를 보면서 엉엉 울었다.

5. 냉장고 우화

리버의 영화 출연료 요구액은 이미 편당 1백만 달러에 도달해 있었다. 리버는 한 친구에게 이렇게 말했다. "다음 영화에서는 1백만 달러, 그다음 영화에서는 2백만 달러, 또 그다음 영화에서는 3백만 달러를 받고 싶어." 그저 룸서비스 샴페인을 시키는 여유를 누리고 싶어서가 아니었다. 리버는 미카노피 가족 군락의 재정을 담당하고 있었고 막중한 책임감을 느끼고 있었다. 자신이 원래 생각했던 것보다 훨씬 더 복잡한 문제라는 사실이 밝혀지긴 했지만, 우림을 더 많이 사들이고 싶은 욕망은 굳이 말할 것도 없었다.

리버의 한 선량한 친구는 이렇게 말했다. "리버는 자기 가족의 생각이 다소 단순했다는 사실을 깨달았어요. 리버가 코스타리카의 우림을 사들이는 바람에 거기 살고 있던 제3세계 사람들의 생계유지가 막막해졌거든요. 그 사실은 리버를 혼란스럽고 불행하게 만들었어요."

리버의 오랜 꿈은 자신의 돈으로 땅을 사서 "집 없는 아이들, 위탁가정 출신 아이들, 정신병원에 갇혀 있거나 그곳에서 태어난 아이들 등 모든" 상처받은 어린이들을 위한 안식처를 세우는 것이었다. 그는 아이들이 자신이 먹을 음식을 스스로 키울 수 있는 농장, 유기된 개와 고양이들도 함께 살아갈 수 있는 농장을 상상했다. "아이들에게 동물 한 마리씩을 배정하는 거예요. 그러면 뭔가를 돌본다는 것이 어떤 것인지 배우게 될 테니까요. 이 농장에는 태양열 전지판을 갖춰서 전력을 자급자족할 거예요. 그 자체로 완전한 공동체가 될 테니 고립된 장소가 될 리 없죠. 개인의 표현과 창조를 위한 공간도 만들 거예요. 정말로 놀라운 곳이 될 겁니다."

속이 너무 빤히 들여다보이는데도 리버는 어린 시절을 이상화된 자신의 버전으로 이야기하기 시작했다. 어린 시절 제대로 보호받지 못했다고 느끼면서도 자기 동정심에 빠지고 싶지 않았던 것이다. 리버는 그런 감정을 자선활동으로 전환하려고 애썼다. (결과가 그 의도에 못 미치는 경우가 종종 있기는 했지만 말이다)

리버는 리처트가 시작한 사업에 돈을 투자했다. 원두 대신 대두로 커피를 제조하는 사업이었다. 리처트 자신의 돈이 30만 달러 들어갔고 리버와 하트가 인코그니토 커피 회사 앞으로 5만 달러 수표를 끊어줬다. 리처트는 베니스 비치에 점포를 열었지만 자금 운용에 문제가 생기는 바람에 리버에게 다시 2만5천 달러를 투자해달라고 부탁할 수밖에 없었다.

리버는 친구 몇 명을 데리고 리처트의 집을 방문했다. 그 일행에는 호아킨과 '프리텐더스'의 크리시 하인드Chrissie Hynde 1951-도 끼어 있었다. (하인드는 페타의 또 다른 지지자로 맥도날드 햄버거 식당을 폭탄으로 날려버리겠다는 농담까지 한 적이 있었다) 리버는 리처트에게 수표를 건넸고 리처트는 그 수표를 부엌 식탁에 올려놓았다. 다 함께 한두 시간 정도 외출했다가 돌아온 뒤 리버가 무리를 이끌고 그 집을 떠났다. 잠시 뒤 리처트는 수표가 보이지 않는다는 것을 깨달았다. "난 평생 수많은 수표를 잃어버렸어요." 그는 또 자신이 제자리에 두지 않은 줄 알고 모든 방을 다 뒤졌다. 수표가 나오지 않자 리처트는 그 이유는 모르겠지만 리버가 가져간 것이 틀림없다고 결론 내렸다.

리처트는 화도 나고 직원들 급여 줄 일도 걱정이었다. 그래서 리버에게 전화를 걸었다. "이봐, 친구. 아까 그 2만5천 달러 어디 있어? 네가 다시 가져갔지? 그렇지?"

리버는 마냥 웃기만 했다. "아뇨, 아뇨. 그럴 리가요. 돈은 그 집에 있어요. 감독님 지금 돈 바로 옆에 서 계신 것 같은데요. 지금 부엌에 계시죠? 냉장고

안을 보세요."

리처트는 냉동고에서 수표를 찾았다. "네가 이걸 여기에다 집어넣은 거야? 왜 이런 짓을 했지?"

"그럼 감독님은 왜 2만5천 달러를 잃어버리셨어요?"

리버는 조리 있게 메시지를 전달하려고 실생활 속 우화를 실연해 보이고 있었다. "돈을 잘 간수하셔야죠. 특히 그게 내 돈이 아닐 때는 더더욱요."

리버는 머리를 탈색했다. 화가 앤디 워홀Andy Warhol 1928-1987의 삶을 그리는 구스 반 산트 감독의 영화에 젊은 워홀로 출연할 예정이었기 때문이다. 그러나 그 영화는 결국 제작되지 못했다. 「슬리버Sliver 1993」라는 에로틱한 스릴러 영화의 남자주인공 역 제안이 들어왔다. 여자주인공은 샤론 스톤Sharon Stone 1958-이었고 각본은 조 에스터하스Joe Eszterhas 1944-였다. 이 두 명이 의기투합해 만든 속편 영화가 (일관성이 별로 없기는 하지만) 엄청난 성공을 거둔 에로틱 스릴러 영화 「원초적 본능Basic Instinct 1992」이었다. 리버는 그 제안을 거절했고 그 역할은 윌리엄 볼드윈William Baldwin 1963-에게 돌아갔다.

리버는 말했다. "수많은 제안이 들어왔어요. 상대방이 전화로 말할 때 대답을 안 하고 가만히 있으면 이렇게 말해요. '아무래도 2백만으로는 출연하기 힘들겠죠? 흠, 그럼 3백만은 어떻소?' 하지만 영화 설명을 다 듣고 나면 이런 생각이 들어요. '이런, 이 영화는 하지 않는 게 좋겠어. 출연할 가치가 없잖아. 영화 대본 속에나 존재하는 이야기야. 내가 믿든 말든.'"

이런 리버가 열렬하게 믿었던 작품이 하나 있었으니 바로 노먼 맥클린 Norman Maclean 1902-1990의 반半자전적 소설을 바탕으로 리처드 프리덴버그Richard Friedenberg가 시나리오를 쓴 「흐르는 강물처럼A River Runs Through It 1992」이었다. 사실 리버는 이제 역할을 따내려고 더 이상 오디션을 볼 필요가 없었다. 그런데도 그는 감독 로버트 레드포드를 찾아가 오디션을 봤다. 리버는 웃으며 말했다. "나 말고도 그 오디션을 한 1천 명쯤은 본 것 같아요. 레드포드랑 나는 말이 정말 잘 통했어요. 미팅 분위기도 좋았고요. 하지만 내 생각에 레드포드는 '그 남자'를 찾고 있는 것 같아요. 몬태나 산지에서 자란 소년, 제물낚시꾼의 이미지에 딱 맞는 남자 말이에요. 나 역시 레드포드가 반드시 그래야 한다고 생각해요. 내가 얼마나 이 작품을 철석같이 믿는지, 난 그 이미지에 가장 잘 맞는 배우가 그 역을 맡으면 좋겠어요. 내가 된다면 정말 좋겠죠. 하지만 내가 안 된다면, 난 적임자가 아닌 거예요."

그 영화는 두 아들의 이야기를 그린다. 1920년대 장로교 목사의 두 아들, 순종적인 첫째와 자유분방한 둘째는 몬태나 주 미줄라에서 자란다. 목사는 두 아들에게 글쓰기 기술과 제물낚시 기술을 가르친다. 리버가 그 작품에 푹 빠진 것도 무리는 아니다. 그 이야기의 주된 테마가 그에게 이름을 준 헤세의 소설 『싯다르타』의 주제, '충분히 세심하게 귀를 기울이면 강은 인간에게 지혜를 드러낸다'는 생각의 미국 버전이었으니 말이다. 목사는 강독을 함께 걸으며 아들들에게 말한다. "바위 밑에는 주님의 말씀이 있단다." 그리고 화자는 이야기를 이렇게 마무리한다. "결국 만물은 하나로 합쳐진다."

무모한 동생, 자라서 도박 빚에 시달리는 심각한 술꾼 신문기자가 되는 폴의 역할은 브래드 피트에게 돌아갔고, 이 작품을 계기로 피트는 상의를 벗은 섹스 심벌에서 주연 배우로 발돋움했다. 리버가 맡았다면 그 역시 역할을 잘 해냈을 것이 분명하지만 피트에게는 그 역할이 요구하는 혈기왕성한 기질이 있었고, 덕분에 관객은 그 무엇도 그 미국적 남성성의 화신을 죽일 수 없음을 물리적으로 느낄 수 있었다. 피트는 그 역할을 자신의 가장 어설픈 연기로 꼽았다. 굳이 힘주어 연기할 필요가 없는 영화였기 때문인지도 모른다. 그러나 리버의 예상대로 레드포드는 단지 영화에 등장하는 것만으로 그 아름다운 소년이 구현되는 누군가를 찾아낸 것이었다.

엘에이에 머물 때 리버의 종착지는 종종 말리부에 있는 리처트의 집이었다. 그들은 새벽 두 시까지 대화를 나누고는 했다. 그 시간쯤 되면 리처트는 비틀비틀 침대로 들어갔고 리버는 기타를 치며 깨어 있었다. 때때로 리버는 한밤중에 짠하고 나타났다. 리처트는 말했다. "리버는 우리 집에 들어오는 방법을 여러 가지 알고 있었거든요. 잠에서 깨서 눈을 떠보면 리버가 어떤 여자랑 나를 내려다보며 서 있고는 했어요."

낮 시간에 리버가 오는 경우 리처트는 언제나 그 소식을 먼저 알았다. 리버가 직접 알려주는 것이 아니었다. 리버를 찾는 다른 사람들의 전화가 먼저 빗발쳤던 것이다.

"여보세요, 리버랑 통화할 수 있어요?"

"아뇨. 여기 없는데요."

"없다고요? 그럼 리버가 언제 올지 혹시 아세요?"

그러면 곧 리버가 가족과 친구 패거리를 이끌고 들이닥쳤다. 리버는 자기 음식을 싸갖고 다녔다. "리버는 자신이 식단을 잘 지키고 있는지 확인하고 싶어 했어요." 그리고 담배도 갖고 다녔다. (리버는 「샌프란시스코에서 하룻밤」을 찍으면서 흡연을 배운 뒤로 담배를 끊은 적이 없지만 공적으로는 그 습관을 숨기려고 애썼다) 리처트는 자신과 리버의 관계를 중독자로서의 은밀한 삶을 숨길 수 없음을 보여주는 증거라고 여겼다. "리버는 언제나 사람들한테 둘러싸여 있었어요."

1992년 10월 「아이다호」가 개봉되었다. 영화와 젊은 주연 배우 두 명은 대체로 극찬을 받았다. 특히 오언 글라이버먼^Owen Gliberman 1959- 은 리버를 콕 집어서 <엔터테인먼트 위클리^Entertainment Weekly>에 이렇게 썼다. "피닉스가 갖고 있는 무색 질감이 이 작품에서는 그에게 긍정적으로 작용했고 그는 독보적으로 훌륭한 연기를 보여줬다. 피닉스가 연기한 마이크는 마치 마취 주사에 취한 채 마지막 한 가닥 본능에 의지해 생명을 붙들고 있는 한 마리 동물처럼 몽롱하고 기묘할 정도로 고요하다. 그의 고통은 겉으로 드러나는 순간 놀라울 만큼 직설적으로 표현된다. 스코트와 모닥불 곁에 앉아 있을 때 마이크는 스코트가 돈을 벌기 위해서만 남자와 잔다는 걸 알면서도 이렇게 말한다. '난 정말로 너한테 키스하고 싶어.' 이거야말로 인간이 상상할 수 있는 가장 슬프고 가장 외로운 사랑의 선언이다."

리버는 「아이다호」의 할리우드 첫 상영을 놓쳤다. 플로리다에서부터 내내 운전을 하며 갔는데 시간이 얼마나 걸릴지 잘못 계산했기 때문이라고 했다. 뉴욕 첫 상영에는 무사히 도착했다. 솔곳은 게인즈빌에 있었기 때문에 마샤 플림튼이 리버와 함께 레드카펫 위를 걸었다.

대체로 리버는 인터뷰하는 것을 무서워했고 인터뷰가 잘되고 있지 않은 듯 느껴질 때면 중단하거나 스스로도 놀랄 만한 대답을 함으로써 인터뷰를 엉망으로 만들었다. 다음과 같은 리버의 표현 그대로였다. "난 늘 거짓말을 하고 말을 바꾸고 스스로에 관해 앞뒤가 맞지 않는 이야기를 늘어놨어요. 그래서 연말이 되면 '이 남자는 조현병 환자다'라는 내용이 실린 기사를 다섯 개쯤 보게 돼요."

이렇게 볼 때 리버가 「아이다호」 기자 시사회에 참석해야 하는 상황에서 시사회를 망칠 방법을 찾아낸 것도 별로 놀랄 일은 아니다. 그날 리버는 샤토 마몽 호텔에서 하루 종일 인터뷰를 해야 하는 일정이었는데 늦잠을 잤다. 그 전날 늦게까지 깨어 있었기 때문이었을 수도 있지만, 잠이 불쾌한 경험을 피하게 해준다는 기면발작증의 중대한 교훈을 배웠기 때문이었을 수도 있다. 마찬가지로 시사회에 참석하러 온 마이크 파커가 리버를 깨울 수밖에 없었다.

파커는 말했다. "리버는 막 잠에서 깨자마자, 조명을 비롯해 온갖 텔레비전 인터뷰 준비가 되어 있는 거실로 나왔어요. 머리는 온통 엉켜 있고 얼굴은 지저분해 보였어요."

인터뷰 진행자가 물었다. "오늘은 어떤가요, 피닉스 씨?"

리버는 몸뚱이를 벅벅 긁으며 대답했다. "나쁘지 않아요. 사타구니 습진만 빼면요."

6. 어크로스 더 웨이

키아누 리브스: 난 게이든 뭐든 반대하지 않아요. 하지만 남자랑 섹스는 안 해요. 앞으로는 영화에서도 절대 안 할 거예요. 「아이다호」를 찍으면서 살짝 해봤는데 정말로 힘들더라고요. 다시는 안 할래요.

리버 피닉스: 난 그게 네 마음에 든 줄 알았는데. 나랑 한 그건 제법 괜찮지 않았어?

키아누 리브스: 닥쳐, 멍청아!

할리우드 초기부터 남자 배우들은 종종 그들이 실제로 남자와 여자 중 누구와 동침하는 것을 더 좋아하는지와 무관하게 자신이 이성애자라는 점을 확고히 하려고 안간힘을 써왔다. 그러나 (지난 세기 서구 문명의 일반적 관습에서 판단하건대) 연기자는 여러모로 여성스러운 직업이다. 일터에 나가면 화장을 하고 카메라의 시선 앞에 스스로를 내놓아야 한다. 심지어 등장인물을 연기할 때도. 아니, 등장인물을 연기할 때는 더더욱.

할리우드 주변에 오렌지 나무 과수원이 조성된 이래로 배우들의 성 정체성에 대한 공포는 늘 있었다. 루돌프 발렌티노Rudolph Valentino 1895-1926를 보자. 무성영화 시대 이국적 섹스 심벌이었던 이탈리아 배우 발렌티노는 「시크The Shik」, 「네 기수의 묵시록The Four Horsemen of the Apocalypse」 같은 영화에서 주연을 맡았다. (두 편 다 1921년에 개봉했다) 1926년 한 저널리스트가 그를 '분홍색 화장솜'에 비유했을 때 발렌티노는 그에게 복싱 대결을 하자고 도전해서라도 자신의 남성성을 입증해야 할 것 같은 압박을 느꼈다. 그리고 발렌티노는 그 대결에서 이겼다. 그가 서른한 살의 나이로 요절하기 불과 몇 주 전의 일이었다.

고전적 할리우드 세대에는 위장 결혼, 가짜 연애가 판쳤다. 탭 헌터Tab Hunter 1931-2018, 록 허드슨Rock Hudson 1925-1985 같은 여성들의 우상을 가십과 암시로부터 보호하려는 노력이었다. 심지어 네 번이나 결혼한 정중한 캐리 그랜트Cary Grant 1904-1986도 '룸메이트' 서부 영화 스타 랜돌프 스코트Randolph Scott 1898-1987와 12년이나 함께 살았다. 게이의 공적 이미지가 배우 경력 킬러였던 점을 고려하면 영화 속 동성애가 대부분 암호화된 것도 놀랄 일은 아니다. 예컨대 로렌스 올리비에와 토니 커티스가 '굴 먹기'와 '달팽이 먹기'의 차이를 논하는 「스파르타쿠스」[13] 속 장면처럼. (어쩌면 이 장면은 사실 충분히 암호화되지 않은

---

13 「스파르타쿠스(Spartacus 1960)」: 스탠리 큐브릭이 만든 시대극이다. 위에 언급된 장면은 로마 공화정 시대 정치가이자 장군인 크라수스로 출연한 로렌스 올리비에가 탕 목욕을 하면서 시중드는 미소년 노예 토니 커티스(Tony Curtis 1925-2010)와 대화를 나누는 장면이다. 그 대본을 번역하면 다음과 같다.

장면일 수도 있다. 영화에서 삭제된 것을 보면)

드문 경우 영화에 게이 캐릭터가 등장하기도 하는데 그들은 대개 최대한 타락하거나 이국적인 인간형으로 제시된다. 1980년 영화 「광란자^{Cruising}」에 등장한 게이가 그 대표적인 예이다. 주연 알 파치노^{Al Pacino 1940-}는 가죽옷을 즐겨 입는 이성애자 경찰인데 연쇄살인마를 추격하느라 게이 변태성애자 세계에서 잠복근무를 하게 된다. 윌리엄 허트는 「거미여인의 키스^{Kiss of the Spider} ^{Woman 1985}」에서 동성애자 루이스 몰리나를 훌륭하게 묘사해 오스카상을 차지했다. 게이일 뿐 아니라 소아성애자라서 브라질 교도소 감방 안에서 러닝타

~~~~~~

크라수스: 굴을 먹느냐?

노예 소년: 있으면 먹습니다, 주인님.

크라수스: 달팽이도 먹느냐?

노예 소년: 안 먹습니다, 주인님.

크라수스: 굴을 먹는 것은 도덕적이고 달팽이를 먹는 것은 비도덕적이라고 생각하느냐?

노예 소년: 그렇지 않습니다, 주인님.

크라수스: 물론 그렇겠지. 그건 순전히 음식 맛 문제니까.

노예 소년: 맞습니다, 주인님.

크라수스: 음식 맛은 욕구랑 무관하니까 도덕이랑도 무관하겠군. 그렇지?

노예 소년: 그렇게 볼 수 있을 것 같습니다, 주인님.

이 신은 영화가 처음 개봉되었을 때는 심의에 걸려 삭제되었다. 1991년에 큐브릭의 훼손된 작품들을 복원하는 프로젝트가 진행되면서 이 장면도 다시 생명을 얻었다. 그런데 필름만 남아 있고 스튜디오에서 녹음한 음향자료가 소실되어 작은 소동이 일어났다. 커티스는 살아 있어서 직접 다시 녹음을 했지만 올리비에는 2년 전 세상을 떠난 터였다. 우여곡절 끝에 이 장면 속 크라수스의 목소리는 성대모사의 달인인 앤서니 홉킨스(Anthony Hopkins 1937-)가 녹음했다.

임 대부분을 흘려보내는 등장인물이었다.

길거리의 남창과 미성년자 매춘 행위는 둘 다 사회 규범에 어긋난다. 그러나 "혹시 긍정적인 게이 롤 모델을 제시하고 있지는 않은가?"라는 환원주의 렌즈를 통해 「아이다호」를 바라본다고 해도 이 작품은 여전히 수많은 할리우드 작품 목록 중 '그렇지 않다'는 쪽에 끼어 있다. 그렇다면 리버는 어떻게 게이의 아이콘이 되었을까? (그것도 초현실적일 정도로 잘생긴 외모를 뛰어넘어서) 그 이유는 리버가 거들먹거린 적이 없기 때문이다. 영화 홍보 기간 중 공식적인 발언을 할 때 리버가 게이인 주변 사람들과 허물없이 지낸 것은 물론, 영화 속 마이크 워터스도 결점 없는 인물이 아니라는 점에서 현실 속 인간처럼 느껴졌다.

그런 만큼 리버가 실제로 게이, 혹은 양성애자라는 소문이 퍼진 것은 당연하다. 동성애를 시범적으로 직접 해보았든 말든, 리버는 자기 자신과 등장인물 사이에 방어적 거리를 두지 않았다. 그런 점에서 「아이다호」가 젊은 게이 남성들에게 커밍아웃의 기폭제가 된 것 역시 당연하다.

2년 뒤 톰 행크스가 「필라델피아Philadelphia 1994」에서 에이즈에 걸린 변호사를 연기해 오스카 남우주연상을 받았다. 그러나 행크스가 호의적인 태도로 동성애를 열심히 연기했음에도 그 등장인물은 꼭 귀족 나부랭이 같았다. 같은 해 윌 스미스Will Smith 1968-가 「5번가의 폴 포이티어Six Degrees of Separation」에 젊은 게이 사기꾼으로 출연했지만, 그는 덴젤 워싱턴Denzel Washington 1954-의 충고대로 영화 속에서 남자와 키스는 하지 않았다.

「아이다호」 이후 20년이 넘게 흘렀고 수많은 게이 배우들이 계속 커밍아웃을 해왔다. 처음에는 목소리를 드높여서, 나중에는 점점 덤덤하게. 영화와 텔레비전에도 동성애자가 많이 등장한다. 그러나 동성애적 육체관계는 비교적 가벼운 키스조차도 묘사하는 것이 여전히 금기로 남아 있다. 리버는 「아이다호」의 도입부 몇 분 동안 그 암묵적 금기를 완전히 박살냈다. 관객이 가장 먼저 보는 장면은 호텔에서 익명의 남성 고객한테 구강 섹스를 받는 마이크의 모습이다. 리버가 실제로 사타구니 습진에 걸렸는지 눈으로 확인하지 않더라도 그 기분을 생생하게 느낄 수 있는 것과 마찬가지로, 관객은 마이크의 얼굴만 봐도 무슨 일이 일어나고 있는지 정확하게 안다.

그 장면을 토론할 때 리버가 했던 말처럼 말이다. "세상에, 사정할 때의 신체 감각을 떠올리는 것만으로 오르가즘을 느낄 수도 있더군요."

7. 바이퍼 룸의 그 밤

바이퍼 룸의 수요일 밤은 테마가 있는 밤이었다. 조니 뎁의 개 이름을 따서 '미스터 무의 모험'이라고 불렀다. '감옥의 여자들' 밤이 열리는 어느 수요일 밤, 브이아이피 부스는 감방으로 변했다. 또 다른 어느 수요일 밤에는 클럽 전체가 비행기 기내로 바뀌었다. 그리고 또 다른 어느 수요일 밤에는 검은 벽에 알루미늄 호일이 덮일 수도 있었다. 이런 저녁들을 꼼꼼하게 준비하려면 돈이 많이 들었지만 클럽 직원들은 재미있어했다.

바이퍼 룸은 두 가지 버전의 '데이트 게임' 에피소드를 개최했다. 바텐더 보조 리치먼드 아퀘트는 그중 한 가지 버전의 총각 역할을 시키려고 남동생(「스크림Scream 1996」의 주연 배우) 데이비드 아퀘트David Arquette 1971- 를 고용했다. 리치먼드는 데이트 상대 후보인 단골손님들에게 읽어주라고 대사 몇 줄을 적어서 동생에게 주었다. 그러나 데이비드는 첫 번째 시도부터 미친 듯이 웃음을 터뜨리고는 말을 잇지 못했다. 다음과 같은 질문이 적혀 있었기 때문이다. "나는 탈수가 와서 죽을 지경이 될 때까지 몇 시간씩 자위행위 하는 걸 좋아해요. 당신은 여가 시간을 주로 어떻게 보내죠?"

다른 날 밤 총각은 (「워킹 데드」[14]로 유명한) 노먼 리더스였다. 리치먼드는 회상했다. "노먼은 곤경에 빠졌어요. 후보 중 한 명이 멕시코인 트랜스젠더였거든요. 모두 질문에 최선을 다해 대답했고 노먼이 한 명을 골랐어요. 그 모든 게 다 장난이기는 했지만 노먼이 누구를 선택했는지 밝혀졌을 때 그 트랜스젠더 여성은 정말 연약해 보였어요. 노먼은 참으로 아름다운 행동을 했어요. 그녀에게 다가가 키스하고는 '너무 행복해요'라고 말하더군요. 그것도 진심으로 정중한 태도로 말이에요. 그 일 때문에 난 노먼이 항상 좋았답니다."

8. 결핍 만끽하기

「아이다호」를 찍느라 감정 소모가 얼마나 컸던지 리버는 이렇게 말했다. "다른 누군가의 정신병만이 아니라, 나 자신의 정신병 또한 돌파하며 질주하고 있는 것처럼 느껴졌어요." 그래서 차기작으로 스트레스는 적고 돈은 되는 작품을 선택했다. 「스니커즈Sneakers 1992」였다. 그 영화에 출연한 배우 한 명은 영화 제목에 관해 이렇게 평했다. "꼭 저질 십 대 코미디 영화 제목처럼 들리죠. 가망 없는 중학교 농구부가 숏을 기차게 쏘는 포인트가드 소녀를 뽑으면

---

14 「워킹 데드(The Walking Dead)」: 좀비와의 사투를 그린 액션물로 영화와 텔레비전 시즌제 드라마 양쪽으로 모두 제작되었다. 영화는 2010년부터 5편까지 제작되었고, 드라마는 같은 2010년부터 미국 AMC 채널에서 시즌 1이 방영되기 시작했다. 2021년 현재 시즌 11이 방영되고 있다. 영화와 드라마 모두 노먼 리더스(Norman Reedus 1969-)가 주연을 맡았다.

서 달라지는 그런 영화 말이에요."

「스니커즈」는 사실 전문적인 컴퓨터 해커 집단과 안보국 요원을 중심으로 전개되는 절도 범죄 영화였다. 국가 안보국이 해커들에게 중요한 암호 해독 장치인 블랙박스를 훔쳐오라고 요구한다. (「꿈의 구장Field of Dreams 1989」 감독으로 유명한) 감독 필 알덴 로빈슨Phil Alden Robinson 1959-은 터무니없을 정도로 화려한 출연진을 끌어모았다. 로버트 레드포드, 시드니 포이티어, 댄 애크로이드Dan Aykroyd 1952-, 벤 킹슬리Ben Kingsley 1943- 등이 그들이었다. 메리 맥도넬Mary McDonnell 1952-, 데이비드 스트라단David Strathairn 1949-, 제임스 얼 존스James Earl Jones 1931-도 있었다. 어마어마하게 비싼 조합이었는데도 영화사 측은 젊은 층에게 어필할 수 있는 누군가가 확실하게 있어야 한다고 판단했고 리버를 졸라댔다.

리버는 촬영이 시작되자마자 애크로이드와 초고속으로 친해졌다. (그 역시 진지하게 록 음악을 추구하는 배우였다) 두 사람은 경이로운 듯 레드포드와 포이티어를 넋 놓고 바라보고는 했다. 리버는 말했다. "우리는 이런 생각을 했어요. '저들은 피라미드 같은 국보급 사나이들이다.' 그러고 나면 의문이 떠올랐죠. '그럼 우리는?' 음, 내 생각에 우리는 모래톱에 사는 게나 옴 같은, 어떤 하찮은 존재 같았어요."

그래도 현장에서 끝없이 농담을 주고받는 주인공은 애크로이드와 리버였다. 그들은 급식 트럭에 '로치 코치Roach Coach'('푸드 트럭'이라는 뜻-옮긴이)라는 별명을 붙였고 한술 더 떠 서로를 '우치 씨, 우치 부인'이라고 불렀다. 리버는 애크로이드의 옆구리 살을 꼬집기도 했고 그의 벗겨진 머리에 입김을 불기도 했다. 애크로이드는 말했다. "그냥 단순하고 완벽하고 전적으로 짓궂은 장난이었어요. 리버는 그런 장난을 마음껏 칠 수 있는 사람이었고요."

촬영 첫날 로빈슨은 리버를 보고 그냥 괜찮은 정도라고 생각했다. 그러나 데일리[15]를 보고 훨씬 더 깊은 인상을 받았다. "리버는 영화에 정말로 활기를 불어넣는 영리한 선택을 아주 잘했어요." 감독은 말했다.

리버의 가장 영리한 선택은 극 중 파티 장면을 몽타주한 부분에 나온다. 아레사 프랭클린Aretha Franklin 1942-2018의 노래 「체인 오브 풀스Chain of Fools 1968」에 맞추어 해커들이 돌아가며 메리 맥도넬과 함께 춤을 추는 장면이다.[16] 포이티어는 온몸이 뻣뻣한 파트너지만, 애크로이드는 자신이 놀라울 정도로 뛰어난 스윙 댄서임을 입증해 보인다. 리버는 독일 콘서트장에 모인 극성 펑크 팬들처럼 무릎을 꺾고 두 팔을 휘저으며 온몸을 움직인다. 시선을 확 휘어잡는 이 장면은 영화에 7초 동안 나온다.

촬영은 5개월 넘게 계속됐지만 리버는 여가 시간이 많았다. 조연 배우가 너무 많았기 때문이기도 했고 일정에 따라 휴식 시간이 정해졌기 때문이기도 했다. 레드포드는 크리스마스를 끼고 열흘을 쉬어야 한다고 우겨서 매년 가는 스키 여행을 떠났다. 그래서 리버는 '알레카스 애틱' 일을 추진했다.

드러머 조시 그린바움이 캘리포니아로 와서 촬영 틈틈이 리버와 즉흥 연주를 하며 시간을 보냈다. 아일랜드사와 맺은 2년의 성장 계약은 이미 끝났지만 4년 정도 계약 기간을 더 연장할 예정이었다. 음반사는 투자의 성과를 거둘수 있을지 확인하고 싶었다. A&R 팀장 킴 뷔는 (엘비스 코스텔로Elvis Costello 1954-와 '로스 로보스Los Lobos' 프로듀싱으로 유명한) 초특급 프로듀서 티본 버넷T-Bone Burnett 1948-을 고용했고 리버는 그린바움, 레인, 플리와 함께 스튜디오

---

15 데일리(daily): 디지털 카메라가 나오기 전, 필름 카메라로 영화를 제작하던 시대에는 매일 촬영한 장면들을 사진으로 인화해 먼저 확인하고 나중에 편집 작업에 들어갔다. 이 인화된 사진에 일지처럼 편집 때까지 기억해야 할 내용들을 기록하기도 했는데 이 사진을 '데일리'라고 불렀다.

16 「스니커즈」 파티 댄스: 포이티어, 스트라단, 애크로이드, 리버 피닉스의 춤이 순서대로 몽타주되어 있다.

안으로 들어가 노래 두 곡을 녹음했다.

크리스 블랙웰은 그 테이프를 들은 뒤 '알레카스 애틱'과 계약 기간을 연장하지 않기로 결정했다. 리버는 매우 실망했다. 하지만 그는 냉소적으로 말했다. "내 목소리에 스타가 될 자질이 없다는 게 밝혀진 거예요. 계약이 연장되지 않아서 다행이에요. 난 그냥 친구들, 그리고 함께 연주하는 사람들을 위해서 음악을 만들고 싶지, 대중을 위한 음악은 만들고 싶지는 않거든요."

뷔는 말했다. "지나고 나서 생각해보니까, 리버가 밴드에 속해 있는 게 과연 최상의 결정이었는지 잘 모르겠어요." 그녀는 리버가 솔로 어쿠스틱 공연자였다면 더 잘됐을 거라고 생각하는 것 같았다. "밴드는 시간이 오래 걸려요. 리버의 경우, 배우 경력이 시간을 놓고 음악과 늘 경쟁하고 있었고요. 상황이 그렇다 보니 밴드 안에서 흐름과 지속성을 발견하는 건 일종의 도전이었어요. 내 생각에 리버는 풀타임으로 음악을 할 수 있는 한 장소에 스스로 머물지 않은 거예요. 음악가, 예술가, 작곡가로서 어떤 모습의 리버 피닉스이고 싶은지 스스로 결정한 거죠."

로스앤젤레스에서 「스니커즈」 촬영이 계속되는 동안 리버는 플리의 집에서 지냈다. 그 베이시스트는 투어를 떠나서 집에 없었지만, 리버 주변에는 여전히 친구들이 바글대서 헤로인을 비롯해 어떤 마약이든 원하기만 하면 쉽게 손에 넣을 수 있었다. 그러나 항상 파티처럼 즐겁기만 한 것은 아니었다. 한번은 함께 마약을 하던 친구 한 명이 말다툼 끝에 식칼을 들고 온 집 안을 휘저으며 리버를 쫓아다닌 적도 있었다.

그 사건이 일어난 지 얼마 지나지 않아 리버를 방문한 예전 가정교사 더크 드레이크는 리버의 헤로인 중독 상황에 심각한 우려를 표했다. 드레이크는 리버에게 "헤로인에 얽매여 있는 그 친구들의 화려한 면면을 생각하면 화가

난다"고 말했다.

그러자 리버는 이렇게 대답했다. "걱정 마요. 난 아직 주님이 무서우니까."

그 말에 더 화가 난 드레이크는 리버에게 차라리 직업을 배우에서 침례교 목사로 바꾸지 그러느냐고 말했다.

「지미의 사춘기」의 홍보 담당자였던 짐 도브슨Jim Dobson이 몇 년 만에 리버를 만났다. 그는 리버의 달라진 모습에 깜짝 놀랐다. 도브슨은 말했다. "정말 전혀 다른 사람이 되어 있더군요. 귀엽고 차림새 단정한 소년이 씻지 않는 어른으로 바뀌어 있다니. 안색이 완전히 잿빛이었어요. 우리는 모두 리버가 약에 빠져 있나 보다고 짐작했어요."

친한 친구이자 연기 동반자였던 존 벨루시John Belushi 1949-1982를 약물 과용으로 잃은 애크로이드는 리버를 헤로인에서 떼어내려고 갖은 애를 썼다. "나는 애크로이드가 리버의 삶에 참 좋은 영향을 끼쳤다고 생각해요." 도브슨은 말했다.

리버에게 음주와 약물 남용에 관해 제동을 거는 친구가 두어 명 있었지만 그 무엇도 그에게 별 자극이 되지는 않았다고 드레이크는 말했다. "리버는 감각을 매우 열정적으로 사랑했거든요. 그게 보름달을 보는 일이든, 큰 맥주잔으로 건배를 하는 일이든."

「스니커즈」는 매력 없는 영화가 아니었다. 영화의 절정 부분에서 주연 배우들은 국가 안보국 요원들의 총구 앞에 서지만, 블랙 박스가 맥거핀[17]이라는

---

17 맥거핀(MacGuffin): 알프레드 히치콕 감독이 고안한 극적 장치 개념으로 '미끼, 속임수'라는 뜻이다. 영화 초반에 굉장히 중요한 의미가 있는 것처럼 등장하지만 뒤로 가면서 사라져버리는 소재를 뜻한다. 사람일 수도 있고 물건일 수도 있는 맥거핀은 극 전개 자체보다는 등장인물의 심리에 결정적 영향을 끼친다. 「스니커즈」에서 블랙 박스는 모든 갈등을 일으키는 원인이지만, 레드포드가 중요한 칩을 제거한 무용지물이다. 그런데도 국가 안보국에서는 그 블랙 박스를 요구하고 등장인물들은 그 물건을 넘겨주는 대신 각자에게 값을 치르라고 요구한다.

것을 깨닫고 우위를 선점한다. 그들은 물건을 넘겨주기 전에 요구사항을 늘어놓는다. 레드포드가 연기한 인물은 연방 정부가 더 이상 추적하지 않게 해주겠다는 약속을 받아내고 애크로이드는 옵션이 풀로 장착된 위너바고 캠핑카를 얻어낸다. 리버가 연기한 칼 알보개스트는 "기관총을 들고 있는 저 젊은 아가씨"의 전화번호만 있으면 된다고 말한다. 이런 장면 덕분에 이 영화는 괜찮은 흥행 성적을 올렸고 그 뒤로 수십 년 동안 소소하지만 충실한 컬트 영화의 지위를 누려왔다.

영화는 대체로 호들갑스럽지는 않지만 긍정적인 평을 받았다. <워싱턴 포스트>의 리타 켐플리Rita Kempley 1945-는 "시간 때우기 좋은 재미있는 영화"라고 말하면서 리버의 연기를 "감동적이지는 않지만 사랑스럽다"고 평했다.

그러나 온갖 비틀기, 뒤집기, 반전에도 이 영화는 얄고 전형적으로 느껴진다. 리버는 이 영화를 좋아하지 않아서 친구들에게 보지 말라고 말했다. "나는 정말로 사이버 세계밖에 모르는 바보처럼 나와요. 그 역할을 하면서 얼마나 자존감이 떨어졌는지 몰라요. 늘 흥분해 있어서 한시도 가만히 있지 못하는 인물이거든요. 품위 있고 우아하게 시사회에 참석하고 싶다면 절대로 연기해서는 안 되는 그런 인물 말이에요."

「스니커즈」는 암호 해독이라는 주제를 표현하려고 영화 오프닝 크레딧에 감독과 주연 배우의 이름을 제대로 띄우기 전에 이름 철자의 순서를 뒤섞어 엉뚱한 단어를 먼저 보여준다. '블론드 리노 스파니엘BLOND RHINO SPANIEL'이 먼저 나오고 철자들이 다시 제대로 정렬되어 '필 알덴 로빈슨'이 나타나는 식이다. 이런 식으로 표현된 로버트 레드포드의 이름은 '포트 레드 보더FORT RED BORDER'이다. '어 터닙 큐어스 엘비스A TURNIP CURES ELVIS(순무는 엘비스를 치료한다)'는 바뀌어 '유니버설 픽처스UNIVERSAL PICTURES'가 된다. 모든 배우의 이름 철자를 뒤섞지는 않았지만 만약 '리버 피닉스RIVER PHOENIX' 철자를 뒤섞어 암호명을 만들었다면 '바이퍼 헤로인 엑스VIPER HEROIN X'라는 이름을 전 세계가 보았을지도 모른다.

9. 미국 흥행 성적순으로 정렬한 리버 피닉스의 영화들

「인디아나 존스와 최후의 성전」(197.1)

「스탠드 바이 미」(52.3)

「스니커즈」(51.4)

「바람둥이 길들이기」(16.1)

「모스키토 코스트」(14.3)

「컴퓨터 우주 탐험」(9.8)

「아이다호」(6.4)

「지미의 사춘기」(6.2)

「허공에의 질주」(2.8)

「케이지비의 아들」(1.7)

「콜 잇 러브The Thing Called Love 1993」(1.0)

「샌프란시스코에서 하룻밤」(0.3)

「싸일런트 저스티스Silent Tongue 1993」(0.06)

위 괄호 안 수치의 기본 단위는 1백만 달러이다. 인플레이션을 적용하지 않고 내림으로 기록한 숫자다. 그러니까 「샌프란시스코에서 하룻밤」이 394,631달러, 「싸일런트 저스티스」가 61,274달러밖에 벌지 못한 것에 비해 「스니커즈」는 51,432,691달러를 벌어들였다는 소리다.

10. 카우보이 마우스[18]

「스니커즈」가 모두 마무리된 뒤 리버는 곧장 「싸일런트 저스티스」를 찍으러 뉴멕시코로 향했다. 샘 셰퍼드가 각본을 쓰고 감독까지 맡은 서부 유령 이야기였다. 『매장된 아이Buried Child 1978』로 퓰리처상을 수상한 셰퍼드는 『트루 웨스트True West 1980』(두 작품 모두 희곡 작품으로 영화화는 되지 않았다-옮긴이) 같은 가족 간의 갈등을 다룬 비현실적인 이야기 속에 원시적 시詩를 구현하는 것으로 극찬을 받는 극작가였다. 또 「필사의 도전」[19]에 척 예거로 출연해 오스카 남우주연상 후보에 오른 것, 여배우 제시카 랭Jessica Lange 1949-과 오랜 세월 연애한 것으로도 유명했다.

「싸일런트 저스티스」의 또 다른 주연 배우는 더모트 멀로니였다. 리버와 곧 친해진 멀로니는 리버에게 감독의 경이로운 전투기 속도에 관해 알려줬

---

18 카우보이 마우스(Cowboy Mouth): 1992년에 데뷔한 미국의 4인조 얼터너티브 록 밴드의 이름이다. 리버 피닉스는 1992년 카우보이를 소재로 하는 영화 「싸일런트 저스티스」에 출연했다. 이 작품을 감독한 샘 셰퍼드(Sam Shepard 1943-2017)가 1960년대 중반 집필한 실험적인 단막극의 제목이기도 하다.

19 「필사의 도전(The Right Stuff 1983)」: 마하 1의 장벽을 깨고 최고의 파일럿이 되고자 하는 조종사들의 이야기를 다룬 영화다. 샘 셰퍼트가 연기한 척 예거는 세계 최초로 음속을 돌파한 전설적 인물로 그려진다.

다. 멀로니는 말했다. "생각 좀 해보세요. 샘 셰퍼드가 어떤 작품을 썼는지 내가 리버한테 일일이 다 알려줘야 했다니까요. 리버는 잘 알려진 영화 한두 편에 출연한 것만 알지, 샘이 영화감독, 극작가, 각본가인 걸 전혀 모르더라고요. 퓰리처상이라는 게 뭔지, 샘이 그 상을 왜 받았는지 일일이 다 설명해야 했어요. '여기 희곡 한 편이 있어, 리버. 네가 이 희곡 전체를 읽지 않으리라는 건 나도 알지만, 부탁이니까 세 쪽만이라도 읽어줘. 뛰어올라 뭔가 다른 일을 시작하기 전에.' 리버는 학교 교육은 전혀 받지 못했지만 지나칠 정도로 똑똑한 친구였어요."

멀로니 말고 다른 출연자로 빌 어윈Bill Irwin 1950-, 앨런 베이츠Alan Bates 1934-2003, 리처드 해리스Richard Harris 1930-2002가 있었다. 리버가 연기한 탤벗 로는 1873년 정착한 서부 개척민으로 (쉐일라 투시Sheila Tousey 1960-가 분한) 미국 원주민 혼혈인 아내 애보니를 잃은 슬픔에 미쳐가는 인물이다. 탤벗의 아버지(해리스)는 애보니의 아버지, 키커푸 원주민 약장사 공연단을 이끌고 순회공연을 다니는 이몬 맥크리(베이츠)를 찾아가 금을 줄 테니 둘째 딸, 애보니의 여동생을 팔라고 제안한다. 그동안에도 탤벗은 광기 속으로 더 깊이 빠져들어서 하얀 물감으로 얼굴을 칠한 채 엽총으로 자신의 턱을 쏘는가 하면, "당신 머리카락이 다 날아갈 때까지 난 포기하지 않겠어"라면서 애보니의 시체를 내놓지 않는다. 심지어 애보니의 유령이 눈앞에 나타나 이제 그만 내세로 갈 수 있게 자신의 시신을 태워달라고 부탁해도 소용이 없다.

줄거리보다 분위기가 훨씬 더 강렬한 이 영화는 훌륭한 작품은 아니다. 「싸일런트 저스티스」는 결국 셰퍼드가 감독한 두 번째 영화이자 마지막 작품이 되고 말았다. 그래도 야심을 초과해서 달성했다고 본다면 적어도 야심은 담겨 있는 작품이었다.

리버는 평소 습관대로 영화에 함께 출연하는 나이 많은 남자 배우 중에서 촬영 기간 동안 롤 모델 겸 대리 아버지가 될 동료를 찾았다. 이번에는 매사에 열심히 일하는 리처드 해리스였다. 해리스는 1967년 「욕망의 끝This Sporting Life」으로, 1990년 「카인의 반항The Field」으로 두 차례 오스카 남우주연상 후보에 올랐고, 「맥아더 파크MacArthur Park 1968」의 원곡 가수로 음반 순위 톱 10에 든 적도 있었다.

리버는 예순 살의 해리스를 극진히 모셨다. 매일 촬영장까지 차로 모셨고 옆에 말동무가 있는지 늘 확인했다. 해리스는 말했다. "리버는 마치 친아버지처럼 날 받들었어요. 밤이면 내 방문을 두드리며 내 방에서 자도 되는지 묻고는 했죠. 녀석은 주로 소파에서 잤는데 새벽 네 시면 대사 연습하는 소리가 들렸어요. 내가 '제발 좀 가서 자라'고 말하면 화장실에 들어가 변기에 앉아서 대사를 외웠고요."

리버의 진짜 아버지 존 피닉스는 자기 아들이 다른 여러 남자들로 자신의 부재를 채운다는 것을 잘 알고 있었지만 그렇다고 코스타리카의 왕 노릇을 그만두지는 않았다. 존은 가장 오랫동안 리버의 대리 아버지 노릇을 한 윌리엄 리처트를 만났을 때 그를 빤히 바라보며 말했다. "난 당신이 리버의 진짜 아버지인 줄 알았소."

리처트는 대답했다. "아뇨, 난 리버의 진짜 친구예요."

존은 아버지가 아니라 친구라는 말에 마음이 놓였는지 끝까지 진짜 아버지 노릇은 하지 않았다.

리버는 「싸일런트 저스티스」를 찍을 때 한 주에 사흘만 일하기로 계약되어 있었지만, 촬영이 계속되는 7주 내내 촬영장에 머물렀다. 리버의 탤벗 연기는 열의가 가득했다. 목소리는 갈라졌고 두 눈은 번뜩였으며 얼굴은 비애와 광기로 일그러졌다. 씻지 않는 개척민의 추레한 외모를 완벽할 정도로 잘 갖추고 있어서 알아보기가 힘들 지경이었다.

멀로니는 말했다. "내가 보기에 샘 감독님은 리버 때문에 심각하고 완벽하게 당황한 것 같았어요. 리버한테 진짜로 푹 빠지기는 했지만 리버가 어떤 인간인지 이해하지는 못한 거죠. 항상 일그러진 미소를 띤 채 리버의 연기를 바라보면서, 그 길들여지지 않은 미친개 연기에서 어디까지가 리버가 준비한 부분이고 어디까지가 리버의 진짜 모습인지 알아내려고 애를 쓰고는 했답니다."

일부 제작진은 리버가 술에 취해 연기를 하고 있는 것은 아닌지 궁금해했지만, 리버의 강한 정신력과 관대함에 감동받지 않은 사람은 아무도 없었다. 가장 심하게 마약에 찌들어 있던 시기에도 모든 인간을 마약을 구하는 데 도움이 되는 사람과 그렇지 않은 사람으로 구분하는 마약중독자 특유의 자기중심적 세계관에 리버가 굴복하지 않았다는 것만은 변함없는 진실이다. 「싸일런트 저스티스」를 제작한 영화사는 트레일러를 넉 대밖에 보유하고 있지 않았는데 그 넉 대는 모두 주연 배우들에게 할당되었다. 리버는 자신의 아내로 출연한 쉐일라 투시가 유령 분장을 하고 발성 연습을 하려면 오랜 시간 트레일러에 머물러야 하는데 '공중변소'라는 별명으로 통하던 공동 분장 트레일러밖에 이용할 수 없다는 사실을 알고는 그녀에게 자신의 트레일러를 내주겠다고 자청했다. 프로듀서 캐럴린 페이퍼Carolyn Pfeiffer는 이렇게 회상했다. "'나보다 내 동료 배우한테 편한 공간이 더 필요해서 그러는데 그 단역 배우를 위해서 편한 내 공간을 포기해도 될까요?'라고 물어보는 배우는 난생처음 봤어요."

11. 번 할리우드 번[20]

리버 피닉스가 뉴멕시코에 있는 동안 로스앤젤레스는 불타고 있었다. 네 명의 경찰이 과속 단속을 하는 중에 로드니 킹^{Rodney King 1965-2012}을 잔인하게 구타했고 폭행과 과잉 진압 혐의로 재판정에 섰다. 1992년 4월 29일 그들이 무죄 선고를 받자 로스앤젤레스의 아프리카계 미국인 공동체가 폭발했다. 흑인에 대한 백인의 가혹 행위를 용인한 배심원단에 분노한 까닭이었다. (온갖 인종으로 구성된) 수천 명이 일주일 넘게 지속된 폭동에 가담했다. 재산 피해는 거의 10억 달러에 달했고 50여 명이 사망했다. 폭동은 주 방위군과 연방 병력이 투입되고 나서야 진정되었다.

인종 관계는 전혀 고려하지 않고 여덟 시즌이나 브루클린 하이츠의 부유한 흑인 가족 이야기를 끌고 온 「코스비 가족 만세」는 4월 30일 마지막 회를 끝으로 종영했다. 폭동이 한창 절정에 달해 있었고 그 어떤 미국인도 인종 관계 말고 다른 문제에 관심이 없었기 때문이다.

엘에이 경찰이 치안 유지 능력을 상실해 영화사들은 그 지역 촬영을 모두 중단했다. 군중 1백여 명이 「소녀는 울지 않는다^{Big Girls Don't cry 1992}」 영화 현수막이 걸린 미국 영화감독 조합 건물을 공격하려고 시도했다. 레이커스와 클리퍼스는 다른 도시에서 플레이오프 경기를 치렀다. 백인 가수 데이비드 보위^{David Bowie 1947-2016}와 흑인 슈퍼모델 이만 압둘마지드^{Iman Abdulmajid 1955-}는 로스앤젤레스에서 신혼생활을 시작하려고 엘에이 공항에 착륙했는데 그때가 폭

---

20 번 할리우드 번(Burn Hollywood Burn): '불타는 할리우드에 불을 질러라'라는 뜻이다. 1990년 그룹 '퍼블릭 에너미(Public Enemy)'가 발표한 노래 제목이기도 하며, 할리우드의 상업성을 비판한 영화 「알란 스미시 영화(An Alan Smithee Film 1997)」의 부제이기도 하다.

동이 발발한 직후였다. 그들은 결국 뉴욕에서 살게 되었다. 그 와중에도 <플레이보이Playboy>지는 엘에이 플레이보이 맨션에서 매년 열리는 '올해의 플레이메이트 정찬'을 취소하지 않았고 코리나 하니Corinna Harney 1972-를 왕좌에 앉혔다. 그녀는 역대 최연소 '올해의 플레이메이트'였다.

거리에 시신들이 쌓여가고 있었다.

「싸일런드 저스티스」가 마무리될 무렵 폭동은 가라앉았지만 엘에이는 돌무더기들로 곰보처럼 얽어 있었다. 건물들과 작은 상점들은 더 이상 제자리에 서 있지 않았고 도시는 백옥 같은 치아가 듬성듬성 빠진 채 웃고 있었다. 그런데도 리버는 편하게 게인즈빌로 가지 않고 서쪽행 비행기를 타고 엘에이로 향했다. 아일랜드사와의 계약 연장이 실패한 뒤로 '알레카스 애틱'에 다시 시동을 걸 수 있는 방법은 많지 않아 보였다. 엘에이는 리버에게 다음 영화 작품을 고를 수 있는 기회, 즐겁게 지낼 수 있는 기회만 제공했다.

리버는 호아킨을 데리고 리처트의 집으로 갔다. 호아킨은 '리프'를 버리고 출생 때 이름을 다시 쓰고 있었다. 리처트의 집에는 유리 돔 지붕이 덮인 2층 높이의 중정이 있었는데 그날은 날씨가 추워서 유리에 서리가 잔뜩 끼어 있었다. 리처트는 위를 올려다보았다가 기겁했다. "호아킨이 천창 하나하나에 악마 그림을 그려 넣고 있었어요."

창이 깨져서 호아킨이 아래로 추락해 죽거나 그 밑에 있는 사람들이 다칠까 봐 걱정이 돼서 리처트는 호아킨에게 얼른 내려오라고 고함쳤다. 호아킨은 서리가 낀 창에 손가락으로 그림을 그려 자신의 머리 위에 뿔을 만들면서 마냥 웃기만 했다.

리처트는 말했다. "호아킨에게는 결이 완전히 다른 에너지가 있었어요. 호아킨은 리버랑 달랐어요. 그 애들 어머니도 리버랑 달랐고요. 리버가 아무리

가족을 부양하고 그 가족 구성원 모두가 스스로를 피닉스라고 불렀어도 그들 중 리버와 비슷한 사람은 아무도 없었어요."

"내 남동생한테 대면 내가 가진 재주는 보잘것없고 시시해요." 리버는 말했다.

리버는 종종 스스로를 농담거리로 삼았다. 악랄하고 날선 농담은 아니었다. 리버의 취향은 허풍 쪽에 훨씬 가까웠다. 윌리엄 리처트 감독의 아들 닉 리처트는 이렇게 말했다. "리버는 노상 누구나 믿을 법한 헛소리를 되는대로 지껄였어요. 놀리기 좋아하는 녀석이었죠. 그래서 난 늘 리버랑 일정한 거리를 두려고 했어요. 리버의 놀림에 말려들고 싶지도 않았고 남의 말에 잘 속는 사람처럼 보이고 싶지도 않았거든요."

리버는 샌프란시스코에서 지내고 있던 솔곳을 생일에 놀라게 해주기로 마음먹었다. 그래서 리처트와 함께 솔곳을 찾아갔다. 생일 파티 장소에 들어가기 전 리버는 종이봉투 하나를 꺼내서 머리에 썼다. 리처트는 말했다. "아무도 그가 리버란 걸 알아채지 못했어요. 심지어 리버의 여자친구도요." 그러나 솔직히 말해서 그 말은 타당성이 없게 들린다. 솔곳이 어떻게 애인의 목소리와 몸매를 알아보지 못했겠는가? 더구나 리버의 친한 친구 리처트가 그곳에 와 있다는 건 더없이 확실한 증거였는데 말이다.

모두 진짜로 눈치가 없었던 것이든, 그냥 리버의 장난에 장단을 맞춰준 것이든 아무튼 파티 참석자들은 다 함께 작당해서 '미스터 봉투'가 투명 인간인 것처럼 행동했다. 리버는 장난을 그만두지 않았고 그 뒤로 무려 세 시간 동안이나 봉투를 쓰고 있었다. 결국은 모두들 그 자리에 이상한 모자를 쓴 손님이 한 명 와 있다는 사실을 인정할 수밖에 없었다. 리처트는 말했다. "리버는 다른 사람들이 어떻게 행동하는지 지켜보고 있었어요. '이 녀석은 정말로 장난에 진심이구나. 정말로 장난을 제대로 치고 싶어 하는구나' 그런 생각을 했던 기억이 나요. 리버가 끝까지 봉투를 벗지 않았거든요."

12. 매니 리버스 투 크로스[21]

리버는 「포인트 블랭크Point Blank 1967」, 「서바이벌 게임Deliverance 1972」, 「엑스칼리버Excalibur 1981」를 연출한 영국 출신 감독 존 부어먼John Boorman 1933-과 미팅을 시작했다. 부어먼은 아일랜드 출신 감독 닐 조던Neil Jordan 1950-과 함께 가제 '부서진 꿈Broken Dream'이라는 공상과학 영화 대본을 쓴 1979년부터 그 영화를 제작하려고 안간힘을 쓰고 있었다. 리버가 그 영화에서 연기하기로 동의한 벤은 디스토피아 세계의 마법사였다. 벤의 아버지는 벤에게 사물을 (그리고 최종적으로는 인간을) 사라지게 만드는 법을 가르친다. 위노나 라이더도 계약서에 사인을 했다. 조던의 영화 「크라잉 게임The Crying Game」이 1992년 10월 큰 성공을 거두자 '부서진 꿈'도 마침내 영화화될 것처럼 보였다. 그러나 그때 영화판에서는 흔히 일어나는 차질이 생겼다. 투자가 무산되면서 영화 제작도 연기된 것이다. (그로부터 20년 뒤인 2012년 부어먼은 벤 킹슬리, 존 허트John Hurt 1940-2017, 케일럽 랜드리 존스Caleb Landry Jones 1989-와 함께 영화 제작을 다시 시작한다고 발표했다. 그러나 1년이 지난 뒤에도 아무런 진전은 보이지 않았다. '부서진 꿈'의 시계는 34년 넘게 계속 돌아가기만 했다)

---

21 매니 리버스 투 크로스(Many Rivers to Cross): '건너야 할 강이 너무 많다'는 뜻이다. 1955년 제작된 영화 제목이기도 하고 1969년 자메이카 출신 가수 지미 클리프(Jimmy Cliff 1948-)가 발표한 노래 제목이기도 하다. 일도 사랑도 실패한 힘겨운 상황에 빠진 한 남자가 인생에 지쳤지만 아직 포기하지 않겠다고 결심하는 희망의 노래로 후대 가수들에 의해 여러 차례 리메이크되었다.

부어먼은 말했다. "리버를 몇 번 만났어요. 세상 물정에 밝은 청년이더군요. 그런데 동시에 굉장히 취약해 보이는 면도 있었어요. 왠지 보살핌을 받아야 할 것처럼 느껴졌어요."

(「양철북The Tin Drum 1979」, 「시녀 이야기The Handmaid's Tale 1990」를 만든) 독일 출신 영화감독 폴커 슐렌도르프Volker Schlöndorff 1939-가 크리스토퍼 햄튼Christopher Hampton 1946-의 희곡을 영화화하는 「토탈 이클립스Total Eclipse 1995」의 주인공으로 리버를 캐스팅하고 싶어 한다는 소식이 전해졌다. 「토탈 이클립스」는 19세기 프랑스 시단의 앙팡테리블 아르튀르 랭보Arthur Rimbaud 1854-1891의 삶을 그린 영화였다. 랭보는 십 대에 나이 많은 프랑스 시인 폴 베를렌Paul Verlaine 1844-1896과 격정적인 연애를 한 것으로 유명했다. 그 연애는 베를렌이 랭보의 손목을 총으로 쏘면서 끝났지만 말이다. 온갖 형태의 인간 경험에 갈급함을 느꼈던 랭보는 대표작 「취한 배Le Bateau ivre 1871」와 「지옥에서 보낸 한 철Une Saison en Enfer 1873」을 모두 십 대에 창작했고 열아홉 살에 시 쓰기를 그만뒀다.

랭보가 죽고 101년이 지난 뒤, 리버는 랭보와 너무나 깊이 유대감을 느낀 나머지 헨리 밀러Henry Miller 1891-1980가 쓴 시인 랭보의 일대기 『암살범들의 시대The Time of the Assassins 1946』를 들고 다니기 시작했다. 자신의 삶과 랭보의 삶 사이의 공통점을 악착같이 찾아냈고 밀러의 책에서 중요한 구절을 보면 친구들한테 알려주기도 했다.

『암살범들의 시대』는 그 예술가를 지상에서 가장 고귀한 동시에 가장 끔찍한 생명체로 묘사하고 있었다. "황홀경에 길들여진 시인은 상념의 잿더미 속에서 허우적대는 한 마리 찬란한 미지의 새 같다. 그 수렁에서 벗어난다 하더라도 그 새는 태양에 바쳐질 희생 제물이 될 운명이었다. 세상을 재건하겠다는 그의 꿈은 열기 어린 자신의 심장 박동의 반향에 지나지 않았다. 그는 세상이 자신을 따르리라 상상하지만 창공 속에서 혼자뿐인 자신을 발견한다."

리버가 랭보의 삶과 밀러의 산문에서 자신을 찾아 헤맨 행위는 자기 과시인 동시에 자기 연민이었다. 터놓고 말해서 리버는 랭보가 쓴 실제 시 작품보다는 밀러의 책에 관심이 더 많았다. 랭보를 시인이 아니라 하나의 상징으로 받아들이고 있었던 것이다.

존 말코비치John Malkovich 1953-가 베를렌 역에 캐스팅되었다. 리버는 그 프로젝트가, 아니, 어떤 프로젝트든 시작되길 기다리는 동안 엘에이에서 지내면서 파티를 계속했다. 솔곳은 엘에이를 리버의 약물 문제를 일으키는 독의 원천이라고 생각했다. 리버가 원하는 물질이라면 뭐든 제공하고 싶어 안달 난 사람이 주위에 널려 있었다. 두 사람이 서로 상반되는 지표면 위에 서 있었기 때문에 그 커플의 관계는 동요를 겪는 중이었다. 문제는 리버의 약물 남용과 그 사실에 대한 그의 부인이었다. 솔곳은 말했다. "리버는 내가 잔소리하는 걸, 그 사람의 공적 입장과 실제로 그 사람이 자신의 몸에 하고 있는 짓 사이의 모순을 지적하는 걸 싫어했어요."

「지미의 사춘기」와 「7인의 신부」에 리버랑 함께 출연했던 루앤 시로타는 이렇게 말했다. "리버는 그의 안위에 전혀 관심 없는 사람들한테 둘러싸여 있었어요. 리버랑 어울리는 영국인 남자 두 명은 나도 아는 사람들이었는데, 그들은 상대가 인간이기만 하면 그 사람이 누구든 전혀 신경 쓰지 않는 작자들이었답니다. 수심 60센티미터 풀장만큼 얄팍한 인간들이었다고요."

1992년 어떤 결혼식에서 리버의 타락이 참석자 모두의 눈앞에 분명하게 모습을 드러냈다. 하객 한 명은 이렇게 말했다. "격식이 필요한 자리였어요. 심지어 '칠리 페퍼스' 멤버들조차 싸구려 1970년대 턱시도를 입고 있었다고요. 그런데 리버는 아침 아홉 시 반에 와인 병나발을 불면서 나타났어요. 구겨지고 찢어진 반바지에 더러운 티셔츠를 입고 스니커즈를 신은 차림으로요. 사람들은 리버 때문에 화가 났어요."

리버와 가끔 전화 통화를 하던 마샤 플림튼은 말했다. "리버의 입에서 나오는 말들이 전혀 앞뒤가 맞지 않을 때가 종종 있었어요. 리버는 걸핏하면 취한 상태로 전화를 걸었고, 난 20분 동안 리버가 횡설수설 떠드는 소리를 들어줬어요. 자신도 대체 무슨 뜻인지 모르면서 늘어놓는 그 궤변을 들어줬다고요. 그러면 리버는 이렇게 말했어요. '넌 내 얘기를 주의 깊게 귀담아듣지 않아.'"

리버가 중독의 심각성을 전혀 모르고 있었던 것은 아니다. 개인적으로 록스타 친구를 차에 태워 중독 치료 시설에 데려다준 적도 있었다. 그것도 두 번이나. 그리고 자신의 지독한 마약 소비 행태가 나무를 끌어안는 자신의 이미지와 전혀 일치하지 않는다는 점도 알고 있었다. 심지어는 이런 걱정을 입 밖으로 소리 내어 말할 정도였다. "침대 맡에 내 사진을 걸어놓은 열두 살 소녀가 이 사실을 알면 어떻게 생각하겠어?" 하지만 그 말이 자신에게 문제가 있다는 사실을 인정한다는 뜻은 아니었다.

솔곳은 말했다. "리버는 수많은 사람을, 그리고 자기 자신을 속이고 있었어요. 정말 위대한 배우였던 거죠."

'마우스키티어'[22] 출신으로 시트콤 「도나 리드 쇼The Donna Reed Show 1958-1966」에 출연했던 배우 폴 피터슨Paul Petersen 1945-이 '어 마이너 콘선A Minor Concern'이라는 이름의 전직 아역스타 지원 단체를 설립했다. 피터슨은 말했다. 1992년 여름 "몹시 흥분한 전화 한 통을 받았어요. 친구인 저널리스트였는데 다른 젊

22　마우스키티어(Mouseketeer): 1955년 디즈니사가 제작한 어린이 연속극 「미키마우스 클럽 (The Mickey Mouse Club)」에 미키마우스 귀 모양의 모자를 쓰고 출연했던 아역 배우들을 통칭해 '마우스키티어'라고 불렀다.

은 배우 다섯 명이랑 록시 화장실에서 총질하고 있는 리버를 봤다고 하더군요." 록시The Roxy는 선셋 스트립에 있던 유명한 록 클럽으로 장차 바이퍼 룸이 들어설 위치에서 4백 미터 정도 떨어진 곳에 있었다.

도움의 손길이 큰 힘을 발휘한다고 굳게 믿는 피터슨은 의사들과 다른 아역 출신 배우 한 명을 불러서 다 함께 리버의 호텔 방을 찾아갔다.

리버는 문을 빠끔 열었을 뿐 그들을 안으로 들이지 않았다. 그리고 선 채로 록시 이야기는 거짓말이라면서 이렇게 외쳤다. "난 고기를 먹지도 않는다고요." (그 말은 진실이었지만 불합리한 추론이었다)

"리버는 강하게 부인했지만 약에 절어 있는 것이 분명했어요." 피터슨은 회상했다.

"난 당신들 도움 필요 없어요." 리버는 이렇게 말하고 문을 쾅 닫았다.

13. 마지막 영화

아이리스 버튼은 자신의 가장 큰 수입원인 안심 스테이크 덩어리를 다시 일하게 만들려는 노력의 일환으로 리버한테 「콜 잇 러브」 시나리오를 보냈다. 내슈빌의 가수, 작곡가 지망생들의 사랑 이야기였다.

며칠 뒤 리버가 전화를 걸어서 버튼을 타박했다. "이 시나리오는 아직 완성도 되지 않았잖아요."

버튼은 그 말에 동의하면서도 곧 형태를 갖추게 될 거라 확신한다고 말했다. 감독이 피터 보그다노비치Peter Bogdanovich 1939-라면서. 그러나 리버는 그게 누구인지 전혀 알지 못했다.

피터 보그다노비치는 1960년대 후반 독학의 영화광에서 진짜 영화감독으로 변신했다. 맨해튼비치의 비디오 대여점 계산대 뒤에서 일하는 대신, 뉴욕 현대 미술관의 영화 프로그램 시리즈를 수강하며 영화를 공부했다는 점만 빼면, 20년 뒤 쿠엔틴 타란티노와 비슷했다. 보그다노비치는 저예산 상업 영화 제작자 로저 코먼^{Roger Corman 1926-} 밑에서 영화 두 편을 찍은 뒤 1971년 자신의 인생작을 만들었다. 「마지막 영화관^{The Last Picture Show 1971}」은 죽어가는 텍사스 한 마을에서 성년을 맞이한 젊은이들을 그린 우수에 찬 흑백영화였다. 보그다노비치는 그 영화로 오스카상 두 부문의 후보[23]로 지명되었고, 그 영화에 출연한 여배우 시빌 셰퍼드^{Cybill Shepherd 1950-}를 위해 아내(편집감독 폴리 프랫^{Polly Platt 1939-2011})를 떠났다. 그 뒤로도 「페이퍼 문^{Paper Moon 1973}」, 「마스크^{Mask 1985}」 같은 영화를 감독했지만, 예술가로서 길고도 완만한 내리막길에 들어서 있었다. 그러다가 플레이메이트 도로시 스트래튼^{Dorothy Stratten 1960-1980}과 사귀었고 스트래튼이 전남편에게 무참히 살해된 뒤 스트래튼의 친여동생 루이스와 결혼한 일로 혹독한 유명세를 치렀다.

버튼은 리버에게 비디오 가게에 가서 「마지막 영화관」을 빌리라고 말했다. 리버는 시키는 대로 했고 완전히 반해버려서 버튼에게 "그 영화를 감독한 남자"와 함께 영화를 찍고 싶다고 말했다.

아이리스의 비서 크리스 스나이더^{Chris Snyder}는 이렇게 말했다. "아이리스는 리버한테 그 영화 주연 자리를 확실하게 안겨주려고 자신이 호의를 베푼 적 있는 모든 사람에게 전화를 걸었어요." 파라마운트 영화사는 촌뜨기 컨트리

---

23 1972년 아카데미 시상식: 보그다노비치는 최우수 감독상과 각색상 후보로 지명되었으나 본인은 수상하지 못했고, 벤 존슨(Ben Jonson 1918-1996)과 클로리스 리치먼(Cloris Leachman 1926-2021)이 이 영화로 각각 최우수 남우조연상과 여우조연상을 수상했다.

송 가수 빌리 레이 사이러스Billy Ray Cyrus 1961- 쪽으로 마음이 기울어져 있었다. 사이러스는 그 무렵 데뷔 앨범 『섬 게이브 올Some Gave all 1992』과 그 앨범에 수록된 싱글 「아치 브레키 하트Achy Breaky Heart」의 블록버스터급 성공에 잔뜩 취해 있었다. (훗날 그는 디즈니사가 키운 스타 마일리 사이러스Miley Cyrus 1992-의 아버지로 유명해진다) 그러나 보그다노비치는 계속 리버와 통화했고 그에게 남자주인공 제임스의 위태로운 성격을 어떻게 표현할 생각이냐고 물었다.

리버는 잠시 말이 없다가 대답했다. "침묵으로요."

어김없이 깊은 인상을 받은 보그다노비치는 아직 한 번도 만난 적 없는 리버를 (출연료 150만 달러에) 고용했다. 두 사람은 한 달 뒤 촬영이 시작되고 나서야 만났다. 리버는 촬영장에 오기 전 캐스팅에 관해 조언하면서 자신의 연적 역할에는 (「싸일런트 저스티스」를 찍으며 알게 된) 더모트 멀로니를, 한 조연에는 (「샌프란시스코에서 하룻밤」에 함께 출연한) 앤서니 클라크를 추천했다. 리버의 직감과 큰 그림 전체를 보는 리버의 시야에 감명받은 보그다노비치는 이렇게 말했다. "갈수록 점점 더 리버를 모든 대본 회의에, 모든 각색 협의에, 모든 음악 토론에 끌어들이고 싶어졌어요."

클라크는 이렇게 지적했다. "영화에 출연하는 것과 영화 전체를 끌고 가는 것은 별개예요. 그런데도 리버는 작곡도 하고 싶어 했고, 공연도 하고 싶어 했으며, 결정의 주체도 되고 싶어 했어요."

보그다노비치가 리버에게 넌 영화감독이 되어야 한다고 말했을 때 리버는 자신도 그런 생각을 해봤다고 고백했다. 그 말에 보그다노비치는 농담을 건넸다. "그렇군. 잘 되면 배우로 날 캐스팅해야 한다. 알겠지?" 그는 또 어쩌다가 연예 공연업계에 관심을 갖게 되었느냐고 물었다. 리버는 자신이 어렸을 때 어머니가 자신에게 이야기책을 읽어주던 일을 들려주고는, 그 경험이 너무 좋아서 더 큰 이야기의 일부가 되고 싶었다고 말했다.

　이 영화 속 더 큰 이야기는 젊은 음악가들의 삶이었다. (사만다 마티스가 연기한) 미란다 프리슬리는 가수, 작곡가로서 성공하려고 내슈빌에 와서 두 명의 라이벌 가수(리버와 멀로니)를 만나고 온 힘을 다해 그들과 경쟁한다. 미란다는 케이티 오슬린K. T. Oslin 1942-2020이 사장인 블루버드 카페에 웨이트리스로 취직한다. 투지는 넘치지만 재능은 부족한 산드라 블록Sandra Bullock 1964-은 미란다의 룸메이트로 나온다. (이 영화에서 기억에 남는 캐릭터는 활기 넘치는 산드라 블록뿐이다)

　촬영이 시작되자 상황이 급속도로 엉망이 되었다. 아이리스 버튼은 영화 프로듀서 존 데이비스John Davis 1954-와 보그다노비치, 그리고 파라마운트 중역 이사 여러 명한테 전화를 받고 기겁했다. 데이비스는 리버의 하루치 녹화 테이프와 데일리를 버튼에게 보냈다. 문제가 확실해졌다.

　첫 촬영은 리버가 트럭 문을 여는 장면이었다. 리버는 목표물을 향해 걸어가는 것이 아니라 비틀거렸고 하마터면 쓰러질 뻔했다. 안색은 유령처럼 창백했고 최근에 검은색으로 염색한 금발은 뒤로 넘겨져 있었다. 끔찍하게 안쓰러워 보였다……

　리버는 그 장면을 찍고 또 찍었다. 그의 두 눈에는 초점이 없었다. 그는 땅을 쳐다보면서 대사를 중얼거렸다. 다른 배우도 카메라도 쳐다보지 않았다. 한 시간 동안 찍은 데일리에는 건질 만한 장면이 하나도 없었다. 같은 장면을 스무 번을 찍고 나서야 간신히 그럭저럭 넘어갔다.

　보그다노비치는 말했다. 그 트럭 장면을 찍던 밤에 "리버는 주차장에서 어슬렁거리고 있었어요. 쓸쓸하고 불안해 보였어요." 감독은 배우에게 다가가 그동안 마약을 했었느냐고 물었다. 리버는 진통제랑 맥주 한 캔을 함께 먹었는데 그게 서로 안 좋게 작용한 모양이라고 말했다. 그래서 보그다노비치는 그의 행동에 관해 물었다. 리버가 자신에게 무례하게 군다며 마티스가 불평을 했기 때문이다. 리버는 자신의 행동을 반성하면서 냉철한 인물 제임스 라이트의 머릿속으로 들어가려고 애를 쓰다 보니 그렇게 된 모양이라고 말했다. 보그다노비치는 메소드 연기의 전설적 스승 스텔라 아들러^{Stella Adler 1901-}¹⁹⁹²의 경구를 인용했다. "여러분, 죽는 연기를 하려고 죽을 필요는 없어요!"

리버는 보그다노비치에게 자기 생각에는 제임스라는 인물이 자신을 "개자식으로" 만드는 "마약에 빠져" 있는 것 같다고 말했다. 감독이 등장인물의 그런 면까지 신경 쓸 필요 없다고 격려하자 리버는 천연덕스럽게 자신에게 "약물 문제가 없다"고 장담했다. 그저 제임스란 인물을 알아가는 중일 뿐이라고.

보그다노비치는 그 뒤로 그날 밤 리버가 일으킨 문제들을 대수롭지 않게 여겼고 리버가 "영화 촬영 내내 다른 문제를 일으킨 적이 없다"고 주장했다. 그러나 버튼은 그 상황을 너무나 심각하게 받아들였고 자신의 가장 큰 골칫덩이를 위해 내슈빌로 날아왔다. ("이럴 때 난 어떻게 해야 되지? 엉덩이 맴매라도 때려?") 그 누구도 나서서 리버와 맞서려 하지 않았기 때문이다. 리버의 어머니인 것은 물론 매니저이기도 했던 하트까지도.

버튼은 내슈빌에 도착해서 보그다노비치한테 영화사 사람들이 리버가 연기하고 있는 인물을 이해하지 못해서 흥분해 있다는 말을 들었다. 버튼과 대화를 나누는 동안 리버는 그녀의 품에 안겨 흐느끼면서 절대 마약을 하지 않았다고 맹세했고 살인적인 촬영 일정을 탓했다. 버튼은 자신의 고객 때문에 더 이상 문제가 생기지 않게 하려고 계속 내슈빌에 머물렀다.

리버는 보그다노비치에게 자신이 플로리다를 오래 비우는 동안 바람을 피웠다는 걸 솔곳이 최근에 알려줬다고 고백했다. 그는 자신도 충실한 애인은 아니었다고, 자신의 행동이 그녀가 외도하도록 부추겼는지도 모르겠다고 시인했다. 하지만 그렇다고 아픔이 덜한 것은 아니라는 말도 했다. 그러고는 그녀의 입장에 서서 그런 상황에서 자신감을 되찾으려는 일종의 방어기제로 바람을 피웠는지도 모른다고 인정하며 그 문제를 정리했다.

리버는 마음의 상처를 치유하자마자 마티스에게 구애를 시작했다. 키스신 첫 촬영까지 며칠이 남았는지 날짜를 새며 기다렸다. 그 장면 촬영이 있던 날 밤 리버는 보그다노비치에게 아주 긴 키스가 될 거라며 카메라에 필름이 가득 채워져 있는지 확인해달라고 했다. 그러고는 마티스와 함께 하고 싶은 것들, 키스하고 싶은 마티스의 신체 부위 목록을 줄줄 읊어댔다.

키스신 일곱 테이크를 찍었고 모두 에로틱한 분위기가 가득했다. 보그다노비치는 말했다. "사만다는 테이크 사이에 프로답게 굉장히 차분한 표정을 짓고 있었어요. 하지만 리버는 목청껏 물었어요. '한 번 더 찍어요. 한 번 더 찍어야 되죠, 그렇죠, 감독님?' 그 말에 사만다가 웃더군요."

마티스는 원래 배우이자 코미디언인 존 레귀자모^{John Leguizamo 1964-}와 사귀고 있었다. (두 사람은 「슈퍼 마리오^{Super Mario Bros 1993}」라는 영화에 함께 출연했다) 레귀자모는 마티스가 있는 내슈빌 촬영장에 왔지만 하루밤에 머물지 않았다. 마티스는 레귀자모와 헤어지고 리버와 커플이 되었다.

사만다 마티스는 배우 비비 베시^{Bibi Besch 1940-1996}의 딸로 브루클린에서 자랐다. 베시는 수많은 드라마에 출연했지만 극장판 영화 「스타트렉2: 칸의 분노^{Star Trek II: The Wrath of Khan 1982}」에 커크 제독 아들의 친모, 캐럴 마커스 역으로 가장 유명했다. 베시는 어머니의 뒤를 이어 배우가 되려는 딸을 말리려고, 날도

밝기 전부터 일하는 모습을 보여주면 단념할지도 모른다는 희망을 품고 마티스를 새벽 네 시 반에 촬영장에 데려가기도 했지만 마티스는 고집을 꺾지 않았다. 마티스는 스무 살에 처음 기억할 만한 역할을 맡게 됐다. 라디오 해적 방송을 소재로 한 영화 「볼륨을 높여라Pump Up the Volume 1990」에 크리스천 슬레이터의 상대역으로 출연한 것이다. (그녀는 슬레이터와도 사귀었다) 그로부터 2년 뒤 「콜 잇 러브」에서 주인공을 연기하고 있었다.

리버는 걸핏하면 대본을 놓고 앨런 모일Allan Moyle 1947-과 입씨름을 했다. 「볼륨을 높여라」의 시나리오 작가이자 감독이었던 모일은 「콜 잇 러브」의 시나리오에 활기를 불어넣는 일을 맡고 있었다. 모일은 말했다. "리버는 자신의 캐릭터를 딱 보기만 해도 알 수 있는 십 대 취향의 청춘스타와 최대한 먼 스타일로 표현하려고 마음을 먹었더군요. 그런데 안타깝게도 대필 작가로서 나의 임무는 그 인물을 친근하게 만드는 거였어요." 리버는 또 자신이 작곡한 노래를 여러 곡 영화에 집어넣으려고 여러 방법을 동원했지만 영화사는 「론 스타 스테이트 오브 마인Lone Star State of Mine」 한 곡만 허락했다.

모일은 그 무렵 1966년 제작된 영국 영화 「모건: 적절한 대처 사례Morgan: A Suitable Case for Treatment」(줄여서 그냥 「모건!」)를 리메이크할 계획을 세우고 있었다. 곰 탈을 쓰고 이혼한 아내의 결혼식을 덮치라는 식의 형편없는 충고에 따라 이혼에 대처하는 남편 이야기였다. 리버를 잘 알게 된 뒤 모일은 리버가 그 모자란 미치광이 주인공을 하면 완벽하겠다고 생각했다. 모일이 리버의 마음을 떠봤을 때 리버는 심드렁한 반응이었는데 며칠 뒤 리버의 트레일러에 단둘이 남게 되자 모건 연기를 제대로 해보였다.

모일은 회상했다. "리버의 얼굴이 미친 고릴라처럼 일그러졌어요. 리버의 변신에 나는 충격을 받고 감탄했답니다. 리버는 포효하며 펄쩍펄쩍 뛰었고 거칠고 위태롭게 사지를 휘저으며 눈에 보이는 건 뭐든 집어 던졌어요." 리버는 30초 동안 완벽한 유인원처럼 행동하다가 불쑥 멈추었다. 그 뒤로는 모일이 아무리 애원해도 그 연기를 다시 하지 않았다.

리버가 「콜 잇 러브」에서 선보인 최고의 연기는 어쩌면 자신이 모든 것을 제대로 통제하고 있다고 동료들을 믿게 만든 것인지도 모르겠다. 클라크는 말했다. "난 어떤 문제가 있다는 걸 알고 있었어요…… 그게 구체적으로 어떤 문제인지는 몰랐지만…… 물어볼 엄두가 나지 않았어요. 왜냐하면 내가 몇 차례 리버한테 심각한 알코올 의존증 이야기를 한 적이 있었거든요. 내가 그 얘기를 꺼내면 리버는 훌륭한 연기자답게 그런 질문을 한 내가 제정신이 아닌 것처럼 만들고는 했답니다. '무슨 문제 있어?'라면서요. 내가 그 문제에 관여해 도움을 줄 수 있었다면 정말로 좋았겠지만, 리버는 믿기 힘들 만큼 단호해 보였어요."

영화 촬영은 대륙을 횡단해 로스앤젤레스 북부에 있는 디즈니사 소유의 촬영장 골든 오크 랜치Golden Oak Lanch에서 끝났다. 리버는 자신한테 나쁜 영향을 끼쳐서 엘에이가 싫다고 보그다노비치에게 말했다. 내슈빌부터 버튼이 동행했는데 리버는 오는 내내 검정색 스키 마스크를 끼고 있겠다고 고집을 부렸다. 버튼은 당황했지만 모든 것이 정상인 척했다.

남은 촬영 기간 동안에는 하트가 와서 리버를 지켜봤다. 하트는 자신의 맏아들에게 뭔가 문제가 있다는 것을 그제야 느끼기 시작했다. 그러나 결심을 강요하지 않았다. 상황이 그 정도로 심각하다고 생각하지 않았고 아들과의 (그리고 소속사와의) 갈등을 피하고 싶었기 때문이다. 버튼의 비서 크리스 스나이더는 한탄했다. "그 누구도 리버와 맞서고 싶어 하지 않았던 거예요. 심지어 어머니조차도."

촬영이 끝났다. 리버와 마티스는 자비를 들여 지붕이 숭숭 뚫린 일본식 가라오케 클럽에서 뒤풀이 파티를 열었다. 영화 편집이 끝났다. 모두가 그토록 무시하려고 했던 진실이 화면에 고스란히 담겨 있었다. 리버의 몰골이 말이 아니었다. 연기도 침울하고 흐리멍덩했다. 외모는 마약 딜러 같았고 표정은 모든 장면에서 시무룩했다.

「콜 잇 러브」는 개봉관을 몇 개 배정받지 못했다. 리버가 사망한 뒤 비평가로서 이버트는 그 영화를 다음과 같이 정확하게 평했다. "건강한 리버의 모습을 기억하는 관객에게는 고통스러운 경험이다. 리버는 아파 보인다. 야위고 해쓱하고 무기력해 보인다. 그의 두 눈은 거의 내내 땅바닥을 향해 있다. 카메라도, 다른 배우의 눈도 쳐다보지 못한다. 리버의 대사가 이해되지 않을 때도 가끔 있다. 더 나쁜 건 그 대사에 에너지도, 리버가 자신의 대사에 집중하고 있다는 확실한 낌새도 없다는 것이다."

이버트는 리버가 '브란도스크' 연기[24]를 하고 있다고, 스크린에서는 그 연기가 만개할 거라고 제작진이 스스로를 설득했을지도 모른다고 이해했다. 그러나 그 평론의 마지막 문장은 이것이었다. "리버 피닉스가 약물 과용으로 사망했을 때 전 세계가 충격에 빠졌다. 그러나 이 영화를 함께 찍은 사람들은 그럴 자격이 없다…… 이 연기를 직접 보았다면 누구든 도움을 청하는 그 외침을 알아들었어야 마땅하다."

매력도 있고 흠결도 있는 영화였지만, 남자주인공이 관객의 눈앞에서 쇠약해지다가 자신의 그림자로 변해버리는 마당에 그런 것들이 다 무슨 의미가 있었겠는가?

---

24 브란도스크(Brandoesque) 연기: 말론 브란도(Marlon Brando 1924-2004) 스타일의 연기를 말한다. 대사를 웅얼거리는 발음, 동물적인 몸의 움직임 등 브란도 특유의 연기 스타일은 촬영 현장에서 볼 때와 영화 화면으로 볼 때의 느낌이 완전히 다른 것으로 유명했다.

14. 1993년의 젊은 할리우드

구스 반 산트는 「아이다호」의 속편으로, 유명한 게이 정치인 하비 밀크[25]의 삶을 그리는 영화의 감독을 맡아달라는 제안을 받았다. 제작자는 올리버 스톤Oliver Stone 1946-, 주연 배우는 로빈 윌리엄스로 내정되어 있었다. 반 산트는 그 기획을 성사시키려고 1년 동안 애썼지만, 결국 다른 영화를 찍게 되었다. 톰 로빈스Tom Robbins 1932-의 컬트 소설을 각색한 「카우걸 블루스Even Cowgirls Get the Blues 1993」로 엄지가 비정상적으로 큰 여자(우마 서먼Uma Thurman 1970-) 이야기였다. 여자의 남편, 억눌린 모호크족 줄리안 기치는 키아누 리브스가 맡았다. 레인 피닉스도 성적으로 자유분방한 카우걸 보난자 젤리빈으로 출연했다. 그 영화는 개봉되자마자 두루 평단의 조롱을 받았다. (리버가 카메오로 출연했다는 소문이 돌았지만 반 산트는 사실이 아니라고 단언했다) 그해 말 리브스는 「스피드Speed 1994」 촬영을 시작했다. 모든 사람이 좋아하는 '폭탄이 설치되어 있어서 속도를 낮출 수 없는 버스' 영화로 여자주인공은 산드라 블록이 맡았다. 그리고 그 영화는 밝혀진 대로 두 배우를 스타의 대열에 올려놓는 엄청난 히트작이 되었다.

레오나르도 디카프리오는 로버트 드 니로와 감독 마이클 카튼 존스Michael

---

25   하비 밀크(Harvey Milk 1930-1978): 커밍아웃한 동성애자 정치인이다. 뉴욕 주에서 자라고 성장했다. 1972년 동성애자들이 인권과 자유를 찾아 모여들고 있던 샌프란시스코로 이주해 정치 활동을 시작했다. 세 번의 낙선 끝에 1977년 샌프란시스코 시의원으로 당선되었다. 11개월 동안 재직하며 동성애자의 권리 조례를 제정하는 등 동성애 인권 운동에 앞장섰으나 1978년 11월 27일 동료 시의원에게 살해당했다. 살인범 댄 화이트(Dan White 1949-1985)가 적은 형량을 선고받자 이에 분노한 수많은 동성애자들이 커밍아웃하고 1979년 밀크의 49번째 생일 5월 21일 시청에 집결해 폭동을 일으켰다. 이를 '화이트 나이트 폭동(White Night Riot)'이라고 한다. 화이트는 선고받은 7년 중 5년을 복역하고 석방되었으나 2년 뒤 자살했다. 이 사건은 미국 성소수자 인권 운동에 큰 전환점이 되었다. 2009년 버락 오바마 대통령은 하비 밀크에게 대통령 자유 메달을 추서했다.

Caton Jones 1957-의 눈에 들어 가정 폭력을 다룬 영화 「디스 보이스 라이프This Boy's Life 1993」에 드 니로의 양아들로 출연하게 되었다. 평론가들은 디카프리오가 드 니로에게 받은 호의를 제대로 갚았다고 격찬했다. 특히 뉴욕의 <데일리 뉴스Daily News>는 "90년대 최고의 연기"라고 평했다. (아직 1990년대가 절반도 지나지 않은 시점이기는 했지만 그들의 말은 옳았다)

디카프리오는 그다음으로 조니 뎁과 손을 잡았다. 라세 할스트롬Lassa Hallström 1946-이 감독한 독특한 영화 「길버트 그레이프What's Eating Gilbert Grape? 1994」에 형제로 출연한 것이다. 뎁은 가족을 돌보느라 작은 마을에 발이 묶인 길버트를 연기했다. 길버트의 가족은 몸무게가 230킬로그램이나 나가는 어머니와 발달장애가 있는 남동생(디카프리오는 최고의 연기를 선보였다)이었다. 디카프리오는 베트 미들러Bette Midler 1945-, 로지 오도넬Rosie O'Donnell 1962-, 사라 제시카 파커Sara Jessica Parker 1965-가 마녀 세 자매로 나오는 곧 잊힐 영화 「호커스 포커스Hocus Pocus 1993」의 한 배역을 먼저 제안받았다. 디카프리오는 말했다. "끔찍한 영화가 될 줄 알고 있었어요. 그래도 그냥 이렇게 생각했어요. '좋아, 그 사람들이 점점 더 많은 금액을 제시할 거야. 그럼 그게 네가 할 일 아니야? 영화를 찍고 더 많은 돈을 버는 거야.'" 그런데 내면의 뭔가가 계속 이렇게 말했다. "이 영화는 절대 찍지 마." 주변의 모든 사람이 그 역할을 하라고 조언했지만 디카프리오는 그 영화 대신 「길버트 그레이프」의 오디션을 보기로 결정했다. 「길버트 그레이프」를 선택한 예술적 미덕은 오스카상 후보에 지명됨으로써 보상받았다.

뎁은 앞선 2년 동안 배우로서 공백기를 가진 반면, 위노나 라이더는 그동안 거의 계속 일을 했다. 뎁은 그녀와 곧 헤어지게 되리라는 것을 알았고 「길버트 그레이프」 촬영이 끝난 직후인 5월 두 사람은 결별했다. "조니는 그동안 굉장히 불행했어요." 뎁은 「길버트 그레이프」 촬영 기간 내내 자신의 기분이 어땠는지 이렇게 말하고는, 다행스럽게도 1인칭으로 화법을 바꾸어 말을 이었다. "나는 믿기 힘들 정도로 심각하게 스스로를 독살하고 있었어요. 여기에도 술, 저기에도 술, 사방에 술이 있었죠. 그래서 건강이 매우 안 좋은 상태였어요."

그래도 촬영 도중 닐 영Neil Young 1945-의 공연에 참석했던 일이 큰 위로가 되었다. 그곳에서 '버트홀 서퍼스'의 기비 헤인즈를 만나 친구가 되었기 때문이다. '버트홀 서퍼스'가 여섯 번째 앨범 『인디펜던트 웜 살롱Independent Worm Saloon 1993』을 발매한 직후였다. 헤인즈와 뎁은 순전히 재미로 새 밴드를 결성했다. (뎁의 친절한 설명에 따르면 '오줌Pee'이라는 뜻인) '피P' 밴드의 또 다른 멤버는 작곡가 빌 카터Bill Carter 1966-와 뎁의 절친한 친구 살 젠코였다. 그들은 대니얼 존스톤Daniel Johnston 1961-2019의 노래 「아이 세이브 씨가렛 버츠I Save Cigarette Butts 1981」를 자신들 버전으로 바꿔 부르면서 대충 연주하고 우스꽝스럽게 악을 써댔다.

브래드 피트는 건강한 금발 남자라는 자신의 이미지에 흠집을 냄으로써 「흐르는 강물처럼」에서 거둔 성공을 쭉 끌고 갔다. (<로스앤젤레스 타임스>는 피트의 연기를 "경력 쌓기"라고 불렀다) 피트는 당시 여자친구 줄리엣 루이스Juliette Lewis 1973-와 함께 연쇄살인을 소재로 한 영화 「칼리포니아Kalifornia 1995」에 출연했다. (루이스는 다음 해 제작된 똑같은 영화의 더 성공적인 버전 「올리버 스톤의 킬러Natural Born Killer 1995」에도 출연했다) 피트는 (토니 스코트Tony Scott 1944-2012가 감독하고 쿠엔틴 타란티노가 각본을 쓴) 「트루 로맨스」에도 조연으로 잠깐 출연했다. 소파에 누워만 있는 백수로 마리화나 물담배에 취해서 총으로 무장한 갱단이 찾아와도 전혀 놀라지 않는 헤비메탈 광팬이었다. 주인공 크리스천 슬레이터는 만화 가게 직원인데, 앨라배마라는 창녀(패트리샤 아퀘트)와 결혼한 뒤 그녀의 포주를 죽이고 가공 전 상태의 코카인이 가득 든 가방을 챙겨 캘리포니아로 도망친다.

'알이엠'은 일반적으로 그 밴드가 만든 최고의 앨범으로 평가되는, 그리하여 어마어마한 성공을 거둔 「오토매틱 포 더 피플Automatic for the People 1992」에 수록된 곡들을 알리는 발매 투어를 계속하고 있었다. 마이클 스타이프는 인터뷰는 거부했지만 (그 부분은 기타리스트 피터 벅Peter Buck 1956-과 베이시스트 마이크 밀스Mike Mills 1958-가 담당했다) 사진과 영화 촬영에 관심이 많아서 밴드 뮤직비디오를 직접 감독했다.

마샤 플림튼은 꾸준히 일은 하고 있었지만 하는 작품마다 시청률이나 관람객 수는 모두 저조했다. (케이블 티브이 쇼타임Showtime 채널에서 방영된) 즉흥영화 「샹티 레이스Chanilly Lace 1993」, (HBO 채널에서 방영된) 디스토피아 영화 「데이브레이크Daybreak 1993」, (연극적 기법으로 제작되었으나 흥행에 참패한) 어린이 모험 영화 「조시 앤드 샘Josh and S.A.M. 1993」이 그 작품들이었다. 「스탠드 바이 미」 시절에 대면 극적으로 살이 빠진 제리 오코넬은 시대극 영화 「캘린더 걸Calendar Girl 1993」에 주인공 제이슨 프리스틀리Jason Priestley 1969-와 대조되는 외다리 캐릭터로 출연함으로써 성인 주연 배우로서 경력을 쌓기 시작했다. 마릴린 먼로Marilyn Monroe 1926-1962를 만나려고 길을 떠난 세 친구 이야기였다.

에단 호크는 「얼라이브Alive 1993」(비행기 추락! 식인 행위! 생존!)에 출연한 것에 이어, 위노나 라이더의 애인 역, 감독 겸 주연 배우인 벤 스틸러Ben Stiller 1965-의 상대역으로 엑스세대 로맨틱 코미디 영화 「청춘 스케치Reality Bites 1994」에 출연했다. 자신이 엑스세대에 속한다는 사실을 깨닫는 일이 얼마나 흥미진진한 일인 동시에 짜증스러운 일인지, 양면성을 잘 포착해낸 영화였다.

존 프루시안테가 1년 전 느닷없이 '레드 핫 칠리 페퍼스'를 탈퇴했다. 일본 투어 중이었는데 프루시안테는 멤버들에게 이런 말을 남겼다. "이 짓거리 더는 못 해먹겠어. 당장 이 밴드에서 나가지 않으면 죽을 것 같아." 그러고는 아쉬웠는지 떠나기 직전까지 변덕을 부렸다. 키디스는 말했다. "와인에 마리화나를 섞어 마셔서 그런 행동이 나온 것 아니었을까요. 그 친구 그냥 와인이 아니라 꼭 그 사이코 주스를 마시는 것 같더라고요." 프루시안테는 비행기를 타고 캘리포니아로 돌아와 마음대로 기타를 쳤고, 세상의 안위 따위 걱정하지 않고 좋아하는 것은 뭐든 먹고 마셨다.

뎁과 헤인즈는 프루시안테에 관한 12분짜리 실험적인 다큐멘터리를 찍었다. 제목은 「스터프Stuff」였다. 카메라가 이동하며 프루시안테의 집 안을 돌아다닌다. 기타들, 기울어진 레코드판 선반, 평평한 표면은 어디든 점령한 엄청난 양의 쓰레기를 비춘다. 녹음된 음향 속, 프루시안테가 쌕쌕거리는 사이키델릭한 음악을 직접 연주하고 그동안 카메라는 방 벽면에 머문다. 벽면을 가득 채운, 화가 난 듯 붉은색 물감으로 휘갈겨 쓴 낙서는 문맥이 없다. 이런 식이다. '돼지들을 씨팔, 다 땅콩으로 만들어서 죽여버려라' 집이 너무 작아서 촬영 기사는 한 바퀴를 돈 뒤 같은 경로를 처음부터 다시 따라간다. 의도했던 것보다 훨씬 더 밀실 공포증을 느끼게 만든다. 음악 위로 누군가가 시를 읽기 시작한다. 마침내 프루시안테의 모습이 보인다. 짧은 머리, 회색 스웨터, 버튼다운 셔츠를 입은 모습이다. 그리고 엘에스디 전도사 티모시 리어리가 나타난다. 빡빡 민 머리에 사이키델릭한 조끼를 입고 있다. 잡동사니에 둘러싸여 있는 프루시안테는 다시 그 집 밖으로 나가고 싶은 마음이 전혀 없어 보인다.

15. 투나이츠 더 나이트[26]

할리우드는 아무리 끔찍한 것도 수완만 있으면 무엇이든 구할 수 있는 곳이다. 가짜 통나무집에서 열리는 알코올 중독자 갱생회 웨스트 할리우드 지부 모임 같은 곳이 딱 그런 장소이다. 리버는 그 모임에 두 번 참석했지만 유료 프로그램을 등록하지는 않았다. 이렇게 불평하면서. "난 내 매니저, 홍보 담당, 에이전트가 가라고 해서 여기 온 거예요. 술도 마시고 마약도 하지만 난 아무 문제 없어요."

영국인 모델 겸 배우인 세드릭 나일스(가명)는 순화 코카인을 이틀 동안 계속 흡입한 뒤 그곳에서 숨어 지내고 있었는데 갑자기 리버가 문 앞에 나타났다. 리버는 관심사가 같은 친구들의 안내를 받고 있었다. 나일스는 리버를 곧바로 알아보지 못했다. 48시간 동안 마약을 흡입했기 때문만이 아니었다. 리버는 "통 넓은 히피 바지와 모자 달린 멕시칸 셔츠를 입고 있었고" 맨발이었다. 다시 길게 기른 머리가 자꾸만 얼굴 위로 흘러내렸다.

리버와 나일스는 리버가 잔뜩 챙겨온 코카인을 함께 피운 뒤 기타를 구하러 맨발로 멜로스 대로를 따라서 걸어 내려갔다. 그 뒤 2주일 동안 두 사람은 계속 마약에 취해 있었다. 리버는 최상급 세인트 제임스 클럽과 호텔 자신의 방에 전화를 걸었을 때 통화가 되는 암호를 나일스에게 알려줬다. "얼 그레이 Earl Grey"였다.

---

26 투나이츠 더 나이트(Tonight's the Night): 닐 영이 1975년 발매한 앨범 제목이다. 앨범에 동명의 곡도 수록되어 있다. 그 곡은 헤로인 중독으로 사망한 공연 매니저 브루스 베리(Bruce Berry 1950-1973)와 백 밴드 기타리스트 대니 휘튼(Danny Whitten 1943-1972)을 추모하는 노래이다. 소중한 친구들을 잃어 비탄에 빠진 상태로 개인적 심정을 주로 노래한 무거운 앨범이라 상업적으로는 실패했지만 평단은 명반으로 평가했다.

나일스의 말에 따르면 리버는 자신의 마약 사용이 세상에 알려질까 봐 두려워하며 살고 있었다. 나일스의 경험상 리버의 작은 동공만 봐도 헤로인을 남용하고 있는 것은 아닌지 의심스러웠다. "마리화나를 피우면 동공이 오히려 커지거든요." 나일스는 말했다. 그러나 헤로인에 관해 묻자 리버는 단호하게 부인했다. 보아하니 어떤 일들은 마약 동무한테까지도 비밀인 모양이었다.

두 사람이 처음 함께 코카인을 피웠을 때 리버가 한 말을 나일스는 기억하고 있었다. "리버는 이렇게 말했어요. '뭐야. 이런 건 처음 해봐.' 하지만 리버는 준비 작업을 하는 방법을 정확히 알고 있었어요. 우리는 웨스트 할리우드 세인트 제임스 클럽에서 밤새도록 코카인을 흡입했어요. 새벽 여섯 시까지 잠도 안 자고 피해망상에 푹 빠진 채로. 정말 악몽 같았어요. 약발이 최고치에 달하자 리버는 기타를 치면서 가사가 세상에서 가장 괴상한 노래들을 불러댔어요. 그 모든 시간이 다 지나고 나서 더없이 온화한 사람으로 돌아오긴 했지만요."

할리우드에서는 마약을 구하는 것이 어렵지 않았다. 선셋 스트립 지역은 사실 마약 슈퍼마켓이나 다름없었다. 그곳에서는 코카인, 엑스터시, 마리화나, 그리고 '바디 백Body Bag'('시체 자루'라는 뜻-옮긴이)이라는 이름의 강력한 헤로인 알약까지도 쉽게 구할 수 있었다. (한 마약상은 이렇게 설명했다. "마약을 사기만 하면 그들이 당신을 적절한 장소로 데려다줄 거예요.") 최근에는 헤로인이 힙스터의 필수품 자리를 차지했다. 약쟁이들은 불결하기 짝이 없는 싸구려 숙박업소를 더 더럽히는 대신 클럽에서 코로 약을 흡입할 수 있었다. '헤로인 시크'[27]와 창백한 모델들이 유행을 선도하는 스타일이 되었다. 비쩍 마른 케이트 모스가 등장한 캘빈 클라인의 1993년 광고를 시발점으로 마약

---

27   헤로인 시크(Heroin Chic): 1990년대 초반에 유행하던 패션 스타일을 일컫는 말로 창백한 얼굴, 다크서클, 깡마른 이목구비, 뻣뻣한 머리카락 등이 특징이었다.

을 한 듯한 외모와 분위기가 주류가 되었다.

그해 로스앤젤레스의 환각물질은 일명 '중상해죄Grievous Bodily Harm'라고 불리는 지에이치비GHB, 즉 감마 히드록시부티르산gamma-hydroxybutyric acid이라는 화학 합성물이었다. (한국에서는 '물뽕'이라고 불린다-옮긴이) 이십 대 시절 선셋 스트립에서 죽쳤던 한 여성은 말했다. "사람들은 그게 일종의 아미노산이라고, 천연 물질이라고 말했어요. 사실은 액체 엑스터시랑 비슷한 마약인데 말이죠." 희열 효과는 엑스터시와 비슷했다. 지에이치비와 엑스터시 유행이 끝난 이유는 정기적 사용자들이 그 약에 자신의 몸이 길들여지고 있다는 사실을 깨달았기 때문이기도 했고, 많은 판매상이 가짜 약을 팔았기 때문이기도 했다. 원래 지에이치비는 보디빌더들이 스테로이드 강도를 완화하려고 사용하기 시작한 약으로 클럽 지역으로 넘어간 것은 그다음이었다. 그러면서 형태도 알약에서 투명한 액체로 바뀌었다.

또 다른 선셋 단골은 이렇게 말했다. "나도 지에이치비를 한번 해본 적이 있는데 그렇게 큰 희열감을 느껴본 건 그때가 처음이었어요. 나한테 그걸 준 남자는 그게 인삼 음료라고 말했지만 소금물 맛이 나더군요. 한 시간이 지나니까 건물 밖으로 나가야 하는데 한쪽 다리를 앞으로 내디딜 수가 없었어요." 냉소적인 록스타 빌리 아이돌Billy Idol 1955-은 지에이치비를 너무 많이 마셔서 힙합 클럽 타투Tatou 밖에서 경련을 일으켰다. 그래도 서둘러 병원으로 옮겨진 덕분에 살아남아 1993년 망한 앨범 『사이버펑크Cyberpunk』를 발매할 수 있었다.

한 그래피티 예술가는 로스앤젤레스의 밤 문화를 한 문장으로 이렇게 요약했다. "이 도시에서 마약과 관련해 내릴 수 있는 진짜 선택은 '얼마나 더' 뿐이다."

('더 고고스'의 리드싱어) 벨린다 칼라일Belinda Carlisle 1958-의 예전 룸메이트 플리전트 게먼Pleasant Gehman 1959-은 작가인데 한때 '링글링 시스터즈Ringling Sisters'라는 밴드에서 활동했다. 그때 록시 나이트클럽에서 매년 열리는 고아들을 위한 자선 합동 공연을 돕게 됐다. 게먼은 관객들의 기금 모금 복권을 걷느라 클럽 안을 돌아다니다가 그 모습을 봤다. "정말로 귀여운 소년이 무대 뒤에서 쓰러졌어요." 소년은 땀을 흘리고 있었고 몸이 아파 보였다. 시간이 지나도 소년은 깨어나지 않았다. 결국 게먼은 도움을 요청했다. "저기 바닥에 누워 있는 정말로 귀엽고 존나 잘생긴 저 소년은 누구야? 재를 밖으로 데리고 나가야겠는데."

누군가가 리버 피닉스라고 알려줬다.

"재가 리버 피닉스라고? 맙소사."

예전에 본인도 심각한 마약 사용자였던 플리가 리버의 상태가 심각한 걸 알고 도움을 받으라고 재촉했지만 아무 소용 없었다. 어느 날 이른 아침 리버가 「샌프란시스코에서 하룻밤」의 촬영감독이자 친구인 바비 버코우스키의 집 안으로 휘청휘청 들어왔다. 헤로인과 코카인 스피드볼에 잔뜩 취한 리버는 바닥에 쓰러졌다. 마침내 정신이 들자 비틀비틀 부엌으로 걸어가, 마늘, 안 익힌 채소, 다량의 물을 섞어 만든 가장 좋아하는 해장 음료로 해독을 하려고 했다. 버코우스키는 리버 앞에 서서 말했다. "차라리 권총을 머리에 대고 방아쇠를 당기는 편이 낫겠다. 난 네가 노인이 되는 모습을 보고 싶구나. 친구로 지내며 평생 함께 늙어갈 수 있게."

리버는 울기 시작했고 마약을 끊겠다고 약속했다. "마약은 이제 정말 끝이에요. 지독하게 깜깜한 어둠이 나를 완전히 파괴할 곳으로 내려가고 싶지 않아요."

그러자면 다음 작품을 계약해야 했다. 내슈빌에서 리버가 괴상한 행동을 했다는 소문이 업계에 이미 널리 퍼져 있어서 어떤 제안도 대본도 아이리스 버튼의 사무실로 들어오지 않았다. 게다가 시계는 째깍째깍 돌아가고 있었다. 「싸일런트 저스티스」와 「콜 잇 러브」가 개봉되면 고용 가능성이 더 줄어들 터였다. 리버의 표현대로 "두 영화가 개봉되면 비^{B}급 영화밖에 못 찍게" 될 터였다. (「싸일런트 저스티스」는 리버가 사망하고 나서야 극장에서 상영되었지만 선댄스 영화제에서 먼저 상영되었다. 평론가 토드 맥카시^{Todd} $^{McCarthy\ 1950-}$는 잡지 <버라이어티^{Variety}>에 "괴상하고 종잡을 수 없는, 그래서 결국은 사람을 격노하게 만드는 심령주의 서부 영화다. 이 영화를 재미있게 보는 관객은 거의 없을 것"이라고 혹평했다)

버튼의 비서 크리스 스나이더는 어느 날 새벽 세 시에 만취한 리버에게 전화를 받았던 일을 기억하고 있었다. 리버는 차 안에 사만다 마티스와 함께 있다며 에이전시가 왜 자신에게 영화 시나리오들을, 특히 「청춘 스케치」 시나리오를 숨기는지 알고 싶다고 말했다.

잠이 덜 깬 스나이더는 리버에게 말했다. "한 달 동안이나 그 대본을 갖고 있었잖아요. 그것 좀 읽어보라고 내가 다섯 번이나 말했고요. 나한테 본인 대신 그걸 되돌려주라고 말해놓고는."

그러자 리버가 고함쳤다. "사만다가 그 영화 정말 좋대요. 난 사만다를 믿어요. 당신은 믿지 않는다고요! 난 그저 그 엿 같은 영화를 하고 싶을 뿐이에요."

스나이더는 냉정하게 말했다. "내 생각에는 사만다가 그 엿 같은 영화를 하고 싶어 하는 것 같군요. 그 대본을 보고 싶다니 내일 갖다 줄게요. 하지만 사만다한테는 이렇게 전해요. 사만다가 하고 싶어 하는 그 배역은 이미 위노나라이더가 하기로 결정 났다고요."

다음 날 스나이더는 「청춘 스케치」 대본을 들고 세인트 제임스 클럽에 머물고 있는 리버를 찾아갔다. 리버는 흠뻑 젖은 수건을 몸에 감은 채 문 앞으로 나와서 스나이더를 끌어안아 그녀의 셔츠를 다 적셨다. 그러더니 사만다의 복사본으로 마침내 시나리오를 다 읽었다면서 자신에게 맞는 역할이 아니라고 결론 내렸다. 리버가 했으면 해서 에이전시가 챙겨둔 「뱀파이어와의 인터뷰Interview With The Vampire 1994」와 「다크 블러드Dark Blood 2012」 대본은 아직 거들떠보지도 않은 상태였다. 심지어 「뱀파이어와의 인터뷰」는 그 영화에 관심이 없다는 것을 보여주려고 대본을 사무실 맞은편 벽으로 집어던지기까지 했다.

"당신을 캐스팅 고려 대상에 넣으려고 나와 아이리스가 얼마나 열심히 일했는지 알기나 해요?" 스나이더는 리버에게 물었다.

리버는 대답했다. "난 더 이상 일하고 싶지 않아요! 아이리스랑 우리 엄마한테 가서 말하시든지! 내 열정은 음악이란 말이에요!" 그러나 잠시 뒤 현실을 깨달았는지 리버는 이렇게 인정했다. "물론 일은 해야죠. 요 몇 년 동안은 이 도시를 향해 '좆 까'라고 말할 수 있을 만큼 돈을 많이 벌지 못했으니까요. 밴드는 돈이 너무 많이 들어요. 코스타리카도 마찬가지고요."

리버는 스나이더에게 자신의 명의로 된 은행 계좌를 따로 만들려면 어떻게 해야 하는지 물었다. 스나이더는 리버의 재산이 아마 생각보다 훨씬 더 많을 거라고 장담했다. 리버는 말했다. "빌어먹을 카메라 앞에서 피를 철철 흘리지 않아도 될 만큼 많지는 않을걸요. 어쩌면 잠시 동안 내가 눈에 안 보이는 게 더 나을지도 몰라요." 한순간 리버는 연기를 쉬면서 대학에 다닐 수 있을까 고민했다. 다음 순간에는 자신의 손자 손녀들이 자랑스러워할 영화만 골라서 찍으면 어떨까 생각에 잠겼다.

리버가 스나이더에게 다음과 같은 말을 한 것도 이 무렵이었다. "난 이제이 바닥이 싫어요. 과연 한순간이라도 이 업계가 좋았던 적이 있었는지, 그것도 잘 모르겠지만요. 나한테는 제대로 된 선택권이 없었어요."

차기작을 선택할 때 리버는 할리우드에서 잔뼈가 굵은 프로답게 작품들을 저울질했다. 한번은 윌리엄 리처트에게 뒤마Alexandre Dumas 1802-1870의 『삼총사Les Trois Mousquetaires 1844』를 각색한 「아이언 마스크The Man in the Iron Mask 1998」를 감독하면 어떻겠냐고 물었다. 그러고는 곧바로 이렇게 경고했다. "빌, 난 이제 수많은 감독과 함께 일하는 배우란 걸 잊지 마세요."

여러 영화가 기획되었지만 그중 일부 프로젝트는 도중에 중단되었다. 폴란드 출신 배우 겸 감독인 아그네츠카 홀랜드Agnieszka Holland 1948-가 새벽 한 시쯤 리버의 호텔 방에서 리버와 미팅을 한 영화가 그 단적인 예이다. 그녀는 훗날 이렇게 썼다.

리버 피닉스는 땀을 흘리고 있었고 취해 있었으며 피곤해 보였지만 매우 아름다웠다. 나는 그가 다음 내 영화로 예정되어 있던, 로빈 바이츠Robin Baitz 1961-가 쓴 「잭과 질Jack and Jill」 시나리오를 읽기나 했는지 의심스러웠다. 그런데 그는 애덤 역할을 너무나 간절히 하고 싶어 했다. 그래서 한 시간 동안 애덤을 연기했다. 그렇게 그는 자신이 원하던 것을 얻어냈다. 나는 도망치듯 그 방을 빠져나왔다. 피곤해서 죽을 것 같았지만, 그 역할을 시키려고 지금껏 내가 만나본 그 어떤 배우도 리버만큼 정직하지는 못하리라, 그 정도의 용기, 그리고 자기 파괴에 관한 자기 인식을 갖추고 있지는 못하리라 확신했다.

버튼과 스나이더는 「세이프 패시지Safe Passage 1994」에 출연하라고 리버에게 압력을 가했다. 초자연적 직감이 있는 엄마에 관한 가족 드라마 영화였다. 수

전 서랜든^{Susan Sarandon 1946-}과 샘 셰퍼드가 부모 역할로 계약을 마친 상태였고, 피닉스 집안의 다른 아이들을 여럿 출연시킬 절호의 기회였기 때문이다.

존 부어먼은 '부서진 꿈'의 영화화 실패에도 굴하지 않고 리버에게 「노아 ^{Noah}」라는 또 다른 영화를 제안했다. 성경 이야기를 현대적으로 재해석하는 그 영화에서 리버는 영화 제목과 같은 이름의 인물을 연기하면 된다고 했다. 브롱크스 동물원에서 일하는 말더듬이 사육사였다. 신이 노아를 찾아와 방주를 만들라고 지시한다. 노아는 마지못해 배를 만든 뒤 동물들을 이끌고 이스트 강으로 가 배에 태운다. 영화 마지막 장면에서 노아는 출렁출렁 차오르는 수면을 바라보다가 물 위에서 넘실대는 수많은 보트를 보게 된다. 이번에는 세상이 홍수에 휩쓸릴 때 모두가 보트에 탄 것이다.

「폰타나를 거쳐^{By Way of Fontana}」라는 제목의, 리버의 감독 데뷔작도 논의 중이었다. 아버지 존의 파란만장한 어린 시절을 그리는 영화로 호아킨이 존의 역할을 할 예정이었다. 실존하는 존은 리버에게 할리우드를 떠나 코스타리카에 와서 휴식을 취하라고, 얼마 동안 자기랑 함께 지내면서 몸도 정화하고 건강도 되찾고 하라고 애원했지만 리버는 거절했다.

조지 슬루이저는 1993년에 예순한 살이 된 네덜란드 출신 감독이었다. 소름끼치는 납치 영화 「더 배니싱^{The Vanishing 1988}」으로 유명했다. (이 네덜란드 영화를 좀 더 상업적으로 각색한 동명의 미국판 영화도 슬루이저가 감독했다. 주연은 키퍼 서덜랜드였다) 슬루이저는 「다크 블러드」라는 영화를 만들려고 제작진과 출연진을 모으는 중이었다. 남서부 사막에 좌초되었다가 '보이^{Boy}'라는 이름의 신비로운 존재를 만나는 할리우드 커플에 관한 이야기였다. 슬루이저는 보이 역에 리버를 캐스팅하고 싶어 했다.

슬루이저는 고급스러운 호텔 레스토랑에서 리버를 만났다. 이른 아침이었다. 슬루이저는 끔찍한 두통에 시달리는 중이라면서 정신이 멍해서 미안하다고 리버에게 사과했다. 슬루이저는 말했다. "리버는 웨이터에게 아스피린을 가져다 달라고 부탁하지 않았어요. 직접 자리를 떠나 약국으로 달려가 나를 위해 아스피린을 사다줬어요." 당연하게도 슬루이저는 난생처음 만난 사람에게 너그러움을 베푸는 리버의 태도에 감동받았고 그 역할을 공식적으로 제안했다.

그 미팅에 관한 리버 버전의 이야기는 좀 더 삐딱하다. "난 그 감독님한테 이렇게 말했어요. 감독님이 만든 영화들을 사랑한다, 어쩌고저쩌고. 단 한 편도 본 적이 없는데 말이죠. 그리고 또 그 대본이 마음에 쏙 들었다고, 그 영화를 진짜 진짜 찍고 싶다고도 말했어요. 늘 그렇듯이." 리버는 「다크 블러드」의 주연을 맡는 데 동의했고 「뱀파이어와의 인터뷰」의 조연이지만 인상적인 배역, 인터뷰를 진행하는 기자 역할도 하기로 했다.

할리우드 특유의 구애 방식을 삐딱한 시선으로 바라보게 되었을 때조차 (아스피린을 사러 달려가는 것과 같은) 리버의 빛나는 너그러움은 어떻게든 모습을 드러냈다. (예컨대 밤샘 마약 파티 같은) 최악의 모습을 사람들한테 들킬 수밖에 없는 상황 속으로 스스로를 계속 몰아넣고 있었는데도, 리버가 일단 어딘가에 존재하기만 하면 어찌 된 일인지 리버의 가장 아름다운 모습이 여전히 반짝반짝 빛을 발하고는 했다.

16. 난 지금 과도기를 지나는 중이라서 너희를 죽이고 싶지 않아[28]

3년 뒤, 상업적 성공을 위해서라면 규칙 따위 뒤엎어도 된다는 인식이 영화사 중역들 사이에 스며들 무렵 쿠엔틴 타란티노는 1990년대 영화계의 상태를 유쾌하게 평가했다. "1980년대에는 기본적으로, 무시할 수 없는 기준 공식들이 있었어요. 그런데 그 공식들이 이제 완전히 사라져가고 있어요. 더 이상 작동하지 않게 된 겁니다. 물론 엄청 크게 히트 친 영화의 속편 같은 영화들은 아직도 통해요. 관객은 프랜차이즈 작품에 지갑을 여니까요. 그러나 예전 같으면 1억 달러는 벌어들였을 영화들이 이제는 2천만 달러도 못 벌어요. 아예 제작되지 않는 경우도 많고요. 내 생각에는 1971년 이래 할리우드가 지금처럼 박진감 넘친 때는 없었던 것 같아요. 왜냐하면 할리우드는 도무지 종잡을 수 없을 때 가장 박진감 넘치는 곳이거든요."

타란티노는 「펄프 픽션Pulp Fiction 1994」으로 미국 박스오피스에서만 10억 달러 이상의 수익을 올림으로써 누구보다도 멋지게 예상치를 뒤엎어버렸다. 이 영화 덕분에 한물간 배우 존 트라볼타는 두 번째 전성기를 맞이했고 사건 발생 순서가 뒤죽박죽인 영화를 상영하는 멀티플렉스 영화관들은 안위를 보장받게 되었다. 믿을 수 없을 만큼 많은 팝 문화를 등장시켜 우아한 세계를 모

---

28 난 지금 과도기를 지나는 중이라서 너희를 죽이고 싶지 않아: 쿠엔틴 타란티노의 1994년 영화 「펄프 픽션」에 나오는 대사이다. 갱단 조직원 줄스(새뮤얼 잭슨(Samuel Jackson 1948-) 분)는 아무렇지도 않게 살인을 저지르면서 살인을 하기 전과 후 성경 구절을 암송하는 특이한 인물이다. 악행을 저지르는 영화 내내 개과천선해서 크리스천으로서 선량한 삶을 살고 싶다고 말한다. 마지막 에피소드에서 줄스가 커피숍에서 강도 행각을 벌이는 어설픈 커플을 간단히 제압하고는 그들을 풀어주며 외우는 유명한 대사다.

색하는, 입버릇이 상스러운 갱단 조직원들을 그린 영화였다. 타란티노가 「펄프 픽션」을 촬영하고 있던 1993년, 상황을 진정으로 이해하고 있었던 것은 아니지만 취향 변화의 조류를 감지한 디즈니사는 타란티노가 뒤에 버티고 서 있던 영화사, 하비 와인스타인Harvey Weinstein 1952-과 밥 와인스타인Bob Weinstein 1954- 형제 소유의 미라맥스를 손에 넣었다.

1976년 텍사스 주 한 마을의 고등학교 마지막 날을 다룬 리처드 링클레이터의 완벽한 코미디 영화 「멍하고 혼돈스러운Dazed and Confused 1993」은 흥행 성적은 별로였지만, 코미디 영화가 나아가야 할 방향을 더 넓고 새롭게 제시했다. 또 이 영화를 통해 연기자로서 첫발을 내디딘 배우도 여러 명 있었는데, 매튜 매커너히Matthew McConaughey 1969-, 벤 애플랙Ben Affleck 1972-, 파커 포시Parker Posey 1968-, 밀라 요보비치Milla Jovovich 1975- 등이 그들이었다.

1993년 무렵 리버는 이미 연기 경력이 꽤 쌓인 중견 배우였다. 「7인의 신부」 목장에 등장한 뒤 10년이 넘게 흘렀으니 업계 중고참이었다. 그러나 당시 할리우드를 휩쓸고 있던 세대 변화라는 파도에서 서핑하기 좋은 위치를 확보할 수 있을 만큼 충분히 젊었다. 예컨대 이제 막 등장한 매튜 매커너히보다도 젊었다.

1992년 대선에서 승리한 빌 클린턴Bill Clinton 1946-이 1993년 백악관에 입성했다. 46세밖에 되지 않은, 제2차 세계대전 종전 후 출생한 최초의 미국 대통령은 새로운 세대를 대변했다. (리버는 플로리다 주 선거 유세전[29] 당시 이른 아침부터 개막 공연 무대에 올라 기타 연주로 유권자 수천 명을 끌어모음으로써 클린턴을 도왔다)

29　플로리다 주 선거 유세전: 리버 피닉스는 1992년 10월 게인즈빌 플로리다 대학교에서 열린 유세전에 '알레카스 애틱'과 함께 올랐다.

1993년은 웹 브라우저가 처음 등장한 해요, 잡지 <와이어드Wired>가 처음 발행된 해이기도 했다. 문화는 기술 발달과 취향 변화로 빠르게 분권화되고 있었고, 그런 이행은 근심을 유발했다. 1992년 '너바나'가 미국 차트 1위를 기록하고 <롤링 스톤> 표지를 장식했을 때 커트 코베인Kurt Cobain 1967-1994은 사진 촬영을 위해 핸드메이드 티셔츠를 입었다. 그 셔츠에는 "대기업 잡지는 여전히 형편없다"는 문구가 새겨져 있었다. 그것은 그 밴드가 문화적 변두리에서 중앙으로 갑자기 도약한 것에 대한 놀라움, 그리고 그 변두리 자체가 붕괴된 것에 대한 실망감에서 비롯된 표현이었다.

17. 이프 아이 해드 어 하이 파이[30]

한때 게인즈빌의 개 아빠였던 사람이 플로리다에서 보내는 시간이 점점 줄어들고 있었다. 「콜 잇 러브」의 촬영이 끝난 뒤 리버는 솔곳과 공식적으로 헤어졌다. 두 사람은 감정싸움 없이 갈라섰고 솔곳은 샌프란시스코로 이사해 안마사 일을 시작했다. 리버와 마티스는 서로에게 푹 빠져 있었지만, 그들은 리버와 솔곳처럼 단출한 히피 가정을 꾸리지는 않았다. 그 커플의 친한 친구 중 한 명은 훗날 이렇게 말했다. "난 리버가 살아 있었어도 두 사람의 관계가 얼마 안 가 끝났을 거라고 생각해요."

일부 팬들이 리버를 직접 보려고 일부러 게인즈빌로 성지 순례를 오기 시작

---

30 이프 아이 해드 어 하이 파이(If I Had a Hi-Fi): 미국의 얼터너티브 록 밴드 '나다 서프(Nada Surf)'의 여섯 번째 스튜디오 앨범 제목으로 2010년 발매되었다. 멤버들이 직접 선택한 곡만으로 구성된 앨범이다. '하이 파이'는 '고성능 음악 재생 장치'라는 뜻이다.

했다. 한번은 리버가 동네 술집에서 맥주를 마시고 있었는데 젊은 일본 여성으로 구성된 관광객 무리가 술집 안으로 들어왔다. 그때 그 술집에서 일하고 있던 여성은 이렇게 말했다. "관광객들이 비명을 질러대며 리버를 만지려고 했어요. 소름 끼치는 여행 시나리오였어요. 리버는 완전히 겁에 질려버렸고요."

리버는 미카노피 부동산을 자선단체에 기부하고 플로리다를 떠날까 생각했다. 보스턴이나 캐나다, 혹은 마이클 스타이프와 어울려 기타를 치며 지냈던 조지아 주 에선스로 이사 가면 어떻겠느냐고 말했다. 그런 그를 게인즈빌에 눌러 앉힌 것은 '알레카스 애틱'이었다.

아일랜드사와의 계약 연장 실패라는 충격에서 회복될 만큼 긴 시간이 흘렀기 때문에 리버는 다시 음악 속으로 빠져들었다. 비올라 연주자 팀 핸킨스와 베이시스트 조시 맥케이는 '알레카스 애틱'을 탈퇴해 이미 새 그룹에서 활동을 시작한 상태였다. 리버는 핸킨스를 대신할 사람은 구하지 않았지만 새 베이시스트로 호아킨의 친구 사샤 라파엘Sasa Raphael을 채용했다. 레인과 드러머 조시 그린바움도 함께였다. 그들은 모두 게인즈빌에 있는 프로 미디어 레코딩 스튜디오로 몰려갔다. 스튜디오 이용 요금, (프랭크 자파의 앨범 녹음에 객원 멤버로 참여해) 그래미상 후보에 오른 녹음 엔지니어 마크 핀스케Mark Pinske 1949-2020의 작업 비용은 리버가 지불했다.

한 주에 수천 달러 비용이 드는 그 연주회는 1년 넘게 리버가 게인즈빌에 올 때마다 산발적으로 열렸다. 스튜디오에서 그들이 보낸 날짜를 모두 합하면 3개월 정도였다. 리버는 곧 「다크 블러드」를 촬영하러 떠나야 했기 때문에 그 전에 마지막으로 한 달 동안 일을 밀어붙여 뭔가 앨범으로 만들기에 충분한 음악들을 완성하고자 했다.

핀스케는 말했다. "리버가 모든 비용을 부담했어요. 그래서 우리는 리버가 원하는 건 뭐든지 했어요. 리버는 한 마리 경주마였어요. 달리고 달리고 또 달리고 싶어 했죠. 그래서 우리는 가끔씩 반환점을 지나치고는 했답니다."

녹음은 대개 정오부터 다음 날 새벽 여섯 시까지 계속됐다. 그렇게 열여덟 시간을 보내고 나면 리버는 풀썩 주저앉았고 때로는 그 옷을 입은 채 기타를 끌어안고 잠이 들기도 했다. 하트도 매일 건강 음료와 양푼 가득 채소를 챙겨서 출석해 마라톤 연주에도 모두의 체력이 유지될 수 있게 도왔다.

리버는 연달아 노래를 계속 작곡했다. 노래 한 곡을 완성할 때마다 이렇게 외쳤다. "이거 기발하지, 기발하지." 누군가가 어떤 조언이나 제안을 해도 원래의 아이디어를 변색시키고 싶지 않다면서 싹 다 무시했다. 그 연주가 계속되는 동안 리버는 무려 90곡의 노래를 테이프에 녹음했다. 그 곡들 대부분은 다듬지 않은 곡이었지만 리버는 원곡에 살을 붙이는 일에 금세 흥미를 잃었다. 그에게는 언제나 녹음하고 싶은 새 노래가 있었기 때문이다.

라파엘은 말했다. "우리는 한창 열이 올라 있었어요." 리버는 특이한 소리 아이디어를 실험했다. 목소리를 긴 관 속으로 통과시킨다거나, 주차장에서 녹음한 자동차 와이퍼 소리를 하나의 리듬으로 노래 속에 결합한다거나 하는 식이었다.

그 연주 팀의 일원으로 일하고 있던 스튜디오 소유주 데이브 스매드벡Dave Smadbeck은 리버에게 선택과 집중이 더 필요하다고 충고했지만 아무 소용 없었다. 스매드벡은 말했다. "얼마나 창의성이 넘쳤는지 날것의 노래만 계속해서 새로 내놓았어요. 무슨 수를 써서라도 그 곡들을 자신의 머리 밖으로 쏟아내야 했던 거예요."

존이 가족을 만나러 코스타리카에서 올라왔다. 그는 연주가 계속되는 내내 자리를 지키려고 애썼지만 거침없는 리버의 속도를 따라갈 체력이 없었다.

한번은 존이 스튜디오 소파에서 잠이 들었다. 그러자 리버는 마이크를 아버지의 입 가까이 놓고 코 골며 자는 모습을 녹화했다. 그러고는 비디오 카메라 전원을 켜서 아버지에게 고정해놓고 아버지를 '인터뷰'했다. 리버가 온갖 질문을 던질 때마다 존은 코 고는 소리로 대답했다. 리버와 호아킨은 둘 다 웃음을 멈출 수가 없었다. 잠에서 깨어난 존도 그게 웃겼는지 그 비디오 테이프를 계속 돌려 봤다. 아버지도 아들도 타인의 문제를 해결하는 재주는 없었지만 함께 있는 순간 즐거움을 느낄 줄은 알았던 것이다.

리버가 사망한 뒤 편집되고 『네버 오드 얼 이븐』[31]이라는 제목으로 유출된 (가끔은 '주Zoo'라고 불리기도 하는) 이 트랙에는 '알레카스 애틱'의 강점과 약점이 고스란히 담겨 있다. 긍정적인 시선으로 보면 이 밴드의 음악은 조화롭다. 사샤 라파엘은 자신이 독창적인 베이시스트라는 사실을 입증했다. 레인 피닉스는 목소리가 사랑스럽고 따뜻해서 거의 모든 곡의 리드 보컬을 맡았다. 부정적인 시선에서 보면 이 트랙은 사실 노래보다는 스케치에 가깝게 들린다. 일부 곡들은 매우 짧다. 「스케일스 앤드 피시네일스Scales & Fishnails」라는 곡은 길이가 48초밖에 안 된다. 코러스, 브리지 등 작곡의 기본적 장치들이 가미되었다면 훨씬 더 좋았을 텐데 말이다. 리버가 멜로디나 훅을 짓지 않은 부분은 밴드의 유쾌한 연주나 나른한 그루브로 채워져 있다. 리버의 카리스마는 (머리카락이 얼굴을 다 덮고 있어도) 개별적으로 봐도 그런 결점들을 상쇄하기에 충분했지만, 리버를 떼어놓고 보면 '알레카스 애틱'은 그냥 제법

---

31 『네버 오드 얼 이븐』: '팔린드롬(palindrome)', 즉 '회문(回文)'이라고 번역되는 영어 수사법으로 쓰인 제목이다. 회문이란 좌에서 우로 읽든, 뒤집어서 우에서 좌로 읽든 똑같이 읽히는 단어, 또는 문장을 말한다. 이 제목의 원어는 'Never Odd or Even'인데 어느 방향으로 읽든 스펠링이 같다. 앞서 '개 아빠' 표현에 나왔던 'Dog'과 'God'처럼 스펠링을 활용한 일종의 언어유희. '괴상하지도, 평범하지도 않은'이라는 뜻이다.

괜찮은 지방 밴드일 뿐 전국구 뮤지션이 될 준비는 되어 있지 않았다.

가장 좋은 노래는 「노트 투 어 프렌드Note to a Friend」와 「마이 데이스 알 헤비/오브 더 인사이드 오브 유어 디나이얼My days are heavy/Of the insid of your denial」이었다. 리버와 레인이 함께 화음을 맞추어 초현실적인 우울함을 예쁜 멜로디로 표현하는 동안 리버는 오픈 코드로 기타를 연주했다. 몇 년 동안 함께 음악을 해왔기 때문에 그들의 목소리는 편하게 어우러지고 나뉘어졌다. 사랑스러운 노래였지만 이 곡도 길이가 72초밖에 안 돼서 미완성 노래의 도입부처럼 들렸다.

리버는 좋은 기억을 환기시키는 단어들을 논리와 무관하게 결합하는 작사 방식을 좋아했다. 그렇게 "무無에서 시작하자", "뒤로 움직이다가 모두 쓰러져버려", "너의 위성에서 들려오는 소리는 듣고 싶지 않아" 같은 가사들이 만들어졌다. 작사를 하면서 팔린드롬(거꾸로 읽어도 스펠링이 같은 표현)이 점점 더 좋아졌다. 「네버 오드 얼 이븐」도 팔린드롬이었고, 「독 갓Dog God」과 「시나일 필라인스Senile Felines('망령난 고양이'라는 뜻-옮긴이)」라는 노래 제목도 마찬가지였다. 리버에게 팔린드롬은 시간을 거꾸로 되돌리는 능력을 약속하는 것이었다. 살아남는 법을 알고 있는 상태로 젊은 시절로 돌아가는 것, 어린 시절의 순수함을 현재 시간으로 소환하는 것이었다. 다른 데서는 못해도 음악 안에서만큼은 그럴 수 있었기 때문이다.

18. 바이퍼 룸의 첫 번째 밤

로스앤젤레스에서는 주유소를 짓기 위해 허물리지 않고 10년을 버티면 그 건물은 역사가 된다. 이런 점 때문에 선셋 대로 8852번지는 엘에이 술 장사의 역사를 보여주는 스톤헨지가 되었다. 그 건물의 기원은 금주법의 시대까지 거슬러 올라간다. 그곳은 주류 밀매점이었고 공동 소유주 중 한 명이 '럭키' 루치아노Charles 'Lucky' Luciano 1897-1962였다. (루치아노는 미국 범죄 조직의 최고 우두머리였다. 수많은 주류 밀매점 역시 범죄 조직의 일부였다고 볼 수 있다)

1940년대에 그 건물은 멜로디 룸Melody Room이라고 불렸고 '벅시' 시걸Benjamin 'Bugsy' Siegel 1906-1947이 그 건물을 관리했다. '벅시' 시걸은, 자라서 주류 밀매업자, 살인 청부업자가 된 알 카포네Alphonse Gabriel Capone 1899-1947의 어린 시절 친구였다. 시걸은 도박 조직을 키우려고 로스앤젤레스에 와서 무비스타, 영화사 대표들과 두루 어울렸다. 그러면서 라스베이거스의 건물에, 특히 플라밍고 호텔에 어마어마한 액수의 검은 돈을 쏟아부었다. 결국 1947년 머리에 총을 두 방 맞았다.

멜로디 룸의 역대 주인 중에는 뮤지션이 많았다. 재즈 트럼펫 연주자 디지 길레스피Dizzy Gillespie 1917-1993, 멕시코 출신 피아니스트 후안 가르시아 에스퀴벨Juan García Esquivel 1918-2002, '빌리 워드 앤드 히스 도미노스Billy Ward and His Dominoes' 같은 이들이 그 자리를 거쳐 갔다. 1969년경 그 클럽은 필시 맥네스티스Filthy McNasty's로 상호를 변경했다. 필시 맥네스티와 볼프강 맥네스티로 개명한 독일인 형제가 그 클럽을 사들였기 때문이다. 필시는 공연자여서 자신의 골동품 영구차를 타고, 혹은 기다란 막대 다리를 붙이고 도시를 돌아다녔다. 그때 그곳에서 일했던 한 바텐더는 이렇게 회상했다. "하루는 원래 오기로 되어 있던 밴드가 공연에 못 왔어요. 필시가 여성으로만 구성된 자기 밴드를 데리고 무대에 올랐죠." 그는 거기에서 "넌 내 심장을 부수고 있어. 내 심장을 갈가리 찢었어. 그러니까 꺼져"[32]라는 가사의 노래를 불러 큰 박수를 받았다고 한다.

1974년에 영국 출신의 글램 록 밴드 '더 스위트The Sweet'가 선셋 스트립에서 (불멸의 명곡 「폭스 온 더 런Fox on the Run」이 수록되어 있는) 두 번째 앨범 『디졸레이션 불르버드Desolation Boulevard』의 커버 사진을 촬영했다. 그들은 필시 맥네스티스 바로 앞에서 사진을 찍었다. 커버 오른쪽 윗부분 구석을 보면 클럽 간판이 보인다.

1980년대에 맥네스티 형제는 그 술집을 팔았고, 그 술집은 더 센트럴The Central이라는 상호의 별 특징 없는 동네 술집이 되었다. 뮤지션 모티 코일은 그 변화를 '추락'이라고 표현했다. 1993년 무렵 선셋 스트립 지역은 대체로 헤비메탈과 아쿠아 넷 헤어스프레이의 향기가 여전히 떠다니는 구닥다리 동네가 되어 있었지만, 그중에서도 특히 바닥에 톱밥이 깔려 있고 벽에 땅콩 자판기가 서 있는 더 센트럴은 최악이었다. 코일은 말했다. "거기에서는 그 누구도 공연을 할 수 없었어요. 그 누구도요. 더 센트럴에서는 월요일 낮마다 위대한 알코올 중독자 협회 모임이 열렸거든요. 치료 모임 같은 거 말이에요. 그게 문제의 핵심이었어요."

뮤지션 척 이 와이스Chuck E. Weiss 1952-2021는 톰 웨이츠Tom Waits 1949-의 오랜 술벗이요, 리키 리 존스Rickie Lee Jones 1954-가 1979년 발표한 히트곡 「척 이스 인 러브Chuck E.' in Love」의 주인공이었는데, 더 센트럴에 매주 한 번씩 고정 출연했다. 그 클럽의 공동 소유주 중 한 명이 사망했을 때 와이스는 월요일 밤마다 그곳

---

32   미국의 가수 해리 닐슨(Harry Nilsson 1941-1994)의 노래 「유아 브레이킹 마이 하트(You're Breakin' My Heart 1972)」의 가사이다.

에 출연한 지 11년째였다. 혼자 남은 또 다른 소유주 앤서니 폭스Anthony Fox는 그 사업을 더 이상 하고 싶지 않았다. 그래서 다른 직장을 구했고 더 센트럴에는 지불해야 할 청구서가 쌓여갔다.

와이스는 월요일 밤 공연에 놀러 온 친구 조니 뎁과 살 젠코에게 그 사실을 알렸다. '카운팅 크로스'의 리드 보컬 애덤 듀리츠는 뎁과 젠코가 무엇에 마음이 움직였는지 설명했다. "더 센트럴이 폐업을 하게 되었을 때 두 사람은 척이 더 이상 공연할 장소가 없다는 생각에 기분이 나빴어요. 그래서 척이 친하게 지내는 모든 친구들을 위해 계속 공연할 수 있게 공간을 마련해주려고 바이퍼 룸을 시작한 거예요."

아널드 슈워제네거Arnold Schwarzenegger 1947-와 (실베스터 스탤론Sylvester Stallone 1946-의 동생) 프랭크 스탤론Frank Stallone 1950-도 그 부동산 경매에 입찰했지만 뎁이 이겼다. 뎁은 처음에는 재미로 그 클럽을 관리하는 회사 세이프 인 헤븐 데드Safe in Heaven Dead의 지분 51퍼센트를 확보해 그 회사의 대표이사가 되려고 기록적인 35만 달러를 적어 냈다. 49퍼센트 지분을 보유한 폭스는 부회장 직함을 달고 매주 8백 달러의 봉급을 받았다. (뎁과 밑천을 함께 마련한) 젠코는 총지배인이 되었다.

뎁은 클럽 상호를 바이퍼 룸으로 바꾸었다. '바이퍼'는 그 말을 쓰는 사람이 누구냐에 따라 뜻이 조금씩 다르기는 했지만 1920년대 마약 비속어로 '헤로인 사용자', 또는 '마리화나 흡연자'라는 뜻이었다. 뎁은 어디서 영감을 얻었느냐는 질문에 이렇게 답했다. "1930년대에 한 무리의 뮤지션들이 스스로를 바이퍼라고 불렀어요. 그들은 마리화나 흡연자로 현대 음악의 시작을 도왔어요."

새로 들어선 정권은 (장식이라고 할 만한 것도 없었지만) 더 센트럴의 내부 장식을 모조리 뜯어내고 클럽을 단순한 검정색으로 새롭게 단장했다. 언덕의 비탈 안쪽으로 지어진 건물이라 면적이 좁아서 손님을 250명 정도밖에 받을 수 없는 클럽이었다. 래러비 가 쪽으로 나 있는 입구로 들어가면 지하 술집으로 내려가거나 작은 무대와 바가 갖추어진 메인 룸으로 올라갈 수 있는 계단이 나왔다. 브이아이피 룸은 한쪽에서만 보이는 유리벽 뒤쪽에 숨어 있었고 비상구는 선셋 대로로 곧장 이어졌다. 개별 부스 하나는 뎁과 그의 에이전트 트레이시 제이콥스^{Tracy Jacobs} 전용이어서 이렇게 적힌 팻말이 붙어 있었다. "이 자리에 개수작 부리지 마라."

뎁이 밝힌 계획은 분위기는 더 세련되게 바꾸되, 뎁과 그 친구들이 그곳에서 어울려 놀 수 있도록 바이퍼 룸을 안락한 회합 장소로 관리하는 것이었다. 선셋 스트립 반대쪽에 하우스 오브 블루스[33]라는 식당을 개업한 댄 애크로이드나 리버처럼 뎁도 음악을 사랑했다. 그런데 이제 마음 내킬 때면 언제든 뛰어올라갈 수 있는 무대가 생긴 것이었다.

뎁이 미처 고려하지 못한 점이 한 가지 있었으니, 양자역학에서 미립자의 상황을 변화시키면 그 미립자를 관찰할 수 있는 것처럼, 그 클럽 역시 자신이 소유주가 됨으로써 지위가 달라지리라는 사실이었다. 뎁은 불평했다. "영업을 시작하자마자 클럽이 아수라장이 됐어요. 그런 일이 생길 거라고는 생각도 못 했어요. 정말로 그냥 쾌적하고 아담한 지하 술집이 될 줄 알았다니까요. 심지어 선셋 대로 쪽으로는 간판도 안 달아서 어디에 있는지 분간도 안 돼요. 그냥 시커먼 건물이고 간판도 래러비 가 쪽에 있는 거 하나뿐이라고요. 그나마도 너무 작아서 잘 보이지도 않아요. 그렇게 만들면 계속 한산할 거라고 생

---

33 하우스 오브 블루스(House of Blues): 라이브 공연장과 레스토랑이 결합된 업소로 현재는 11개 매장이 체인으로 운영되고 있다. 댄 애크로이드와 하드 록 카페 사장 아이작 티그렛(Isaac Tigrett 1947-)이 1992년 창업했다.

각했거든요."

그러나 뎁이 정말로 모든 것을 평화롭게 유지하고 싶었다면 '톰 페티 앤드 더 하트브레이커스'의 공연을 기획하지는 않았을 것이다. 리버 피닉스가 그곳에 가서 살기 전까지 게인즈빌의 가장 유명한 주민이었던 그 밴드는 뎁에게 갚아야 할 호의가 있었다. 뎁이 그들의 노래 「인투 더 그레이트 와이드 오픈Into the Great Wide Open 1991」의 뮤직비디오에 출연해줬기 때문이었다. 그래서 그들은 영업 첫날 밤 자선 공연을 해달라는 부탁에 동의했다. 최근에 플로리다로 다시 이사를 간 터라 무보수 공연을 하러 왜 굳이 엘에이로 돌아와야 하는지 그 이유를 모르겠다고 한 드러머 스탠 린치Stan Lynch 1955-만 빼고 모든 멤버가 동의했다는 소리다.

짜증이 난 페티는 밴드의 소속사 직원에게 지시했다. "그냥 스탠한테 이렇게 전해. '신경 쓰지 마. 네 자리는 링고Ringo Starr 1940-가 대신하기로 했으니까'라고." 린치는 채 24시간도 지나기 전에 엘에이에 돌아와 있었다.

뎁은 그 뒷얘기를 1년이 지난 뒤에야 알게 되었다. 그 이야기를 듣고 그는 생각에 잠긴 채 이렇게 중얼거렸다. "이런, 링고의 드럼 연주를 직접 봤다면 정말 끝내줬을 텐데."

와이스는 자신의 오랜 일터에 대한 사람들의 태도가 얼마나 순식간에 바뀌는지 깜짝 놀랐다. "더 센트럴에는 발도 들인 적 없는 사람들이 그곳에 너무나 간절하게 오고 싶어 했어요." 1993년 8월 14일 밤 바이퍼 룸의 개업식 입장에 성공한 사람은 쿠엔틴 타란티노, 줄리안 템플Julien Temple 1953-, 매리 스튜어트 매스터슨Mary Stuart Masterson 1966-, 크리스핀 글로버Crispin Glover 1964-, 팀 버튼 등이었다.

바이퍼 룸이 개업 즉시 핫 플레이스가 된 부분적인 이유는, 선셋 스트립이 그래도 로스앤젤레스의 심장부인 것은 거의 확실한 사실인데 1993년경 그곳이 헤비메탈 병균에 의한 동맥경화증을 끙끙 앓고 있었기 때문이다. 1980년대는 선셋 스트립을 헤어메탈 밴드와 동의어로 만들었다. 그들 중 극소수('머틀리 크루Mötley Crüe', '포이즌Poison')는 세계적으로 유명한 밴드가 되었지만 대부분은 포진 염증이 되어 엘에이에서 시간을 보낸 것 말고는 더 이상 보여준 것이 없었다. 1991년 록 팬들의 관심이 '너바나'와 '펄 잼Peal Jam' 쪽으로 옮겨가면서 부풀린 장발과 찢는 듯한 고음 창법은 한순간에 구닥다리가 되어버렸다. 메탈 파티는 끝나고 '얼터너티브'가 대세가 된 것이다.

선셋 스트립에서 가장 유명한 록 성지는 바이퍼 룸 바로 길 건너편에 있는 위스키 어 고 고Whisky a Go Go였다. 전설적인 펑크 록 가수 헨리 롤린스Henry Rollins 1961-는 위스키에 대해 이렇게 말했다. "그 클럽 탈의실 천장에는 짐 모리슨Jim Morrison 1943-1971과 지미 핸드릭스의 캐리커처가 그려져 있었어요. 굉장히 멋있었어요." 그 클럽은 1964년 문을 열었다. (그보다 먼저 시카고에 전초기지가 하나 있었기는 했다) 그리고 라이브 뮤직과 여성 댄서들이 있는 그곳은 곧 엘에이 록 풍경의 중심이 되었다. 한동안 '더 도어스'가 하우스밴드로 그 클럽에 고정 출연해 10여 차례 공연을 했다. 어느 날 밤 짐 모리슨이 「디 엔드The End 1967」의 절정 부분에서 "어머니, 당신이랑 그 짓하고 싶어요"라고 불쑥 내뱉기 전까지. 그 뒤로 반 헤일런부터 '건즈 앤 로지즈'에 이르기까지 그곳을 거쳐 가지 않은 록 뮤지션은 없다.

선셋 대로와 래러비 가가 만나는 모퉁이, 바이퍼 룸과 같은 건물에는 주류 판매점이 하나 있었다. 거기에서 길을 따라 조금만 내려가면 타워 레코드 매장이 있었는데 1993년 무렵 그 매장의 전시 상품은 레코드판에서 씨디로 모두 바뀌어 있었지만 집세를 벌어야 하는 뮤지션들에게 취업 기회는 여전히 제공하고 있었다.

톰 페티의 공연에 이어 믿을 수 없을 만큼 인기가 많은 가수들이 바이퍼 룸 무대에 섰다. 전설적인 컨트리송 가수 조니 캐시Johnny Cash 1932-2003는 ('데프Def' 레코딩스라는 이름을 버리고 막 새로 출발한) 릭 루빈Rick Rubin 1963-의 아메리칸 레코딩스 레이블과 전속 계약을 맺고 바이퍼 룸에서 '데프'를 매장하는 가짜 장례식을 거행했다. 그 장례식의 사회는 알 샤프턴Al Sharpton 1954-이 맡았다. 캐시는 바이퍼 룸 무대에서 어쿠스틱 기타 공연을 열기도 했다. 그 클럽은 곧 그 도시에서 가장 핫한 장소로 여겨지게 되었다.

바이퍼 룸은 빠른 속도로 거대한 브이아이피 룸으로 바뀌어갔다. 그곳에서는 밤 공연에 공연자보다 훨씬 더 유명한 관객이 오는 일이 매우 흔했다. 그러나 바이퍼 룸에서 가장 배타적인 공간은 유별나게도 실제 브이아이피 룸이 아니라 클럽 사무실이었고, 뎁도 그곳에 종종 모습을 드러냈다. 뎁은 심심할 때면 그곳에 앉아 폐쇄회로 텔레비전을 통해 바이퍼 룸 입구를 지켜보면서 문지기에게 누구는 특별한 사람이니 들여보내라든가, 저 사람들은 쫓아내라든가 하는 지시를 내리고는 했다.

단골손님 중에는 조니의 친구가 많았다. 배우 빈센트 도노프리오Vincent D'Onofrio 1959-, ('레몬헤즈Lemonheads' 소속의) 뮤지션 에반 단도Evan Dando 1967-, 밴드 '델로니어스 몬스터Thelonious Monster', 록의 전설 이기 팝 등이 그들이었다. 수많은 사람의 증언에 따르면 바이퍼 룸에서 일하는 사람들은 친절했고 대체로 막되게 구는 법이 없었다. 그래서 유명인사가 서빙해준 음료를 이미 마셔놓고도 그 사실을 알아채지 못할 수도 있었다. '더 월플라워스The Wallflowers'는 바이퍼 룸이 개업한 직후부터 그곳에서 매주 1회 공연을 했는데, 그때 그들은 아직 데뷔조차 못한 상태였다. 보컬 제이콥 딜런Jakob Dylan 1969-은 말했다. "우리는 무작정 안으로 들어가서 살한테 테이프 하나를 내밀었어요. 그랬더니 무슨 이유에서인지 살이 우리한테 연주할 기회를 줬어요." 그가 밥 딜런^{Bob Dylan}

1941-의 아들이란 사실이 작용한 건 분명 아니었다.

어떤 날 밤에는 리무진 한 대가 선택받은 손님을 한 명씩 태우고 바이퍼 룸과 선셋 스트립 반대쪽 끝에 있는 샤토 마몽 호텔 사이를 왕복했다. 그래서 얼마든지 건물 밖에서 강한 마약을 주입한 뒤 바이퍼 룸으로 옮겨가 그 파티를 계속할 수 있었다.

1990년대 초반, 엘에이 음악계는 동쪽에 있는 실버레이크 지역, 보헤미안 스타일의 동네로 옮겨갔다. 그곳은 힙스터들과 성인 킥볼 경기의 본거지였다. 동쪽으로 옮겨가기 전 「루저^{Loser 1993}」라는 싱글을 엄청나게 히트시키기는 했지만, 포크송 가수이자 래퍼인 벡^{Beck Hansen 1970-}은 그 새로운 음악적 풍경을 잘 보여주는 단적인 예였다. 레니 크라비츠^{Lenny Kravitz 1964-}와 스티븐 스틸스^{Stephen Stills 1945-}가 (함께는 아니었지만) 여러 차례 무대에 올랐던 것을 보면 알 수 있듯 바이퍼 룸은 친숙한 연주 공간을 찾아 헤매는 록스타들을 계속 끌어들였지만, 엘에이 동쪽 출신의 뮤지션들에게는 무대를 내어주는 일이 거의 없었다. 그래도 벡에게는 딱 한 번 연주 기회를 제공했다.

'비스티 보이즈'의 앨범 『폴스 부티크^{Paul's Boutique 1989}』로 명성을 얻은 아메리칸 레코딩스의 프로듀서 조지 드래콜리어스^{George Drakoulias 1965-}는 벡의 그 공연을 이렇게 기억했다. "참 기이한 밤이었어요. 벡은 브레이크댄스를 좀 추더니 평소 안 하던 짓을 했어요. 사람들은 그걸 어떻게 받아들여야 할지 몰라서 멀거니 쳐다만 봤고요." 벡이 전기 낙엽 청소기를 켜놓고 그 위에서 솔로곡을 연주하고 있을 때였다. 뎁은 자리에서 일어나 직접 그 청소기의 플러그를 뽑아버렸다.

바이퍼 룸에서 일했던 한 직원은 말했다. "조니는 정말 순식간에 그곳에 관심을 잃었어요." 뎁은 클럽 운영과 관련된 세부사항은 대부분 젠코에게 맡겨버렸고, 자신은 즐길 일이 있을 때만 그곳에 들렀다. 가끔은 밤이 끝나갈 무렵 그곳에서 친구들을 위해 은밀한 파티를 열었다. 그런 밤이면 케이트 모스가 바를 접수하지 않았을까. 나오미 캠벨^{Naomi Campbell 1970-}이 보안요원과 춤을 추지 않았을까. 뎁이 크리시 하인드와 종교에 관한 긴 대화를 나누지 않았을까. 그런 밤은 뎁이 바이퍼 룸 전체에 그 클럽의 본질만 남겨두는 밤이었다. 바로 자신과 유명인사 친구들을 위한 파티 룸이라는.

19. 기브 블러드[34]

'알레카스 애틱'의 녹음이 마무리됐다. 1993년 8월 23일 리버는 자신의 스물세 번째 생일을 축하한 뒤 형제들 모두, 아버지와 함께 비행기를 타고 코스타리카로 향했다. 존이 그곳에 비건 식당을 개업해서이기도 했지만, 존의 진짜 목적은 자신의 자녀들, 특히 리버로 하여금 타락한 미국을 떠나 다시 피닉스 가족의 가치관에 따라 살게 하려는 것이었다. 존은 설명했다. "그때 내 생각은 아이들이 이곳에서 더 긴 시간을 보내게끔 하려는 거였어요. 요리도 돕고 음악도 만들고 글도 쓰고 유기농 과일 농사도 짓고, 예전처럼 땅에 의지해 살면서요."

---

34 기브 블러드(Give Blood) : 영국의 전설적인 록 밴드 '더 후'의 기타리스트 피트 타운젠드(Pete Townshend 1945-)가 1985년 발표한 솔로곡 제목이다. '핑크 플로이드(Pink Floyd)'의 기타리스트 데이비드 길모어(David Gilmour 1946-)가 피처링했다. 헌혈 장려 음악으로 종종 쓰인다.

존은 영화 산업이 리버를 집어삼키기 전에 얼른 거기에서 나오라고 리버에게 애원했다. 결국 리버도 동의했다. 존의 말이 설득력이 있었기 때문이기도 했지만 말싸움하는 것이 지겨웠기 때문이기도 했다. 그러나 리버는 아버지에게 지켜야 할 약속이 있다고 말했다. 「다크 블러드」, 「뱀파이어와의 인터뷰」에 출연하기로 이미 계약을 맺은 상태였고, 윌리엄 리처트 버전의 「아이언 마스크」에도 출연하겠다고 리처트와 약속을 한 터였다. 리버는 그 세 영화만 찍으면 영화계를 은퇴해 코스타리카에 내려와 살 수 있다고 말했다.

존은 말했다. "곧 밝혀졌듯, 찍어야 할 영화가 너무 많았던 거예요."

리버는 코스타리카를 떠나며 이렇게 말했다. "이 영화 끝나면 만나요, 아빠." 상황이 다르게 전개되었다면 아무도 기억하지 못했을 흔하디흔한 인사말이었다.

존은 말했다. "흠, 리버는 그 말을 지켰어요. 다만 상자에 담겨 있었을 뿐."

「다크 블러드」의 감독 조지 슬루이저는 리버가 마약을 한다는 소문을 들었지만 별로 걱정하지 않았다. 슬루이저는 말했다. "난 리버의 마약 습관을 알고 있었어요. 내가 하려는 말은 할리우드 톱 레벨 배우들은 모두 어떤 식으로든 마약 중독이었다는 말이에요. 난 키퍼 서덜랜드와 함께 일한 적이 있어요. 그 친구는 위스키 중독이었어요. 매일 두 병씩 마시더군요. 게다가 나랑 술 마시기 대결까지 하고 싶어 했어요. '감독님이 한 병 마셔요. 내가 한 병 마실게요. 다 마실 수 있나 어디 봅시다.' 그러더라고요. 그런데도 촬영장에서 그 친구가 뭘 마신 낌새를 느낀 적은 단 한 번도 없어요. 아침이면 말짱했어요."

슬루이저는 다른 사람들보다 닷새 먼저 촬영 현장인 사막으로 와달라고 리버에게 부탁했다. "리버가 유타 공기를 들이마시고 거기 적응하길, 지난 7~8주 동안 우리가 쌓아온 관계를 스스로 기억해내길 바랐어요." 그 닷새는 리버에게 해독할 여유를 주기 위한 시간이었지만 리버는 겉보기에 깨끗하고 건강한 모습으로 도착했다.

배우와 감독이 함께 샌드위치 몇 조각을 싸들고 유타 산맥에서 하이킹을 했고 뚜벅뚜벅 걸어 다니며 낮 시간을 다 보냈다. 그들은 신선한 공기를 들이마시며 사막 풍경에 맞게 스스로를 조율했다. 리버는 점점 캐릭터 안으로 빠져들어 갔다. 그 어느 때보다도 자신의 껍질을 벗고 다른 사람이 창조해낸 인물로 변할 수 있는 것이 즐거웠다. 리버는 말했다. "그 순간이 내가 안전해지는 유일한 순간이에요. 그 순간에는 나 자신이 쓸모없는 인간, 아무것도 아닌 존재가 되거든요."

영화의 중심 공간은 보이의 집, 허름하지만 경치 좋은 곳에 자리한 집이었다. 그 자리를 찾아낸 사람은 슬루이저였다. 그는 그곳이 시각적으로 이상적인 위치라고 생각했지만 문명의 자취라고는 찾아볼 수 없는 곳이었다. 슬루이저는 말했다. "아마 가장 가까운 인가와의 거리가 32킬로미터 정도, 가장 가까운 마을과의 거리가 50킬로미터 정도 됐을 거예요." 영화사 스태프들은 반대했다. 그들은 식당, 호텔, 그리고 그 밖의 편의시설이 가까운 곳에 머물고 싶어 했다. 슬루이저는 말했다. "난 바보가 아니에요. 똑같이 생긴 나무가 바로 1킬로미터 거리에 있는데 '멋진 나무군. 하지만 내가 찍을 나무는 50킬로미터 떨어진 곳에 있소'라고 말하는 베르너 헤어조크[35] 같은 사람이 아니란

35　베르너 헤어조크(Werner Herzog 1942-): 독일의 영화감독, 배우이다. 주로 자연, 그리고 자연에 순응하기도 하고 맞서기도 하는 인간의 광기를 탐구했다. 그래서 그의 영화들은 밀림, 사막 같은 오지를 배경으로 하는 경우가 많다. 오지 탐험을 다룬 다큐멘터리도 여러 편 감독했다. 「피츠카랄도(Fitzcarraldo)」는 원주민에게 오페라를 보여주고 싶다며 아마존 밀림 한복판에 오페라하우스를 지으려고 하는 유럽 귀족의 파란만장한 역경을 그린 작품이다. 칸 영화제 감독상 수상, 황금종려상 후보 등 많은 상을 받았고 예술적으로도 호평을 받았지만, 제작 과정은 험난하기 이를 데 없었다고 한다. 더위, 전염병, 해충, 독사, 야생동물 등에 노출된 채 촬영을 하느라 출연진, 제작진의 부상이 계속

말입니다. 그러나 이 영화에서는 촬영지 선정이 정말 중요했어요."

슬루이저는 실제로 타협할 줄 모르는 것으로 유명한 독일 감독 헤어조크와 함께 일한 적이 있었다. 1982년 영화 「피츠카랄도」에서였다. 고무 농장을 운영하는 유럽인 남작 피츠카랄도는 증기선을 끌고 페루 정글을 지나 육지를 횡단하려고 시도한다. 이 영화가 원래 주인공으로 출연시키려고 한 배우는 제이슨 로바즈Jason Robards 1922-2000, 혹은 믹 재거였지만, 로바즈는 이질에 걸려 이탈했고 믹 재거는 '롤링스톤스' 일 때문에 떠나야 했다. 네덜란드인인 슬루이저는 경멸하듯 말했다. "미국인은 모조리 떠났어요. 그게 이 나라가 베트남전에서 패배한 이유에요."

슬루이저는 「피츠카랄도」 제작에 참여한 것이 자랑스러웠다. 1960년대에 내셔널 지오그래픽 채널에서 방영된 다큐멘터리를 감독할 때 자신도 그랬기 때문이다. 그 다큐멘터리를 찍느라 슬루이저는 기온이 섭씨 영하 70도까지 내려가는 시베리아에서 다섯 달을 살았다. "정말로 힘들었지만 참 좋았어요. 무슨 이유에서인지 난 극단적인 상황에 끌리는 것 같아요. 난 풀장에서 수영을 한 뒤 또 샤워를 하는 일에 익숙한 할리우드와 정반대되는 상황이 좋아요."

이런 까닭에 슬루이저는 「다크 블러드」의 비교적 심각하지 않은 고립에 콧방귀를 뀌었다. 영화사는 그 지역 모텔을 예약하고 근처 집 몇 채를 임대했다. 현실 세계에 대처할 줄 모르는 할리우드 사람들의 무능함이 「다크 블러드」의 중요한 주제였다. 할리우드에 살고 있는 한 커플이 두 번째 신혼여행으로 벤틀리를 몰고 사막으로 들어온다. 차가 고장 나서 멈추어 서자 그들은 큰 곤경에 처한다. 그 커플, 해리와 버피로 영국 출신 배우 조너선 프라이스Jonathan

---

됐고, 물자 조달에도 엄청난 비용이 들어갔다. 심지어 스태프가 독사에 물려 다리를 절단하는 사고도 일어났다. 조지 슬루이저는 프로듀서로 이 영화 제작에 참여했다.

Pryce 1947-와 오스트레일리아 출신 여배우 주디 데이비스Judy Davis 1955-가 출연했다. (데이비드 린David Lean 1908-1991 감독의 「인도로 가는 길A Passage to India 1986」과 우디 앨런Woody Allen 1935- 감독의 「부부 일기Husbands and Wives 1992」로 오스카상 후보에 두 번 지명된 여배우였다)

리버는 보이로 출연했다. 보이는 그 부부를 받아줬다가 버피가 한때 <플레이보이> 핀업 모델로 활동했다는 것을 알고 그녀에게 연정을 품게 되지만 해리가 탈출을 시도하자 적대적으로 돌변하는 캐릭터였다. 보이가 미국 원주민 혈통 아내의 죽음을 애도하는 중이라는 사실이 곧 드러난다. (「싸일런트 저스티스」와 겹쳐지는 모티프이다) 보이의 아내는 미국 정부가 터트린 실험용 핵폭탄 낙진이 일으킨 암으로 사망했다. 보이는 사막의 예언자 면모도 있었지만 정신적으로 불안정하기도 했다. 그 영화는 폭력과 불길로 마무리된다. 해리가 도끼로 보이를 살해하고 보이의 집은 불타올라 주저앉는 것이다.

리버는 프라이스를 존경했다. 리버가 가장 좋아해서 열세 번이나 본 영화, 테리 길리엄Terry Gilliam 1940-이 감독한 황당한 도시 디스토피아 영화 「브라질Brazil 1985」의 주연 배우였기 때문이다. (테리 길리엄은 영국 드라마 「몬티 파이튼의 비행 서커스Monty Python's Flying Circus 1969-1974」를 감독하기도 했다) 명민하지만 까다롭기로 유명한 주디 데이비스와 함께 작업을 하려니 일이 더 어려웠다. 「다크 블러드」의 프로듀서였던 닉 포웰Nick Powell은 이렇게 말했다. "데이비드 린조차 본인 영화에 출연하는 데이비스로 하여금 자신이 바라는 대로 연기하게 만들지는 못했어요. 그런 판에 조지 슬루이저가 힘들어한 게 뭐 대수인가요."

슬루이저는 말했다. "우리, 그러니까 주디와 나는 편한 사이가 아니었어요. 주디는 내 인생을 고달프게 만들었죠. 상황을 그렇게 어렵게 만드는 사람은 난생처음 상대해봤어요." 슬루이저의 말에 따르면 데이비스는 대본 내용에 이미 동의해놓고도 온갖 것을 다 트집 잡아 수정을 요구했다. 그 요구들 중 일부는 남성 중심주의 대본이라는 그녀의 지적대로 어느 정도 일리가 있었지만 대부분은 자신의 허영심을 채우기 위한 요구였다고 슬루이저는 말했다.

중재자 노릇에 익숙한 리버가 데이비스와 슬루이저를 화해시키려고 나섰지만 오히려 리버한테마저 비난의 불똥이 튀는 결과만 초래하고 말았다. 데이비스는 리버를 '친목회장'이라고 불렀다. 리버가 친절하게 대하려고 애쓰면서 데이비스한테 가족은 언제 촬영장에 오느냐고 묻자 데이비스는 이렇게 쏘아붙였다. "뭐야? 지금 친목회장님 문답 시간이야?" 그녀는 또 리버가 계속 마약을 하고 있다고 굳게 믿었다. "하루는 리버가 제정신이 아닌 상태로 나타났어요. 전날 밤에 나트륨을 너무 많이 섭취해서 그렇다고 하더군요. 뭐, 그렇다고 치죠. 난 나트륨 과용이란 걸 본 적도 없지만, 아마 과용이란 건 다 똑같이 그런 증상이 나타나나 봐요."

슬루이저는 주장했다. "리버는 유타에서 촬영하는 동안 마약을 하지 않았어요. 만약 그랬다면 내 손에 장을 지지죠."

보이의 독백 분량이 워낙 많아서 리버는 대사 문제로 어려움을 겪고 있었다. 대사를 정확하게 외우려고 아무리 긴 시간을 들여도 어순을 바꾸어 말하는 일이 가끔 일어났다. 슬루이저는 말했다. "리버가 특히 외우기 힘들어하는 대사들이 있었어요. 몇 번인가 리허설을 하다 말고 그 대사를 바꿔줄 수 있는지 내게 묻더군요. 굉장히 길고 매우 복잡한 대사였어요. 난 단호하게 거절했어요. '우린 지난 2년 동안 이 이야기와 등장인물에 관해 생각했다. 네 난독증 때문에 대사를 고치는 일은 없을 거야.' 그러고 나서 마음에 상처를 주는 말도 했어요. '난 네가 장님이라고 해도 상관 안 한다. 네가 어떻게든 알아서 볼 수 있어야지.'" 그래도 결국 대사 한 줄은 수정하는 데 동의했다고 슬루이저는 말했다.

데이비스 버전의 이야기 속 리버는 자신의 등장인물과 불화를 겪고 있었다. "내가 보기에 리버는 감독 때문에 더 힘들어하는 것 같았어요. 감독이 이렇게 연기해라, 저렇게 연기해라, 화를 더 내야 한다, 더 미친 놈처럼 굴어야 한다, 어쩌고저쩌고 끊임없이 떠들어대고 있었거든요. 너무나 쉽게 터무니없는 행동을 할 수 있는, 그래서 더 연기하기 힘든 인물이었어요. 그 영화의 대사는 거의 다 리버의 대사였고요. 분량이 어마어마했죠. 리버는 계속 대사 분량을 줄여달라고 했지만, 감독은 사소한 변화에도 펄쩍 뛰었어요. 오죽했으면 하루는 리버가 나한테 이런 말까지 했다니까요. '이제 그만 연기를 포기해야 할까 봐요.'"

리버는 촬영 기간 내내 아티초크와 옥수수만 먹고 살았다. 살아남기 위해 곤충을 잡아먹으며 사막에 살고 있는 사람처럼, 현대판 세례 요한처럼 보이고 싶었기 때문이다. 물론, 사만다 마티스와 리버의 개인 비서 애비 루드^{Abby} Rude가 유타까지 동행해 리버와 함께 지내고 있었으니 황야에서 혼자 살고 있는 것은 아니었지만 말이다.

리버는 영화 촬영 중인 그 지역이 외계인이 자주 출몰하는 곳이라는 사실을 알고 즐거워했다. 그래서 일상적인 대화 속에 툭하면 '유에프오 여신께 감사하라'는 말을 집어넣었고, 자신의 몸이 침대 위로 떠올랐다는 말을 친구들로 하여금 믿게 하려고 안간힘을 썼다. 가끔은 바닥에 누워서 소리치기도 했다. "날 데려가요. 난 준비 됐어요! 거기 아무도 없어요?"

그동안에도 갈등은 계속 깊어져만 갔다. 데이비스는 슬루이저의 연출 지시를 받지 않겠다고 선언했다. 리버와 함께 나오는 장면에서도 데이비스는 마치 일부러 리버의 몰입을 깨려는 것처럼 연기했다. 리버가 대사를 치는 동안 기괴하게 몸을 움직이고는 했던 것이다. "이 영화에 함께 출연하는 입장이면서 도대체 왜 자꾸 내가 연기하기 힘들게 만드시는 거예요?" 리버는 데이비스에게 그러지 말아달라고 간청했다. 데이비스에게 언성을 높인 적은 없지만, 테이크 사이에는 자신의 트레일러에 처박혀서 하드코어 밴드 '푸가지 Fugazi'의 곡을 최고 볼륨으로 연주했다.

슬루이저는 회상했다. "이봐, 너무 시끄럽잖아, 소리 좀 줄여줘야겠어, 라는 말을 시시때때로 해야 했어요."

프라이스는 말했다. "우리는 모두 재앙행 급행열차에 타고 있었어요. 하루도 빠짐없이 힘든 일이 생겼거든요." 계절에 맞지 않게 비가 내린 뒤 그 외딴 촬영장은 진흙탕이 되어버렸다. 비포장도로를 달리는 차들도 마찬가지였다. 한번은 슬루이저 감독이 자리에서 일어선 뒤 채 1분도 안 되어 감독 의자가 절벽 아래로 추락하기도 했다.

리버는 프라이스에게 말했다. "이 영화 촬영장에서 누구 하나 죽어 나갈 것 같아요."

마티스가 집으로 돌아갔다. 리버가 사용할 수 있는 전화는 여섯 명이 함께 쓰는 공동 전화뿐이었다. 그래서 친구들한테 전화를 걸어 감정 스트레스를 풀기가 어려웠다. 리버는 거의 두 달 가까이 마약의 도움을 전혀 받지 않고 깨끗하게 지냈다. 그러다가 촬영 5주차에 접어들던 어느 날 갑자기 폭발했다.

영화에 뱀의 사체가 등장하는 장면이 있었다. 그 장면을 촬영할 시간이 되자 리버는 벌컥 화를 내더니 트레일러로 들어가 문을 잠갔다. 영화사가 뱀의 사망 진단서를 보여주기 전까지는 절대 밖으로 나오지 않겠다고 단언했다.

아이리스 버튼과 통화하며 리버는 이렇게 외쳤다. "아이리스, 저 사람들이 뱀을 계속 죽이고 있어요. 나더러 살해된 뱀이랑 함께 일을 하래요. 사람들이 뱀을 독살했어요. 아니면 질식사시켰겠죠. 그건 나도 몰라요. 아무튼 거짓말쟁이들이에요. 뭐라는 줄 알아요? 늙어 죽은 뱀이래요. 난 그 말 안 믿어요. 거짓말쟁이들, 씨팔, 다 거짓말쟁이들이에요. 저 사람들이 뱀을 죽였다니까요. 다 살인자예요! 살인자라고요!"

"내가 무슨 동물 검시관이야? 이런, 젠장." 버튼은 이렇게 불평하면서 또다시 촬영장으로 비행기를 타고 날아왔다. 사막 촬영은 다른 사고 없이 마무리됐다. 슬루이저는 리버의 요청에 따라 보이와 버피의 러브신이 맨 마지막 촬영이 되도록 일정을 조정했다. 리버와 데이비스 사이의 긴장이 너무 팽팽해서 슬루이저 역시 두 사람을 최대한 오래 떼어놓고 싶었기 때문이다.

리버는 리처트의 자동응답기에 이런 메시지를 남겼다. "난 지금 이 미친 업계에 빠지지 않으려고 머리를 물 밖으로 내놓고 있느라 힘든 시간을 보내고 있어요."

촬영 팀은 잠깐 뉴멕시코에 들렀다가 로스앤젤레스로 향했다. 마지막 2주 동안 스튜디오에서 실내 촬영과 클로즈업 촬영을 할 예정이었다. 감기에 걸렸다면서 뉴멕시코에서 찍어야 하는 밤 장면이 없으니 하루 먼저 엘에이로 가게 해달라는 리버의 부탁을 슬루이저는 허락했다. 리버는 슬루이저에게 작별인사를 하면서 이렇게 말했다. "난 이제 사악하고 사악한 도시로 돌아가요."

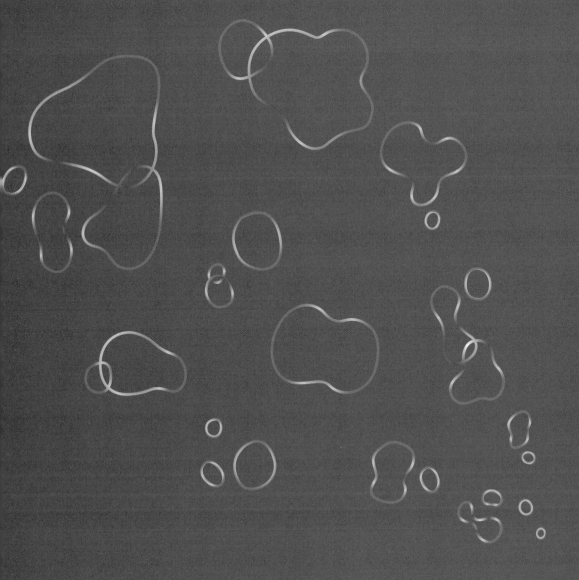

6부

난 네가 죽지 않았으면 좋겠어

1. 사악하고 사악한 도시

　리버는 1993년 10월 26일 화요일 늦은 시간에 로스앤젤레스에 도착했다. 평소 묵는 호텔인 세인트 제임스 클럽으로는 가지 않았다. 「다크 블러드」 영화사에서 우아한 일본풍 호텔 닛코에 객실을 예약해주었기 때문이다. 스트레스를 받으며 두 달 동안 촬영장에서 지낸 리버는 일탈의 짬이 생기자마자 마약을 마음껏 흡입했다.

　다음 날 아이리스 버튼과의 점심 약속은 그래도 간신히 지킬 수 있었다. 버튼은 아직도 「세이프 패시지」에 미련을 못 버리고 장점을 늘어놓으며 리버의 마음을 바꾸려고 애썼다. 결국 리버는 로버트 알란 애커맨^{Robert Allan Ackerman} ¹⁹⁴⁴⁻ 감독을 만나보라는 말에 심드렁하게 동의했다. 애커맨은 그때 런던에서 연극을 연출하고 있었는데 곧 날아올 수 있다고 했다. 리버는 버튼의 사무실에서 만난 크리스 스나이더에게 한밤중에 전화를 걸어 험한 말을 했던 일을 사과했다. 두 사람은 포옹했다. 리버가 어찌나 야위어 있었는지 스나이더의 손에 리버의 뼈가 만져질 정도였다.

스나이더는 말했다. "마치 송장 같았어요. 핏기가 하나도 없어서 온몸의 피부가 새하였어요. 오랫동안 지병을 앓아온 사람처럼 말이에요. 새카만 머리는 거울도 안 보고 직접 자른 것 같았고요." 역할에 맞게 머리를 염색했고 아티초크와 옥수수 식단으로 체중이 준 만큼 보이 연기를 한 탓에 그렇게 보였을 수는 있지만, 리버의 어수선한 감정 때문에 외모가 그렇게 된 것은 아니었다.

리버는 닛코 호텔로, 그리고 예전 습관으로 돌아갔다.

10월 29일 금요일 오후 네 시 30분.

「세이프 패시지」의 로버트 알란 애커맨 감독은 런던에서 로스앤젤레스까지 꼬박 하루 동안 비행을 한 뒤 통관 절차를 마치고 리버를 만나러 닛코 호텔로 이동 중이었다. 그때 리버가 스나이더에게 전화를 걸어왔다. 리버는 알아듣기 힘든 목소리로 전화기에 대고 속삭였다. "크리스…… 나…… 그 미팅…… 못 하겠어요. 당신이…… 좀 취소해줘요."

스나이더는 재앙을 피하려고 갖은 애를 썼다. 우선 닛코 호텔 룸서비스로 "얼 그레이"의 객실에 커피 한 주전자를 올려 보냈다. 할리우드는 남용자가 일터에 모습을 드러내는 한 계속해서 그들의 실체를 파먹는 괴물이었다. 리버가 술이나 마약에 취해서 미팅을 펑크 냈다는 사실이 알려지면 리버는 실질적으로 실업자가 될 처지였다.

스나이더는 리버의 상태를 살펴보라고 전화로 버튼, 하트를 연결했고 그들은 애커맨이 도착하기 전에 얼른 샤워를 하고 커피를 마시라고 리버를 달래가며 설득했다. 리버와 통화가 끝난 뒤 세 사람은 다음 날 있을 예정인 「다크 블러드」 촬영은 버튼이 지켜보기로 합의했다. 하트는 일요일까지 엘에이에

도착하기로 했다. 스나이더의 기억에 따르면 리버는 전화를 끊기 전 그들에게 이렇게 말했다. "이런 식으로 계속할 수는 없어요."

10월 30일 토요일.

리버는 시간에 맞춰 촬영장에 나타났지만 밤을 꼬박 새운 듯 초췌한 모습이었다. 촬영을 위해 스스로를 가라앉히려고 신경안정제를 복용한 상태였다. 슬루이저는 말했다. "자기 몸을 백 퍼센트 통제할 수 있는 상황은 아니었지만 연기하는 데는 아무런 문제도 없었기 때문에 내가 간섭할 이유가 없었어요." 버튼은 리버를 지켜보러 그곳에 오지 않았다.

그날 촬영할 장면은 리버의 지하 낡진 방공호 장면이었다. 보이가 양초, 찢어진 종이봉투, 손으로 깎은 나무 인형으로 종교 성지처럼 장식해놓은 장소였다. 보이는 방문객들에게 그 장소를 구경시켜준다. 보이와 버피는 (페요테 선인장처럼 환각 효과를 내는 허브의 일종인) 흰독말풀을 함께 복용한 상태다. "마술은 의지에 초점을 맞추는 하나의 질문일 뿐이에요." 보이가 버피에게 설명하는 동안 해리는 방 밖으로 나간다. "당신은 운이 좋아서 당신이 원하는 것을 손에 넣는 사람이 아니에요. 당신의 의지로 그것을 손에 넣는 사람이지." 그러고 나서 두 사람은 흔들리는 촛불 옆에서 키스한다.

데이비스는 이 장면을 찍을 준비를 하려고 페요테 선인장을 먹지는 않을 거라고 리버에게 미리 말했다고 했다. 그리고 리버도 그 말에 동의했다고 했다.

오후 세 시 30분 점심시간.

리버와 슬루이저는 다음 날 계획에 관해 논의했다. 일요일은 촬영을 쉬는 날이었다. 그들은 오전 열 시 30분에 만나서 그 다음 주에 촬영할 장면들을 검토하기로 했다. 그러고 나서 오후 두 시에 리버는 「브라질」의 천재 감독 테리 길리엄과의 미팅이 잡혀 있었다. 프라이스가 약속을 잡아줬고 리버는 활기가 느껴질 정도로 자신의 영웅을 만난다는 생각에 흥분해 있었다.

오후 네 시 30분.

리버와 데이비스는 지하 낡진 방공호로 다시 들어갔다. 두 번째 장면에서 리버는 자신이 핵 학살이 일어나더라도 후대에 전승될 수 있는 인간 지식의 아카이브를 어떻게 창조해냈는지 설명한다. "알파벳이 고안되는 데만도 수천 년이 걸렸어요! 그런데 모든 것이 변기 속으로 쓸려 내려가려고 해요. 인류의 문명 전체가요."

제임스 바튼James Barton 1939-이 쓴 시나리오 대본에는 이렇게 적혀 있었다. "보이는 버피의 두 눈을 깊이 들여다보며 밧줄처럼 그녀의 한 손을 움켜잡는다."

그런 다음 보이는 버피에게 말한다. "난 당신이 죽지 않았으면 좋겠어요."

버피는 보이에게 장담한다. "아무도 죽지 않을 거야."

촬영이 끝났고 슬루이저가 "컷!"을 외쳤지만, 우연히 촬영기사 에드 러치먼Ed Lachman 1949-이 필름이 다 떨어질 때까지 카메라 끄는 것을 깜박했다. 밝은 촬영 조명은 모두 꺼진 상태였지만 촛불의 빛이 은은하게 빛나고 있어서, 마지막 남은 몇 미터의 필름 뭉치가 리버의 실루엣을 담아내기에는 충분했다.

러치먼은 말했다. "리버가 카메라 앞으로 다가왔고 화면은 온통 새카매졌어요. 리버의 몸이 카메라 렌즈를 가려서요. 마치 리버가 자신의 부재 이미지를 일부러 만들어놓은 것 같았어요."

2. 바이퍼 헤로인 엑스

1993년 10월 30일 오후 여섯 시.

슬루이저는 그날의 촬영을 마무리했다. 리버는 한 시간 정도 촬영장에 더 남아서 조명을 치우는 스태프들을 도우며 그들과 담소를 나누었다. 러치먼은 리버가 자진해서 일을 돕는 데 이미 익숙했다. 한 주 전 뉴멕시코에서 그 촬영 기사가 수많은 장비 상자를 호텔 방 밖으로 끌어내고 있을 때였다. 러치먼은 방 밖으로 나가 복도에 대고 소리쳤다. "누가 장비 나르는 것 좀 도와주겠어?"

1분 뒤 리버가 러치먼의 방문을 노크했다.

"리버, 여기에는 무슨 일로?" 러치먼은 물었다.

"도우러 왔죠." 리버는 짧게 대답했다. 그는 스타 중심의 영화 촬영장 위계 질서와 암묵적 규율 따위 깨버리자고 제안하고 있었다.

"널 부른 게 아니야!" 러치먼이 말했다.

"내가 도우면 안 되는 이유가 뭐죠?" 리버가 물었다.

저녁 일곱 시.

리버는 리무진을 타고 닛코 호텔로 돌아갔다. (이제 스무 살인) 레인과 (이틀 전 열아홉 살이 된) 호아킨이 리버의 객실에서 기다리고 있었다. 「세이프 패시지」 속 리버의 형제 남매 역 오디션을 보려고 엘에이로 날아온 것이었다. 두 사람 중 한 명이라도 오디션에 합격하면, 「역행: 난독증이라는 난제」 이후 9년 만에 처음으로 리버가 가족 중 한 명과 함께 연기를 하게 되는 것이었다.

마티스도 그 자리에 와 있었고, 곧 리버의 비서 애비 루드와 루드의 남편 디키도 합류했다. 그들은 룸서비스를 주문한 뒤 음악을 크게 틀어놓고 파티를 시작했다. 루드는 모엣 샴페인을 한 병 사려고 호텔 밖으로 나갔다. 룸서비스 담당 웨이터가 채식 요리를 들고 그 방에 도착했지만 음악 소리가 너무 시끄러워서 노크 소리가 거의 들리지 않을 지경이었다. 웨이터는 음식 수레를 밀고 안으로 들어가 아수라장이 되어 있는 객실을 목격했다. 리버는 방 한복판에서 빙빙 돌면서 혼자 춤을 추고 있었다.

밤 열 시.

기나긴 낮과 불면의 밤이 계속돼서 리버는 녹초가 되어 있었다. 그는 친구 브래들리 그레그Bradley Gregg 1966-에게 전화를 걸었다. 영화 세 편(「컴퓨터 우주 탐험」, 「스탠드 바이 미」, 「인디아나 존스와 최후의 성전」)을 함께 찍은 사이였던 만큼, 리버는 다음 날이 그레그의 아들 돌이라는 사실을 알면서 그냥 지나칠 수가 없었다. 리버는 당장이라도 쓰러질 준비가 되어 있었지만 호아킨과 레인은 조금 전에 막 그곳에 도착한 터였다. 그들은 밖으로 나가 로스앤젤레스의 토요일 밤을 즐기고 싶었다.

프린스가 운영하는, 자신의 노래 제목을 딴 나이트클럽 글램 슬램Glam Slam이 엘에이 번화가에 있었고, 할리우드 대로에 있는 오디토리움에서는 '스카-로윈 스캥크페스트ska-lloween skankfest'라는 공연이 열리고 있었다. 그러나 호아킨은 바이퍼 룸에 가보고 싶어 했다. 그곳에서 플리와 조니 뎁이 뎁의 밴드 '피'버전으로 함께 연주를 할 예정이라고 했다. 두 달 반 전에 개업한 클럽이었다.

걸림돌: 호아킨과 레인은 미성년자였다. 그 말은 성인 보호자 없이 그 클럽에 입장할 수 없다는 뜻이었다. 그래서 누가 입구를 지키고 있든, 그의 시선을 무마시킬 수 있을 만큼 유명한 사람이 동행하는 것이 최선책이 되리라는 뜻이었다. 마티스가 그들을 데려가겠다고 해서 그들은 차를 불러달라고

1층 프런트에 전화를 걸었다. 리버는 호텔에 남기로 했고 루드 부부도 가지 않기로 했다.

마티스, 레인, 호아킨이 엘리베이터를 기다리는 동안 리버의 마음이 바뀌었다. 파티를 계속하고 싶기도 했고, 평소처럼 어린 동생들을 돌보는 부모 노릇을 해야 한다는 생각도 들었던 것이다. 리버는 "나도 가, 지금 나가!"라고 외치며 복도를 뛰어 내려왔다. 그는 기타를 메고 있었다. 오랜 친구 플리와 함께 무대 위에서 연주를 할 계획이었다. 그들은 다 함께 엘리베이터를 타고 아래로 내려갔다.

마티스와 세 명의 피닉스가 닛코 호텔을 나서는 그 순간 슬루이저가 차를 몰고 그곳에 도착했다. 슬루이저는 그들을 발견하고 외쳤다. "재미있게 놀아라." 그러나 그들이 그 말을 들은 것 같지는 않았다.

밤 열 시 30분.

공식적인 핼러윈 데이는 다음 날이었지만 토요일 밤이었기 때문에 성인들의 코스튬 파티가 한창 절정에 달해 있었다. 리버의 옷차림은 평범했다. 어두운 갈색 바지에 컨버스 올스타 스니커즈를 신고 있었다. 일행 네 명은 할리우드 힐스로 향했다. 그 동네 쌍둥이 배우의 집에서 파티가 열린다는 말을 들었기 때문이다. 그 파티에는 레오나르도 디카프리오도 와 있었다. 2주 뒤면 열아홉 살 생일을 맞이하게 될 디카프리오는 한창 상종가인 배우들을 통칭하는 '조니 할리우드Johnny Hollywood'답게 정장 차림에 가죽 재킷을 걸치고 머리를 뒤로 넘기고 있었다. 디카프리오는 말했다. "그곳은 깜깜했고 모두가 취해 있었어요. 나는 군중 속을 뚫고 돌아다니는 중이었는데 사람이 어찌나 많은지 꼭 꽉 막히는 2차선 도로에 끼어 있는 것 같았어요." 그때 디카프리오는 리버를 알아봤다.

"내가 열여덟 살 때 리버 피닉스는 다른 세계에 살고 있는 나의 영웅이었어요. 그 어린 나이에 얼마나 위대한 연기를 했는지 생각해 보세요. 「아이다호」, 「스탠드 바이 미」 같은 작품 말이에요. 난 언제나 리버를 만나고 싶었어요." 그런데 이제 그런 리버 바로 옆에 서게 된 것이었다. "손을 내밀어 인사하고 싶었어요. 리버는 내게 너무나 신비로운 존재였고 한 번도 만난 적이 없었으니까요. 그 무렵에는 나도 꽤 볼 만한 작품을 찍은 만큼 리버도 날 물리치지는 않을 거라고 생각했어요." (「디스 보이스 라이프」는 6개월 전에 개봉을 한 상태였다. 「길버트 그레이프」는 촬영은 끝났어도 12월이 되어서야 개봉했지만)

"그런데 하필 그 2차선 도로에 꽉 끼어 있는 바람에 인파에 떠밀려 리버를 지나치고 말았어요." 디카프리오는 한탄했다. "리버는 창백하다 못해 새하얘 보였어요." 디카프리오는 다시 한 바퀴를 돌아 자신의 영웅과 대화를 나누려고 그 자리로 돌아왔지만, 리버는 이미 할리우드의 밤 속으로 사라진 뒤였다.

10월 31일 밤 열두 시 27분.

리버는 기타를 멘 채 바이퍼 룸의 래러비 가 쪽 정문에 도착해서 일행의 입장 허가를 받아냈다. 오른쪽 손등에 빨간 별 도장을 받고 클럽 안으로 들어갔다. 군중 속에 섞인 채 '레드 핫 칠리 페퍼스'의 오랜 친구들을 찾아 헤맸고 (1년 반 전에 그 밴드를 탈퇴한) 존 프루시안테와 플리를 만났다. 플리는 리버에게 그날 밤에는 리버가 '피'와 합주를 하기 힘들 것 같다고 설명했다. 바이퍼 룸의 아담한 무대는 이미 너무나 많은 뮤지션들로 만원이었기 때문이다. 뎁, 플리, 살 젠코, 기비 헤인즈, '미니스트리'의 알 주르겐슨이 있었고 키보드는 '톰 페티 앤드 하트브레이커스'의 벤몬트 텐치가 맡고 있었다.

리버는 실망했지만 당황하지 않고 마티스, 레인, 호아킨이 있는 테이블로 돌아와 앉았다. "이 테이블에서라도 노래를 불러야겠어." 리버는 일행에게 이렇게 말하고는 의자 위에 올라서서 즉흥으로 연주할 준비를 했다.

밤 열두 시 40분.

'피'가 무대를 접수했다. 주르겐슨은 헐렁한 카우보이 모자를 쓰고 있었다. 셔츠를 벗어 던진 헤인즈의 배에는 매직으로 잔뜩 낙서가 되어 있었다. 뎁은 특징 없는 호텔 급사 같은 단발머리를 하고 있었다. 팀 버튼과 함께 영화 「에드 우드Ed Wood 1994」를 찍느라 일부러 그런 머리를 하고 있었던 것이다. 벤몬트 텐치는 자신이 왜 그 밴드 음악의 중추인지 그 이유를 유감없이 보여주었다. 리드 보컬을 맡고 있던 헤인즈는 잔뜩 신이 나서 저질스러운 농담을 하고 보드카와 버번을 받아 마셨다.

밤 열두 시 45분.

리버의 기타리스트 친구 한 명이 컵을 손에 든 채 일행의 테이블로 다가왔다. 그는 리버에게 말했다. "이봐, 리브, 이거 마셔. 기분 뿅 가게 만들어줄 거야." 리버는 그 컵에 든 물질이 무엇인지 몰랐지만, 그 친구가 두 번이나 자신이 직접 중독 치료 시설에 데려다준 일이 있는 친구였기 때문에, 진저에일이 아니라는 것쯤은 알 수 있었다. 리버는 그것을 단숨에 들이켰다.

그 액체에는 코카인과 헤로인의 합성물인 스피드볼이 용해되어 있었다. 그해 가을 엘에이에서 유통되던 헤로인 중에는 특히 강력한 '페르시안 브라운Persian Brown'이 여러 종류 있었는데 그것도 그중 하나였다. 리버는 그걸 마시자마자 몸이 불편해져서 소리쳤다. "도대체 나한테 뭘 준 거야? 씨팔, 그 컵 안에 들어 있던 게 뭐야?" 날뛰는 신경을 진정시키려고 리버는 신경안정제를 좀 먹었지만 아무 효과가 없는 것 같았다. 곧바로 자신의 몸과 테이블에 구토를 한 뒤 의식을 잃고 의자 속으로 축 늘어졌다.

이때가 결정적인 순간이었다. 리버의 상태가 매우 안 좋은 것은 분명했지만, 불과 1.6킬로미터 거리에 시다스 시나이 병원이 있었다. 그 순간에 전화로 구급차를 불렀다면 리버는 목숨을 건졌을지도 모른다. 물론 타블로이드 신문의 공격 대상이 되어 건강한 이미지가 완전히 박살나기는 했겠지만. 그리고 리버는 이전에도 무시무시한 마약 사고에서 살아남은 전적이 있었다. 마티스는 전화를 한 통 걸었지만 수신인은 닛코 호텔에 있던 애비 루드였다.

루드는 회상했다. "샘이 나한테 전화를 걸어서 너무 무섭다고 말했어요. 리버가 쓰러졌다고 그러더군요. 우리는 곧장 도우러 가겠다고 말했어요."

그때 바이퍼 룸에 있었던 한 여배우는 모든 것이 틀어지기 전까지는 참 즐거운 시간이었다고 그날 밤을 회상했다. 그녀는 클럽 한쪽 구석에서 약간의 소동이 일어났다는 것을 알아챘다. "하지만 그냥 남자 몇 명 사이에 싸움이 생겼거나 누군가가 아픈 모양이라고 생각했어요. 계속 이리저리 왔다갔다 하는 사만다의 모습이 보였어요. 얼굴에 걱정이 가득하더군요."

그 여배우는 마티스를 붙잡고 물었다. "이봐, 샘, 무슨 일이야? 뭐가 잘못됐어?" 그러나 마티스는 말조차 할 수 없는 상태였다.

밤 열두 시 55분.
리버가 갑자기 정신을 차리더니 신선한 공기를 마셔야겠으니 밖으로 데려다 달라고 말했다. 그러나 걸음을 제대로 걷지 못해서 바닥에 쓰러졌다. 호아킨은 사람들에게 리버가 괜찮다고 말한 뒤, 형을 부축해 '피'가 연주하고 있는 무대 앞을 지나 뒷문을 통해 선셋 대로 보도로 나갔다.

길 건너편 위스키 어 고 고에는 현재 상연 중인 리버풀 밴드 '더 파이스The Pies'의 공연을 홍보하는 삼각형 현수막이 펄럭이고 있었다. 바이퍼 룸 밖에는 마녀, 할리퀸, 루이 14세의 황제 복장 등, 코스튬을 차려 있은 젊은이들이 떼 지어 몰려다니고 있었다. 밤공기 속에서 비틀대고 있는 검은 머리의 그 젊은이가 누구인지 아무도 알아채지 못했다.

새벽 한 시.

리버는 계단을 올라 밖으로 나온 직후 보도에 쓰러졌다. 그때 사진작가 론 데이비스Ron Davis는 클럽에서 나오는 '칠리 페퍼스' 멤버들 사진을 찍으려고 바이퍼 룸 밖에 진을 치고 있었다. 레인이 리버의 몸을 뒤집어 똑바로 눕혔고 데이비스는 그게 누구인지 즉시 알아봤다. (파파라치 세계에서는 매우 드문 일인데, 데이비스는 그날 밤 단 한 장의 사진도 찍지 않았다) 리버가 격렬하게 경련을 일으키기 시작했다. 온몸이 부들부들 떨리면서 보도 위에서 요동쳤다.

데이비스는 말했다. "그 누구도 아무런 조치를 취하지 않았어요. 모두들 차에 치인 사슴을 지켜보듯 리버를 둘러싸고 가만히 서 있기만 했어요." 벽에 기댄 채 뒤통수를 쓸데없이 벽에 박고 있는 마티스가 보였다. 레인은 리버의 가슴 위에 앉아서 경련을 가라앉히려고 애쓰고 있었다. 그들은 모두 어렸고 겁에 질려 있었다.

마녀 복장을 한 젊은 여성 두 명이 지나가다가 그 광경을 보았다. 그중 한 명이 다른 한 명에게 말했다. "아, 이런, 너무 역겹다."

크리스티나 애플게이트가 클럽 밖으로 나오다가 무슨 일이 생겼는지 알아보고는 뒷걸음질 쳤다. 그녀는 길모퉁이에 서서 울기 시작했다.

바이퍼 룸의 문지기 한 명이 밖으로 나와서 상황을 파악한 뒤 호아킨에게 말했다. "911에 전화를 걸어야 돼."

"형은 괜찮아요. 괜찮다니까요." 호아킨은 이렇게 말했지만 그의 형은 계속 몸부림치고 있었다.

길 건너편 위스키 어 고 고의 지배인 숀 터틀^{Sean Turtle}도 바이퍼 룸에 무슨 일이 생긴 것을 보았지만 전형적인 토요일 밤 사고이겠거니 여겼다. "늘 일어나는 소동처럼 보였어요."

바이퍼 룸 안에서는 '피'가 담장 밖에서 무슨 일이 일어나고 있는지 전혀 모르는 채 '마이클 스타이프'라는 제목의 컨트리풍 노래를 연주하고 있었다. 할리우드 힐스의 한 호화로운 파티와 유명인사에게서 소외감을 느끼는 사람에 관한 노래였다. 으스스하게도 그 노래 가사에는 리버가 등장했다. "마침내 나는 마이클 스타이프에게 말을 걸었지/ 그러나 스타이프와 리버 피닉스가/ 내일 함께 타고 길을 떠날/ 스타이프의 자동차는 보지 못했네."

새벽 한 시 9분.
경련은 한 번 일어날 때마다 20초 정도씩 지속됐다. 리버의 두 팔은 아무렇게 펼쳐져 있었고, 뼈마디와 뒤통수는 계속 보도에 부딪쳤다. 데이비스는 경련이 계속되길 기도하기 시작했다. 그것은 리버가 아직 살아 있다는 증거였으므로.

새벽 한 시 10분.
호아킨이 911에 전화를 걸었다. 호아킨은 반쯤 정신이 나가 있었지만, 사랑하는 형이 자신의 눈앞에서 죽어가는 순간에도 침착함을 유지하려고 애쓰고 있었다.

"우리 형이에요. 선셋 대로랑 래러비 가가 만나는 모퉁이에서 발작을 일으켰어요. 제발 빨리 좀 와주세요." 호아킨은 애원했다.

"알았어요. 조금만 진정하세요." 교환수가 대답했다.

잠시 뒤 호아킨이 말했다. "형이 신경안정제 같은 걸 먹은 것 같은데 잘 모르겠어요." 비통함으로 목소리가 갈라졌다. "빨리 오세요. 형이 지금 죽어가고 있어요. 제발요."

새벽 한 시 12분.

한 여배우는 그 순간을 이렇게 기억했다. "밖에 사람들이 모여 있었어요. 그 사람이 보였어요. 똑바로 누워 있는 유령처럼 하얀 얼굴이요. 정말로 리버 피닉스 같지 않았어요. 검은 머리, 핏기가 전혀 없는 얼굴을 한 그 사람은 땀을 흘리며 헐떡거리고 있었어요. 경련을 일으키고 있었던 거예요. 사람들이 그의 얼굴에 물을 뿌리고 고개를 돌려 혀를 입 밖으로 빼려고 애썼어요. 안색이 계속 변했고 번쩍 뜬 두 눈의 동공은 완전히 확장되어 있었어요. 얼마나 무서웠는지 몰라요. 사람들 말소리가 계속 들렸어요. '이런, 리버잖아, 리버야.' 이런 일이 생길 거라고 누가 생각이나 했겠어요. 세상의 가장 높은 곳에 서 있던 사람이 한순간에 그렇게, 그렇게 아무도 도울 수 없는 곳으로 가버릴 수 있다니."

새벽 한 시 14분.

응급처치 전문가 네 명으로 구성된 의료 팀이 구급차를 타고 현장에 도착해 곧바로 처치를 시작했다. 팀장 레이 리바^{Ray Ribar}는 이렇게 진술했다. "우리가 도착했을 때는 이미 심장박동과 호흡이 멎어 있었습니다. 그래서 바로 심장마비 응급처치에 돌입했습니다. 즉시 심폐소생술을 시작했고 호흡과 순환을 위해 기도도 확보했습니다. 그런 다음 전문 소생술을 실시했어요. 그게 긴급 의료 절차입니다."

옆에 서 있던 사람들 중 일부가 마약이 관련되어 있다고 말했다. 누군가가 "스피드볼 복용"이라는 말을 했다. 의료 팀은 마약류의 효과를 중화시키는 나라칸이라는 약물을 리버의 심장에 주사로 투여한 뒤 흉부 압박을 시작했다. 리바는 말했다. "하지만 리버의 심전도 그래프는 아무런 변화가 없었습니다. 임상적으로 사망한 상태였어요. 우리는 최대한 몸을 잘 고정한 뒤 병원으로 이송할 준비를 했습니다."

응급 의료 팀이 처치를 하는 동안 애비와 디키 루드가 도착했다. 디키는 말했다. "가장 친한 친구가 보도 위에 쓰러져 있는 광경을 목격하는 건 등골이 오싹해지는 충격이었어요. 그 친구는 자신을 내려다보고 있는 구급대원들, 핼러윈 코스튬을 입은 군중한테 둘러싸여 있었어요."

리바는 설명했다. "전형적인 코카인 과잉반응이었습니다. 일부 사람들한테 나타나는 부작용으로 심장을 마비시키죠."

새벽 한 시 25분.

'피'는 공연을 끝낸 뒤 무대에서 내려왔다. 경비원 중 한 명이 플리의 친구가 보도 위에서 경련을 일으키고 있다고 그들에게 알렸다. 플리와 뎁은 밖으로 나가 리버를 보았다. 뎁은 그게 누구인지 알아보지 못했다. 리버는 셔츠가 벗겨진 채 구급대원의 처치를 받고 있었다.

뎁은 그곳에 가만히 서 있었다. 만사가 괜찮기를 바라는 것 말고는 할 수 있는 일이 아무것도 없었다. 뎁은 마티스도 알아보지 못했지만 그녀에게 말했다. "우리가 도울 수 있는 일이 있을까요? 병원까지 태워다 드릴까요?" 마티스는 그 제안을 정중하게 거절했다.

플리는 리버가 타고 있는 구급차 뒤 칸에 함께 타고 싶었다. 그것은 허락되지 않았지만 앞 좌석에는 탈 수 있다고 했다. 플리는 얼른 구급차에 올라탔다.

새벽 한 시 31분.

구급차가 1.6킬로미터 떨어진 시다스 시나이 병원을 향해 출발했다. 리바는 그 환자의 신분을 몰랐지만 구급대원 중 한 명은 알고 있었다. 리바는 말했다. "'힘내요, 리버, 당신은 할 수 있어요'라는 그 친구의 말이 들렸어요."

새벽 한 시 34분.

구급차는 시다스 시나이 종합병원에 도착했다. 리버의 피부는 푸른색으로 변해 있었지만 몸은 아직 따뜻했다. 리버는 최소 20분 동안 계속 심정지 상태였지만 응급실 의사들은 그를 삶의 땅으로 다시 불러오려고 온갖 노력을 다기울였다. 가슴을 열고 심장을 마사지했고 인공호흡기를 씌웠고 심장박동 조절기도 끼웠다. 아무것도 효과는 없었다.

새벽 한 시 51분.

폴 실카Paul Silka 박사는 공식적으로 리버 주드 피닉스의 사망을 선고했다.

3. 알아이피 알제이피[1]

아이리스 버튼은 시다스 시나이 병원으로 와달라는 전화를 받았다. 그녀는 시신을 보고 리버의 신원을 확인한 뒤 쓰러져서 통곡했다. 마티스도 병원에 도착해 리버를 직접 보겠다고 고집을 부렸다. 간호사 한 명이 리버가 누워 있는 응급실 병실로 그녀를 데려갔다.

비극적인 소식에 잠에서 깬 수많은 사람, 친구, 가족, 영화 제작자들, 영화사 중역들이 뜬눈으로 그 밤을 지새웠다. 당장 그 자리에 도착할 수 없었던 단 한 사람이 있었으니 바로 하트였다. 하트는 이미 게인즈빌발 첫 비행기에 타고 있었다. 너무 늦기 전에 문제를 해결할 수 있게 리버를 도우려고 할리우드로 가는 중이었다. 그녀는 너무 울어서 콧속 혈관이 다 터진 채로 병원에 도착했다. 버튼은 이미 병원을 떠난 뒤였다. 하트는 리버의 시신을 인수해가고 싶었지만, 먼저 부검이 실시될 것이라는 말을 들었다. 피닉스 가족은 엘에이 경찰서 강력계 형사의 심문을 받고 싶지 않아서 그날 바로 다 함께 비행기를 타고 플로리다의 집으로 돌아갔다.

11년 전 코미디계의 슈퍼스타 존 벨루시는 선셋 스트립 반대쪽, 샤토 마몽 호텔 독채에서 스피드볼을 마시고 약물 과용으로 사망했다. 벨루시에게 약을 공급하고 주사 투여를 도운 캐시 스미스Cathy Smith 1947-2020라는 여자는 결국 과실치사로 유죄를 선고받고 15개월 동안 복역했다. 피닉스 가족(과 마티스)은 리버의 사고사 때문에 그 누구도 기소되지 않기를 바랐기 때문에 담당 경찰의 질문을 계속 피했다. 엘에이 경찰서 강력계 형사 마이크 리Mike Lee 경사는

---

1 알아이피 알제이피(R.I.P. R.J.P.): "리버 주드 피닉스에게 평화로운 영면을(Rest in Peace River Jude Phoenix)"이라는 애도사의 약자이다.

이렇게 말했다. "요점은 리버의 마약 복용에 연루됐다는 이유로 누군가가 감옥에 가길 그 가족이 바라지 않는다는 거였어요. 피닉스 가족은 약물 과용 때문이었다면 그냥 그렇게 사고사로 처리해달라고 하더군요."

10월 31일 새벽 세 시 이후 어느 시점엔가 뎁은 자신의 업소 문간에 쓰러져 있던 소년이 죽었다는 사실을, 그리고 그 소년이 리버 피닉스였다는 사실을 알게 되었다. 리버와 잘 아는 사이는 아니었지만 너무나도 큰 충격이었다. 그래서 그 뒤로 열흘 동안 바이퍼 룸 문을 닫았다. 클럽의 뒷문 밖 보도는 순식간에 여러 방식으로 군중을 끌어들였다. 뉴스 제작진은 바이퍼 룸의 외관을 찍어 방송 분량을 뽑았고 조문객들은 꽃을 가져다 놓고 클럽의 벽과 문짝에 리버를 애도하는 낙서를 남겼다. 뎁은 나중에 경첩을 떼어 그 문짝을 보내겠다고 버튼 에이전시에 제안했다. 에이전시는 문짝을 받는 대신 뎁에게 피닉스 가족이 살고 있는 플로리다 주소를 알려줬다.

신문에 리버의 사망 기사가 (「달콤한 인생La Dolce Vita 1960」, 「8과 2분의 1 1963」로 유명한) 이탈리아 출신 영화감독 페데리코 펠리니Federico Fellini 1920-1993. 10. 31의 부고와 나란히 실렸다. 펠리니 역시 같은 날 73세를 일기로 로마에서 세상을 떠났던 것이다. 펠리니는 리버보다 반 세기나 더 살았고 오스카상도 다섯 차례나 수상했지만 그에게는 911에 전화를 걸어 애원해줄 남동생이 없었다. 호아킨의 911 신고 전화 음성이 텔레비전 뉴스와 타블로이드 방송에서 마구 쏟아져 나오기 시작했다. 미국인 대부분이 처음으로 듣게 된 호아킨의 목소리는 그의 어린 인생에서 최악의 순간 터져 나온 그 목소리였다.

「다크 블러드」의 출연진과 제작진은 월요일 제시간에 모두 스튜디오에 출근했지만 도저히 일을 할 수가 없었다. 조너선 프라이스는 리버를 추모하는 말 몇 마디를 한 뒤 모두 둥글게 서서 손을 모으자고 제안했다. 모두들 그 말에 따랐다. 주디 데이비스만 빼고. 데이비스는 말했다. "손을 모으고 싶지 않았어요. 난 영혼의 부활을 믿지 않거든요. 그래서 그 말에 반대하는 것 말고는 선택의 여지가 없었어요. 차라리 스튜디오에 들어오지 말 걸 그랬다는 생각이 들더군요. 내가 원래 마음에 없는 짓은 못 하는 사람이에요. 나는 우리가 그때 리버의 나이가 한창때인 스물세 살이었다는 사실을, 그런 선택을 한 사람은 리버 자신이라는 사실을 잊으면 안 된다고 생각해요."

리버는 '알레카스 애틱' 티셔츠를 입고 파란색 관에 누운 채 화장되었다. 「다크 블러드」를 찍느라 자른 긴 머리채도 말꼬리처럼 시신 옆에 놓였다. 화장을 하기 전날 밤 장례식장에 접근할 자격이 있는 누군가가 리버의 시신을 촬영해 그 사진을 <내셔널 인콰이어러>에 돈을 받고 팔았다.

11월 12일 피닉스 집안 영토 안 거대한 오크나무 밑에서 열리는 장례식에 참석하기 위해 약 1백 명의 손님들이 미카노피에 모여들었다. 이웃들은 걸어서 왔고 댄 애크로이드와 키아누 리브스는 리무진을 타고 왔다. 플리와 마이클 스타이프도 참석했고 마샤 플림튼, 수전 솔곳, 사만다 마티스도 그 자리에 있었다. 하트는 가족이 베네수엘라를 떠날 수 있게 도와주었던 스티븐 우드 신부를 수소문해 찾아냈다. 그는 멕시코에서 선교사로 일하고 있었다. 하트는 게인즈빌까지 오는 신부의 비행기 표 비용을 지불했고, 신부는 장례식을 도왔다.

하트는 세상을 바꾸리라 믿었던 자식을 위해 추도 연설을 했다. 리버의 일생을 이야기했고 리버가 어떻게 죽는 순간까지도 자신에게 감동을 주었는지 이야기했다. "태양이 빛날 때 제 눈에는 리버가 보입니다. 누군가의 눈을 들여다보며 유대감을 느낄 때도 제 눈에는 리버가 보입니다. 죽음이 변신해 삶을 바라보는 하나의 방식이 되었습니다. 이것이 리버가 남긴 엄청난 선물입니다."

조문객도 차례대로 리버를 기렸다. 스타이프는 말했다. "리버는 제 동생이었고 저는 리버를 너무나 사랑했습니다. 그건 그저 끔찍한, 참으로 끔찍한 실수였을 뿐입니다. 우리는 서로를 파먹으며 살아온 사이였습니다. 그만큼 서로에게 배운 것이 많습니다."

에단 호크는 자신이 평생 리버에게 얼마나 큰 경외심을 느꼈는지 이야기한 뒤 장례식 참석자들에게 그의 죽음에서 배운 것이 있느냐고 물었다.

존은 계속 추임새를 넣으며 추도사에 끼어들었고, 그런 행동은 많은 조문객을 불편하게 만들었다.

캠프 피닉스 거주자들에게 발언 순서가 돌아가자 분위기가 바뀌었다. 그들은 말했다. 리버의 순수한 영혼은 이 세상에 살기에는 너무나 선량했다고, 그래서 먼저 더 고귀한 존재가 된 것이라고. (발언의 길이도 훨씬 더 길었고 손도 모으지 않았지만, 주디 데이비스를 분노하게 만들었던 행동과 기본적으로 똑같은 메시지였다) 그 발언들을 솔곳은 이렇게 요약했다. "리버는 천국에 가 있고, 어쩌고저쩌고, 지금까지는 그의 시대였으며, 어쩌고저쩌고."

조문객 일부는 그 감상주의에 짜증이 나기 시작했다. 리버가 참석하지 못한 10월 31일 돌 잔치 아기의 아버지 브래들리 그레그[2]는 이렇게 외쳤다. "리버는 자유로워지려고 죽을 필요가 없는 사람이었어요!"

명민한 마샤 플림튼은 훗날 이렇게 말했다. "잘 모르는 사람이 그 말들을 들었으면 리버가 아흔 살이 되어 자다가 죽은 줄 알았을 거예요. 그 사람들은 리버의 죽음에 자신이 일조했다는 엄청난 죄책감 때문에 그런 말을 한 거예요." 플림튼은 미카노피 밖의 사람들이 리버의 죽음을 이야기하는 방식도 달

---

2 브래들리 그레그: 「스탠드 바이 미」에 크리스 체임버스(리버)의 친형 아이볼 체임버스로 출연한 것을 인연으로 리버와 친형제처럼 지냈다. 그는 "리버는 이곳을 떠나야 했습니다. 그리고 이제 그는 자유로워졌습니다"라는 누군가의 조사에 너무 화가 난 나머지 위에 인용된 말을 두 번이나 외쳤다고 한다.

갑지 않았다. 그녀는 이렇게 불평했다. "리버는 이미 순교자가 되어 있었어요. 추락한 천사, 구세주의 상징이 되어 있었다니까요. 리버는 그냥 마음씨가 참 고운 소년, 어쩌다 보니 더럽게 재수 없게 죽었을 뿐 자신의 선한 의도를 어떻게 표현하는지도 몰랐던 평범한 소년이었을 뿐인데 말이에요. 난 리버의 죽음에서 위안을 얻고 싶지 않아요. 나는 그런 행태에, 리버를 아프게 만든 사람들한테, 리버한테 화를 내야 마땅하다고 생각해요."

2주 뒤 두 번째 장례식이 열렸다. 이번에는 로스앤젤레스 파라마운트 영화사에서 열린 장례식으로 리버의 영화계 동료 150여 명이 참석했다. 장례식이 시작되기 전 그들은 식장 밖에서 서성대면서 담배를 피우고 할리우드 캐스팅에 관한 소문을 주고받았다. 마치 그 장례식이 영화의 한 장면인 것처럼. 연사 명단은 스타 일색이었다. 시드니 포이티어, 로브 라이너, 제리 오코넬. 존 부어먼, 크리스틴 라티, 피터 보그다노비치, 헬렌 미렌 등이었다. 하트는 자신의 차례가 돌아오자 자신의 상상을 이야기했다. 리버는 이 세상에 태어나지 않고 계속 주님 곁에 머물고 싶었을 것, 주님이 가야 한다고 리버를 설득했고 지상에 얼마나 오래 머물 것이냐를 놓고 실랑이를 벌인 끝에 23년으로 합의를 보았을 것이라는 이야기였다.

잠시 침묵이 흘렀다. 얼마 뒤 「피아노The Piano 1993」의 감독 제인 캠피온Jane Campion 1954-이 자리에서 일어서서 이야기를 시작했다. 그녀는 세상에 태어난 지 13일밖에 되지 않은 젖먹이 아들을 1년 전 잃었다고 했다. 리버와 아는 사이는 아니었지만 위로와 이해를 구하고자 장례식에 참석했다고 했다. 하트는 무대에서 걸어 내려와 캠피온을 끌어안았다.

이에 지지 않으려고 피터 보그다노비치의 아내 루이스 스트래튼은 자리에서 일어나 이렇게 말했다. "피터와 나는 매일 우리 집 주변에서 서성대던 유기묘를 입양했어요." 그녀는 자기 언니(살해된 플레이메이트 도로시 스트래튼)의 영혼이 그 고양이에게 깃들어 있다고 믿는다고 말했다.

추도사가 계속됐다. 리버와 오래 잘 알고 지낸 사람도, 리버와 잠깐 스쳐간 사람도 모두 리버가 자신의 삶에 어떤 감동을 주었는지 이야기했다. 그때 구석에 앉아 있던 존 부어먼이 한 가지 질문을 내뱉었다. "리버가 왜 온갖 마약에 손을 댔는지 알려줄 수 있는 사람 혹시 없소?"

방 안 가득 침묵이 감돌았다. 하트는 충격을 받은 것 같았다. 리버티와 섬머는 항의하듯 그 방에서 나갔다. 그때까지 내내 말 한마디 없던 마티스가 그 말에 대답하려고 애썼다. 그녀는 차분하게 말했다. "리버는 예민했어요. 모든 사람에게 너무 잘 공감했고 주위 모든 것들의 무게를 심장으로 느꼈어요."

12월, 크리스티나 애플게이트는 리버를 애도하는 자신만의 방식을 찾아냈다. 스튜디오 시티 극장에서 상연된 마약 반대 공연에 출연한 것이다. 리버의 죽음을 목격한 그녀의 경험을 기반으로 한 공연이었다. 그녀는 「정키」라는 노래가 흘러나오는 동안 무대 위에서 몸부림쳤다.[3]

4. 부서진 꿈

할리우드 에이전트들은 입으로는 경건하게 슬픔을 이야기하고 있었지만 그러는 동안에도 그들 중 일부는 그 물속에서 떡밥 냄새를 맡았다. 리버는 천

---

3 '정키(Junkie)'는 속어로 '마약 중독자'라는 뜻이다. '레드 핫 칠리 페퍼스'의 존 프루시안테와 친한 친구 사이인 애플게이트는 리버의 죽음을 목격한 뒤 프루시안테에게 경고 메시지를 보내고자 이 공연에 출연했다고 한다. 1993년 12월 4일에 상연되었다.

국에 가 있고 어쩌고저쩌고는 사실상 지상의 영화에 채워 넣어야 할 공백이 생겼다는 뜻이었고, 특히 「뱀파이어와의 인터뷰」는 인터뷰 기자를 새로 구해야 할 판이었다. 그것도 서둘러서. 그 인터뷰 장면은 리버가 「다크 블러드」를 마무리한 뒤 찍을 수 있게 거의 마지막에 촬영하도록 일정이 짜여 있었다.

참으로 이상적인 미끼였다. 성공할 것이 분명한 고급 영화 속, 짧고 수익성 좋은 빈자리라니. 그 역할은 크리스천 슬레이터가 맡았지만 으스스한 분위기를 눈치챈 슬레이터는 출연료 전액을 리버가 즐겨 기부하던 자선단체 두 곳, '얼스 세이브Earth Save'와 '얼스 트러스트Earth Trust'에 모두 내놓을 수밖에 없었다. 「뱀파이어와의 인터뷰는」 상당한 성공작임을 스스로 증명해 보였다. 보아하니 관객들은 영원히 죽을 수 없고 영원히 젊은 외모를 유지할 수 있는 할리우드 스타라는 비전에 열광적으로 호응하는 것 같았다. 비록 리버 피닉스가 그들 중 한 명이 아니라 하더라도.

「세이프 패시지」의 아들 역은 「루디 이야기Rudy 1993」의 성공으로 갓 떠오른 신예 숀 애스틴Sean Astin 1971-이 채웠다. 그 외 영화들은 무기한 보류되었다. 앨런 모일은 고릴라 옷을 입은 리버 없이 「모건」을 제작할 엄두가 나지 않았다. 아그네츠카 홀랜드도 이와 비슷한 이유로 「잭과 질」을 포기했고 구스 반 산트는 앤디 워홀 영화를 영원히 묻어버렸다.

존 말코비치는 리버가 랭보로 나오지 않는 영화에는 베를렌으로 출연하고 싶지 않다면서 「토탈 이클립스」 계약을 파기했고 폴커 슐렌도르프 감독도 그 뒤를 따랐다. 그 기획은 (우연히도) 아그네츠카 홀랜드의 손으로 넘어갔고 그녀는 랭보 역에 레오나르도 디카프리오를, 베를렌 역에 데이비드 듈리스David Thewlis 1963-를 캐스팅했다. 그 영화는 1995년에 개봉되었다. 반 산트는 2008년 마침내 하비 밀크의 일대기 영화 「밀크」를 제작했고 그 영화는 그에게 무수한 영화제 트로피를 안겨주었다. 로빈 윌리엄스 대신 숀 펜Sean Penn 1960-이 주인공으로 출연했고, 반 산트가 리버를 염두에 두었던 동성애 인권 운동가 클리브 존스Cleve Jones 1954- 역은 리버가 사망할 당시 겨우 일곱 살이었던 에밀 허시Emile Hirsch 1985-가 맡았다.

가장 문제가 심각한 영화는 리버가 한창 촬영 중이던 「다크 블러드」였다. 슬루이저는 촬영 일정의 80퍼센트를 이미 소화한 상태였고 약 11일 정도의 촬영 분량이 남아 있었다. 문제는 중요한 실내 장면과 리버의 클로즈업 장면 촬영이 거기에 포함된다는 것이었다. 컴퓨터 그래픽 기술이 아직 초기 단계일 때라 특수 효과는 가능한 해결책이 아니었다. 빠진 화면이 너무 많아서 편집도 불가능했다. 그리고 보이 역에 다른 배우를 새로 뽑자는 말을 꺼낼 수 있을 만큼 간 큰 사람도 아무도 없었다.

그 영화는 관행에 따라 재난 대비 보험에 가입되어 있었다. 씨엔에이 인터내셔널 리인슈어런스 보험사는 예외적으로 적절한 영화 폐기 절차를 밟았다. 영화 투자자들에게 투자금을 지급하고 680킬로그램에 달하는 35밀리미터 촬영 필름을 포함해 「다크 블러드」의 법적 소유주가 된 것이다. 제작자 중 일부는 그 비극적인 에피소드가 세상에 나오지 않게 된 것을 반겼다. 「다크 블러드」의 프로듀서 닉 포웰은 이렇게 말했다. "나는 그 영화를 완성하려고 애쓰지 않고 그냥 그대로 봉해버린 일이, 지나간 일을 지나가게 내버려둔 일이 더없이 다행스러웠어요."

그 뒤 보험사는 "리버 주드 피닉스는 불법적 약물을 투여함으로써 자신이 서비스를 제공해야 하는 계약 당사자의 재산에 손해를 입혔고 따라서 법적 의무를 다하지 못한 것으로 간주된다"면서 리버의 재산에서 550만 달러를 배상하라고 소송을 제기했다. 그 주장의 요지는 리버가 보험에서 요구하는 신체검사를 받는 동안 문진표에 답하면서 마약을 사용하지 않는다고 거짓말을 했다는 것이었다. 그 소송 때문에 리버의 재산은 법에 따라 묶여 있다가, 1997년 마침내 그 소송이 기각되고 나서야 굴레에서 벗어났다.

1999년 슬루이저는 보험사가 「다크 블러드」의 촬영 필름을 무용지물로 판단해 폐기하려 한다는 사실을 알게 되었다. 슬루이저는 손해사정사의 허락하에 그 필름 뭉치들을 보관 시설 밖으로 끌어냈다. 열쇠를 못 찾아서 자물쇠를 박살낼 수밖에 없었다. 슬루이저는 말했다. "난 그 일을 절도가 아니라 구출이라고 불러요. 도덕적으로 볼 때 난 중요한 물건을 구출해낸 거예요. 만약 구겐하임 박물관에 갔는데 거기에 불이 난다면 누구나 그림을 구하지 않을까요. 그럼 그건 그림 절도가 아니라 구출인 겁니다."

5. 영원히 시들지 않으리[4]

리버는 자신이 원했던 대로 음악 속에서 생명을 얻게 되었다. 친구들이 그에게 바치는 헌정곡들을 녹음한 것이다. '레드 핫 칠리 페퍼스'의 앨범 『원 핫 미닛One Hot Minute 1995』에 수록된, 플리가 작곡한 노래 「트랜센딩Transcending」에는 이런 가사가 나온다. "내가 만나본 사람 중에 가장 똑똑한 새끼, 난 널 히피라고 불렀고 넌 내게 꺼지라고 말했지." 마이클 스타이프는 리버의 죽음에 정신적 충격을 너무나 크게 받은 나머지 5개월 동안 곡을 쓸 수가 없었다. 스타이프가 어느 정도 회복된 뒤 '알이엠'은 『몬스터Monster 1994』라는 앨범을 발매했

---

4 영원히 시들지 않으리: '레드 핫 칠리 페퍼스'가 1989년 발표한 곡 「기브 잇 어웨이(Give it Away)」에 나오는 가사이다.

다. 열두 곡이 수록된 그 앨범 전체를 리버에게 헌정했다. 특히 「뱅 앤드 블레임Bang and Blame」이라는 곡의 백 보컬은 레인이 맡았다. (스타이프가 '알레카스 애틱'의 녹음 권한을 아일랜드사로부터 은밀히 사들였던 것이다)

그 밖에도 리버와 잘 모르는 사이, 혹은 전혀 모르는 사이였던 수많은 뮤지션이 리버를 노래한 곡들을 만들어냈다. 나탈리 머천트Natalie Merchant 1963-, 루퍼스 웨인라이트Rufus Wainwright 1973-, 벨린다 칼라일Belinda Carlisle 1958-, '더 컬트The Cult' 등이 그들이었다.

리버가 사망했을 때, 그가 '비건 제임스 딘'이 되리라는 것, 즉 살아 있을 때도 인기가 많았지만 죽은 뒤에 더 많이 기억되는 스타, 너무 이른 나이에 소멸된 아름다움과 젊은 재능의 강력한 상징이 되리라는 것이 일반적인 전망이었다. 그러나 리버는 사람들의 기억 속에서 점점 희미해져갔다.

상황이 그렇게 전개된 부분적인 이유는 리버의 독특한 필모그래피 때문이다. 리버가 뛰어난 연기를 선보인 대표작 네 편 가운데 두 편(「샌프란시스코에서 하룻밤」, 「허공에의 질주」)은 사실 잊힌 것이나 다름없고 「아이다호」는 평단의 극찬은 받았지만 시청자 수가 너무 적었다. (그 작품을 일반적인 케이블 채널 방송사들의 구미에 맞게 편집할 수 있는 방법이 없었기 때문이다) 「스탠드 바이 미」는 불멸의 고전이 되었지만 그 작품에 출연할 당시에는 리버가 너무 어렸기 때문에 그 연기를 그의 성인 연기와 연관 짓기는 어렵다.

리버의 죽음이 더 상징적 지위를 누리지 못하게 된 데에는 또 다른 이유가 있다. 리버가 사망하고 불과 5개월 뒤인 1994년 4월 5일 커트 코베인이 자신의 머리에 총을 쏴 자살함으로써 요절한 천재의 상징이 되었기 때문이다. 이렇게 볼 때 1990년대는 살아가기에 너무 고통스러운 세상, 천사 같은 얼굴의 금발 미소년을 단 한 명밖에 끌어안지 못할 정도로 품이 좁은 시대였던 것 같다.

리버가 사망한 뒤로 그의 부재는 할리우드 전체에 큰 반향을 불러일으켰다. 비건 채식주의와 우림에 관한 인식이 확산된 것이 전부가 아니었다. 레오나르도 디카프리오는 원래 리버가 하기로 정해져 있던 영화 여러 편에 출연했다. 리버가 건강하게 살아 있었다면 그 역들 중 몇 편이나 찍었을까 궁금하지 않을 수가 없다. 스티브 스필버그는 이렇게 말했다. "「캐치 미 이프 유 캔Catch Me If You Can 2003」을 찍으면서 마침내 레오나르도 디카프리오와 함께 작업을 하게 되었을 때 그 친구를 보니까 리버가 떠올랐어요. 단지 외모가 닮아서 그런 것만이 아니었어요. 연기나 예술에 접근하는 두 사람의 방식이 참 비슷하더군요." 리버가 살아 있었다면 「타이타닉Titanic 1998」에 주인공으로 출연해 세계적인 슈퍼스타가 되지 않았을까? 리버가 살아 있었다면 「장고: 분노의 추적자Django Unchained 2013」 속 노예농장 소유주라는 캐릭터 속으로 하루만에 스며들지 않았을까? 리버가 살아 있었다면 리버와 디카프리오가 함께 「디파티드The Departed 2006」에 서로 정반대되는 자리에 서 있는 도플갱어로 출연하지 않았을까?

어쩌면 리버와 반 산트가 장기적 협업 관계를 구축했을지도 모른다. 디카프리오와 마틴 스콜세지Martin Scorsese 1942-처럼, 조니 뎁과 팀 버튼처럼. 밝혀진 바와 같이 리버가 사망한 뒤 반 산트가 만든 첫 영화 「투 다이 포To Die For 1995」에는 호아킨이 출연했다. (지역 방송국 뉴스캐스터의 유혹에 넘어가 그녀의 남편을 살해하는 비행 청소년으로 출연한) 그 영화는 호아킨이 오랜 침묵에서 벗어나 찍은 첫 작품이었다. 무려 6년만이었다. 호아킨은 그동안 코스타리카에서 아버지와 함께 지내는 시간이 많았는데 리버가 죽고 난 뒤 전적으로는 아니었지만 가족 부양자라는 형의 자리에 스스로 들어앉았던 것이다.

두 형제의 신체 조건이 달랐던 만큼, 호아킨은 형이었다면 아마도 선택하지 않았을 다양한 역할들을 연기했다. 그래도 호아킨은 예술 영화(「마스터 The Master 2013」)와 시간 때우기용 영화(「글래디에이터Glaciator 2000」) 사이에서 제법 균형을 잘 잡으며 배우 경력을 쌓아왔다. 리버가 개척하려고 애썼던 길이었다. 호아킨 자신의 삶이 반영된 것이 분명한 영화도 있었다. 「앙코르Walk the Line 2005」였다. 호아킨은 사랑하는 형의 죽음을 목격한 컨트리 송 가수 조니 캐시로 출연했다. 그러나 피닉스 가족의 경험에서 실제로 소재를 취한 듯한 영화는 「아임 스틸 히어I'm Still Here 2010」라는 유사 다큐멘터리 영화였다. 호아킨이 주연과 각본을 맡고 그의 매제 캐이시 애플렉Casey Affleck 1975-(애플렉은 「투다이 포」에 호아킨과 함께 출연했다. 피닉스 집안의 막내 섬머의 남편이며 벤 애플렉의 동생이다)이 감독을 맡은 이 영화는 2010년 개봉되어 많은 이들을 혼란스럽게 만들었다.

리버는 터무니없을 정도로 텁수룩하게 턱수염을 기른 적도 없고 데이비드 레터맨[5] 쇼에 나가 기행을 저지른 적도 없지만, 「아임 스틸 히어」에서 호아킨이 그랬듯 리버 역시 허세로 가득한 영화계 관행에 염증을 느꼈고 음악을 위해 배우로서 자신의 모든 경력을 포기하고 싶어 했다. (호아킨은 「아임 스틸 히어」에서 랩 앨범을 제작하고 싶은 충동을 계속 느낀다) 그 영화는 로스앤젤레스의 길거리에서 피닉스 다섯 남매가 다 함께 공연을 하는 장면으로 시작해 호아킨이 미국을 버리고 정글 속으로 들어가겠다는 선택을 하는 장면으로 끝난다. 리버는 자신에게 코스타리카가 언제나 두 팔을 벌리고 있었음에

5　데이비드 레터맨(David Letterman 1947-): 미국의 토크쇼 진행자이다. 1982년부터 2015년까지 33년 동안 심야 토크쇼를 진행했다. 호아킨 피닉스는 2009년 레터맨이 진행하는 「레이트 쇼(Late Show)」에 출연해 기이한 행동과 괴상한 문답을 계속했는데, 나중에 이 방송 역시 영화 「아임 스틸 히어」 연기의 연장이었다는 사실이 밝혀졌다. 래퍼가 되기 위해 영화계를 은퇴하겠다는 선언, 다큐멘터리 영화, 토크쇼 기행 등 그 모든 것이 커다란 하나의 농담이었던 것이다.

도 그런 선택을 한 적이 없었다.

리버는 미소년 얼굴을 하고 있었다. 대표작 대부분을 십 대 때 찍어서 그렇게 보인 것이 아니었다. 레오나르도 디카프리오 역시 젖살 느낌이 나는 앳된 외모를 성인이 된 뒤에도, 심지어 삼십 대 후반까지도 그대로 유지했다. 십 대 핀업 모델이 무비스타가 되는 확실한 지름길이었던 시절이었기 때문에 1990년대 초반에는 그런 외모가 우위를 점령했었다. 1997년이 외모의 전환점이 된 해였다. 그 해에 「엘에이 컨피덴셜^{L.A. Confidential}」이 개봉되었기 때문이다. 그 영화는 디카프리오, 뎁, 자레드 레토^{Jared Leto 1971-} 같은 미소년 배우가 아니라, 러셀 크로우^{Russell Crowe 1964-}를 주연으로 내세웠고, 크로우는 진짜 사나이의 시대로 관객을 데려가는 땀에 젖은 호주인이라는 찬사를 받았다. 그 찬사는 '할리우드는 이제 새로운 스타일의 주인공과 액션 히어로를 어디에서 찾아야 하는가?'라는 상업적 분석에 종종 인용되었지만, 그 속에는 동성애 혐오증의 분위기 역시 내재되어 있었다.

영화배우들은 젊은 날의 화려함은 곧 사라지기 마련이라는 사실을 잘 안다. 그것이 할리우드 성형외과들이 계속 성업 중인 이유다. 리버는 스물일곱 살인 1997년이 되면 자신의 외모가 한물간 스타일이 될 것이라는 사실을 예측하지 못했다. 그러나 만약 그 뛰어난 연기 실력을 계속 유지했다면, 리버의 재능과 스타 파워가 시대의 흐름에 승리를 거두었을 가능성이 크다.

만약 자신의 중독 성향 유전자를 이겨냈다면 리버는 2013년 8월에 마흔세 살 생일 축하를 받았을 것이다. 온갖 유형의 영화 10여 편으로 필모그래피가 채워진 배우, 자신의 재능을 자유자재로 활용하는 강력한 공연자가 된 리버의 모습을 상상하는 것은 어렵지 않다. 슬루이저는 말했다. "리버의 마음은 연기보다 음악 쪽으로 약간 더 기울어져 있었지만, 배우로서의 재능이 훨씬 더 많았어요. 리버는 관객의 마음을 움직일 줄 아는 호소력 있는 배우, 영화계가 절대 놓지 않을 배우였어요.”

6. 에코#5 몽고메리 클리프트

생전에 리버는 제임스 딘과 비교되는 일이 흔했다. 두 배우가 요절이라는 공통점을 갖게 된 뒤로는 마치 연방정부 법령으로 정해지기라도 한 것처럼 그 연관성이 더 공고해졌다. 그러나 리버 피닉스는 제임스 딘보다는 딘의 영웅이었던 1950년대 할리우드의 아이콘 몽고메리 클리프트Montgomery Clift 1920-1966와 비교할 때 할 말이 더 많다. (사실 딘은 클리프트에게서 영감만 얻어낸 것이 아니었다. 클리프트에게 반한 딘은 전화번호부에 등록되어 있지 않은 그의 번호를 굳이 알아내 그에게 계속 전화를 걸었다)

클리프트가 막 여덟 살이 되던 1928년 그의 가족은 3년 동안 미국을 떠난 적이 있었다. 클리프트의 경우 이 외유는 루브르 박물관이나 생모리츠 같은 곳을 돌아보는 여유로운 유럽 여행이었다. 연기자로서 클리프트의 삶은 그 여행에서 시작되었다. 파리의 국립극장 코메디 프랑세즈에서 연극을 관람한 조숙한 클리프트는 16세기 프랑스 왕이나 기독교로 개종한 자신의 이야기를 소재로 짧은 희곡을 써서 연기하고는 했던 것이다.

미국으로 돌아온 뒤 클리프트는 모집 광고를 보고 전문적 연예 공연 업체에 들어갔다. 애로우 브랜드 셔츠와 스타인웨이 피아노 광고지에 모델로 등장했다. 전문 연기자가 된 것은 십 대 때였다. 열네 살의 나이에 브로드웨이 연극 「아름다운 비행Fly Away Home 1935」에 출연하게 된 것이다. 그 극단의 고정출연자가 된 클리프트는 자신이 제도권 학교에 적응하는 것, 또래 친구를 만드는 것을 힘들어한다는 사실을 깨달았다.

여배우 앤 박스터Anne Baxter 1923-1985는 클리프트를 "과하게 활발하고 과하게 진실한 사람"으로 기억하고 있었다. 1948년 클리프트는 활동 무대를 브로드웨이에서 할리우드로 옮겼다. 서부 영화「붉은 강Red River 1948」에 존 웨인John Wayne 1907-1979의 상대역으로 출연했고「수색The Search 1948」으로 오스카 남우주연상 후보에 올랐다. 엄마를 찾아 나선 어린 아우슈비츠 생존자를 돕는 미 육군 엔지니어 역할이었다. 클리프트는 십 대의 우상이 되었지만, 할리우드를 무시하는 그의 태도가 널리 알려지게 되자 매스컴은 관습적이지 않은 그의 생각과 더러운 티셔츠를 공격 대상으로 삼았다.

물론 리버와 클리프트의 삶의 궤적이 완벽하게 일치하는 것은 아니다. 클리프트가 리버보다 거의 두 배 가까이 더 오래 살았고 전통적 교육도 리버보다 훨씬 더 많이 받았다. 그리고 그는 비공개 동성애자였다. 클리프트와 영화에서 가장 강렬한 파트너십을 보여줬던 배우는 엘리자베스 테일러Elizabeth Taylor 1932-2011였다. 두 사람은「젊은이의 양지A Place in the Sun 1951」,「애정이 꽃피는 나무Raintree County 1957」,「지난 여름 갑자기Suddenly, Last Summer 1959」이렇게 세 편의 영화에서 호흡을 맞췄다. 그들은 친한 친구였고 전하는 말에 따르면 테일러는 클리프트와 기꺼이 결혼할 마음이 있었다고 하지만, 클리프트가 동성애자였기 때문에 두 사람은 영원히 결혼 선물을 받을 수 없는 사이였다. 리버의 삶에서 테일러와 비슷한 존재는 키아누 리브스였다. 그 검은 머리 미남은 영화 속에서 리버가 가장 격정적으로 욕망을 품었다가 거절당한 상대였다. 그들의 동성애 취향은 현실 속에서 각자 어떤 여자와 연애를 하든 늘 걸림돌이 되었다.

클리프트는 아름다운 순교자 전문 배우였다. 클리프트의 가장 유명한 작품은 「지상에서 영원으로From Here to Eternity 1953」였다. 그는 이 작품에 최고의 실력을 자랑하는 나팔수지만 중대를 위해 권투 시합을 하지 않는다는 이유로 중대장한테 괴롭힘을 당하는 이등병 로버트 리 프리위트로 출연했다. 진주만 공격이 일어나기 몇 개월 전 하와이를 배경으로 하는 원래 대본은 멜로드라마에 가까웠는데 클리프트가 프리위트를 생생한 캐릭터로 만들었다. 열정적이고 자신만만하면서도 경계심 많은 인물, 상처받은 인물로 그려냈다. 클리프트의 연기가 가장 쓰라리게 느껴지는 순간은 불쑥 관객의 연민의 불러일으키는 장면, 프리위트가 사랑하는 여인(도나 리드Donna Reed 1921-1986)에게 이렇게 말하는 순간이다. "거짓말로 외롭다고 말하는 사람은 없어요."

1956년 클리프트는 엘리자베스 테일러의 집에서 열린 파티에 참석했다가 차를 몰고 귀가하던 중 차로 전신주를 들이받았다. 목숨은 건졌지만 얼굴 왼쪽이 넓게 마비되었고 끝까지 완전히 회복되지 못했다. 그때부터 술과 약물에 중독됐고, 우울하며 방탕한 인간이 되었다. '더 크래시The Clash'의 「더 라이트 프로필The Right Profile 1979」이라는 노래 가사에 나오듯 이런 말만 하는 사람이 되어버렸다. "나가서 내 옛날 영화 사진 좀 가져와/ 나가서 약 더 가져와/ 내 몸은 떨리지만 추워서 그러는 게 아니야."

클리프트는 사고가 난 뒤 10년을 더 살았고 일을 계속할 수 있을 만큼 화면발은 잘 받았다. 그의 영화 열일곱 편 중 절반이 이 시기에 제작되었다. (여덟 편은 사고 전에, 여덟 편은 사고 후에 제작되었고 한 편 「애정이 꽃피는 나무」는 사고 전과 후에 걸쳐서 촬영했다) 만약 사고가 나던 밤 클리프트가 사망했다면 그는 자신이 종종 영화 속에서 연기했던 영웅적 피해자의 모습으로 신화화되었을지 모른다. 그러나 그는 점점 내리막길을 걷다가 사라졌고 비극적이라기보다는 불쌍한 존재가 되었다.

결국 대체 역사, 혹은 '만약 ~했다면 어땠을까'라는 식의 이야기들은 추측에 불과하다. 사람들은 리버의 이야기가 다른 결말을 맞이했다면 좋았을 것이라고 생각한다. 리버가 바이퍼 룸의 그 끔찍한 밤에 살아남은 뒤 그 경험에서 경각심을 느끼게 되어 우리 시대 가장 뛰어난 배우로 성장하는 그런 결말을. 그러나 그랬다면 리버는 계속 마약을 사용했을 수도, 그리하여 스스로 점차 실업자 신세가 되었을 수도 있다. 약을 끊었다가 몇 달 뒤 다시 손을 대 죽음에 이르렀을 수도 있다. 차 사고를 당했을 수도 있고 환경 운동을 때려치웠을 수도 있다. 죽음을 모면한다고 해서 행복한 결말이 반드시 보장되는 것은 아니다. 다만 인생 이야기의 다음 장을 추가할 수 있는 기회가 한 번 더 생기는 것일 뿐.

7. 바이퍼 룸의 영업 종료 시간

사만다 마티스는 텔레비전을 켜고 채널을 돌리다가 리버의 영화를 발견하고 손을 멈출 때가 가끔 있다. 그곳에는 젊은 리버가, 살아 있는 리버가 있다. 마티스는 말했다. "그렇게라도 리버를 볼 수 있어서 감사해요. 하지만 이상한 기분이 들 때도 있어요. 내 감정을 어떻게 설명해야 할지는 잘 모르겠지만요." 마티스는 대체로 항상, 심지어 상실감과 공포에 젖어 있던 순간에도 잘 살아나가려고 애썼다. 마티스가 리버의 죽음을 통해 얻은 교훈은 더 이기적인 사람이 되어야 한다는 것이었다. '인생은 한순간이다. 그러니 쓸데없는 인간들에게 시간을 허비하지 말라.' 마티스는 「작은 아씨들Little Women 1995」, 「대통령의 연인The American President 1995」, 「브로큰 애로우Broken Arrow 1996」 등의 영화에 출연하며 꾸준히 일했다. 그리고 믿기 힘들게도 바이퍼 룸의 단골손님이 되었다.

리버의 친구들 중 일부는 바이퍼 룸이라는 이름조차 입에 담지 않았다. 마티스는 1993년 핼러윈 날에 그곳에 갔던 일을 "결론적으로 즐겁지 않았던 경험"이라고 말하기는 했지만, 간접적으로 방종한 분위기를 조성했다고 보더라도 그 클럽은 리버의 죽음에 책임이 없다고 결론 내렸다. 마티스는 말했다. "대중들도 그 일을 아무도 통제할 수 없는 상황에서 일어난 불행한 사고로 받아들였잖아요."

사만다와 그녀의 친구, 영화사 개발 팀 간부였던 트레이시 팔코Tracy Falco는 절친한 ('카운팅 크로스' 소속의) 애덤 듀리츠의 집 근처에 작은 주택 한 채를 함께 임대했고 그곳을 농담으로 "힐사이드 저택"이라고 불렀다. 그들은 어느새 보헤미안 사회 집단의 한복판에 서 있었다. 그 집은 사람들이 아무 때나 들를 수 있는 곳, 밤새도록 레드 와인을 진탕 마실 수 있는 곳이었다.

팔코는 애정 어린 목소리로 말했다. "우리는 그때 둘 다 스물세 살 정도였고 멋진 친구들, 그러니까 이 도시에서 음악을 만들거나 다른 일을 하는 사람들한테 둘러싸여 있었어요. 그 두 해 동안 그 집에 방명록을 만들어놓을 걸 그랬다는 이야기를 항상 하고는 했어요. 할리우드의 모든 배우가 한두 번은 우리 집에 왔었거든요."

그 집의 거실은 군중의 무게중심이었는데, 그 군중의 일부는 마이클 스타이프 같은 오랜 친구들이었고, 또 다른 일부는 바이퍼 룸에서 만난 친구들이었다. 마티스는 말했다. "우리는 어디든 갈 수 있는 사람들이었기 때문에 바이퍼 룸에서 밤을 마무리하고는 했어요. 바이퍼 룸의 문은 우리에게 언제나 활짝 열려 있었답니다. 우리가 거기 도착하면 샬은 늘 다미아노 피자를 열다섯 판씩 주문했어요. 그러면 모두들 둘러앉아 대화도 나누고 담배도 피우면서 느긋하게 저녁 시간을 보냈어요."

1996년 믹 재거와 우마 서먼이 바이퍼 룸에 함께 와 구석 칸막이 석에 앉아서 '월플라워스'의 공연을 보았다. 사진사 러셀 아인호른Russell Einhorn이 한창 뜨겁게 달아올라 있는 두 사람을 알아봤다. 그는 그 광경을 이렇게 묘사했다. "뜨겁고 격정적인 키스였어요. 마치 과장된 연기를 하는 영화 속 인물들 같았다니까요. 재거는 두 손으로 서먼의 온몸을 더듬고 있었어요. 한 다리로 서먼의 두 다리를 휘감은 자세로요." 기회를 놓치고 싶지 않은 욕구를 억누르지 못하고 아인호른은 주머니에서 슬며시 카메라를 꺼내 사진 한 장을 찍었다.

플래시가 번쩍하자마자 재거의 경호원 중 한 명이 몸을 던져 아인호른을 땅바닥에 때려눕혔다. 그의 손에서 카메라가 떨어졌다. 아인호른이 바이퍼 룸 보안요원한테 제압당해 있는 동안 재거 일행이 카메라를 확인한 뒤 필름을 뽑아버렸다. 아인호른은 바이퍼 룸에서 쫓겨났고 영원히 그곳에 출입할 수 없게 되었다.

아인호른은 재거와 바이퍼 룸을 상대로 손해 배상 소송을 제기했다. (압수당한 사진이 자신의 재산이요, 소중한 물품이라는 요지였다) 전하는 바에 따르면 재거는 법정 증언대에 서는 것을 피하려고 35만 달러의 합의금을 지불했다고 한다. 재거는 그때 모델 제리 홀Jerry Hall 1956-과 결혼한 상태였다. 홀은 그 이야기가 신문 헤드라인을 장식한 직후 이혼 소송을 제기했다. 바이퍼 룸은 법정 싸움을 선택했지만 1998년 배심원 재판에서 패소했고 아인호른에게 60만 달러를 배상할 수밖에 없었다. 그리하여 유명인사들에게 안전한 공간을 제공한다는 그들의 사명에 정확하게 책정된 가격표가 붙게 되었다.

2000년 뎁은 (변호사를 통해서) 1993년 자신에게 바이퍼 룸의 지분 51퍼센트를 팔았던 앤서니 폭스에게서 바이퍼 룸을 다 사들이려고 했다. 폭스가 받던 주당 8백 달러의 급료 지급이 밀리게 된 뒤로 두 사람의 관계가 몇 년째 팽팽하게 유지되고 있었다. 49퍼센트의 지분을 놓고 협상이 이루어지는 동안 폭스는 바이퍼 룸에 관한 사용 권한이 이미 다른 법인 사업체인 트라우저 트럼펫Trouser Trumpet에 넘어가 있다는 사실을 알게 되었다. 그 사업체의 사주는 뎁과 젠코였다. 폭스는 소송을 제기했다.

2001년 12월 폭스가 갑자기 실종되었다. 그가 남겨놓은 것이라고는 아만다라는 열여섯 살 딸과 수천 달러의 잔고가 남은 은행 계좌뿐이었다. 살인이 의심되는 상황이었다. "아마도 바이퍼 룸 쪽에서 손을 썼을 겁니다." 폭스의 변호사 중 한 명인 데이비드 에스퀴비아스David Esquibias는 그렇게 추측했다.

폭스가 미스터리하게 사라졌는데도 소송은 계속됐다. 폭스의 딸 아만다가 수혜자로 지정되었다. 2003년 2월 로스앤젤레스 고등법원의 앨런 굿맨Allan Goodman 판사는 뎁에게 극도로 불리한 임시 판결을 내렸다. 판결문에서 굿맨은 이렇게 말했다. "우리 사회에 만연해 있는 끈질긴 사기, 관리 부재, 권력 남용을 잘 보여주는 사례이다. 피고 뎁은 원고이자 주주인 폭스와 사업체에 지켜야 할 신탁 임무를 저버렸고 사업적 결정권을 행사하는 데도 실패했다."

뎁은 처음에는 항소했지만 18개월 뒤 조용히 자신의 지분을 아만다 폭스에게 양도했다. (그녀는 그 즉시 클럽을 매각해 현금화했다) 기자회견에서 계속 진행 중인 법적 진흙탕 싸움에 관해서는 언급하지 않고 리버의 죽음과 관련된 '나쁜 기억'을 탓했다. 리버가 죽은 보도를 찾아오는 '죽음의 관광객'들의 발길이 여전히 끊이지 않는다는 것이었다. 사실 뎁은 모델 겸 가수 겸 배우인 바네사 파라디Vanessa Paradis 1972-, 그리고 그 사이에서 태어난 두 자녀와 함께 몇 년째 프랑스에서 살고 있었다. 바이퍼 룸은 뎁의 사적인 놀이터라는 지위를 상실한 지 이미 오래였다.

8. 블러드 온 더 트랙스[6]

리버의 죽음에 엄청난 충격을 받은 슬루이저는 유럽으로 돌아갔다. 대부분의 시간을 암스테르담과 프랑스 둘 중 한 곳에서 보냈고, 할리우드 영화사와 협업은 하지 않았지만 영화도 계속 만들었다. 그중에는 심지어 포르투갈어로 제작된 영화도 한 편 있다.

슬루이저는 말했다. "나는 「다크 블러드」 촬영 필름을 몇 년 동안 보관했어요. 하지만 주디 데이비스를 다시 볼 엄두가 안 났어요. 그 여자 때문에 겁에 질려 있었다고 말할 수도 있겠네요. 이건 내 유머 코드예요. 난 겁에 질려 있지 않았어요. 짜증이 났을 뿐이지. 아무튼 그 여자를 다시 보고 싶지 않았어요. 온갖 사소하고 시시한 일들로 날 지독히도 괴롭혔거든요. 그래서 다른 영화들을 찍었어요. 그러다 보니 그 영화를 다시 집어 들기까지 시간이 오래 걸렸네요."

슬루이저는 1999년 영화 필름을 손에 넣었지만 보관 시설을 찾기가 쉽지 않았다. 필름을 보관하는 일이 열정보다는 아침 아홉 시부터 오후 다섯 시까지 주어진 일만 하는 공무원의 업무처럼 되어가면서 점점 좌절감에 빠졌다. 그 무렵 아프가니스탄 카불에 있는 어떤 영화 박물관에 관한 신문 기사를 읽

---

6 블러드 온 더 트랙스(Blood on the Tracks): 밥 딜런이 1975년 발매한 앨범 제목이다.

게 되었다. 탈레반 치하에서 영화는 불법이었기 때문에 큐레이터들이 박물관 전시물들을 싹 다 숨길 수밖에 없었는데, 예술품 은닉은 사형 선고로 이어질 수 있다는 기사였다. 슬루이저는 낄낄 웃으면서 말했다. "그 기사를 보고 이렇게 생각했어요. '세상에, 뭐 이런 사람들이 다 있지? 영화에 목숨을 걸다니.'" 그는 그들에게 자신을 위해 「다크 블러드」 필름을 보관해줄 수 있는지 묻는 편지를 썼다. 답장은 영영 받지 못했지만, 그가 인정했듯 내전 상황이라는 사실을 고려하면 차라리 다행인지도 몰랐다. "온 국민이 서로에게 총질을 해대는 동안 아프가니스탄에 방치되어 있을 뻔했잖아요."

그 무렵 슬루이저는 죽다가 살아났다. 2007년 가족과 함께 프랑스 쪽 알프스 산맥 기슭에서 성탄절 휴가를 보내던 중 쓰러졌던 것이다. 그 전부터 대동맥 박리를 앓고 있었는데, 그것은 신체 동맥의 내부 조직이 상당 부분 찢어져 있어서 치명적 실혈失血로 이어지는 경우가 종종 있다는 뜻이었다. 구급차로 다섯 시간을 이동해 심혈관계 질병 전문 병원에 도착했고 그곳에서 수술을 받아 목숨을 건졌다.

"일반적으로 5분 안에 사람이 사망하는 증상이었어요." 슬루이저는 일흔다섯 살의 나이에 여분의 시간을 더 부여받았다. 1년 동안 힘들게 물리치료를 했다. 앉는 법, 서는 법, 걷는 법을 다시 익히면서 그는 결심했다. 자신에게 남아 있는 시간이 얼마나 될지는 모르겠지만 「다크 블러드」를 완성해야겠다고. "수백 명의 사람들이 함께 힘을 모아 찍은 그 창작물을 꼭 완성해야 했어요. 그 수백 명 가운데 그 작품을 보고 싶어 하는 사람이 한 명이라도 있을 수 있으니까요."

슬루이저는 영화의 빠진 부분을 어떻게 보완할지 심각한 고민에 빠졌다. 애니메이션 기술을 활용할까? 그러나 몇 달의 궁리 끝에 간단한 해결책에 도

348

달했다. 필요한 부분에 걸걸한 목소리의 내레이션을 넣어 누락된 내용을 요약해주기로 한 것이다. (처음에는 그 내레이션을 호아킨한테 맡길 생각이었는데 피닉스 가족은 그 일을 끝내는 데 관심이 없다는 입장을 명확히 밝혔다)

2013년 백발의 슬루이저는 암스테르담 자신의 아파트 거실에서 의자 옆에 부착된 지팡이 두 개를 붙잡고 앉아서 신선한 청어와 빵으로 어떤 손님을 대접하고 있었다. 그 손님에게 그 영화에 관한 자신의 계획을 설명하고 있었다. 여러 영화제에서 먼저 상영한 뒤 더 널리 배급할 수 있을지 가능성을 타진해보려는 것이었다. 그러려면 우선 보험사와 협상을 해야만 했다. 실물 필름은 이미 슬루이저가 무단 반출해왔지만 그렇다고 그 작품에 대한 기본적인 권한이 그에게 있는 것은 아니었다.

슬루이저는 리버의 타고난 천성과 거의 완전히 정반대인 보이 캐릭터의 광기를 어느 수준으로 설정한 것인가에 관해서도 논의했다. 슬루이저는 말했다. "리버한테는 남다른 점이 많았어요. 그리고 리버는 사람들이 그냥 '멋진 청년이군'이라고 생각하는 것처럼 단순한 인간이 아니었어요. 우리 모두와 똑같이 복잡한 사람이었어요. 아니, 리버가 살아온 삶 때문에 오히려 우리보다 훨씬 더 복잡한 존재였어요. 그는 교육을 어머니한테 받았어요. 거의 모든 걸 어머니한테 배운 거죠. 한 학급에 속하는 혜택을 누려본 적이 없었던 거예요. 학교에 다닌 적이 없으니까요. 나는 그 성장 과정이 차이를 만들었다고 생각해요. 교실 안에서 급우들 모두한테 미움을 받든 사랑을 받든, 학교에 다니면 사람들한테 둘러싸이는, 공동체에 소속되는 경험을 하게 되잖아요. 그런 경험이 없는 리버의 사고는 약간 남달랐어요."

필름 여기저기에 빈 부분이 있는 것은 분명했지만, 「다크 블러드」의 최종 편집본은 그 틈이 그럭저럭 잘 메워져 있었다. 프라이스와 데이비스는 적대감을 숨기지 않고 신랄한 공격으로 서로를 대함으로써 파경 직전 부부의 초상을 능숙하게 그려냈다. 남서부 사막의 풍경은 웅장했다. 그러나 사람들이 그 영화를 보는 이유는 단 하나, 리버 피닉스를 보기 위해서였다. 사막의 신비로운 서번트로 출연한 리버의 마지막 연기를 직접 목격하기 위해서였다. 살아 있는 스물세 살 리버의 모습을 마지막으로 단 한 번이라도 더 보기 위해서였다.

리버는 꾸밈없지만 몰입도 있는 연기를 선보였다. 그는 마치 한 세기 동안의 동면에서 깨어나 막 고치 밖으로 나온 사람처럼 호기심 가득한 눈으로 세상을 바라보고 있었고 자신의 손발이 움직이는 것과 같은 단순한 연기에도 기쁨을 느끼고 있었다. 리버의 인생을 염두에 두고 그 연기를 바라보면 영감과 애달픔이 동시에 느껴진다. 영감을 얻게 되는 이유는 이 작품 속 연기와 「콜 잇 러브」에서 리버가 보여줬던 형편없는 연기가 너무나 다르기 때문이다. 「다크 블러드」에는 정신이 맑아진, 그리하여 재능도 되찾은 한 배우의 모습이 고스란히 담겨 있다. 이와 똑같은 이유로 애달픔도 느껴진다. 우리가 바이퍼 룸 약물 과용이라는 결말을 이미 알고 있기 때문에 그토록 스스로를 통제하려고 애쓰는 그의 노력이 더욱더 허망하게 느껴지는 것이다.

가족을 부양하고 이 행성의 구세주가 되려고 평생 애써온 리버는 그 책임감에서 벗어나고 싶어서 스스로에게 장기 휴가를 허락했다. 성인이 되어 그동안 미루어놓았던 어린 시절을 누려보려던 것이 방종으로 이어진 것이다. 이미 통제 불가능한 상황이었다고 하지만 그렇다고 해서 요절로 귀결되는 약쟁이 인생이 그의 필연적 운명이었다고 보기는 힘들다. 리버는 사막에서도 이리저리 거닐며 시간을 많이 보냈지만 언제든 그 사막을 떠날 준비가 되어 있는 사람이었다.

「다크 블러드」의 결말에서 보이는 죽는다. 돈벌이를 위해서 도끼를 휘두르는 할리우드를 대변하는 인물 때문에, 자신의 집착 때문에 희생자가 되고 만다. 보이가 애정과 심혈을 기울여 지은 집은 불길에 휩싸여 눈부시게 불타오르고 영화의 화면은 점점 어두워지다가 마침내 새까매진다.

에필로그

    리버가 사망한 1993년에는 할리우드와 팝 문화의 원칙들이 요동치고 있었다. 예전에는 지엽적이고 전위적이었던 문화들이 광범위하게 성공을 거두면서 상업적 이윤을 올리고 있었다.

    1995년 레오나르도 디카프리오는 리버에게 제안이 왔던 두 편의 영화에 출연했다. 「토탈 이클립스」와 「바스켓볼 다이어리The Basketball Diaries」였다. 바즈 루어만Baz Luhrmann 1962- 감독 버전의 「로미오와 줄리엣Romeo+Juliet 1996」으로 빛나는 명성을 얻게 된 디카프리오는 세계적으로 가장 큰 흥행을 거둔 작품으로 꼽히는 「타이타닉」의 주연을 맡았다. 미국 박스오피스에서만 10억 달러의 이윤을 낸 그의 첫 번째 영화였다. 디카프리오가 아기 얼굴로 성인기를 보내는 동안 할리우드 영화사들은 상업 영화의 새로운 영토를 더 잘 이해하게 되었고 '텐트폴'[1] 시리즈, 만화 원작 영화, 그리고 십 대 남성을 주요 타깃으로 하

---

1 텐트폴(tentpole) 영화: 텐트폴은 '천막 기둥'이라는 뜻이다. 영화사의 한 해 수익을 보장하는 핵심적 상업 영화를 말한다. 인지도 높은 배우, 감독, 거대 자본을 끌어들여 영화를 제작한 뒤 흥행 공식에 맞게 성수기에 개봉하고 영화 홍보에 배우들을 적극 활용한다. 어느 정도 흥행이 보장되어 있기 때문에 영화사의 재정 안정성에 기여한다는 긍정적 측면도 있지만 상영관을 독점해 문화 다양성을 위

는 오락 영화에 점점 더 의존하게 되었다. 디카프리오는 그런 오락물들을 피하는 동시에 주의 집중 시간이 꽤 긴 관객을 예상하고 제작되는 고급스러운 고예산 영화에 주로 출연했다. 「캐치 미 이프 유 캔」, 「인셉션Inception 2010」, 「장고」, 「위대한 개츠비The Great Gatsby 2013」 등이 그런 작품이었다. 그는 또한 마틴 스콜세지 감독과 함께 영화를 만들고 싶다는 자신의 할리우드 꿈을 이루었다. 두 사람은 「갱스 오브 뉴욕Gangs of New York 2003」, 「에비에이터The Aviator 2005」, 「디파티드」, 「셔터 아일랜드Shutter Island 2010」 이렇게 네 편의 영화를 함께 만들었다. 디카프리오는 이제 할리우드 파워를 가늠할 수 있는 실제 잣대가 되었다. 사실상 원하는 영화는 어떤 작품이든 출연 허가를 받아내는 능력을 갖추게 된 것이다. 워너 브라더스 영화 배급사 대표 제프 로비노브Jeff Robinov의 다음과 같은 말처럼. "레오가 만들고 싶어 했던 영화 중에 제작되지 않은 작품이 과연 있는지 모르겠네요."

리버가 하지 못한 「세이프 패시지」 배역을 넘겨받은 숀 애스틴은 꾸준히 작품 활동을 이어갔다. 3부작 「반지의 제왕Lord of the Rings 2001-2003」에 샘와이즈 갬지로 출연한 덕분에 1985년 작 「구니스」와 1993년 작 「루디 이야기」에 이어 10년에 한 번씩은 상징적인 영화의 주연을 맡을 수 있었다. 「뱀파이어와의 인터뷰」에 리버의 대타로 출연한 크리스천 슬레이터는 그 뒤 20년 동안 50편이 넘는 영화에 출연했다. 그중 일부는 성공했지만 대부분은 완전히 잊혔다. 대체로 슬레이터의 이름이 영화 제목보다 먼저 언급되는 것 말고는 다른 의도나 일관된 주제가 없는 영화들이었기 때문이다.

에단 호크는 리처드 링클레이터 감독, 여배우 줄리 델피Julie Delpy 1969-와 함

협한다는 부정적 측면도 있다.

께 18년에 걸쳐 독특한 연애 드라마 3부작을 찍었다. 「비포 선라이즈Before Sunrise 1996」, 「비포 선셋Before Sunset 2004」, 「비포 미드나잇Before Midnight 2013」이었다. 호크는 말했다. "이런, 이봐요, 이게 우리의 인생작일지도 몰라요." 그는 또 소설 두 권을 썼고, 「트레이닝 데이Training Day 2001」에 덴젤 워싱턴의 상대역인 신참 경찰로 출연해 아카데미 남우주연상 후보에 올랐으며, 셰익스피어와 극작가 톰 스토파드Tom Stoppard 1937-의 작품으로 링컨 센터 연극 무대에 올라 인상적인 연기를 선보이기도 했다. 타블로이드 신문의 관심을 피하려고 온갖 노력을 기울였음에도 우마 서먼과의 결혼 생활이 파경에 이르렀을 때는 언론의 집중포화를 맞을 수밖에 없었다. 그래도 십 대 시절 「컴퓨터 우주 탐험」에 리버의 상대역으로 출연할 당시 공언했던 자신의 예술적 이상에 몇십 년째 한결같이 전념하고 있다. 호크는 말했다. "연극은 디딤돌이 아니에요. 독립영화도 디딤돌이 아니고요. 그런 행태를 생각하면 정말 열받아요. 초대형 영화가 다른 영화의 디딤돌이 아닌 것과 마찬가지예요. 지금 하고 있는 일을 열심히 하면 돼요. 자신의 연기에 최선을 다하는 거예요. 생각은 연기에 동기를 부여합니다. 그게 지금 내가 무슨 생각을 하고 있는지 스스로 주의 깊게 살펴야 하는 이유예요."

마이클 제이 폭스는 「패밀리 타이즈」 여덟 시즌에 출연했고 여섯 시즌 방영한 「이야기 도시Spin City 1996-2002」에도 네 시즌 출연했지만 2000년 파킨슨병이 악화되는 바람에 중도 하차했다. 톰 크루즈는 타고난 재능과 의지력으로 지구상에서 가장 유명한 무비스타의 지위를 계속 누렸다. 「제리 맥과이어Jerry Maguire 1997」, 「아이즈 와이드 셧Eyes Wide Shut 2000」, 「미션 임파서블Mission Impossible 1996-」 시리즈 등, 두세 가지 예만 들어도 이 정도다. 크루즈는 마치 군사전략가처럼 치밀하게 경력을 쌓아왔지만, 흥행 성적이 하향세로 접어들자 점점 더 목청을 높여 사이언톨로지를 지지하게 되었다. 그러더니 급기야는 「오프라 윈프리 쇼The Oprah Winfrey Show 1986-2011」에 나가 소파 위에서 방방 뛰기까지 했다.

구스 반 산트는 자신이 감독하고 맷 데이먼Matt Damon 1970-과 벤 애플렉이 각본을 쓰고 주연까지 한 영화 「굿 윌 헌팅Good Will Hunting」으로 1997년 획기적인 성공을 거두었다. 물론 그 이듬해에는 경력에 큰 오점을 남기기도 했다. 빈스 본Vince Vaughn 1970-, 줄리안 무어Julianne Moore 1960-, 앤 헤이시Anne Heche 1969-를 주연으로 캐스팅해 히치콕의 「사이코Psycho 1998」를 리메이크한 것이다. 그러나 그 뒤로는 고급스러운 상업 영화(「파인딩 포레스터Finding Forrester 2001」, 「밀크」)부터 실험적인 작품(「제리Gerry 2002」, 「엘리펀트Elephant 2004」)에 이르기까지 아슬아슬하게 줄타기를 하며 계속 경력을 이어갔고 때로는 그 실험적인 영화에 아마추어 배우를 주연으로 출연시키기도 했다. 반 산트는 자신의 경력을 되돌아보며 이렇게 말했다. "지금껏 나는 항상 이렇게 생각하면서 버텼어요. 어떤 배경과 인물이 등장하든 영화를 잘 만들기만 하면, 그 영화를 보는 일이 신나는 경험이기만 하면, 다른 건 다 알아서 제자리를 찾을 거라고요. 배경과 등장인물은 문제가 되지 않을 거라고요. 하지만 이제는 내 일을 다른 식으로 생각할 수도 있다는 걸 깨달아가는 중입니다. 세상에는 어떤 주제를 선택하느냐와 관련해 훨씬 더 융통성 있게 생각하는 방식도 있더라고요. 반항적인 색깔을 확 줄인 내 최근 영화들이 예전에 만든 영화들보다 훨씬 더 이해하기 쉽잖아요."

윌리엄 리처트는 저예산 버전의 「아이언 마스크」를 제작한 적이 있기는 하지만 「지미의 사춘기」 이후 스튜디오 영화는 더 이상 감독하지 않았다. 극작가 아론 소킨Aaron Sorkin 1961-이 「대통령의 외도The Resident Elopes 1981」라는 제목의 자기 시나리오에서 내용을 표절했다고 주장하면서 영화 「대통령의 연인」과 텔레비전 드라마 「웨스트 윙The West Wing 1999-2006」의 저작권을 돌려달라고 미국 각색가 조합에 이의를 신청했지만 결과는 좋지 않았다.

월 휘튼은 자라서 괴짜의 아이콘이 되었다. 유명한 블로그도 운영하고 회고록도 몇 권 썼다. 드라마 「빅뱅 이론」에는 뒤끝 작렬 버전의 본인 캐릭터로 등장했다.[2] 코리 펠드먼은 약물 중독과 전쟁을 치렀고 「서리얼 라이프The Surreal Life 2003-2006」 같은 리얼리티 예능 프로그램에 출연해 가장 유명한 통칭 셀럽이 되었다. 제리 오코넬은 어마어마하게 살을 뺀 뒤 텔레비전 드라마 「슬라이더스Sliders 1995-2000」에 고정 출연했고 레베카 로미즌Rebecca Romijn 1972-과 결혼했다.

'버트홀 서퍼스'는 그룹 이름이 너무 문란하다는 이유로 보수적 매체들한테 '버튼홀 서퍼스'('버트홀buthole'은 속어로 '항문', '버튼홀buttonhole'은 '단춧구멍'이라는 뜻-옮긴이)라고 불리는 경우가 종종 있었는데, 1996년 발표한 싱글로 초대박을 일궈 기성 음악계 규정집이 이미 폐기 처분되었음을 보여주었다. "산사태가 쏟아지듯/ 산에서 내려와"라는 후렴구가 인상적인, 끈적끈적하고 최면을 거는 듯한 그 곡 「페퍼Pepper」는 팝 프로그램에서 가장 좋은 방송 시간대를 배정받았고 빌보드 핫 모던 록 트랙 부분 1위를 기록했다. 그러나 그 곡이 히트 친 뒤로는 음반 회사와 길고도 긴 싸움을 하느라 앨범을 단 한 장밖에 발매하지 못했다.

---

2 「빅뱅 이론」월 휘튼: 주인공 네 명의 괴짜 과학도 중 한 명인 쉘든 쿠퍼 에피소드에 여러 차례 등장했다. 어린 시절 「스타 트렉: 더 넥스트 제너레이션」의 애청자였던 쉘든이 휘튼의 캐릭터 웨슬리 크러셔 소위의 사인을 받으려고 사인회에 갔는데 휘튼이 행사를 펑크 낸 바람에 안티 팬이 되었다. 어른이 되어 개인적으로 친분이 생겼는데도 휘튼을 미워한다. 휘튼은 20년째 변변한 영화 한 편 찍지 못하는 한물간 배우로 등장해 중도 하차한 「스타 트렉」과 안티 팬들을 언급하며 자학 개그를 선보임으로써 폭발적 반응을 얻었다.

‘레드 핫 칠리 페퍼스’는 탈퇴한 존 프루시안테를 대신할 기타리스트를 뽑았다. ‘제인스 애딕션’ 소속의 데이브 나바로Dave Navarro 1967-였다. 그러나 그는 판매량은 많았지만 호불호가 갈렸던 앨범 『원 핫 미닛』 한 장만 함께 녹음하고 빠졌다. 그 뒤로는 다른 밴드의 멤버들로 나바로의 자리를 메우다가, 마약 중독에서 완전히 빠져나온 프루시안테와 재결합했다. 프루시안테의 온몸에는 약물 중독의 흔적이 남아 있었다. 두 팔은 농양으로 뒤덮여서 마치 심한 화상을 입은 것처럼 보였다. (그는 잘 알지도 못하는 사람들한테 마약 주사 놓는 법을 배웠다. 그러나 농양도 그의 습관을 바꾸지는 못했다) 프루시안테는 말했다. “난 약을 할 때의 그 모든 느낌을 사랑해요. 하지만 이제는 그 기분을 음악으로 재창조하려고 애씀으로써 그것들을 더 잘 다스릴 수 있게 됐어요. 2년 전 내가 할 수 있는 일이라고는 사람들을 슬프게 만드는 것뿐이었어요. 그게 내 능력의 전부였어요. 그래서 지금 나한테는 함께 앉아 기타를 치면서 노래를 부르는 사람을 그게 누구든 즐겁게 만들 수 있는 능력이 제일 중요해요.” 프루시안테는 ‘페퍼스’와 함께 『칼리포니케이션Califonication 1999』, 『바이 더 웨이By the Way 2002』, 『스타디움 아카디움Stadium Arcadium 2006』 세 개의 앨범을 더 작업하고 밴드를 다시 탈퇴했다. 플리는 밴드 활동을 쉬는 동안 (‘라디오 헤드Radiohead’의 보컬 톰 요크Tom Yourke 1968-와 함께 결성한 밴드 ‘아톰스 포 피스Atoms for Peace’ 활동을 비롯해) 다양한 사이드 프로젝트에 참여하다가 작곡을 공부하려고 학교로 돌아갔다.

21세기 초 브래드 피트는 세기의 삼각관계의 정점에 서 있었다. 안젤리나 졸리Angelina Jolie 1975-를 위해서 제니퍼 애니스톤Jennifer Aniston 1969-과 이혼하는 바람에 수년 동안 타블로이드 신문 1면을 장식했다. 그런데 그 세 사람 중 피트한테 대중의 관심이 가장 적게 쏠리는 것 같았다. 항간의 이야기에 따르면 피트는 두 여자가 성인다운 결정을 내리기보다는 서로 차지하려고 다투는 영토가 되어야 했기 때문에 에이전시가 없는 것처럼 보일 필요가 있었다고 한다. 이렇게 북새통의 시간을 지나다 보니 피트가 할리우드 톱스타라는 사실조차 희미해졌다. 그동안 오락 영화를 거의 찍지 않았기 때문이다. 게다가 그의 연기는 독특하지도 않았고 참신하지도 않았다. 피트가 좋아하는 작업 방식은 관객의 예상보다 훨씬 더 기묘하고 더 어두운 것으로 밝혀지는 작품 속에 매력적이고 굳건한 존재로 우뚝 서는 것이었다. 「파이트 클럽Fight Club 1999」, 「바스터즈: 거친 녀석들Inglorious Basterds 2009」, 「바벨Babel 2006」, 「번 애프터 리딩Burn After Reading 2009」 등이 그런 작품들이었다.

바이퍼 룸의 단골손님이 된 사만다 마티스는 계속 일하는 여배우이기도 했다. 그녀는 영화 「아메리칸 사이코American Psycho 2000」, 텔레비전 드라마 「커브 유어 엔수지애즘Curb Your Enthusiasm 2000-」 같은 작품에 이름을 올렸다. 수전 솔곳은 벨리댄스를 배웠고 결혼해 두 자녀를 낳았다. 그녀는 안마와 기 치료를 활용하는 대안치료 전문가이기도 하다. 마샤 플림튼은 연극 무대, 영화, 텔레비전 사이를 왔다갔다 하다가 마침내 폭스 방송사의 시트콤 「레이징 호프Raising Hope 2010-2014」 속 까칠한 할머니 자리에 정착했다. 플림튼은 과거를 되돌아보며 이렇게 말했다. "잘 아시겠지만 어린이가 배우 활동을 하는 건 미친 짓이에요. 아이들이 그 일을 하는 동안 뭘 배우는지에 관해 부모는 물론 그 누구도 관심 없는 경우가 굉장히 많거든요. 그들이 관심 있는 것이라고는 자신의 자녀가 뭘 얼마나 버느냐인데…… 귀여움은 오래가지 않잖아요."

'알이엠'의 드러머 빌 베리Bill Berry 1958-는 1995년 스위스에서 공연을 하던 중 무대 위에서 뇌동맥류가 터졌고 2년 뒤 밴드에서 탈퇴했다. 다른 세 멤버는 얼마간 자숙의 시간을 보낸 뒤 베리 없이 활동을 계속했고, 리버가 사망한

1993년부터 밴드를 해체한 2011년까지 일곱 장의 스튜디오 앨범을 발매했다. (그 시기 음악계의 전반적 흐름이 그랬듯) 음반 판매량은 점점 감소했지만 일곱 장 모두 매우 완성도가 높은 앨범들이었다.

리버는 죽기 전, 마티스가 출연한 영화 「볼륨을 높여라」의 프로듀서 샌디 스턴Sandy Stern에게 마이클 스타이프를 소개했다. 스턴과 스타이프는 파트너가 되어 싱글 셀 픽처스Single Cell Pictures라는 프로덕션을 차렸고, 「존 말코비치 되기Bing John Malkovich 1999」, 「벨벳 골드마인Velvet Goldmine 1999」, 「세이브드Saved! 2004」 같은 훌륭한 중도좌파 영화들을 제작했다. 스타이프는 로스앤젤레스에서 더 많은 시간을 보내게 되었다. 그리하여 할리우드 힐스에 서서 내려다본 엘에이의 눈부신 야경을 노래한 화려한 비가 「일렉트로라이트Electrolite」를 '알이엠'이 1996년 발매한 앨범 『뉴 어드밴처스 인 하이 파이New Adventures in Hi Fi』에 수록했다. 그 곡에서 그는 애정 어린 목소리로 연예 공연업계와 전 세계를 애도하며 이렇게 노래하고 있었다. "20세기는 잠들었어/ 벼랑 끝에 서서 저 아래를 내려다 봐/ 겁먹을 것 없어/ 넌 살아남았으니까" 윌리엄 리처트의 집 밖 안개 자욱한 협곡에 서서 들었던 리버의 독백을 노래에 담아 세상에 조언을 건네고 있었던 것이다.

존과 하트 피닉스는 길고도 긴 별거 끝에 리버가 사망하고 3년쯤 뒤 공식적으로 갈라섰다. 존은 플로리다로 돌아와 유기농 농부로 일했고 하트는 제프리 와이스버그Jeffrey Weisberg와 결혼했다. 그녀는 또한 젠더 모임을 이끌다가 마침내 평화 구축을 위한 리버 피닉스 센터River Phoenix Center for Peacebuilding를 설립했다. 리버의 둘째 여동생 리버티는 리버 피닉스 센터 사무실 매니저로 일하면서 조산사를 교육했고 부동산 중개업자로도 일했다. 어린 아들의 비극적 사망을 겪은 뒤 그 원인을 유독성 탈기체脱氣體때문이라고 판단해 인디고 무독

성 친환경 건축 자재 상점을 개업했다.

리버의 막내 여동생 섬머 피닉스는 한 영국 신문과의 인터뷰에서 자신은 세상을 변화시키는 일을 이미 때려치웠다고 말했다. "아뇨. 이제는 아닌 것 같아요. 난 지금 그저 연기가 하고 싶을 뿐이에요." 섬머는 2004년까지 10여 편의 영화에 출연했고 또 그만큼의 텔레비전 드라마에도 출연했지만, 엄마가 된 뒤 연기를 그만두었다. 섬머와 그녀의 남편, 즉 배우 겸 감독인 케이시 애플렉에게는 두 아들이 있다. 그녀는 2003년부터 섬 오드 루비스라는 빈티지 상점을 운영하고 있다.

레인 피닉스는 '알이엠'의 「앳 마이 모스트 뷰티풀At My Most Beautiful 1998」 뮤직 비디오에서 '알이엠' 오디션을 보러 가는 길에 계속 곤란한 일을 겪게 되는 첼리스트로 출연했다. 또 '레드 핫 칠리 페퍼스'의 백 보컬로 밴드와 함께 앨범 『원 핫 미닛』 홍보 투어를 돌았고 '페이퍼크레인스Papercranes'라는 자신의 밴드도 결성했다. 잠시 동안이지만 피닉스 집안의 세 딸이 다 함께 '더 코지 웨이The Cousey Way 1997-2001'라는 뉴웨이브 밴드의 멤버로 활동하기도 했다. 그 그룹은 사실상 위장 밴드, 음악을 통해 말씀을 전파하기로 결심한 일종의 (가상) 컬트였다.

레인은 리버에 관해 이렇게 말했다. "물리적 세계 속에서 오빠를 볼 수 없다는 건 물론 슬픈 일이죠. 하지만 내가 무슨 일을 하든 그 모든 일의 일부는 오빠예요. 난 음악을 통해서 오빠와 영원히 연결되어 있어요. 우리는 영혼 속에서 끝없이 늘 함께 연주하고 있거든요."

호아킨 피닉스는 더없이 강렬하게 연기하는 영화배우가 되었다. 아카데미 시상식에 대한 경멸을 노골적으로 표현했고 매번 대리인을 보냈는데도 「글래디에이터」, 「앙코르」, 「마스터」로 세 차례나 오스카상 후보로 지명되었다. 호아킨은 이렇게 말했다. "난 그 모든 게 다 부질없는 헛짓거리라고 생각해요. 그 헛짓거리의 일부가 되고 싶지 않고요. 말하자면 당근인 셈인데, 내 평생 그렇게 맛없는 당근은 처음 먹어봐요." 호아킨은 자신의 사생활을 철저하게 보호했다. 조니 캐시로 출연한 「앙코르」 촬영 중 형의 죽음이 언급되는 것을 막지 못하자 촬영을 중단했다는 기사는 사실이 아니라고 부인했다. "난 어떤 등장인물이 되려고 내 개인적 경험을 끌어올 필요가 없는 사람이에요. 배우가 왜 꼭 그래야 하는지 늘 이해가 안 됐어요. 아, 능력, 상상력, 연구가 부족하면 그럴 수도 있겠네요. 빌어먹을 영화를 위해서 내 개인적 인생의 일부를 써야 한다고 생각하면…… 진짜 구역질 나요." 호아킨은 끝으로 이렇게 덧붙였다. "언론은 오랫동안 나한테 '형을 애도하는 동생'이라는 딱지를 붙여왔어요. 내가 그런 보도에 아무런 반응도 하지 않으니까 지금은 내 마음속에 있지도 않은 생각에 내가 계속 갇혀 있다고 추측하는 것 같아요."

조니 뎁은 팀 버튼과 동맹을 계속 유지했다. 「가위손」 이후로 두 사람은 「에드 우드」부터 「다크 섀도우Dark Shadows 2012」까지 여섯 편의 작품을 더 찍었다. 버튼과 협업을 하는 외에도 반상업적 선택을 계속했다. 알버트 휴즈Albert Hughes 1972-와 앨런 휴즈Allen Hughes 1972- 감독의 「프롬 헬From Hell 2002」에서는 빅토리아 시대 경찰 조사관을, 짐 자무시Jim Jarmusch 1953- 감독의 「데드 맨Dead Man 1998」에서는 도주하는 회계사를, 줄리안 슈나벨Julian Schnabel 1951- 감독의 「비포 나이트 폴스Before Night Falls 2002」에서는 투옥된 의상도착증 환자를 연기했다. 뎁은 2003년 「캐리비안의 해적: 블랙 펄의 저주Pirates of the Caribbean: The Curse of the Black Pearl」에서 잭 스패로 선장으로 색다르게 변신했다. 가수 키스 리처즈Keith Richards 1943-와 만화영화 「루니 툰」 속 캐릭터 페페 르 퓨Pepe Le Pew를 기반으로 한 연기였다. 그 영화는 놀라운 블록버스터급 성공을 거두었고 뎁은 마침내 할리우드 에이^A급 배우 목록의 꼭대기에 올라서게 되었다. 그 뒤로 세 편의 속편 영화를 더 찍는 한편 국제적 스릴러 영화 「투어리스트^The Tourist 2010」에 안젤리나 졸리의 상대역으로 출연해 큰돈을 벌었다. 그런데도 뎁은 여전히 영화를 위해서라면 괴상한 모자도 마다하지 않고 기꺼이 쓸 확률이 가장 높은 주류 스타의 자리를 잘 지키고 있다. 「이상한 나라의 앨리스^Alice in Wonderland ^2010」에 말 그대로 미친 모자 장수로 출연했듯.

뎁은 생각에 잠긴 채 이렇게 말했다. "나는 모든 사람이 반드시 죽음에 대비할 필요는 없다고 생각해요. 그저 죽음의 때에 이르면 하고 싶은 말을 다 했다고 느낄 수 있길 바랄 뿐이요. 말을 다 끝내지 못한 채 죽고 싶은 사람은 아무도 없잖아요."

감사의 말

이 책을 쓰는 데 도움을 준 모든 분, 내가 틈틈이 한숨 돌리고 있는 사이에도 이 세상을 더 살기 좋은 곳으로 만들어준 모든 분에게 감사한다. 카페인에 절어 살아야 하는 책 쓰는 모험을 하려고 오디세우스처럼 출항한 사람은 누구나 한배에 훌륭한 사람이 많이 탔기를 바라는 법이다. 이타카로 돌아가는 데는 10년이라는 세월이 걸리므로.

명석한 편집자 캐리 손톤과 함께 일할 수 있었던 나는 참으로 운이 좋다. 손톤은 인형 속에 인형이 끝없이 들어 있는 러시아 인형 마트료시카처럼 지혜와 재능으로 가득 차 있는 사람이다. 잇 북스 출판사 손톤의 동료 슈퍼스타들, 특히 케빈 캘러핸 (캘러핸의 열정 덕분에 이 책이 세상의 빛을 볼 수 있었다), 브리트니 햄블린, 하이디 루이스, 줄리아 멜처, 트리나 한, 엘리사 코헨, 섀넌 플렁켓, 칼 모건, 린 그래디에게 감사한다. 로라 위스와 마틴 칼로에게도 감사한다. 내가 탈고를 하기도 전에 이 책의 아름다운 표지를 디자인해준 아만다 케인에게 각별히 감사의 마음을 전한다. 늦은 밤 이 책 표지가 날 격려해준 적이 한두 번이 아니다. 이 표지에 걸맞은 책을 꼭 쓰고 싶었다.

탁월한 지성과 재치 있는 유머를 필요할 때마다 제공해 내 생활을 잡아준 나의 에이전트 대니얼 그린버그에게는 고맙다는 말을 수천 번 해도 부족하다. 레빈 그린버그 에이전시에서 함께 일하는 동료들, 그중에서도 모니카 벌마와 팀 우칙에게 고마움을 전한다.

내 벤다이어그램은 두 개의 원으로 이루어져 있다. 그중 하나는 '끝내주게 멋진 사람들'의 원이며 다른 하나는 '내 친구들'의 원이다. 그 두 개의 원 사이에 그렇게 드넓은 교집합이 존재한다는 점에서 나는 지극히 운 좋은 사람이다. 날것 그대로의 초고일 때 이 책을 읽어준 네 명에게 특히 큰 빚을 졌다. 그 네 명은 내게 현명하게 조언을 건넸고 효율적으로 사실들을 확인해줬다. 빌 티퍼는 산 정상에 있을 때 바로 옆에 서 있으면 참 좋을 사람이다. (그 친구가 간식을 갖고 있기 때문만이 아니다) 그 옛날 나의 룸메이트였던 스티브 크리스탈은 이제 할리우드에서 힘깨나 쓰게 되었는데도 참 한결같이 진국인 친구다. 브이제이 여신 니나 블랙우드는 내 지인들 가운데 가장 친절한 사람이다. 내 친구, 내 영감의 원천인 로브 셰필드는 낯선 군중 무리도 이끌어 입모아 「빌드 미 업 버터컵Build Me Up Buttercup 2003」을 부르게 할 수 있는 사람이다.

유명 인사, 혹은 그들의 홍보 담당자의 연락처를 찾아내는 기본적 업무를 도와준 줄리 파먼, 소중한 계보학 지식을 나누어준 몰리 커 환, 원고를 폼 나는 인쇄물로 바꿔준 애비 로일, 레미와 사귀느라 엘에이에 머무는 동안 바이퍼 룸에 함께 가자는 내 부탁을 거절한 적 없는 팀 앳킨슨, 매번 시기적절하게 딱 맞는 도움을 준 마조리 잉걸, 예술의 세계에서 뛰어난 길잡이가 되어준 케이티 홀랜더에게 감사한다.

늘 친절하게 도움과 지침을 제공해준 제니퍼 케이신 암스트롱, 디드릭 베이더, 로브 브루너, 스티브 크리스탈, 플리, 스테이시 그렌록 우즈, 살 젠코,

멜리사 마에츠, 모건 네빌, 에디 시미트, 존 블라우틴, 마크 와이덴바움, 힐러리 웬드로프, 문 자파에게 감사를 전한다. 세바스찬 바흐에게는 각별히 더 감사한다.

최근 몇 달 이내이든, 이 책을 쓰게 되리라는 사실을 미처 알지 못했던 몇 년 이내이든, 내 인터뷰 요청에 기꺼이 응해준 모든 사람에게 고마움을 전한다. 구스 브랜트, 킴 뷔, 조니 뎁, 조 돌체, 존 프루시안테, 에단 호크, 로즈 맥고완, 프랭크 메이어, 하트 피닉스, 윌리엄 리처트, 이온 스카이, 조지 슬루이저와 모든 익명의 정보 제공자들이 그들이다.

나는 1990년대의 거의 대부분을 나의 직장 <디테일스>에서 보냈다. 그곳은 내가 희망했던 능력을 최대한 갖추게 해준 최고의 훈련장이었다. 그래서 이 책 덕분에 그곳을 다시 찾게 된 만큼 내게 영감을 불어넣어준 나의 12층 모든 동료에게 인사를 건네고 싶다. 그 시절과 현재의 내 조력자들, 특히 제임스 트루먼, 데이비드 킵스, 로 레비, 조 돌체, 마이클 카루소, 존 리랜드, 팻 블라실, 카렌 마이어스, 마이클 돌런, 제니 퓬, 토미 듄, 일자 에노모토, 리사 스타인마이어, 비 허니컷, 리사 머레이, 마커스 키얼스천, 프란체스카 캐스태그놀리, 로브 태넌바움, 윌리엄 쇼, 밈 우도비치, 크리스 히스에게 감사한다.

<롤링 스톤>의 내 동료들은 뼛속까지 잡지 업계의 '어벤저스'인 사람들이다. 그들과 함께 '퀸젯'에 탑승할 생각만 하면 언제나 설렌다. 윌 다나, 네이선 브라켓, 숀 우즈, 조너선 링겐, 피터 트레버스, 시먼 보직크 레빈슨, 크리스천 호어드, 앤디 그린, 알리슨 와인플래시, 코코 맥퍼슨, 조디 펙맨, 제이슨 파인과 천둥의 신 잰 웨너의 슈퍼파워에 경의를 표한다.

뉴욕에 감사를 전하고 싶은 분들이 있다. 제임스 한나햄, 브랜던 모로니, 브라이언 스미스 스위니, 사브리나 스미스 스위니, 에밀리 누스바움, 클리브

톰슨, 크리스 칼브, 벤 스미스, 크리스 몰란피가 그들이다. 로스앤젤레스에도 감사를 전하고 싶은 분들이 있다. 데이비드 핸델먼, 시드 시드너, 레아 렘벡, 제이슨 렘벡, 네티 네빌, 필립 파라, 메일 엠머톤, 크리스틴 스트리트 그레그, 데이비드 그레그, 마샤 퀸, 줄리 하이마크, 페터 하이마크, 힐러리 세이츠, 브레나 산체스, 트래비스 바커가 그들이다. 에반스턴에 살고 있는 미건 캐시너, 트리나 휘태커, 제인 캐시너, 테사 캐시너에게도 고마움을 전한다.

멀리 떨어져 살고 있는 우리 가족들에게 큰 사랑을 전한다. 특히 부모님, 형제 줄리안과 닉, 리스 이모, 텍사스에 사는 멋쟁이 처갓집 식구들인 알렉스와 신시아, 빅 알에게 고맙다. 나의 두 아들 스트러머와 대실에게 더 큰 사랑을 보낸다. 아직 이 책을 읽기에는 너무 어리지만 언젠가 책장에서 이 책을 뽑아 들 날이 오리라. 나의 아름다운 아내 젠 수둘 에드워즈에게 무한한 사랑을 보낸다. 아내는 초고를 쓸 때 촌철살인의 조언을 해주었고, 원고와 씨름하는 나를 감정적으로 응원해주었으며, 내가 머리를 쥐어뜯으며 밖으로 도는 내내 변함없이 가정을 지켜주었다. 그리고 가능하지 않을 것 같았던 일들을 내가 달성할 수 있도록 언제나 영감을 불어넣어주었다.

끝으로 너무나 멋진 일들을 행해준 리버 피닉스에게 감사한다. 리버를 직접 만나보지 못한 것이 천추의 한이다. 리버는 예전에 이렇게 말했다. "사랑은 모든 사람을 정복합니다. 심지어 사랑을 원하지 않는 개자식들까지도요."

옮긴이의 말

어린 시절 나는 영화광이었다. 용돈을 쪼개어 영화 잡지 <스크린>을 정기 구독했고 기다리던 영화가 개봉하는 날이면 지금은 모두 사라지거나 멀티플 렉스 영화관이 된 대형 개봉관 매표소 앞에 새벽부터 줄을 섰다. 그런 내가 영화에서 리버 피닉스를 처음 만난 것은 「인디아나 존스와 최후의 성전」에서 였다. 어린 인디아나 존스를 연기한 리버는 금발 머리를 찰랑거리며 말을 달 리고 악당들과 기차 위에서 추격전을 벌였다. 참으로 아름다운 소년, 그것이 그의 첫인상이었다. 그러나 잡지 핀업 사진에서 보던 리버와 별다른 점을 느 끼지는 못했다.

그러다가 대학 진학 후 비디오로 「스탠드 바이 미」와 「아이다호」를 보았고 그의 다층적 내면 연기에 깊은 인상을 받았다. 그리고 얼마 뒤 리버가 세상을 떠났다는 소식을 들었다. 나는 그날을 기억한다. 그날 나는 극장 앞에서 함께 줄을 서고 영화를 보며 성장기를 보낸 친구를 만나 소주잔을 기울이며 안타까 움을 토로했다. 을씨년스러운 가을밤이었다. 그러나 그저 그뿐, 세월이 흐르면 서 그를 잊었다. 가끔 그의 동생 호아킨 피닉스의 연기와 마주칠 때만 리버를 떠올렸다.

　번역을 의뢰받은 뒤 리버 피닉스가 출연한 영화 열 편을 차곡차곡 다시 보았다. 총 열네 편의 영화 가운데 「컴퓨터 우주 탐험」, 「지미의 사춘기」, 「싸일런트 저스티스」, 「다크 블러드」 이렇게 네 편의 영화는 다방면으로 찾아보았지만 전체 파일을 구하기가 힘들어 온라인에 올라 있는 짧은 동영상들에 만족할 수밖에 없었다. 내가 본 열 편 가운데 상업적 오락 영화는 「인디아나 존스와 최후의 성전」, 「바람둥이 길들이기」, 「스니커즈」 이렇게 세 편이다. 각각 깊이와 예술성에는 큰 차이가 있지만 「케이지비의 아들」은 냉전 시대의 갈등을, 「허공에의 질주」와 「샌프란시스코에서 하룻밤」은 반전사상을, 「모스키토 코스트」는 현대 문명의 비인간화 현상을 조명한다. 고전으로 꼽히는 「스탠드 바이 미」는 스티븐 킹의 자전적 성장소설을 원작으로 하는 작품으로 미국의 보수적 소도시 백인 사회 속 폭력과 편견을 사실적으로 보여주며 「아이다호」는 1980~90년대 길거리 남창 문화와 동성애를 다룬다. 「콜 잇 러브」는 록 스타를 꿈꾸었던 리버 피닉스가 음악에 대한 애정으로 출연한 작품이지만 촬영 당시 육체적으로도 정신적으로도 건강에 문제가 있었던 그의 연기는 단조롭고 음침하다. 「싸일런트 저스티스」와 「다크 블러드」에는 아메리카 원주민 샤머니즘 색조가 짙게 깔려 있고 문명 비판적 성향이 강하다.

　대충만 살펴봐도 리버 피닉스의 필모그래피는 단순하지 않다. 상업적 성공 여부가 시나리오 선택의 주된 잣대가 아니었기 때문이다. 그의 부모는 1960년대 반전과 평화를 부르짖던 히피 출신으로 장남 리버에게 세상을 변화시켜야 한다는 사명감을 심어주었다. 리버는 기타를 처음 손에 잡던 다섯 살부터 길거리 공연으로 생계비를 벌어들임으로써 일곱 가족의 가장 노릇을 했다. 영화배우로서 성공한 뒤로는 그의 가족을 중심으로 형성된 피닉스 캠프에 거주하는 히피, 부랑자 수십 명을 먹여 살렸다. 그런데도 신인 시절부터 상업 광고 출연을 거부했고 수입의 상당 부분을 할애해 남미의 열대 우림을 사들였다. 생각보다 훨씬 복잡한 문제라는 사실이 밝혀지기는 했지만 개발되어 우림이 파괴되는 것을 막기 위한 처사였다. 일곱 살 무렵부터 완전 채식을 실천했고, 평생 모피는 물론, 가죽옷이나 액세서리조차 한 번도 몸에 걸치지 않았다. 그 신념이 너무나 확고해서 영화 소품 팀과 마찰을 일으킬 정도였다.

그의 성장에 지대한 영향을 끼친 또 다른 요소로는 종교가 있다. 리버 피닉스는 이단으로 규정되는 컬트 종교 집단 안에서 어려서부터 성적 학대를 당하며 자랐다. 1990년대 이전의 미국 서부는 이단 종교의 온상이었다. 미국의 역사는 기본적으로 동쪽에서 서쪽으로의 이주, 서부 개척의 역사다. 기회를 찾아 서부로 향한 사람들은 대부분 집과 고향, 즉 가족과 친구 들을 등지고 떠나온 외로운 사람들로, 마음을 의지할 곳과 위로가 필요한 사람들이었기 때문에 이단에 쉽게 빠져들었다. 잠재 신자가 넘쳐나는 이 지역으로 수많은 이단 종교들이 근거지를 옮겨온 것도 그 때문이었다.

한편, 서부 지역이 미국 영화의 중심지가 될 수밖에 없었던 이유는 상당히 이해타산적이다. 영화사들은 활동사진을 발명한 에디슨과 그의 전기회사, 변호사 집단으로부터 최대한 멀리 도망치고자 했기 때문에 동부를 떠나 서부로 향했다. 그들은 태평양에 막혀 길이 끊길 때까지 도망쳤고 결국 그곳에 자리를 잡았다. 유성영화의 발전으로 캘리포니아 지역에 수많은 녹음 스튜디오들이 생겨나면서 음악 산업도 발전하게 되었다. '너바나', '레드 핫 칠리 페퍼스', '알이엠' 등의 얼터너티브 록 음악은 그렇게 잉태되었다.

이런 상황에서 연예 공연업계에 발을 들인 뒤 정규 교육을 전혀 받지 않고 그 바닥에서 잔뼈가 굵은 리버 피닉스의 삶을 기록한 이 책은 일대기라기보다는 차라리 1980~90년대 미국 서부 문화의 일면들을 포착해 몽타주한 거대한 풍속화에 가깝다. 본문에 인용된 영화감독 쿠엔틴 타란티노의 말처럼 주류 문화의 집중적, 권위적 경계선이 허물어지면서 문화의 분권화가 가속화되고 비주류 문화들이 전면에 등장해 상업적 성공을 거두기 시작하던 시기였다. 그리고 그 비주류 문화의 최전선에 리버 피닉스가 서 있었다. 저자는 리버 피닉스가 살다 간 삶의 궤적을 따라가면서 그가 등장했던 광고, 텔레비전 드라마, 영화, 잡지, 캠페인, 공연 등 그 시대 그 지역의 온갖 문화들을 망라한다. 그와 교류했던, 혹은 동시대 배우, 감독, 음악가 들의 삶은 덤이다.

책을 번역하면서 안타까운 마음을 한순간도 내려놓을 수가 없었다. "리버는 그냥 마음씨가 참 고운 소년, 어쩌다 보니 더럽게 재수 없게 죽었을 뿐 자신의 선한 의도를 어떻게 표현하는지도 몰랐던 평범한 소년이었어요." 리버의 첫 여자친구이자 평생 지기였던 여배우 마샤 플림튼의 말이다. 마약이 현재의 술처럼 문화산업 전반에 만연해 있었고 그만큼 손대기도 쉬웠던 시대에, 식객 부양과 세상 구원의 사명감이라는 짐을 양쪽 어깨에 짊어진 약관의 청년은 그 부담에서 잠시나마 해방되고 싶어서 별 망설임 없이 그 속에 빠져들었고 누군가가 건넨 액체 헤로인을 받아 마시고 부작용으로 심장마비를 일으켜 세상을 떠났다. 플림튼의 말처럼 재수가 없었던 것이다. 리버와 함께 마약을 즐겼던 동료들은 대부분 살아남아 중독과 전쟁을 치렀고 지금은 건강한 중년의 삶을 살고 있다. 그 사고가 더 안타까운 이유다.

리버 피닉스는 환경 보존과 동물 보호, 인종 차별 철폐, 핵전쟁을 비롯한 온갖 전쟁 반대, 동성애자의 인권 옹호 등 하고 싶은 일이 많았고, 영화와 음악을 통해 세상에 선한 영향력을 행사하고자 했다. 인터뷰 때 개념 발언 몇 마디로 생색을 내는 것이 아니라 진정으로 그런 삶을 살고자 했고 그 출발점이 완전 채식이었다. 리버의 말을 빌리자면 식사는 내 마음대로 바꿀 수 있는 쉬운 일이었으니까. 동시대 영화 팬으로서 그를 얼굴 반반한 꽃미남 배우, 불운하게 요절한 청춘 스타로만 기억했던 일이 미안하고 부끄러운 까닭이다. 전위적 문화 운동의 깃발이었던 리버 피닉스의 삶이, 그리고 그의 죽음이 현재에도 시사하는 바가 있는 까닭이다.

리버 피닉스는 추억팔이의 대상으로 소비해버리기에는 너무나 유의미한 자취를 세상에 남기고 떠난 배우이다. 그런 점에서 이 책을 읽는 독자들과 함께 고민해보고 싶다. 세상을 살기 더 좋은 곳으로 만들기 위해서 과연 나는 무엇을 하고 있는가.

"세상 모든 것에 감탄하는 지혜로운 사람들의 공간"
도서출판 호밀밭

바이퍼 룸에서의 마지막 밤 Last Night at the Viper Room
ⓒ 2022, 개빈 에드워즈 Gavin Edwards

지은이	개빈 에드워즈 Gavin Edwards
옮긴이	신윤진
초판 1쇄	2022년 02월 20일
편집	임명선 책임편집, 박정오, 하은지, 허태준
디자인	박규비 책임디자인, 전혜정, 최효선
미디어	전유현, 최민영
마케팅	최문섭
종이	세종페이퍼
제작	영신사
펴낸이	장현정
펴낸곳	호밀밭
등록	2008년 11월 12일(제338-2008-6호)
주소	부산광역시 수영구 연수로357번길 17-8
전화, 팩스	051-751-8001, 0505-510-4675
전자우편	anri@homilbooks.com

Published in Korea by Homilbooks Publishing Co, Busan.
Registration No. 338-2008-6.
First press export edition February, 2022.

ISBN 979-11-6826-028-3 (03680)